NORBERT PATZNER

DAS ENDE DER LIBERALEN DEMOKRATIE?

**Die Feinde der Freiheit
haben die Klimakrise entdeckt**

novum ◢◣ premium

Dieses Buch ist auch als
e-book
erhältlich.

w w w . n o v u m v e r l a g . c o m

© 2023 novum Verlag

ISBN 978-3-99130-255-1
Lektorat: Dr. Annette Debold
Umschlagfoto:
Lane Erickson | Dreamstime.com
Umschlaggestaltung, Layout & Satz:
novum Verlag
Innenabbildungen:
siehe Bildunterschriften
Autorenfoto: Norbert Patzner

Die vom Autor zur Verfügung ge-
stellten Abbildungen wurden in der
bestmöglichen Qualität gedruckt.

www.novumverlag.com

Bibliografische Information
der Deutschen Nationalbibliothek:

Die Deutsche Nationalbibliothek
verzeichnet diese Publikation in
der Deutschen Nationalbibliografie.
Detaillierte bibliografische Daten
sind im Internet über
http://www.d-nb.de abrufbar.

Climate neutral
Print product
ClimatePartner.com/16547-2201-1002

ZUM TITEL

Demokratie ist keine Selbstverständlichkeit und schon gar nicht so etwas wie eine natürliche Ordnung. Heute leben weniger als 10 % der Menschen in sog. gut funktionierenden Demokratien. Der Rest lebt in unvollständigen Demokratien oder in autoritären Staaten.

Auch wir dürfen uns nicht sicher sein. Mit Hinweis auf den drohenden Klimawandel meinte der deutsche Schriftsteller, Philosoph und Publizist Richard David Precht, *„an den ungerührten Fortbestand unserer liberalen Demokratien zu glauben ist illusorisch"*[1].

Was hat die Klimakrise mit unserer liberalen Demokratie zu tun? Dieser Frage ging der Autor nach und wurde fündig. Es gibt keinen Zweifel, der Angriff auf unsere liberale Demokratie ist in vollem Gange, die Feinde der Freiheit sind wieder – oder immer noch – aktiv.

Während Precht den Verlust der Freiheit befürchtet, verlangt eine der größten und einflussreichsten „wissenschaftlichen Einrichtungen" in Deutschland, die „Stiftung Wissenschaft und Politik" (SWP) eine mehr oder weniger autoritäre Führung:

> *„… nur ein wohlmeinender Diktator (benevolent dictator) oder eine mit starken Sanktionsinstrumenten ausgestattete Weltregierung könne das Klimaproblem angehen"*[2].

Das ist nur ein Beispiel. Der Autor hat eine beklemmende Zusammenstellung der Hintergründe und Ziele unserer „Feinde der Freiheit" erarbeitet und kam zu dem eindeutigen Ergeb-

---

1 STERN vom 24.10.2019, Seite 62
2 https://www.swp-berlin.org/fileadmin/contents/products/sonstiges/ Ausblick2016.pdf#page=47 (Seite 45)

nis, dass die „Klimakrise" der Vorwand ist, um Freiheitsrechte einzuschränken und darüber hinaus *„dauerhaft verlässliche Finanztransfers"* zu generieren[3].

Mächtige gesellschaftliche Gruppen, Ideologen, politische Organisationen, die Finanzindustrie und Wirtschaftskomplexe haben das Potential der Klimakrise entdeckt und festgestellt, dass *„die Welt jetzt vorbereitet"* ist und dass die Herrschaft einer *„intellektuellen Elite"* der *„Selbstbestimmung"* vorzuziehen ist.

Auf keinen Fall – so das eindeutige Ergebnis dieser Dokumentation – ist die Rettung der Erde das Ziel. Die Ziele sind so vielfältig wie die Akteure.

Die Feinde der Freiheit sterben nie aus. Derzeit sind sie extrem munter.

Der Sachverhalt ist kompliziert. Um den Vorgang zu verstehen, müssen wir uns mit zahlreichen Themen beschäftigen.

---

3 ebenda

FÜR MEINE ENKEL

Ich wünsche, dass meine Enkel ohne Angst und Bevormundung in einer freiheitlichen Demokratie leben werden und voller Zuversicht verantwortungsvoll ihr Leben gestalten und meistern können.

DANK

Der Autor hat viele Jahre recherchiert und sich mit den zahlreichen Themen, die zum Komplex „Klimakrise" gehören, beschäftigt. Nur mit Hilfe vieler Gespräche und Mailkontakte mit einer großen Anzahl von Fachleuten aus Politik, Wissenschaft, Wirtschaft, Kirche oder Gewerkschaft konnte allmählich das Gesamtbild entstehen, das im vorliegenden Buch dargestellt wird.

All diesen Gesprächspartnern möchte der Autor für ihre freundliche Unterstützung danken. Oft waren es lange Gespräche oder längere Mailwechsel, manchmal war es nur ein Hinweis auf eine Literaturstelle.

Besonderer Dank gilt Steven Michelbach, der den komplexen Mechanismus des Klimageschehens verständlich darstellen kann. Herr Michelbach gab mir die entscheidende Sicherheit bei der Beurteilung der Fragwürdigkeit des „anthropogenen Klimawandels".

Hans Bauer hat sich die große Mühe gemacht, das Manuskript durchzuarbeiten. Hinsichtlich Gliederung, Setzung von Schwerpunkten oder Hinweisen auf mögliche Missverständnisse etc. gab Hans Bauer wertvolle Hinweise. Auch hierfür meinen besonderen Dank.

Mit Dank erinnere ich mich an meine Lehrer im Deutsch-Orden-Gymnasium in Bad Mergentheim in den 1950er Jahren. Sie gehörten zu der Generation, die die wohl dunkelste Zeit Deutschlands miterlebt und auch erlitten haben.

Sie wurden nicht müde, uns vor den Gefahren von „Zeitströmungen" zu warnen, sie wurden nicht müde, uns zu ermahnen, stets eine konstruktiv-kritische Haltung zu bewahren. Gustave Le Bons Buch „Psychologie der Massen" war damals Pflichtlektüre, das scheint heute nicht mehr der Fall zu sein.

Norbert Patzner, Dezember 2022

Hinweis:

Die Aktualität der Internetverweise wurde letztmals Ende November 2022 überprüft.

Das Problem scheint nicht neu zu sein:

Und die Jünger traten zu ihm und weckten ihn auf und sprachen: Herr, hilf uns, wir verderben!

Da sagte er zu ihnen: Ihr Kleingläubigen, warum seid ihr so furchtsam? Und stand auf und bedrohte den Wind und das Meer; da ward es ganz stille.

Matthäus 8,25

THEMENVERZEICHNIS

VORBEMERKUNG

Es vergeht kein Tag, an dem wir nicht über die Presse, das Fernsehen, den Rundfunk oder über die sozialen Medien eine Nachricht bekommen, die im Zusammenhang mit dem „Klimaschutz" steht. Sehr oft werden auch die Begriffe „Klimakrise" oder „Klimakatastrophe" verwendet. Es scheint dramatisch zu sein: Die Erde erhitzt sich, ja sie verbrennt sogar.

Das Problem wird wie folgt beschrieben: Um unseren Energiebedarf zu decken, nutzen wir in erster Linie „fossile Energieträger", d. h. Kohle, Erdöl oder Erdgas. Bei der Verbrennung dieser Stoffe entsteht Kohlendioxyd (CO_2), welches das Klima auf der Erde nachteilig beeinflussen soll. Das CO_2 bewirke einen Treibhauseffekt, so dass es immer wärmer auf der Erde wird – mit apokalyptischen Folgen.

Die Erde hat sich schon um etwa ein Grad Celsius erwärmt. Wissenschaftler warnen vor einer Erwärmung um 4 oder gar 5 °C, sogar die Zahl 12 °C (!)[4] ist genannt worden – es sei denn, wir handeln entschlossen – und das sofort.

Es gibt aber noch mehr Grund zur Beunruhigung und Anlass für Handeln:

Es wird beklagt, dass seit Beginn der Industrialisierung immer mehr Menschen auf der Erde leben, die immer mehr Rohstoffe verbrauchen, immer mehr Energie verbrauchen, immer mehr Flächen versiegeln, immer mehr Abfall produzieren, immer mehr die Umwelt verschmutzen, die Meere mit Plastikabfall füllen, die Natur zurückdrängen, den Lebensraum von Tieren

---

4 Interview mit der Deutschen Welle am 15.3.2017 http://www.dw.com/
en/schellnhuber-scientists-have-to-take-to-the-streets-to-counter-
climate-denial/a-37947164

und Pflanzen einengen oder entziehen. Der Mensch überlastet die Erde auf vielfältige Weise, wir zerstören die Umwelt, wir steuern auf ein Ende der Ressourcen hin, auf eine Unbewohnbarkeit der Erde. Es heißt: „Wir leben so, als hätten wir mehrere Erden."

Der enorme globale Wirtschaftsaufschwung nach dem Zweiten Weltkrieg bescherte tatsächlich gravierende Umweltfolgen. Davon waren offensichtlich zahlreiche Forscher so beeindruckt, dass sie sich von „neo-malthusianischen Zukunftsängsten" leiten ließen. Deutlich war ihre Angst, der Mensch könne nicht nur die Umwelt verschmutzen und die Rohstoffe ausbeuten, er könne sogar das Klima beeinträchtigen. Jedenfalls ist es deutlich, dass es zahlreiche Wissenschaftler gab, deren Sorge groß war und die sich davon in ihrer wissenschaftlichen Arbeit beeinflussen ließen.

Weitgehend unbestritten ist die Erwärmung der Erde seit etwa 200 Jahren um etwas mehr als 1 °C. Uneinig ist man sich aber, ob diese Erwärmung „anthropogen" ist, also vom Menschen verursacht wurde oder ob es dafür natürliche Ursachen gibt, oder überwiegend natürliche Ursachen.

Es gibt diese Auseinandersetzung. Dennoch ist die Behauptung, der Mensch sei für die zu beobachtende Erderwärmung durch die Nutzung fossiler Energieträger verantwortlich, zum Dogma geworden. Wer dem widerspricht, der wird nicht ernst genommen, der wird gesellschaftlich ausgegrenzt, ja er wird sogar verachtet, weil er den Ernst der Lage nicht erkennen will und damit die zur Rettung der Erde notwendigen Maßnahmen hintertreibt.

Diese Dogmatisierung und die daraus abgeleiteten Handlungsmaximen stellen eine gefährliche Entwicklung dar. Es kann keinen Zweifel geben, dass die ursprüngliche Vermutung von Wissenschaftlern, der Mensch würde das globale Klima verändern, dazu benutzt wird, wirtschaftliche und/oder politische bzw. ideologische Interessen durchzusetzen.

Wir haben es mit einer unheilvollen Wechselwirkung von Wissenschaft und Lobbyismus zu tun.

Tatsächlich haben wir einen „Wissenschaftsstreit", der aber in der Öffentlichkeit nicht wahrgenommen wird:

Befürworter der „anthropogenen" These verweisen auf eine Korrelation der globalen Temperaturentwicklung und der Zunahme des CO_2 in der Atmosphäre seit dem Beginn der Industrialisierung, d.h. seit der vermehrten Nutzung fossiler Energieträger.

Kritiker dieser Auffassung behaupten, dass in erster Linie die variierende Strahlungsintensität der Sonne hierfür verantwortlich sei und die CO_2-Konzentration in der Atmosphäre nur marginalen Einfluss auf das Klima habe – wenn überhaupt. Schließlich war die globale Temperatur im Lauf der Erdgeschichte immer mehr oder weniger regelmäßigen Schwankungen unterworfen.

Streit unter Wissenschaftlern ist nicht ungewöhnlich, das gibt es auf allen Feldern der Wissenschaft, er gehört zwingend zur Dialektik des wissenschaftlichen Fortschritts. Ungewöhnlich ist im vorliegenden Fall, dass in der Öffentlichkeit der Eindruck entstanden ist, dass es hier diesen Streit nicht gäbe, weil sich alle einig seien. Richtig sei allein die „anthropogene These": Der Mensch ist schuld. Die wenigen, die anderer Meinung seien, irren eben. Man hört auch immer wieder „science is settled" (Es gibt nichts mehr zu diskutieren) – eine derartige Aussage ist extrem unwissenschaftlich – Wissenschaft ohne Diskussion ist keine Wissenschaft.

Doch der Begriff „Wissenschaftsstreit" trifft den Sachverhalt nicht ganz. Es gibt keine einzige wissenschaftlich fundierte und ernst zu nehmende Arbeit, die den „anthropogenen Klimawandel" nahelegt. Der Zusammenhang CO_2-Klima war eine Vermutung, und um diese Vermutung zu bestätigen, hat man Computermodelle entwickelt, die notwendigerweise vereinfacht und unvollkommen sind und die auf der Basis von Wirkzusammenhängen aus der Mitte des vergangenen Jahrhunderts fußen. Die Modelle antizipieren einen Zusammenhang zwischen anthropogener CO_2-Emission und Erdtemperatur, obwohl genau dies höchst umstritten und unwahrscheinlich ist. Dabei ist man sich dieser Unsicherheiten voll bewusst. Man gibt offen zu: „Die Modelle sind nicht perfekt", oder spricht – selbstironisch (!) – von einem „Blick in die Glaskugel".

Es gibt weder theoretische noch experimentelle Nachprüfungen. Es gibt aber Falsifizierungen.

Es handelt sich eher um einen Phantomstreit. Im Raum steht eine Vermutung, nicht einmal eine wissenschaftliche These. Kritiker der Klimaschutzpolitik kämpfen somit gegen ein Phantom, was bekanntlich besonders schwierig ist.

Der Autor beschäftigt sich seit vielen Jahren mit diesem Themenkomplex und ist zu der Überzeugung gekommen, dass es sehr große Zweifel an der Richtigkeit der „anthropogenen" Klimathese gibt und dass demgegenüber die Auffassung, die wechselnde Sonnenaktivität sei maßgeblich für Klimaschwankungen und Klimaänderungen, wesentlich überzeugender und auch plausibel ist.

Es ist sicher, dass die derzeitige dominierende Wissenschaftsbehauptung vom „anthropogenen Klimawandel" mit hoher Wahrscheinlichkeit einer der größten Wissenschaftsirrtümer der Menschheit ist.

Die Wissenschaft hat sich schon oft geirrt – und auch korrigiert. Hier wird aber der Wissenschaftsirrtum bewusst zementiert und missbraucht. Für die dazu notwendigen Desinformationsprozesse wurden Milliarden USD investiert.

Die Klimapolitik Deutschlands führt in die Katastrophe!

Die Feststellungen des Autors werden auf allergrößten Widerstand treffen. Es ist aber offensichtlich, dass unsere Politik auf einen gefährlichen Pfad geraten ist und die Zukunft der kommenden Generationen in höchstem Maß gefährdet.

Der Autor macht den Versuch, die Kräfte in Politik, Wirtschaft, Wissenschaft und Gesellschaft zu benennen, die zur Dogmatisierung dieses Wissenschaftsirrtums geführt haben, und hat dabei die „Interessengemeinschaft Klimaschutz" identifiziert, wohl eine der mächtigsten Lobbykomplexe aller Zeiten.

Jeder in Verantwortung stehende Politiker spricht die Eidesformel:

„Ich schwöre, dass ich meine Kraft dem Wohle des deutschen Volkes widmen, seinen Nutzen mehren, Schaden von ihm wenden, …"

Gegen diesen Eid verstoßen seit Jahren alle Minister und Ministerinnen, die ehemalige Bundeskanzlerin und der jetzige Bundeskanzler. Alle sind nachweisbar informiert, dass die These vom „anthropogenen Klimawandel" falsch ist, zumindest höchst zweifelhaft.

Dass sie unter den Druck von Lobbygruppen geraten sind, ist keine Entschuldigung – jeder Politiker kann, wenn er meint nicht mehr frei zu sein, freiwillig zurücktreten. Wenn er es dennoch nicht tut, dann trägt er die Verantwortung.

Der Wissenschaftsirrtum wird von vielen Gruppen missbraucht, und zwar nicht nur um wirtschaftlichen Nutzen daraus zu ziehen, sondern auch um die Machtverhältnisse in unserer Gesellschaft zu verschieben. Die Warnung des ehemaligen tschechischen Ministerpräsidenten Václav Klaus wird voll bestätigt:

„Nicht das Klima ist bedroht, sondern unsere Freiheit."[5]

Dass Angriffe auf unsere Freiheit zumindest in Vorbereitung sind, wird anhand zahlreicher Dokumentationen gezeigt. Es ist schwer, dies zu glauben. Aber wir haben es uns auch nicht

---

5 Vaclav Klaus, Blauer Planet in grünen Fesseln – Wien 2007

vorstellen können, dass im 21. Jahrhundert ein Krieg des 19. Jahrhunderts geführt wird. Die alten Denkmuster sterben eben nicht aus.

Genauso können wir es uns nicht vorstellen, dass es Kräfte gibt, die sich nach feudalistischen Strukturen vergangener Zeiten zurücksehnen.

In einer wohl einmaligen Spirale aus wissenschaftlichem Sendungsbewusstsein, Sensationsgier der Medien, wirtschaftlichen, ideologischen und politischen Gruppeninteressen sowie bewusster Propaganda wurde der vom „Mensch verursachte Klimawandel" – kurz – die „Klimakatastrophe" – zum alles beherrschenden Thema und zum heiligen Dogma.

Um dieser angeblich drohenden Klimaentwicklung mit gefährlichen Kipppunkten entgegenzutreten, muss der Mensch sofort und entschlossen handeln. In diesem Prozess befinden wir uns bereits seit etwa 30 Jahren und greifen zu CO_2-vermeidenden oder CO_2-sparenden Technologien. Obwohl der bisherige Erfolg der in diesem Zusammenhang stehenden „Energiewende" ernüchternd bis kläglich ist, wird eine „Verstärkung der Anstrengungen" verlangt. Die Billionen-Aufwendungen hierfür sind gewaltig und werden ungeniert und erfreut mit „Umverteilungen" bezeichnet.

Dabei geht es um ein riesiges Bündel von technischen Maßnahmen und Verhaltensänderungen der Menschen. Der Überbegriff hierfür heißt „Transformation" und wird dazu führen, dass in alle Bereiche von Wirtschaft und Gesellschaft fundamental eingegriffen werden muss. Ein Schlüsseltext lautet wie folgt:

... es „müssen Produktion, Konsummuster und Lebensstile so verändert werden, dass die globalen Treibhausgasemissionen im Verlauf der kommenden Dekaden auf ein absolutes Minimum sinken und klimaverträgliche Gesellschaften entstehen können. Das Ausmaß des vor uns liegenden Übergangs ist kaum zu überschätzen. Er ist hinsichtlich der Eingriffstiefe vergleichbar mit den beiden fundamentalen Transformationen der Weltge-

schichte: der Neolithischen Revolution, also der Erfindung und
Verbreitung von Ackerbau und Viehzucht, sowie der Industriel-
len Revolution ...[6]

Das ist gewaltig. Was wir bereits jetzt sicher wissen, ist, dass die „Transformation" sehr viel Geld kosten wird. Allein Deutschland hat bis heute etwa 1,5 Billionen € ausgegeben, um Windräder, Solaranlagen, Gebäudedämmung, E-Mobilität, Biogasanlagen etc. zu finanzieren. Insgesamt wird mit 5–7 Billionen € gerechnet, das ist etwa das Doppelte eines Jahresbruttosozialprodukts Deutschlands, d. h., wir werden bis ca. 2050, wenn die Transformation abgeschlossen sein soll, etwa 2 Jahre nur für die „Transformation" gearbeitet haben.

Diese politische Weichenstellung schadet unserer Wirtschaft und Gesellschaft. Es ist mehr als unverhältnismäßig, laufend 5 % des Bruttosozialprodukts[7] oder sogar mehr für Klimaschutzmaßnahmen auszugeben, obwohl die wissenschaftliche Basis mehr als dünn ist, und, wie wir sehen werden, sind die Maßnahmen hinsichtlich der gewollten Wirkung völlig ungeeignet.

Global wird von 100 Billionen US-Dollar gesprochen, mehr als die gesamte Menschheit in einem Jahr erwirtschaftet!

Die Kritik an der derzeitigen Klimapolitik, die nicht selten auch Umweltpolitik genannt wird, darf auf keinen Fall dahingehend missverstanden werden, Umweltpolitik würde vom Autor abgelehnt oder gering geschätzt werden. Allerdings: Umweltschutz muss entideologisiert und entinstrumentalisiert werden. Es ist nicht Gegenstand dieses Buches darzustellen, wie richtiger Umwelt-, Natur- und Artenschutz zu gestalten ist.

Es geht nicht, Umweltschutz und Klimaschutz nach dem Motto zu betreiben „Erst die Erde, dann der Mensch" oder den Mensch

---

6 „Welt im Wandel – Gesellschaftsvertrag für eine große Transformation". Herausgeber: Wissenschaftlicher Beirat der Bundesregierung Globale Umweltveränderungen. (WBGU) Vorsitzender: Prof. H. J. Schellnhuber. Berlin 2011, Seite 5
7 Vgl. „ökonomischer Wahnsinn"

a priori als „Krebsübel" zu bezeichnen, der besser nicht existieren sollte. Es gilt: „Erde und Mensch". Der Mensch kann nicht ohne intakte Natur leben, andererseits hat der Mensch seit seiner Existenz in die Natur eingegriffen und hat ebenfalls ein Recht auf „menschliches" Leben.

Industrielle Tätigkeit schließt einen nachhaltigen Umweltschutz nicht aus. Aber er kostet Geld und verlangt intelligente Maßnahmen. Abwasserreinigung, Müllbeseitigung/Wiederverwendung, Luftreinhaltung, Bodenreinhaltung etc. sind nicht zum Nulltarif zu bekommen. Das heißt, wir müssen so selbstverständlich wie für Bildung, Sicherheit, Infrastruktur, Altersversorgung, Gesundheit etc. auch Teile unseres Bruttosozialproduktes für Umweltschutz ausgeben. Das funktioniert bei uns und in den sog. wohlhabenden Ländern eigentlich ganz gut. Wir übersehen aber, dass viele Länder mit Milliarden von Einwohnern sich „Umweltschutz" gar nicht leisten können – wir leisten uns z. B. den „gelben Sack". In vielen Ländern wird der durch die Flüsse – als Transportmittel – und das Meer – als Endlager – ersetzt, das ist bedrohlich.

Nur vor CO_2 brauchen wir uns nicht zu fürchten.

Ohne Übertreibung können wir behaupten: „Klimaschutzpolitik" dürfte wohl historisch zu einer der größten kollektiven gesellschaftlichen Fehlleistungen in der Menschheitsgeschichte gehören.

Es stellt sich daher die Frage:

Wie konnte das geschehen?

Im Zusammenspiel von Wissenschaft, Politik, Medien, Wirtschaft und Gesellschaft ist in den vergangenen Jahrzehnten etwas schiefgelaufen.

In den beiden ersten Kapiteln wird versucht darzustellen, dass die wissenschaftlichen Grundlagen des „anthropogenen Klimawandels" äußerst fragwürdig und widersprüchlich sind, und gleichzeitig wird dargelegt, dass die ergriffenen Klimaschutz-maßnahmen in der Summe unwirksam sind, Volksvermögen vernichten und die Natur zerstören. Zumindest hofft der Autor, Zweifel zu wecken. Das Fazit:

Eine nach den Regeln der Wissenschaft unhaltbare These, nämlich die These vom menschengemachten Klimawandel, wird zur Grundlage von Billionen-teuren Maßnahmen, die hinsichtlich des gesetzten Ziels gar keine Wirkung haben, die aber geeignet sind, ganze Volkswirtschaften zu destabilisieren – mit unkalkulierbaren Folgen.

Die These ist zum Dogma geworden und darf nicht in Frage gestellt werden.

Hinter „Klimaschutz" steht eine äußerst heterogene Interessens-Allianz: Ideologen, Wissenschaftsfanatiker, Finanzindustrielle, Oligarchen, Systemüberwinder, jakobinische Weltretter, Gutmenschen, Philanthropen und Mystiker. Schlagzeilenverliebte Journalisten und ehrgeizige (auch gekaufte?) Wissenschaftler bilden den Humus für das notwendige Wachstum der „Klimakatastrophe". Und das Ganze wird dann noch vermischt mit archaischen Urängsten und Schuldkomplexen.

Alle bedienen sich einer irrtümlichen Wissenschaftsthese und sorgen dafür, dass diese These nicht hinterfragt werden darf. „Klimaschutz" ist zu einer Allzweckwaffe geworden. Milliarden von Dollar werden zur Aufrechterhaltung und Verbreitung des Wissenschaftsirrtums eingesetzt.

Es gibt nur eine Hoffnung, das Zerstörungswerk der unheiligen Allianz der Profiteure des Klimaschutzes zu beenden: Die Bürger müssen erkennen, dass „Klimapolitik" einzig im Dienst von Interessen ist.

Welche Interessen stecken
hinter Klimaschutz?

Cui bono?

Am Anfang stand eine – zulässige – Vermutung: Könnte es sein, dass der Mensch durch seine Art des Wirtschaftens das Gleichgewicht der Erde stört? Noch nie gab es so viele Fabriken mit rauchenden Schornsteinen, noch nie gab es so viel verschmutzte Flüsse, Smog in der Luft ... Und gleichzeitig verspüren wir eine Erwärmung! Das war gegen Ende des 19. Jahrhunderts, als die Industrialisierung allmählich in Fahrt kam, und ebenso nach Ende des Zweiten Weltkrieges, als die Industrialisierung sich weltweit verbreitete.

Die „industrielle Revolution" oder die „große Transformation"[8] wird uns noch viel beschäftigen. Offenbar hat der Mensch Probleme bei der Bewältigung dieses wohl einmaligen Vorgangs in der Menschheitsgeschichte – bis heute.

Was das tägliche Leben des Menschen in den Industrieländern betrifft, so ist in den vergangenen 150 Jahren wohl kein Stein auf dem anderen geblieben.

Auch die Gesellschaft hat sich geändert. Die festgefügten feudalen Strukturen gehören der Vergangenheit an. Die Aufklärung, der Aufstieg des Bürgertums und das Entstehen einer breiten selbstbewussten Bevölkerung führten zu demokratischen Verhältnissen, zumindest in den Industrieländern Europas und Nordamerikas.

Demokratie ist wahrscheinlich für alle Beteiligten die schwierigste Regierungsform: Die Regierenden müssen sich regelmäßig zur Wahl stellen und laufen Gefahr, in Pension geschickt

---

8 Der Begriff „große Transformation" wurde 1944 von dem ungarisch-amerikanischen Wirtschaftswissenschaftler Karl Polanyi geprägt. Er bezeichnet so die industrielle Revolution bzw. den Übergang von der Agrar- zur Industriegesellschaft.

zu werden. Und die Regierten müssen immer auf der Hut sein, dass nicht irgendwelche Kräfte darauf lauern, „die Macht zu übernehmen".

Es gilt:

„Wer in der Demokratie schläft,
wacht in der Diktatur auf."

Unbekannter Autor

Wir sprechen immer wieder davon – mehr in abstrakter Weise –, dass wir unsere Freiheit verteidigen müssen, wir sprechen auch von den Feinden der Freiheit, die angeblich überall lauern.

Aber was wäre, wenn diese Feinde bereits mitten unter uns sind und wir sie nur nicht erkennen können, weil sie sich verkleidet haben, weil sie sich als Philanthropen bezeichnen, weil sie behaupten, sie wollten uns helfen – ja sie wollen sogar die Welt retten – zumindest verbessern.

KAPITEL 1

Zweifel am „anthropogenen Klimawandel"

Klimaänderungen gehören zum
Alltag der Erdgeschichte

Klimaänderungen und Klimaschwankungen gehören zum Alltag der Erdgeschichte. Es dürfte Einigkeit bestehen, dass der Mensch bisher daran keinen Anteil hat, es müssen also natürliche Ursachen für diese Ereignisse gewesen sein. Schwieriger ist manchmal die Frage zu beantworten, ob die beobachteten Klimaänderungen global sind oder ob es nur regionale Verschiebungen sind.

Manche Temperaturänderungen betrugen immerhin ca. 10 °C – unvorstellbar groß, das waren dann „Klimaänderungen" – z. B. das Ende der letzten Eiszeit vor ca. 11 000 Jahren mit etwa 5 °C, aber dennoch hat das „Leben" auf der Erde diesen Änderungen getrotzt. Es sind zwar immer wieder Tiere oder Pflanzen ausgestorben, aber neue sind dazugekommen, und andere haben sich offenbar an die Änderungen angepasst.

Selbst der Mensch und seine Vorfahren, die Primaten, scheinen ebenfalls unbeschadet die Klimaänderungen überstanden zu haben.

Für uns erscheinen globale Temperaturänderungen von 10 °C unvorstellbar. Physikalisch gesehen ist das aber sehr, sehr wenig. Der Thermostat der Erde arbeitet sehr präzise. 10 °C (10 Kelvin) entsprechen einer Temperaturabweichung von 3,5 %[9].

Allerdings handelt es sich dabei um Durchschnitttemperaturen der Erde. Die Temperaturunterschiede auf der Erde betragen etwa 150 °C, d. h., es gab sicher immer noch eine ausreichende Zahl von Orten auf der Erde, wo Pflanzen und Tiere gedeihen konnten. Das Geheimnis für das Überleben dürfte damit auch im Bereich der „Wanderungen" gelegen sein.

In den letzten 10 000 Jahren, nach der letzten Eiszeit schwankte die Temperatur immerhin noch um plus/minus

---

9 Temperaturen müssen physikalisch gesehen immer in Kelvin gemessen werden. 0 Kelvin = -273,3 °Celsius

ein Grad Celsius. Auch in den letzten 1000 Jahren können wir derartige „Klimaschwankungen" beobachten.

Die unterschiedlichen Klimaperioden sind nachgewiesen durch historische Berichte und durch sog. Proxidaten, das sind Spuren in fossilen Relikten.

Dort, wo Ötzi starb, war zumindest damals vor ca. 4500 Jahren kein Gletscher, der bildete sich erst danach und konservierte seinen Körper.

Wir wissen, dass es etwa um Christi Geburt eine Warmzeit gab. Hannibal wäre sonst mit seinen Elefanten kaum über die Alpen gekommen. Den Römern war es möglich, bis nach England vorzudringen.

Um das Jahr 350 wurde die Warmzeit durch eine Kaltzeit abgelöst. Die sinkenden Temperaturen in Nordeuropa veranlassten die Germanen vor allem in Skandinavien, in den Süden zu ziehen. Die im Jahr 375 beginnende Völkerwanderung war eine eindeutige Reaktion auf die beginnende Kaltzeit.

Diese Kaltzeit dauerte rund 400 Jahre und endete etwa um 800. Eine neue Warmzeit begann, die es den Wikingern ermöglichte, Grönland – „Grünland" – zu besiedeln und von dort aus unter Leif Eriksson im Jahr 992 Nordamerika zu besuchen, von dem er durch einen Händler gehört hatte. Eriksson landete im heute kalten Neufundland und fand dort wilden Wein vor, so dass er den Landstrich Vinland nannte. Während dieser warmen Periode wuchsen im Rheinland Feigen und Oliven, während am Niederrhein und in England Wein angebaut wurde. Die mittelalterliche Warmzeit war auch eine Zeit der kulturellen Blüte – wie alle Warmzeiten.

Wir kennen die berühmten Winterbilder von Pieter Bruegel d. Ä. Verschneite Landschaften, schlittschuhlaufende Kinder auf der Schelde. Wenn Bruegel heute leben würde, könnte er wohl kaum derartige Bilder malen. Wir verdanken also die Bilder der „kleinen Eiszeit", die etwa im 15. Jahrhundert einsetzte und bis Anfang des 18. Jahrhunderts dauerte. Die „kleine Eiszeit" war auch eine Periode des Hungers, der Pest, der Kriege.

Heute befinden wir uns in der Phase der Rückerwärmung von dieser „Kaltzeit".

Wir fassen zusammen:

» Das globale Klima auf der Erde war nie konstant. Wir stellen größere Klimaänderungen fest, der letzte Temperatursprung mit ca. 5 °C war vor gut 10 000 Jahren.
» Seitdem verzeichnen wir moderate Klimaschwankungen mit Abweichungen von einem Mittelwert in Höhe von ca. 1 °C nach oben oder unten.
» Die Klimahistorie zeigt, dass sowohl Änderungen als auch Schwankungen gewissen Zyklen folgen.
» Wir schließen aus, dass der Mensch die historischen – globalen und regionalen – Klimaänderungen und Klimaschwankungen zu verantworten hat.

Nun gibt es eine Befürchtung:

Mit der „industriellen Revolution", die mit der Erfindung der Dampfmaschine möglich wurde und etwa Mitte des 19. Jahrhunderts eingesetzt hat, sind für jedermann sichtbar auf der ganzen Erde deutliche Spuren menschlicher Aktivitäten. Die Folgen dieser Aktivitäten führen zu einer offensichtlichen „Belastung" der Erdoberfläche, der Ozeane und der Atmosphäre. Wir fassen all dies mit „Umweltverschmutzung" zusammen. Da der derzeitige beobachtete Temperaturanstieg zeitlich in etwa mit dem Beginn der „industriellen Revolution" zusammenfiel, äußerten viele aufmerksame Beobachter einen möglichen Zusammenhang zwischen „Umweltbelastung" und „Klimaerwärmung".

Diese Vermutung oder Befürchtung ist vor gut 120 Jahren erstmals von dem schwedischen Forscher Svante Arrhenius (1859–1927) geäußert worden, und er hat auch die Theorie mitgeliefert. Arrhenius sah all dies nicht pessimistisch, im Gegenteil, er freute sich „unter einem wärmeren Himmel" zu leben. Damals war tatsächlich ein – hochwillkommener – Wärmeschub in Skandinavien festzustellen.

Arrhenius vermutete eine Zunahme der CO_2-Konzentration in der Atmosphäre aufgrund der einsetzenden Industrialisierung. CO_2 wird als „klimawirksam" eingeschätzt. Jahrzehnte später zeigten Messungen von Guy Stewart Callendar und David Keeling, dass die CO_2-Konzentration in der Atmosphäre tatsächlich signifikant zunahm.

In der Wissenschaft entwickelte sich in diesem Zusammenhang eine Diskussion, die nach dem Zweiten Weltkrieg eine besondere Dynamik erfuhr und die gegen Ende des 20. Jahrhunderts uns die „Klimakrise" oder auch die „Klimakatstrophe" bescherte.

Mit dieser „Diskussionsdynamik" werden wir uns ausführlich befassen.

Die Vermutungen:

» Die zunehmende Nutzung von fossilen Energieträgern (Kohle, Erdöl, Erdgas) erhöht die CO_2-Konzentration in der Atmosphäre.
» CO_2 ist klimawirksam, im Wege eines Treibhauseffektes wird die Erde erwärmt.
» Neben den natürlichen Ursachen für Klimaänderungen und Klimaschwankungen gibt es nun auch einen menschengemachten (anthropogenen) Anteil.

Die Frage lautet nun: Wie stark ist dieser anthropogene Klimaantrieb, ist er gar stärker als die natürlichen Ursachen? Führt er gar – wenn wir nicht gegensteuern – zu einer Überhitzung und Unbewohnbarkeit der Erde? Oder gibt es gar keinen anthropogenen Klimaanteil?

Es gibt Fragen und Streit:

» Was waren die Ursachen bisheriger Klimaänderungen bzw. Klimaschwankungen? War es die wechselnde Energielieferung von der Sonne oder waren es die wechselnden CO_2-Emissionen aufgrund vulkanischer Aktivitäten?

» Was treibt Klimaänderungen an?
» Gibt es eine Kausalität zwischen der Änderung der CO_2-Konzentration in der Atmosphäre und der Änderung der globalen Durchschnittstemperatur?
» Was sind die Ursachen der sich ändernden CO_2-Konzentration? Trägt der Mensch hierfür Verantwortung, oder handelt es sich um einen natürlichen Vorgang?

Die derzeit „herrschende Meinung" lautet:

» In erster Linie ist die CO_2-Konzentration in der Atmosphäre verantwortlich für das globale Klima.
» Der Mensch beeinflusst durch die Nutzung fossiler Energieträger die CO_2-Konzentration in der Atmosphäre.
» Eine weitere Nutzung fossiler Energieträger gefährdet die Menschheit.

Auf den folgenden Seiten sind verschiedene Darstellungen der globalen Temperaturänderungen aus verschiedenen Zeitperioden wiedergegeben. Alle diesbezüglichen Graphiken sind ähnlich und weichen wenig voneinander ab.

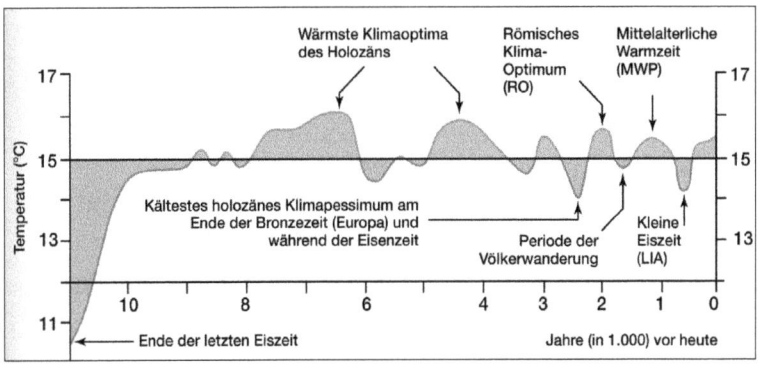

Abbildung 1: Temperaturänderungen seit Ende der letzten Eiszeit (Zeitraum 10 000 Jahre; Nachbildung)

Quelle: *https://www.science-e-publishing.de/project/lv-twk/002-holozaene-optima-und-pessima.html*

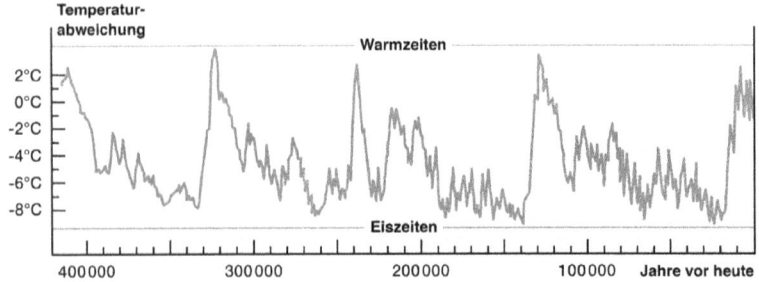

Abbildung 2: Temperaturänderungen der letzten 500 000 Jahre
Quelle: *https://kaltesonne.de/klima-zyklen-iv-die-milankovic-zyklen-uber-die-ursache-der-alle-100-000-jahre-aufgetretenen-warmzeiten/*

Was treibt Klimaänderungen an?

Am Anfang der Erdgeschichte – vor Entstehung des Lebens – hatten wir bezüglich Temperatur und Zusammensetzung der Atmosphäre noch „lebensfeindliche" Bedingungen. Erst allmählich änderten sich die (klimatischen) Randbedingungen, so dass erste Spuren von Leben in Form einzelliger Gebilde entstehen konnten. Der Weg bis zum Mensch war weit.

In dem Buch von Schönwiese „Klimatologie" (Stuttgart 1994, 2003) finden wir extraterrestrische als auch terrestrische Ursachen.

Er nennt die Änderung der Solarkonstanten, der Variation der Sonnenaktivität, der Rotation der Milchstraße, Gezeitenkräfte etc. Zu den terrestrischen Ursachen zählt er den Vulkanismus, die Kontinentaldrift, die Zusammensetzung der Atmosphäre, die Albedo (Rückstrahlung), ozeanische Zirkulationen etc. Es gibt also eine große Anzahl von Faktoren, die Klimaänderungen bewirken. Nur wenige dieser Faktoren kann der Mensch (in kleinen Grenzen) beeinflussen.

Dass wir in den letzten 1000 Jahren Klimaschwankungen hatten und derzeit eine Wiedererwärmung nach der kleinen Eiszeit, passt nicht so ganz in die Theorie vom „anthropogenen" Klimawandel. Deshalb gibt es eine weit verbreitete Darstellung der Klimaentwicklung der letzten 1000 Jahre. Diese Kurve suggeriert einen sehr linearen Verlauf bis etwa 1900. Die Kurve nennt man wegen ihrer Form die „Hockeyschläger-Kurve", sie wird auch nach ihrem Urheber „Mann-Kurve" genannt.

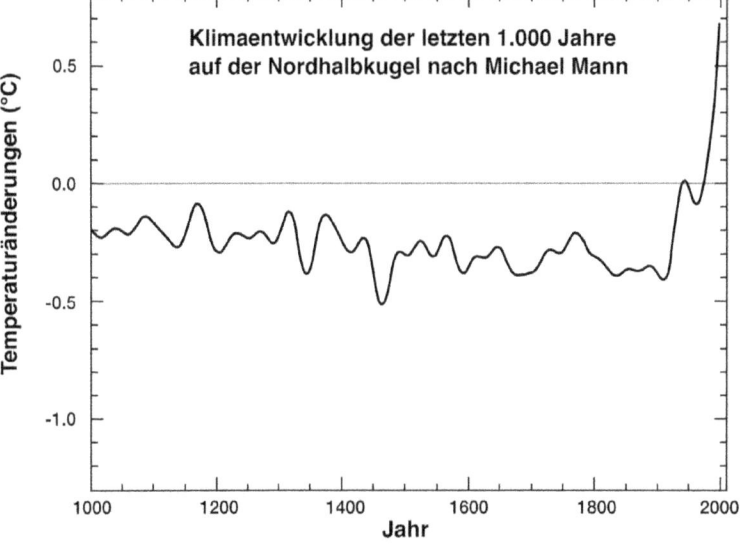

Abbildung 3: Hockeyschläger-Kurve (Nachbildung)
*https://www.ipcc.ch/site/assets/uploads/2018/03/WGI_TAR_full_*
report.pdf (Seite 3, Summary for Policy Makers)

Aus historischen Beschreibungen und Proxidaten wissen wir genau, dass wir in den letzten 1000 Jahren (wie auch zuvor) Klimaschwankungen hatten. Es gibt deutliche Hinweise, dass die „Hockeystick-Kurve" eine Fälschung ist, das hat sogar ein hohes Gericht in Kanada festgestellt. (vgl. „Wissenschaftler mit Sendungsbewusstsein und Glaskugeln"– Seite 149)

CO$_2$-Emission bzw. CO$_2$-Konzentration in der Atmosphäre und globale Durchschnittstemperatur – hängt das zusammen?

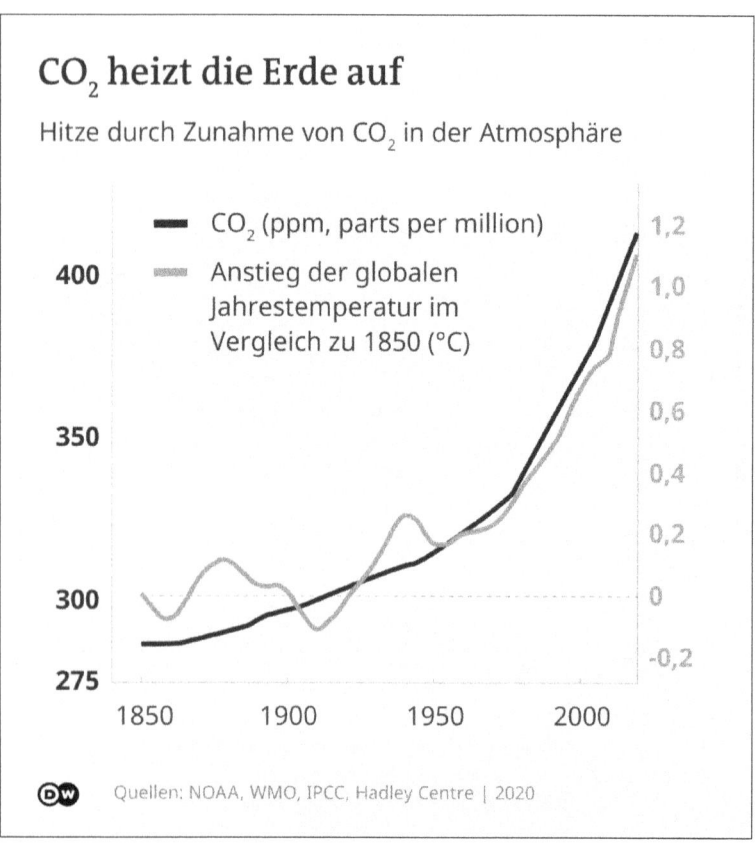

Abbildung 4: Korrelation zwischen globaler Temperaturänderung und CO$_2$-Konzentration

Quelle: https://www.dw.com/de/klimaschutz-wie-l%C3%A4sst-sich-co2-aus-der-atmosph%C3%A4re-entfernen-aufforstung-humus-biokohle-beccs/a-54639354

In der Darstellung in Abbildung 4 sind der globale Temperaturverlauf und die CO_2-Konzentration in der Atmosphäre seit 1850 bis heute dargestellt. Wir sehen hier durchaus einen gewissen Gleichlauf der beiden Kurven, allerdings nicht ganz ideal. Während die CO_2-Kurve immer steigend ist, zeigt die Temperaturkurve auch abfallende Phasen.

Dieser Gleichlauf wird als Beleg für einen kausalen Zusammenhang genommen.

Die Darstellung ist formal korrekt aber irreführend. In der Physik wird Temperatur immer in Kelvin gemessen, nie in Celsius. Der Gebrauch der Celsiusskala in der Wissenschaft ist völlig undiskutabel, weil der Nullpunkt in der Celsiusskala willkürlich verschoben ist (das gilt genauso für die Fahrenheit- und Réaumur-Skala). In der physikalisch richtigen Kelvin-Skala beträgt der Gefrierpunkt des Wassers 273,15 Kelvin, Wasser siedet bei 373,15 Kelvin. 0 Kelvin ist der absolute Nullpunkt der Temperatur, es gibt keine tiefere Temperatur.

Daraus ergibt sich: Die globale Durchschnittstemperatur hat sich in den letzten 200 Jahren etwa um 1 Kelvin erhöht, von 288 Kelvin (entspricht 15 °C) auf 289 Kelvin (entspricht 16 °C). Das entspricht einer Erhöhung um 0,34 %. Diese Schwankungsbreite (nach oben und unten) beobachten wir seit der letzten Eiszeit.

Die CO_2-Konzentration ist von 280 auf etwa 400 ppm gestiegen, das sind über 40 % (bezogen auf den Ausgangswert).

Damit sieht der Verlauf von Temperatur und CO_2-Konzentration (vgl. Abbildung 5) etwas anders aus.

Würde man die Solarstrahlung in einer entsprechenden Graphik darstellen, dann würde der Verlauf ähnlich wie der der Globaltemperatur aussehen: eine gerade Linie mit Abweichungen um 0,35 %.

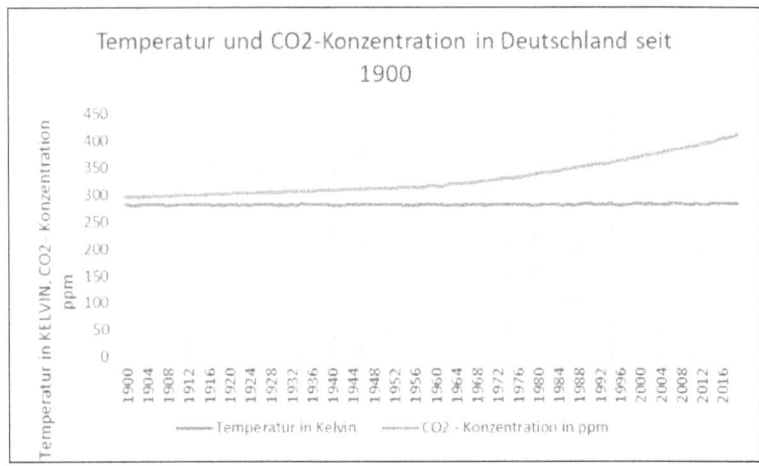

Abbildung 5: Entwicklung der CO_2-Konzentration und der Temperatur in Deutschland bei physikalisch korrekter Skalierung ohne Nullpunktunterdrückung

Graphik: Patzner

Dennoch, ein Zusammenhang zwischen CO_2-Konzentration in der Atmosphäre und globaler Temperatur kann dadurch nicht ausgeschlossen werden. Prinzipiell sind die Verläufe zwar gleichgerichtet, mit kleineren Einschränkungen. Die sog. Hebelwirkung – sollte eine Kausalität vorliegen – wäre dann allerdings extrem gering: 40 % Steigerung der CO_2-Konzentration bewirkt eine Temperatursteigerung von 0,34 %.

Aber es stellen sich weitere Fragen:

1. Wann begann die anthropogene CO_2-Emission?

Wenn wir den Beginn der Industrialisierung frühestens mit dem Jahr 1800 festlegen, dann hat es fast 100 Jahre gedauert, bis messbare CO_2-Mengen emittiert wurden. Diese Industrialisierung beschränkte sich in den ersten Jahrzehnten des 19. Jahrhunderts auf England und ergriff erst später auch den europäischen Kontinent.

Erst etwa 1910 betrug die Emission von anthropogenem CO_2 10 % der heutigen Emissionen. Dies ist ein Wert, der von keinem Klimaschützer als bedenklich betrachtet wird. Gegen Ende des 19. Jahrhunderts waren es gar nur 5 %, und bis etwa 1870 waren sie unbedeutend bzw. unmessbar. Dabei ist aber zu beachten, dass auch in vorindustrieller Zeit Kohle gewonnen – und verbrannt wurde. Seit mindestens 3000 Jahren. Die anthropogene CO_2-Emission war in geschichtlicher Zeit nie null. Erst ab etwa 1900 hat eine verstärkte anthropogene CO_2-Emission ihren Anfang genommen.

2. Wann begann die Erhöhung der globalen Temperatur?

Temperaturdaten findet man vereinzelt schon ab dem 17. Jahrhundert, flächendeckend aber erst etwa ab 1880. Dennoch zeigen diese noch lückenhaften Daten, dass der globale Temperaturanstieg spätestens in den Jahren 1820/1840 begonnen haben muss. (vgl. Abbildung 7). Die dort dargestellten Temperaturen stammen von Orten mit maritimen Klima. Ozeane haben eine wesentlich höhere Wärmekapazität als die Kontinente, und bestimmen damit die globale Durchschnittstemperatur. Wegen der Trägheit der Systeme muss die Ursache für diese Erwärmung aber schon weit früher liegen. Damit scheidet die anthropogene CO_2-Emission als Ursache für die Temperaturerhöhung im 19. Jahrhundert aus.

In diesen äquatornahen Bereichen liegt die regionale Temperaturerhöhung bis heute bei etwa 1,5 °C

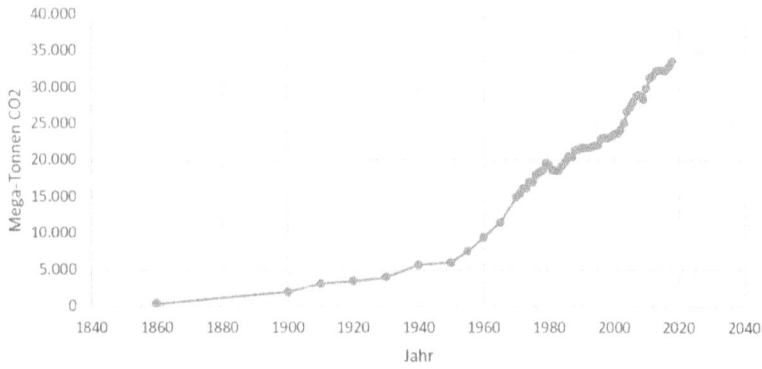

Entwicklung der CO2-Emissionen global seit 1860

Abbildung 6: CO$_2$-Emission seit 1860
Datenbasis: https://resourcewatch.org/dashboards/climate
Graphik: Patzner

Sicher ist, dass die CO$_2$-Konzentration in der Atmosphäre ebenfalls geschwankt hat.

Aus Eisbohrkernen und anderen fossilen Zeugnissen wissen wir, dass die CO$_2$-Konzentration in der Erdgeschichte großen Schwankungen unterworfen war, niemand behauptet, dass der Mensch darauf Einfluss hatte.

Abbildung 7: Klimadaten aus äquatornahen
maritimen Regionen (1820–2020)
Klimadaten aus dem Indonesischen Archipel,
dem Golf von Bengalen (Indien) und der Karibik belegen,
dass die Erwärmung der tropischen Ozeane schon um
1820/1840 begonnen hat. Eine dramatische Entwicklung im
20. Jahrhundert, ausgelöst durch CO$_2$, ist nicht zu erkennen.

Quelle: www.BerkeleyEarth.org
http://berkeleyearth.lbl.gov/locations/12.05N-92.05E
http://berkeleyearth.lbl.gov/locations/0.80N-103.66E
http://berkeleyearth.lbl.gov/locations/20.09N-75.07W

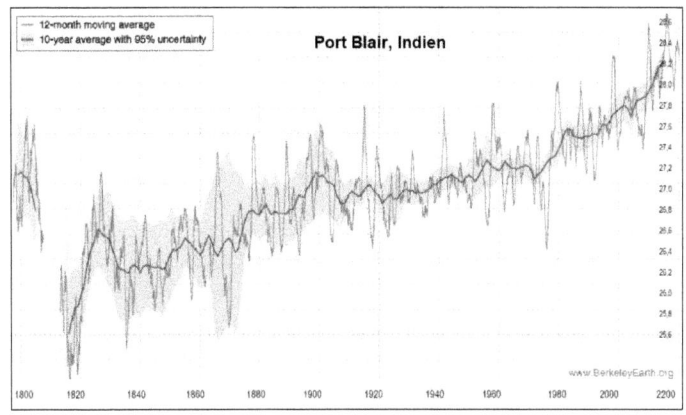

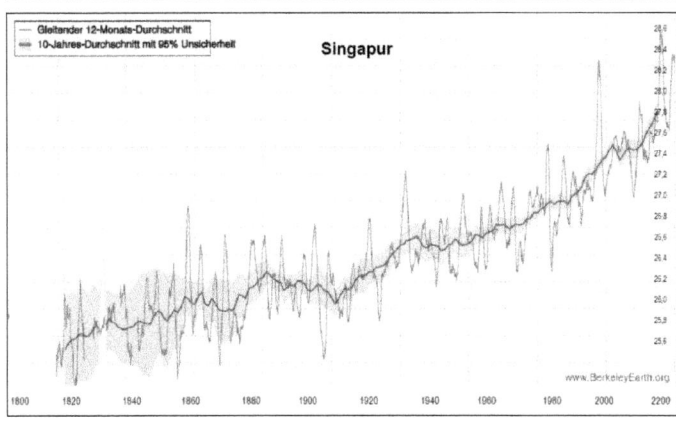

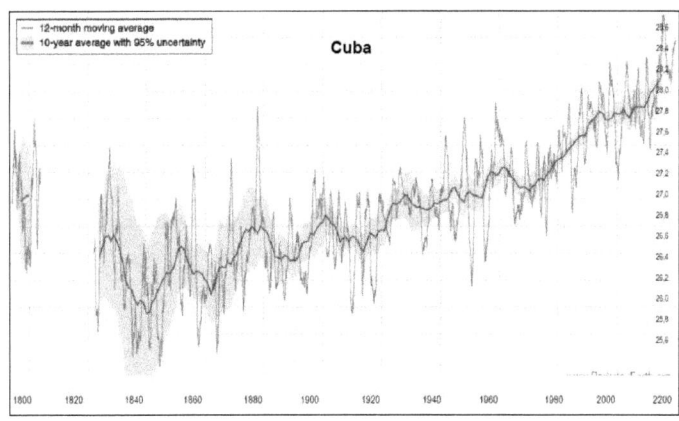

Gibt es eine Kausalität zwischen der Änderung der CO_2-Konzentration in der Atmosphäre und der Änderung der globalen Durchschnittstemperatur?

Hoch umstritten ist das Maß der „Klimawirksamkeit" von CO_2.

Einig ist man sich, dass das wichtigste „Gas" für den Wärmeschutz der Erde der Wasserdampf ist. Im Prinzip ist man sich auch einig, dass CO_2 klimawirksam ist, allerdings nicht über die Höhe und auch nicht über die physikalischen Wirkmechanismen.

In der „Klimaliteratur" wird die Klimasensitivität des CO_2 meist mit 1,5 bis 4,5 °C je Verdoppelung der CO_2-Konzentration angegeben. Das ist eine enorme Unsicherheitsspanne.

Moderne Klimaforscher gehen von einer Klimasensitivität von 0,5 bis 1,0 °C Temperaturerhöhung bei Verdoppelung der CO_2-Konzentration.

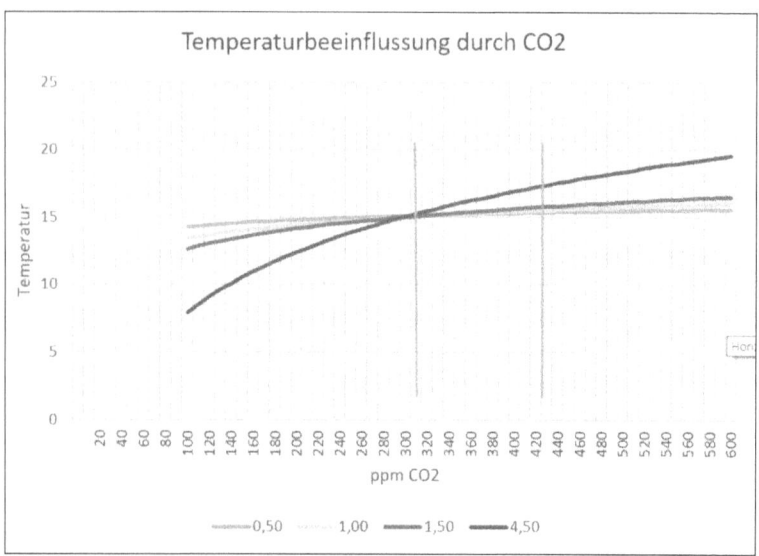

Beeinflusst der Mensch das Klima?

Seit der Mensch die Erde besiedelt, greift er in die Natur ein.

Er rodet Wälder, legt Sümpfe trocken, baut unterschiedliche Feldfrüchte an, leitet Flüsse um und begradigt sie, versiegelt Flächen, leitet Fremdstoffe in Boden, Grundwasser und Atmosphäre, er baut große Städte usw. ...

Das hat Konsequenzen.

Wenn z. B. die Oberflächenfarbe der Erde sich ändert, ändert sich auch die sog. Albedo, d. h., die Rückstrahlung der einfallenden Sonnenstrahlung. Wälder strahlen weniger zurück als helle Getreidefelder. Wir kennen das aus der Wirkung heller oder dunkler Kleidung.

Wenn z. B. Waldflächen durch Megacitys – praktisch Steinwüsten – ersetzt werden, dann wird es dort dank der Wärmekapazität des Betons deutlich wärmer.

Trockengelegte Sümpfe führen zu weniger Wasserverdunstung etc.

Doch all dies führt nur zu regionalen Klimaveränderungen, globale Veränderungen sind dadurch nicht erkennbar.

Abbildung 8: Klimawirksamkeit von CO_2
Die Realität liegt zwischen der roten und der gelben Kurve.
Die senkrechten Linien markieren die CO_2-Konzentration vor der Industrialisierung (dort wurde auch der Schnittpunkt der Kurven gelegt) und heute.
Graphik: Patzner

Was sind die Ursachen der gestiegenen CO_2-Konzentration? Trägt der Mensch hierfür Verantwortung, oder handelt es sich um einen natürlichen Vorgang?

Die vom Menschen durch die Nutzung fossiler Energieträger weltweit emittierten Mengen an CO_2 belaufen sich derzeit auf ca. 38 Milliarden Tonnen (38 Gigatonnen – Gto) – steigend – je Jahr. Diese Emission war in vorindustrieller Zeit wesentlich geringer, aber nie null.

Die Natur selbst erzeugt im Rahmen eines biochemischen Kreislaufs global ca. 800 bis 1000 Milliarden Tonnen CO_2 pro Jahr. Der Mensch hat hierauf keinen Einfluss, es sei denn, er hört auf zu atmen – das macht einige Tonnen aus (Svenja Schulze[10]: Jede Tonne ist wichtig!). Zusätzliche CO_2-Emissionen aus geochemischen Vorgängen wie z. B. Vulkanausbrüchen und tektonische Vorgänge können diese Mengen erheblich nach oben verändern.

Die anthropogenen Mengen belaufen sich also auf 4–5 % der biochemischen CO_2-Emissionen. Deutschland verantwortet davon etwa 2,5 %, d. h. global ca. 0,1 %.

Abbildung 9 zeigt die Hauptquellen der CO_2-Emissionen. In erster Linie sind es die riesigen Biomassen aus Mikroben und Insekten. Die Gesamtemission aus fossilen Energieträgern liegt deutlich unterhalb der Schwankungsbreiten bzw. Unsicherheiten der natürlichen Emissionen.

---

10 Ehemalige Umweltministerin

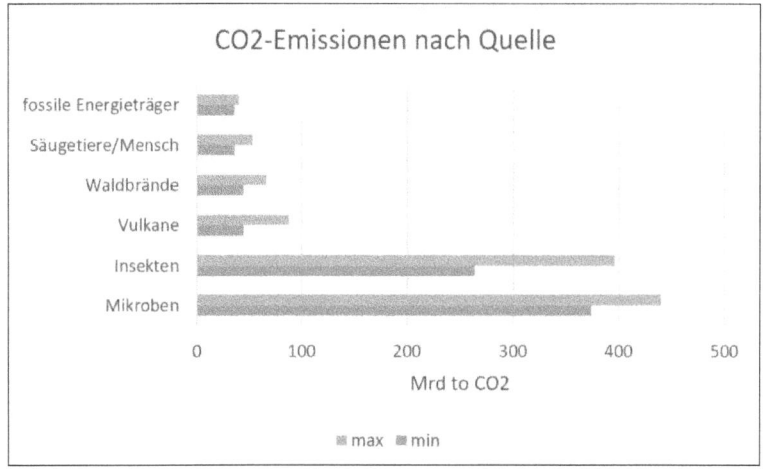

Abbildung 9: CO$_2$-Quellen
http://wattsupwiththat.com/2013/06/04/an-engineers-take-on-major-climate-change/#more-87577
Graphik: Patzner

Die in der Natur befindlichen CO$_2$-Mengen sind riesig.

Die Mengen sind unvorstellbar groß und werden wie folgt geschätzt:[11]

» ca. 150 000 Gto in den Ozeanen,
» ca. 40 000 Gto in den oberen Bodenformationen und
» ca. 3000 Gto in der Atmosphäre;

zusammen ca. 200 000 Gto. Nur 1,5 % des CO$_2$ befinden sich in der Atmosphäre.

---

11 https://de.wikipedia.org/wiki/Kohlenstoffdioxid_in_der_
Erdatmosph%C3%A4re#:~:text=Kohlenstoffdioxid%20(CO2)%2C%20
allgemeinsprachlich,betr%C3%A4gt%20etwa%200%2C06%20%25.
https://worldoceanreview.com/de/wor-1/meer-und-chemie/
kohlendioxidspeicher/
https://de.wikipedia.org/wiki/Kohlenstoffzyklus

Aus physikalischen Gründen müssen wir davon ausgehen, dass die CO_2-Konzentrationen in Atmosphäre und Ozeanen bei ansonsten gleichen Rahmenbedingungen in einem festen Verhältnis stehen (vgl. Kasten). Im Prinzip gilt das auch für die oberen Bodenformationen. Die Ausgleichsmechanismen sind hier womöglich langsamer.

In den Ozeanen befindet sich 50-mal so viel CO_2 wie in der Atmosphäre. Zusätzlich in die Atmosphäre emittiertes CO_2 geht also zum größten Teil in die Ozeane und nicht in die Atmosphäre.

Das gesamte, natürliche und anthropogene CO_2 wird in die Atmosphäre geleitet. Dort befinden sich aber „nur" ca. 3 000 Gigatonnen CO_2. Wenn jedes Jahr zusätzlich ca. 800 bis 1000 Gigatonnen CO_2 (also etwa 1/3 der Gesamtmenge in der Atmosphäre) aus natürlichen und anthropogenen Quellen hier hinzukommen, dann ist es schwer möglich, dass die CO_2-Konzentration in der Atmosphäre einigermaßen konstant bleibt. Wir können aber getrost die 150 000 Gigatonnen CO_2 der Ozeane als Puffer dazuzählen. Es gilt nämlich das „Henry'sche Gesetz". Das besagt, dass der Partialdruck eines Gases über einer Flüssigkeit direkt proportional zur Konzentration des Gases in der Flüssigkeit ist. Mit anderen Worten: Bei gleichen äußeren Bedingungen steht die Menge des Gases über der Flüssigkeit in einem festen Verhältnis zu der Menge des Gases, das in der Flüssigkeit gelöst ist. Ändern sich die äußeren Bedingungen, z. B. die Temperatur der Flüssigkeit oder der Druck über der Flüssigkeit, dann ändert sich auch das Mengenverhältnis.

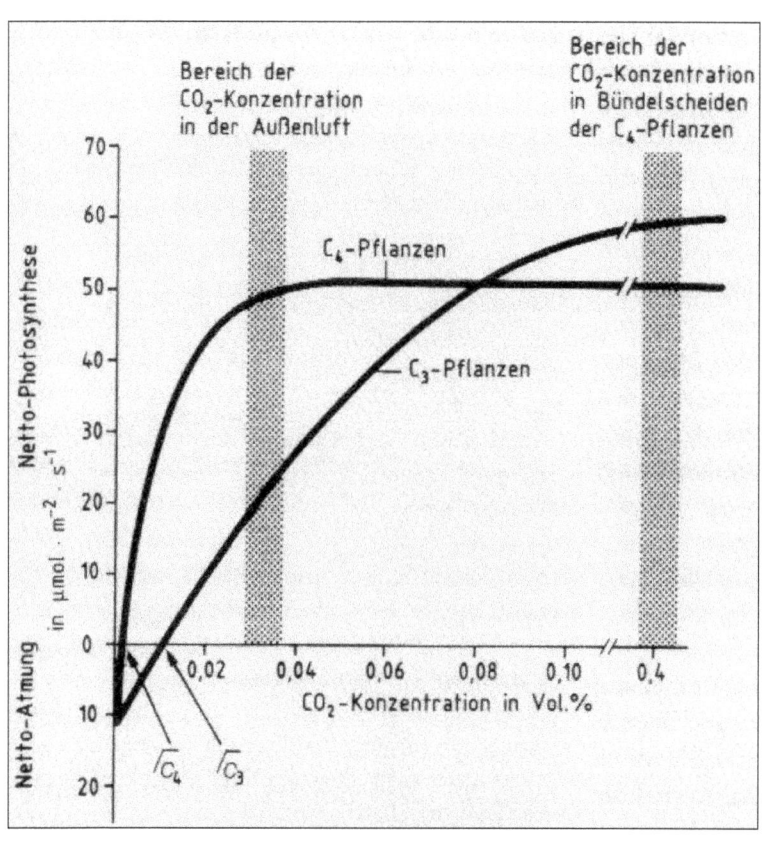

Abbildung 10: *Abhängigkeit der Umwandlungskapazität von CO_2 in O_2 und Biomasse durch Änderung der CO_2-Konzentration*[12]

Quelle: *Lüttge/Kluge/Bauer: Botanik, Weinheim 2005, Seite 473 Copyright Wiley-VCH GmbH. Reproduced with permission*

---

12 Man unterscheidet in diesem Zusammenhang zwischen C_3-und C_4-Pflanzen. Die meisten Pflanzen sind sog. C_3-Pflanzen.
Beispiele für C_3-Pflanzen: Weizen, Roggen, Hanf, Hafer, Reis und alle tropischen Waldbäume
Beispiele für C_4-Pflanzen: Mais, Zuckerrohr oder Hirse
Unter ca. 0,015 % CO_2-Konzentration hören die Pflanzen auf umzuwandeln. Wer also „CO_2-freie Zonen" fordert, der fordert Todeszonen.

Der CO$_2$-Kreislauf in der Natur ist dynamisch – es gibt einen intelligenten Regelungsmechanismus

Tatsächlich unterliegt das CO$_2$ einem gigantischen Kreislaufprozess. Alle grünen Pflanzen benötigen für ihr Wachstum CO$_2$. Im Wege der Fotosynthese nehmen sie über die Blätter das CO$_2$ auf und wandeln es in Sauerstoff und Biomasse um. Dieser energieverzehrende (endotherme) Prozess wird durch die Aufnahme von Sonnenenergie in Gang gehalten. Der erzeugte Sauerstoff wird seinerseits von allen tierischen und menschlichen Organismen benötigt. Im Zuge des Stoffwechsels wird „Nahrung" (Biomasse) in Energie und CO$_2$ umgewandelt (das entspricht einem exothermen „Verbrennungs- oder Oxydationsvorgang") – der komplementäre Vorgang zur Fotosynthese – einem Reduktionsvorgang.

Entscheidend ist nun, dass Pflanzen umso mehr CO$_2$ aufnehmen und zu Sauerstoff zurückverwandeln, je höher das CO$_2$-Angebot in der Umgebung ist. Abbildung 10 zeigt dies deutlich. CO$_2$ ist für Pflanzen ein Wachstumstreiber.

Dass es bisher gelungen ist, für über 7 Milliarden Menschen ausreichend Nahrungsmittel zu produzieren, liegt sicher zum einen an intensiveren landwirtschaftlichen Methoden, zum anderen aber auch an dem verstärkten Pflanzenwachstum dank CO$_2$. Jeder Betreiber eines Gewächshauses weiß das, er reichert die „Atmosphäre" des Gewächshauses mit künstlichem CO$_2$ an. Der Vorgang wird „Luftdüngung" genannt.

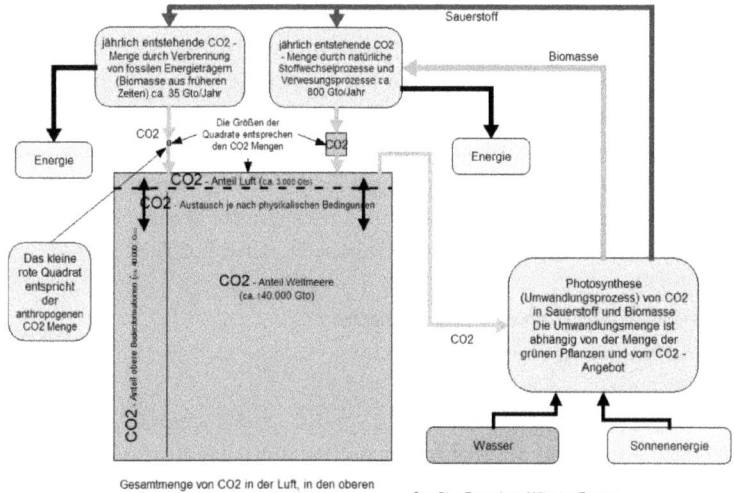

Abbildung 11: Der CO₂-Kreislauf
Man beachte das kleine rote Quadrat (Pfeil). Es entspricht den
„anthropogenen" CO₂-Mengen.
Graphik: Patzner

Doch eigentlich können wir diese Mengenbetrachtung vergessen. Neben diesem „biochemischen CO_2-Kreislauf" gibt es noch einen gewaltigen, nicht quantifizierbaren „geochemischen Kohlenstoff-Kreislauf".

Im Verlauf dieser Vorgänge werden Milliarden von Tonnen von kohlenstoffhaltigen Stoffen umgewälzt. Dabei entstehen die unterschiedlichsten Kohlenstoffverbindungen, auch CO_2, und sogar aller Voraussicht nach auch (sog. abiotische) Kohlenwasserstoffe.

Die Mengen an CO_2, die hierbei entstehen bzw. gebunden werden, sind nicht bekannt. Ob die Mengen immer im Gleichgewicht sind, ist fraglich. Jedenfalls gibt es schlaue Leute, die meinen, durch eine künstlich beschleunigte Verwitterung von Basaltmehl könnte man CO_2 binden. Dies dürfte – ohne es detailliert geprüft zu haben – eine absolut untaugliche Idee sein, wie alle diesbezüglichen „geo-engineering" Ideen. Kleiner Hinweis: Um Basalt zu Mehl zu zerkleinern, braucht man enorm viel Energie – aber es könnte ja ein gutes Business sein.

Werden möglicherweise Ursache und Wirkung verwechselt?

Bezogen auf die Gesamtmengen von CO_2 in Atmosphäre und Ozeanen beträgt die anthropogene Emission die unbedeutende Menge von 0,025 % pro Jahr.

Ändert sich z. B. die Temperatur der Ozeane, so ändert sich auch das Konzentrationsverhältnis, das Gleichgewicht verschiebt sich mal in die eine oder andere Richtung.

Den Effekt kennen wir: Wenn wir eine Sprudelflasche erwärmen, dann gast sie aus.

Entsprechend geben die Ozeane CO_2 ab, wenn sie wärmer werden, kühlen sich die Ozeane ab, dann nehmen sie CO_2 zu Lasten anderer Bereiche auf.

Dies dürfte einer der Hauptgründe sein, weshalb derzeit die CO_2-Konzentration in der Atmosphäre zunimmt.

Damit ist die Änderung der CO_2-Konzentration in der Luft die Folge einer Temperaturänderung auf der Erde (bzw. der Ozeane), nicht die Ursache.

Aus den Temperaturverläufen in Abbildung 7 geht hervor, dass etwa um 1820/1840 die globale Erwärmung ihren Anfang nahm oder schon in Gang war. Ähnliche Ergebnisse zeigen auch andere Beobachtungen, z. B. der Beginn der Gletscherrückzüge.

Zu dieser Zeit war zwar die Dampfmaschine schon erfunden, aber es qualmten noch kaum Schlote im nennenswerten Umfang. Die anthropogene Emission von CO_2 war vernachlässigbar.

Das passt natürlich nicht in das Konzept des anthropogenen Klimawandels:

Die folgende Aussage aus dem Potsdam-Institut für Klimafolgenforschung (PIK) kann daher nicht richtig sein.

„Die CO$_2$-Konzentration in der Atmosphäre war Jahrtausende lang praktisch konstant und steigt erst an, seit wir dem System riesige Mengen an zusätzlichem Kohlenstoff aus fossilen Lagerstätten zuführen.“[13]

Die Klimawissenschaft behauptet weiter *„Der biologische Kohlenstoffkreislauf ist geschlossen*[14]*“*. Das heißt mit anderen Worten „nicht-biologisches CO$_2$“ wird vom Kohlenstoffkreislauf nicht erfasst, deshalb bleibt es in der Atmosphäre und erhöht dort die CO$_2$-Konzentration. Man findet in der „Klimaliteratur“ gelegentlich einen Hinweis, warum das so sei: CO$_2$ aus fossilen Stoffen, also aus erdgeschichtlich ferner Zeit, enthält das Kohlenstoff-Isotop C^{13}[15]. Das kann man verstehen, wie man will. Egal welche und wie viel Kohlenstoff-Isotope unter den in der Atmosphäre befindlichen CO$_2$-Molekülen sich befinden, **chemisch** sind sie nicht zu unterscheiden. Das weiß der Autor noch aus dem Chemieunterricht des Gymnasiums, und es ist anzunehmen, dass das auch heute noch gilt. Egal aus welcher Quelle das CO$_2$ kommt, die Pflanzen nehmen es im Zuge der Fotosynthese auf und wandeln es (zusammen mit Wasser) in Sauerstoff und Biomasse um.

---

13 Klimawaage außer Balance, FOCUS Magazin http://www.focus.de/wissen/klima/tid-8638/diskussion_aid_234323.html, Seite 8
http://www.pik-potsdam.de/~stefan/Publications/Other/rahmstorf_universitas_2007.pdf Seite 897

14 ebenda

15 https://www.umweltbundesamt.de/themen/klima-energie/klimawandel/klimawandel-skeptiker/antworten-des-uba-auf-populaere-skeptische#themenkomplex-1-wesentliche-vorraussetzungen-fur-klimaanderungen-sind-nicht-erfullt

Der Einfluss der Sonne

Man hat festgestellt, dass die von der Sonne zur Erde gesandte Energie im Lauf der Zeit nicht konstant ist. Im Durchschnitt sind das 1367 Watt/m². Die Abweichungen liegen im Bereich von wenigen Watt/m², das sind nur wenige 0,3 %, aber in dieser Größenordnung schwankt auch die Temperatur auf der Erde, wenn wir von den großen Klimaänderungen absehen.

Es gibt verschiedene Ursachen für diese Abweichungen:

» Der Abstand Erde–Sonne ist wegen der elliptischen Umlaufbahnen nicht konstant.
» Durch die Stellung der Planeten zur Sonne ändert sich der Mittelpunkt der Sonne aufgrund der Gravitation, auch dadurch ändert sich der Abstand Erde–Sonne.
» Der Energieerzeugungsprozess auf der Sonne ist nicht konstant.

All diese Abweichungen erfolgen im Rahmen von „Zyklen". Die Zyklen, die unabhängig voneinander sind, haben unterschiedliche Dauern, von nur 11 Jahren (Schwabezyklus) bis zu den 100 000- bzw. 400 000-jährigen Milankovic-Zyklen.

Die Zyklen überlagern sich und können sich dadurch gegenseitig aufheben oder verstärken.

Machen wir ein sehr theoretisches Gedankenexperiment: Jeder der 3 genannten Zyklen soll eine Änderung der Energielieferung von der Sonne zur Erde von nur +/- 0,25 % bewirken, nach oben oder unten. Das heißt, im Maximalfall beträgt die Energiedifferenz +/- 0,75 %, das würde einer Temperaturdifferenz von über 2 °C nach oben oder unten entsprechen – also 4 °C.

Das sind aber sehr globale Betrachtungen

Die Sonnenenergie fällt nicht gleichmäßig auf die Erde. Rund ⅔ der Energie fallen auf einen etwa 6400 km breiten Streifen um den Äquator[16], das restliche Drittel entfällt auf die jeweils nördliche und südliche (gleich große) Restfläche. Das heißt, im Äquatorbereich fällt doppelt so viel Energie pro Fläche auf die Erde wie im nördlichen und südlichen Teil.

Dieser ungleiche Energieeintrag, verbunden mit der Drehung der Erde und der ebenfalls ungleichen Ausstrahlung, führt zu einem System von Luft- und Wasserströmen, die wie Fernheizungen fungieren und auf einen Temperaturausgleich auf der Erde hinwirken.

Auch diese Strömungen sind nicht konstant, so dass sich der Temperaturausgleich unterschiedlich ausprägt. Deshalb ändern sich die Klimazustände auch regional. Trocken- und Feuchtzeiten, Warm- und Kaltphasen wechseln sich ab. Es gibt gut zwei Dutzend größere Meeresströmungen, die ständig mit geringen Abweichungen warmes oder kaltes Meerwasser über weite Strecken transportieren. Für uns ist in diesem Zusammenhang der Golfstrom von Bedeutung, er transportiert warmes Wasser aus dem Golf von Mexiko bis nach Norwegen.

Dann gibt es noch periodisch auftretende Meeresströmungen wie z. B. El Niño, die dann besondere Effekte haben.

Weiterhin haben wir in einem ähnlichen Sinne Luftströmungen, z. B. den Passat, Monsunwinde, den Jetstream etc.

Darüber hinaus haben auch vulkanische Tätigkeiten Einfluss auf das globale Klima. Große Vulkanausbrüche emittieren enorme Mengen an Staub in die Atmosphäre, so dass die Einstrahlung der Sonne behindert wird – es wird kälter, bis sich

---

16 Entspricht in etwa dem Band um den Äquator, das im Norden von Kairo (30. Breitengrad nördlich) begrenzt ist und im Süden mit dem 30. Breitengrad südlich – etwa Durban. Der Bereich deckt sich in etwa mit den Tropen und Subtropen.

der Staub wieder verflüchtigt hat, kann das Jahre dauern. Diese Ereignisse sind aber völlig zufällig, weder zyklisch noch irgendwie vorhersehbar.

Historisch sind hier folgende Ausbrüche zu nennen: Laki auf Island (1783), Krakatau (1883), Tambora (1815), Pinatubo (1991). In der Folge führten diese Vulkanausbrüche zu ein bis zwei „Jahren ohne Sommer".

Langfristig gilt die physikalische Selbstverständlichkeit, dass die ausstrahlende Energie genau gleich der einstrahlenden Energie ist, sonst würde es auf der Erde entweder laufend wärmer oder laufend kälter werden. Die Globaltemperatur ist demnach eine Gleichgewichtstemperatur. Dieses Gleichgewicht kann durch Änderungen der physikalischen Randbedingungen nach oben oder unten verschoben werden.

Die Globaltemperatur hängt demnach von zwei Faktoren ab:

1. der Menge der einstrahlenden Energie
2. den physikalischen Randbedingungen auf der Erde bzw. in der Atmosphäre. Das sind z. B. die Albedo, die Wasserbeladung der Atmosphäre, Staubbeladung der Atmosphäre, Zusammensetzung der Atmosphäre

Bis sich ein neuer Gleichgewichtszustand als Ergebnis geänderter Randbedingungen einstellt, kann es lange dauern. Die in der Atmosphäre gepufferten Energiemengen sind so gigantisch, dass sie über Jahre oder Jahrzehnte Änderungseinflüsse „abfedern" können.

Man schätzt diese Energiemenge auf mindestens das 25-Fache der jährlich eingetragenen solaren Energie.[17]

Der gigantische Energiepuffer hat zweifellos einen enormen ausgleichenden bzw. dämpfenden und verzögernden Einfluss auf die globalen Erddurchschnittstemperaturen. Damit wird praktisch ausgeschlossen, dass das globale Klima zu „sprung-

---

17 Nach Sir Graham Sutton, Generaldirektor des BMO (British Meteorological Office)

haften Änderungen"[18] neigt. Das globale Klimasystem ist damit äußerst stabil – vom Wetter kann man das natürlich nicht sagen, im Gegenteil: Wetterextreme und schlagartige Wetterumschwünge sind immer Ausflüsse des Energieinhaltes der Atmosphäre.

Das Chaos betrifft die Wärmeflüsse in der Atmosphäre (und in den oberen Schichten der Ozeane), die unterschiedliche Wärmepufferung sowie die Phasenwechsel des Wassers (Wechsel von Wasser in Wasserdampf oder Eis und umgekehrt). Diese Vorgänge sind zwar physikalisch beschreibbar, aber die Freiheitsgrade und Interdependenzen innerhalb des Systems sind praktisch unendlich. Dies ist einer der Gründe, weshalb Wettervorhersagen sich nur auf wenige Tage erstrecken können.

Die heute herrschende Klimawissenschaft ignoriert bzw. leugnet sogar den Einfluss der wechselnden Sonneneinstrahlung. Rechnerisch wird das so dargestellt, indem man die solare Einstrahlung nicht mit 1367 W/m^2 beziffert, sondern mit genau einem Viertel davon. Dies ergibt sich, wenn man die Tag/Nacht-Halbierung und die Kugelform der Erde berücksichtigt. Dadurch reduziert sich die Einstrahlung auf 342 W/m^2, und die Einstrahlungsänderungen reduzieren sich auf weniger als 0,5 W/m^2, also kaum von Bedeutung.

Machen Sie folgendes Experiment: Backen Sie eine Pizza bei 220 °C 10 Minuten im Backofen – sie wird schön knusprig. Ein andermal backen Sie die Pizza bei 110 °C, lassen sie dafür länger im Ofen. Ob die schmeckt? Es kommt also nicht nur auf die Energiemenge an, sondern auch auf das Energieniveau. Die Erde verhält sich eben wie eine Pizza. Eine Scheibe ist sie deshalb trotzdem nicht.

---

18 Stefan Rahmstorf und Hans Joachim Schellnhuber. Der Klimawandel. München 2006: „Das Klimasystem ist ein höchst sensibles System, das in der Vergangenheit schon auf recht kleine Änderungen in der Energiebilanz empfindlich reagiert hat. Es ist ein nicht-lineares System, das zu sprunghaften Änderungen neigt. Es ist kein ‚träges Faultier', sondern gleicht eher einem‚wilden Biest'."

Der anthropogene Treibhauseffekt

Die „anthropogene" Klimatheorie geht davon aus, dass das vom Menschen emittierte CO_2 im Wege eines „Treibhauseffektes" das Klima verändert.

Der Begriff hat sich fest eingebürgert. In der Natur finden wir jedoch kein Merkmal eines Treibhauses. So fehlt in der Natur das Glasdach des Treibhauses, welches das Entweichen der durch die solare Strahlung erwärmte Luft nach oben verhindert. Das Glas bildet eine „Konvektionssperre".

Wir haben es mit anderen Mechanismen zu tun. Die Moleküle der Luft, vor allem der Wasserdampf und auch das CO_2 nehmen die Wärme auf (absorbieren die Wärme) und geben sie wieder an die Umgebung ab, und zwar an die kalte Seite, also nachts Richtung Weltall und tags Richtung Erde. Es ist ein Naturgesetz, das auch hier anzuwenden ist: Energie (Wärme) fließt immer vom hohen Potential zum niedrigen Potential.

Wasserdampf und CO_2 wirken also wie ein Wärmepuffer.

Eine wichtige theoretische Arbeit zum „Treibauseffekt" stammt von den Braunschweiger Physikern Gerhard Gerlich[†] und Ralf D. Tscheuschner[†]. Sie haben in einer theoretischen Arbeit im Jahr 2009 die „atmosphärischen CO_2-Treibhauseffekte" falsifiziert. Die Arbeit wird natürlich von der herrschenden „Klimawissenschaft" heftig angezweifelt.

Gerlich und Tscheuschner fassen zusammen[19]:

Der atmosphärische Treibhauseffekt ist eine Idee, die viele Autoren auf die überlieferten Werke von Fourier (1824), Tyndall (1861) und Arrhenius (1896) zurückführen. Er wird in der Glo-

---

19 Gerhard Gerlich/Ralf D. Tscheuschner, „Falsification Of The Atmospheric CO_2 Greenhouse Effects Within The Frame Of Physics", in: International Journal of Modern Physics, 2009, B 23, p. 275–364; https://arxiv.org/pdf/0707.1161.pdf

balklimatologie immer noch als grundlegend angesehen und be-
schreibt im Wesentlichen einen fiktiven Mechanismus, in dem
die planetare Atmosphäre wie eine Wärmepumpe arbeitet, die
von ihrer Umgebung angetrieben wird, die sich mit dem atmo-
sphärischen System zwar in einer Strahlungswechselwirkung,
aber gleichzeitig in einem Strahlungsgleichgewicht befindet.
Nach dem Zweiten Hauptsatz der Thermodynamik kann eine
solche planetare Maschine niemals existieren. Trotzdem wird in
fast allen Texten der Globalklimatologie und in einer weit ver-
breiteten Sekundärliteratur stillschweigend vorausgesetzt, dass
ein solcher Mechanismus physikalisch möglich ist. In dieser Ar-
beit werden die populäre Vermutung analysiert und die physi-
kalischen Grundlagen klargestellt.

In der Anlage finden Sie mehrere wissenschaftliche Experti-
sen, die den „anthropogenen Klimawandel" in Frage stellen.

Extremwetterereignisse

Wenn irgendwo auf der Erde ein Extremwetterereignis beobachtet wird, wird dies dem „Klimawandel" zugeordnet. Das ist
nicht ganz falsch, denn in den letzten 200 Jahren ist es tatsächlich um ca. 1–1,5 °C wärmer geworden. Mehr Wärme in der
Atmosphäre bedeutet auch mehr Energie in der Atmosphäre,
d. h., wenn durch bestimmte meteorologische Konstellationen
Energie frei wird in Form von Sturm, Hitze, Niederschlag, Ge-
witter etc., dann kann das schon mal heftig sein.

Allerdings, die Geschichte weiß von vielen Extremwetter-
ereignissen zu erzählen. Die bekannteste war die Sintflut.

Es gibt viele historische Berichte von extremen Hitze- und
Trockenperioden oder Kälteperioden genau wie von langan-
dauernden Regenperioden.

Das Ahrtal

Das Hochwasserereignis im Juli 2021 im Ahrtal ordnet sich bestens ein in ein ca. alle 100 Jahre stattfindendes Hochwasserereignis. Dass der Abstand in den letzten 500 Jahren immer ziemlich genau 100 Jahre betrug, mag Zufall sein, dass dort aber immer wieder Hochwasser auftreten, hat ganz konkrete geographische, geologische und meteorologische Gründe. Die Erde ist eben vielfältig.

Liste der Ahr-Hochwasser mit Personen- und Sachschäden:[20]

» 1488: „Die wilde Ahr hat die Brücke zerbrochen"
» 1590: „Ende Mai schwoll die Ahr durch ein großes Unwetter mit Platzregen höher als seit Menschengedenken an"
» 1601: „… und neben anderem großen Schaden mit sich genommen 16 Gebäuden, Häusern, Scheunen und Ställen und 9 Personen sind ertrunken"
» 1677: „Die Hemmesser Landmühle wird durch Hochwasser weggerissen"
» 1719: „… in Heppingen eine Mauer von der Flut einfach ‚umgeworfen' wurde, genauso wie eine Allee, deren Pfosten ‚bis nach Lorsdorf getrieben'"
» 1804: „Die Ahr führt weggerissene Häuser, Scheunen, Ställe, Balken, Bäume, Hausgeräte, leere und volle Weinfässer mit", 63 Menschen kamen ums Leben.
» 1910: „Ein breites schmutziges gelbes Band zog [sich] … durch die Landschaft, ein ungewohntes, alles übertönendes Rauschen machte sich von Minute zu Minute aufdringlicher bemerkbar. (…) Es mochte eben ein viertel nach acht

---

20 Quellen: https://relaunch.kreis-ahrweiler.de/kvar/VT/hjb1983/hjb1983.25.htm

Uhr sein, da trieb in schnellem Laufe eine ganze Holzbrücke am Westfuß des Klosterhügels vorbei: kein Zweifel, die Sache war ernst. Und sie wurde zusehends ernster. Das ungeübteste Auge konnte ein rapides Steigen des Wassers wahrnehmen. (...) In gewaltigen, sich überstürzenden Wellen kam die Hochflut herangezogen, in rasender Fahrt alles mit sich fortreißend, was ihr im Wege stand."

» 2021: „Die Folgen übertrafen teilweise alle bisherigen Erfahrungen und führten dazu, dass das Thema Klimawandel kurz vor der Bundestagswahl im September 2021 zu einem zentralen politischen Thema wurde."[21]

Aber die Presse weiß es besser:

„Wer würde es wagen, die Wahrheit auszusprechen, dass die Reihen der zerstörten Häuser und der davongeschwommenen Autos für eben jenes Leben stehen, das die Flut hervorbringt?" Kurz gesagt: selbst schuld.[22]

---

21 https://wiki.bildungsserver.de/klimawandel/index.php/Starkregen_und_Hochwasser_in_Deutschland
22 Sind die Opfer im Ahrtal selbst schuld? Zitiert in Tagesspiegel, 9.7.2022

Das Bild in den Medien:

In den Medien wird suggeriert, wegen des (anthropogenen) Klimawandel würden weltweit

» Dürren und Überschwemmungen,
» Hitzewellen und Kältewellen,
» Stürme und Sturmfluten,
» Waldbrände zunehmen.

Zusätzlich wären viele Inseln und küstennahe Gebiete vom weltweit steigenden Meeresspiegel bedroht.

Wir können beruhigt sein: Alle Ereignisse bewegen sich – ähnlich wie im Ahrtal – im Normbereich, soweit man dies sagen kann.

Bei genauer Betrachtung können wir einzig von einer Zunahme von heißen Tagen sprechen, das ist aber zwangsläufig, denn in den letzten 200 Jahren ist ja die globale Temperatur gestiegen.

Deutscher Wetterdienst in seinem Klimareport von 2020:

„Für den Sommer lassen sich derzeit mit den vorhandenen Beobachtungsdaten und den bekannten Methoden keine Trends der Anzahl von Tagen mit hohen Niederschlagsmengen identifizieren. Hier dominiert eine kurz- und mittelfristige zyklische Variabilität."[23]

Umweltbundesamt in seinem Klima-Monitoringbericht 2019:

„Die Zeitreihe zum [deutschen] Hochwassergeschehen ist durch einzelne wiederkehrende Hochwasserereignisse sowohl im Winter- als auch im Sommerhalbjahr geprägt. Signifikante Trends lassen sich nicht feststellen."[24]

---

23 https://www.dwd.de/DE/leistungen/nationalerklimareport/download_report_auflage-4.pdf?__blob=publicationFile&v=11 (nicht mehr verfügbar)
24 https://www.umweltbundesamt.de/sites/default/files/medien/1410/publikationen/das_monitoringbericht_2019_barrierefrei.pdf (Seite 52)

Deutscher Wetterdienst in seinem Klimareport von 2020:

„Die Anzahl heißer Tage (Tagesmaximum der Lufttemperatur ≥ 30 °C) ist, über ganz Deutschland gemittelt, seit den 1950er Jahren von etwa drei Tagen im Jahr auf derzeit durchschnittlich neun Tage im Jahr angestiegen."[25]

Deutscher Wetterdienst in seinem Klimareport von 2020:

„Betrachtet man den geostrophischen Wind, der aus den Luftdruckdaten von Hamburg, Emden und List auf Sylt für die Deutsche Bucht berechnet wurde, zeigen sich Abschnitte mit Längen von 10 Jahren bis wenigen Jahrzehnten mit höherer oder niedriger Windgeschwindigkeit. ... Für die gesamte Zeitreihe ist nur ein schwacher abfallender Trend erkennbar, der jedoch deutlich kleiner ist als die Schwankungen von Jahr zu Jahr und somit statistisch nicht signifikant ist."[26]

Alles ist im Normbereich

Ob Dürren, Überschwemmungen, Hitze- oder Kältewellen, Stürme oder Waldbrände: Statistisch hat sich nichts geändert. Es gibt lediglich mehr heiße Tage. Das ist aber eben die Folge der (natürlichen) Erderwärmung der letzten 200 Jahre. Global sieht es nicht viel anders aus.

Wir müssen aber auch beachten: Immer mehr Boden wird versiegelt, Bäche verdohlt, die Flussläufe durch Bebauung eingeengt, und manche Pflanzen verdichten die Böden, so dass sie nur wenig Wasser aufsaugen können. Unsere Umweltfehler und Umweltsünden spielen eine große Rolle.

---

25 https://www.dwd.de/DE/klimaumwelt/aktuelle_meldungen/210922/
Faktenpapier-Extremwetterkongress_download.pdf?__
blob=publicationFile&v=1#:~:text=Die%20Anzahl%20
Hei%C3%9Fer%20Tage%20(Tagesmaximum,neun%20Tage%20
pro%20Jahr%20verdreifacht. (Seite 7)
26 file:///D:/Eigene%20Dateien/Downloads/Klimareport_Nds_Web.pdf
(Seite 27 f.)

Es gibt viele historische Berichte von ungewöhnlichen Wetterperioden

THE OBSERVER, JULY 18, 1852.

STATISTICS OF HOT SUMMERS.

The excessive heat which prevails at present (says a Paris paper) gives some interest to the following account of remarkably hot summers:—"In 1132 the earth opened, and the rivers and springs disappeared in Alsace. The Rhine was dried up. In 1152 the heat was so great that eggs were cooked in the sand. In 1160, at the battle of Bela, a great number of soldiers died from the heat. In 1276 and 1277, in France, there was an absolute failure of the crops of grass and oats. In 1303 and 1304, the Seine, the Loire, the Rhine, and the Danube, were passed over dry-footed. In 1393 and 1394, great numbers of animals fell dead, and the crops were scorched up. In 1440 the heat was excessive. In 1538, 1539, 1540, 1541, the rivers were almost entirely dried up. In 1556 there was a great drought over all Europe. In 1615 and 1616, the heat was overwhelming in France, Italy, and the Netherlands. In 1646 there were fifty-eight consecutive days of excessive heat. In 1678 excessive heat. The same was the case in the first three years of the 18th century. In 1718 it did not rain once from the month of April to the month of October. The crops were burnt up ; the rivers were dried up, and the theatres were closed by decree of the Lieutenant of Police. The thermometer marked 36 degrees Réaumur (113 of Fahrenheit). In gardens which were watered, fruit trees flowered twice. In 1723 and 1734, the heat was extreme. In 1746, summer very hot and very dry, which absolutely calcined the crops. During several months no rain fell. In 1748, 1754, 1760, 1767, 1778, and 1788, the heat was excessive. In 1811, the year of the celebrated comet, the summer was very warm and the wine delicious, even at Suresnes. In 1818 the theatres remained closed for nearly a month, owing to the heat. The maximum heat was 35 degrees (110·75 Fahrenheit.) In 1830, whilst fighting was going on on the 27th, 28th, and 29th July, the thermometer marked 36 degrees centigrade (97·75 Fahrenheit). In 1832, in the insurrection of the 5th and 6th of June, the thermometer marked 35 degrees centigrade. In 1835 the Seine was almost dried up. In 1850, in the month of June, on the second appearance of the cholera, the thermometer marked 34 degrees centigrade. The highest temperature which man can support for a certain time varies from 40 to 45 degrees (104 to 113 of Fahrenheit.) Frequent accidents, however, occur at a less elevated temperature."

Abbildung 12: „Statistics of Hot Summers" Pressebericht vom Juli 1852
Quelle: https://eike-klima-energie.eu/2022/08/15/hitzewellen-der-letzten-1500-jahre/?print=print

„Im Jahr 1132 öffnete sich die Erde, und die Flüsse und Quellen im Elsass verschwanden. Der Rhein wurde ausgetrocknet. Im Jahr 1152 war die Hitze so groß, dass Eier im Sand gekocht wurden. 1160, in der Schlacht von Bela, starben viele Soldaten an der Hitze. In den Jahren 1276 und 1277 kam es in Frankreich zu absoluten Missernten bei Gras und Hafer. In den Jahren 1303 und 1304 wurden die Seine, die Loire, der Rhein und die Donau trockenen Fußes überquert. In den Jahren 1393 und 1394 verendete eine große Anzahl von Tieren, und die Ernten wurden verbrannt. Im Jahr 1440 war die Hitze zu groß. In den Jahren 1538, 1539, 1540 und 1541 waren die Flüsse fast vollständig ausgetrocknet. Im Jahr 1556 herrschte in ganz Europa eine große Dürre. In den Jahren 1615 und 1616 war die Hitze in Frankreich, Italien und den Niederlanden überwältigend. Im Jahr 1646 gab es achtundfünfzig aufeinanderfolgende Tage mit übermäßiger Hitze. Im Jahr 1678 herrschte übermäßige Hitze. Dasselbe galt für die ersten drei Jahre des 18. Jahrhunderts.

Im Jahr 1718 regnete es von April bis Oktober kein einziges Mal. Die Ernten wurden verbrannt, die Flüsse waren ausgetrocknet und die Theater wurden auf Anordnung des Polizeileutnants geschlossen.

Das Thermometer zeigte 36 Grad Reaumur (113 Grad Fahrenheit; 45 °C) an. In den Gärten, die bewässert wurden, blühten die Obstbäume zweimal. In den Jahren 1723 und 1724 war die Hitze extrem. Im Jahr 1746 war der Sommer sehr heiß und sehr trocken, was die Ernten völlig verbrannte. Während mehrerer Monate fiel kein Regen. In den Jahren 1748, 1754, 1760, 1767, 1778 und 1749 war die Hitze extrem. Im Jahr 1811, dem Jahr des berühmten Kometen, war der Sommer sehr warm und der Wein köstlich. Im Jahr 1818 blieben die Theater wegen der Hitze fast einen Monat lang geschlossen. Die maximale Hitze betrug 35 Grad Celsius. 1830, am 27., 28. und 29. Juli, zeigte das Thermometer 36 Grad Celsius an. Im Jahr 1832, während des Aufstandes am 5. und 6. Juni, zeigte das Thermometer 35 Grad Celsius an. Im Jahr 1695 war die Seine fast ausgetrocknet. Im Jahr 1850, im Monat Juni, beim zweiten Auftre-

ten der Cholera, zeigte das Thermometer 34 Grad Celsius an.
Die höchste Temperatur, die der Mensch für eine gewisse Zeit
ertragen kann, schwankt zwischen 40 und 45 Grad Celsius."[27]

Gletscher

Beispiel Alpengletscher

Kaum ein anderer Forscher hat sich mehr mit dem Thema Aus-
dehnung und Rückzug der Alpengletscher beschäftigt als der
Innsbrucker Glaziologe Prof. Gernot Patzelt.[28]

Die Gletscher im Alpenraum reagieren laut Patzelt haupt-
sächlich auf die 5 Monate des ‚Gletscher-Sommers' von Mai bis
September. Die Alpengletscher können praktisch nur in diesen fünf Monaten an Masse verlieren. Regen, warme Temperaturen und Sonneneinstrahlung gehen dem Gletscher an die
Substanz. Dagegen spiele es kaum eine Rolle für den Gletscher,
ob der Winter zu mild oder zu kalt ausfällt. In den Gletscherre-
gionen fällt der Niederschlag von Oktober bis April praktisch
ausschließlich in fester Form.

Gletscher reagieren sehr empfindlich auf Klimaschwankungen. Am Beispiel des Aletschgletschers ist dies deutlich:

---

27 https://eike-klima-energie.eu/2022/08/15/hitzewellen-der-letzten-
   1500-jahre/?print=print
28 https://klausalpen.beepworld.de/gletscher.htm

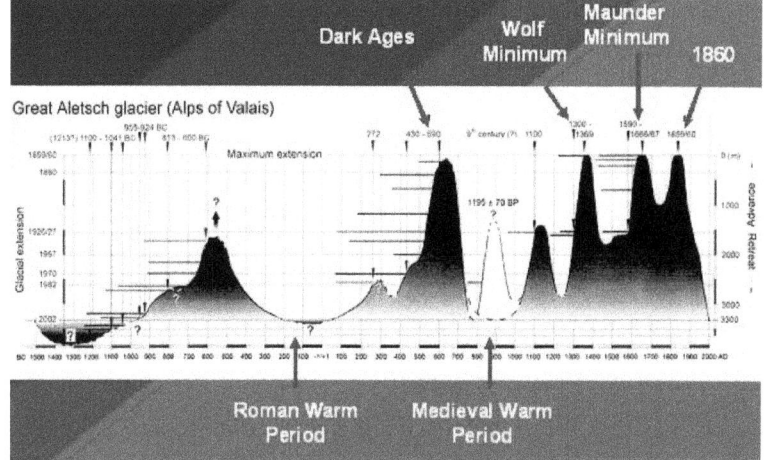

Abbildung 13: Änderungen der Mächtigkeit des Aletschgletschers Dramatische Gletschervorstöße und schnelles Zurückschmelzen innerhalb von wenigen Jahrzehnten sind völlig normal, wie die Entwicklung des Aletschgletscher, dem größten Gletscher der Alpen zeigt.

Quelle: https://vademecum.brandenberger.eu/klima/wirkung/
gletscher.php

In der jetzigen kräftigen Schmelzphase vieler Gletscher tauchen Baumstümpfe und Bäume auf, die selbst unter heutigen „relativ warmen" Klimaverhältnissen dort nicht wachsen könnten. Durch die abwärtsgerichtete Gletscherbewegung kann der Standort der Bäume sogar noch deutlich oberhalb der Fundstelle vermutet werden.

Die Pasterze am Großglockner gab an der Gletscherzunge in den letzten Jahren an mehreren Stellen Holz frei. Laut Ergebnis der Universität Graz handelt es sich bei dem Holzstück in Abbildung 15 um eine 7000 Jahre alte Zirbe mit 300 Jahresringen, die dort oder noch höher damals (in der nacheiszeitlichen Wärmephase) wachsen konnte.

Prof. Patzelt hat festgestellt, dass die Rückzüge der Alpengletscher etwa Mitte des 19. Jahrhunderts begannen. Seither haben die österreichischen Gletscher mehr als die Hälfte ihrer Fläche und geschätzte 60 % ihres Volumens verloren. Dieser

Gletscherschwund ist allerdings nicht kontinuierlich vor sich gegangen. Vielmehr wurde er von Vorstoßperioden unterbrochen. Zwischen 1890 und 1927 sowie zwischen 1965 und 1980 sind jeweils bis etwa 75 % der Gletscher angewachsen. Bemerkenswert ist die Vorstoßperiode der 1970er Jahre als Folge einer Abnahme der Sommertemperatur um etwa 1 °C zwischen 1950 und 1980. In dieser Zeit ist der CO_2-Gehalt der Luft unbeeindruckt fortgesetzt stark angestiegen.

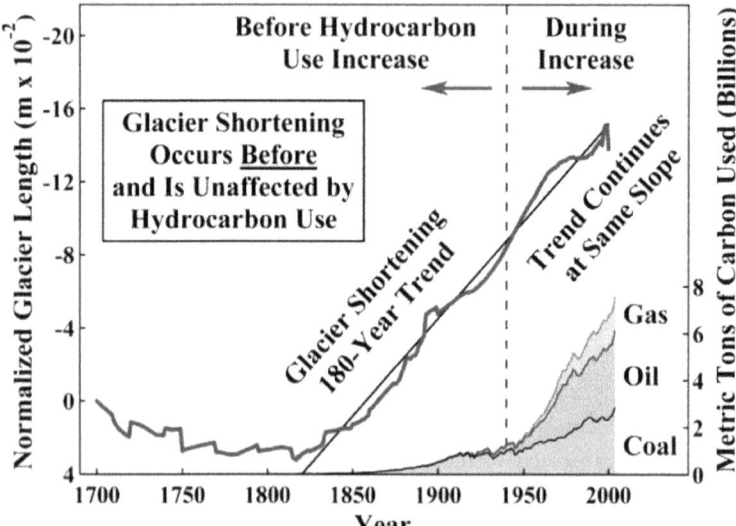

Abbildung 14: Der Rückzug der Gletscher begann vor der industriellen Revolution.

Quelle: http://www.petitionproject.org/gw_article/ GWReview_OISM300.pdf

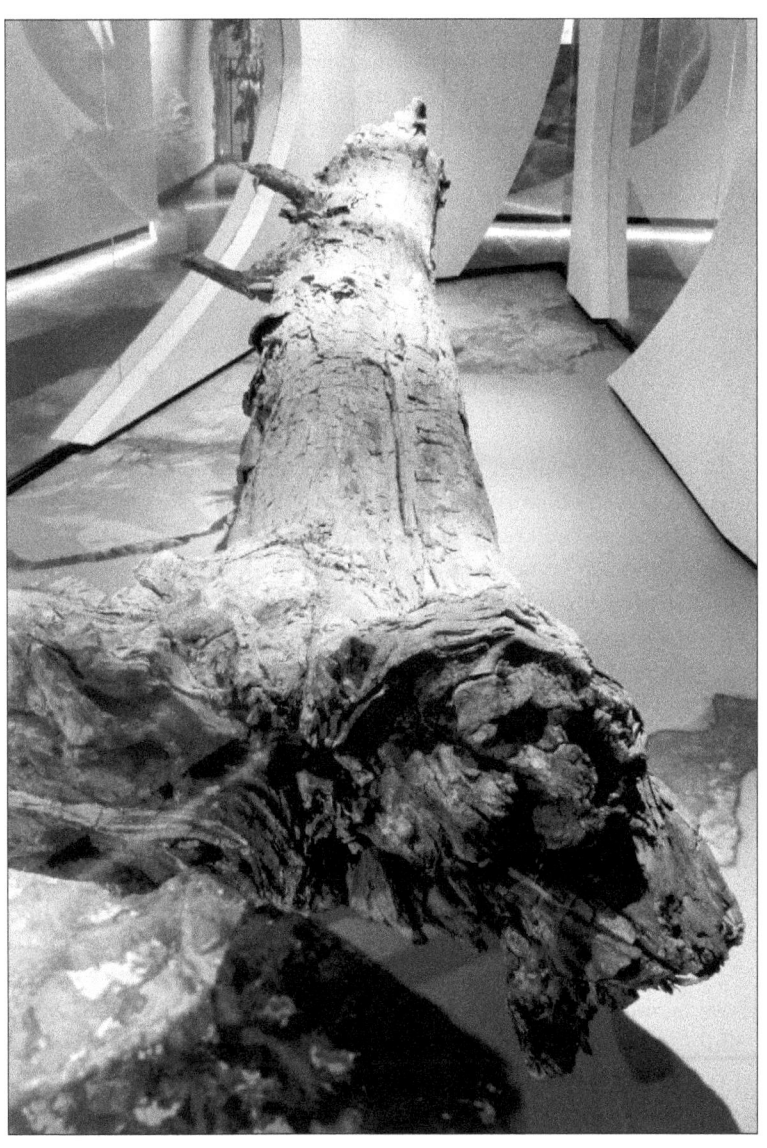

*Abbildung 15: Reste einer Zirbe im Gletschermuseum auf
der Franz-Josef-Höhe (Großglockner)*

Bild: Steven Michelbach

Ein Besuch im Gletschermuseum der Franz-Josefs-Höhe an der Großglockner Hochalpenstraße ist unbedingt empfehlenswert. Statt Gletscher befand sich damals dort eine Almweide. Dementsprechend leitet sich der Name des Gletschers her: Pasterze kommt aus dem Slowenischen und bedeutet nichts anderes als „Almweide". In dem Namen finden wir auch „Pater" bzw. „Pastor", was wir mit „Hirte" assoziieren.

Die Atmosphäre

In der Anfangszeit der Erdgeschichte war die Zusammensetzung der Atmosphäre noch grundverschieden von der heutigen:

Sie bestand praktisch nur aus Wasserdampf, CO_2 und Stickstoff. Erst seit etwa einer halben Milliarde Jahre kommt die Zusammensetzung der Atmosphäre der heutigen näher.

Die Atmosphäre hat für das Leben eine doppelte Funktion:

Sie beinhaltet den Sauerstoff, der für die Existenz jeder Fauna und des Menschen, aber auch für alle Verwesungsvorgänge notwendig ist, und sie enthält CO_2, das für die Existenz aller grünen Pflanzen notwendig ist. Sowohl die Sauerstoffkonzentration als auch die CO_2-Konzentration dürfen dabei nicht unter einen bestimmten Schwellenwert fallen.

Ohne Atmosphäre wäre Leben – wie wir es kennen – auf der Erde nicht möglich. Die globale Durchschnitttemperatur auf der Erde läge vermutlich bei etwa -18 °C, es wäre also überall ca. 33 °C kälter. Noch schlimmer wären die enormen Temperaturunterschiede zwischen Tag und Nacht, von tiefster Kälte bis Temperaturen von weit über 100 °C.

Die Atmosphäre können wir somit als eine Art Schutzhülle betrachten. Auch so weit besteht Einigkeit.

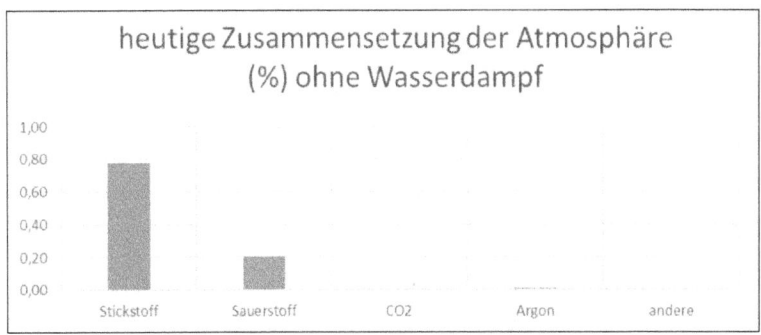

Abbildung 16: Zusammensetzung der Atmosphäre
Graphik: Patzner

In Abbildung 16 wird die Zusammensetzung der Erdatmosphäre dargestellt, wobei hier – wie bei fast allen ähnlichen Darstellungen – der Wasserdampf fehlt.

Diese trockene Luft hat bereits eine Klimawirksamkeit wobei insbesondere der CO_2-Gehalt und weitere „Klimagase" eine Rolle spielen.

Zu diesen genannten Gasen kommt nun noch eine „Wasserbeladung" der Atmosphäre, diese macht in der Summe zwar nur ca. 0,25 % aus, aber sie schwankt zwischen 0 % und zeitlich und örtlich sehr hohen Werten.

Dieser Wasserbeladung verdanken wir in erster Linie eine Vergleichmäßigung der Temperatur auf der Erde.

Die physikalischen Wirkungsmechanismen sind komplex, und es hat sich der Begriff „Treibhauseffekt" eingebürgert, man spricht von „Treibhausgasen". Der Mechanismus des Treibhauses ist hier aber physikalisch nicht korrekt.

Temperaturverhältnisse auf der Erde

Die realen Temperaturen schwanken zeitlich und regional gewaltig, dies macht die Ermittlung von Durchschnittstemperaturen schwer:

» Differenz zwischen höchster und niedrigster gemessener Temperatur auf der Erde (Antarktis – Death Valley):	148 °C
» Maximale gemessene Temperaturdifferenz an einem Ort (Werchojansk):	105 °C
» Maximale gemessene Temperaturdifferenz in Europa:	94 °C
» Maximale gemessene Temperaturdifferenz in Deutschland:	60 °C
» Maximale gemessene Tagestemperaturdifferenz in Deutschland:	25 °C
» Die regionalen Durchschnittstemperaturen sind ebenfalls sehr unterschiedlich:	
» Polarzone (Pol bis Polarkreis)	0 °C
» Gemäßigte Zone (Polarkreis bis 40. Breitengrad)	8 °C
» Subtropen (40. Breitengrad bis Wendekreis)	16 °C
» Tropen (Wendekreis bis Äquator)	24 °C

(gilt jeweils für Nord- und Südhalbkugel)

Wenn man von den extremen arktischen bzw. antarktischen Zonen absieht, haben sich in allen Regionen der Erde Menschen angesiedelt und sich an das dortige Klima angepasst.

Sonne, Erde, Mensch – unsere Befindlichkeit

Dass unser Klima in der Vergangenheit – regional als auch global – Änderungen unterworfen war, bestreitet heutzutage kein vernünftiger Mensch, wenngleich immer wieder fälschlich behauptet wird, in den letzten 1000 Jahren sei das Klima stabil gewesen, erst seit Beginn der Industrialisierung habe eine deutliche Erwärmung eingesetzt.

Nun ist nicht von der Hand zu weisen, dass die industrielle Tätigkeit des Menschen, seine explosionsartige Ausbreitung auf der Erde, der Bau von Megacitys, die Änderungen der Erdoberfläche durch Rodung von Wäldern, Anbau von Feldfrüchten, Verschmutzung der Atmosphäre etc. Einfluss auf das „Klimasystems" der Erde haben könnten.

Es liegt also nahe, auch einen „anthropogenen Klimawandel" zu vermuten, und der könnte im Hinblick auf eine eventuell mögliche Fragilität der Rahmenbedingungen bedrohlich sein.

Die Frage, die uns daher zunächst beschäftigen wird, lautet: Sind die Eingriffe des Menschen in das System Erde von einer Art, die die Stabilität dieses Systems gefährden könnten?

Die physikalischen Umweltbedingungen – ein fragiles System?

Bei aller Flexibilität und Anpassungsfähigkeit der Pflanzen, der Tiere und auch des Menschen bedarf das „Leben" – so wie wir es definieren – doch gewisser äußerer Rahmenbedingungen. Diese Rahmenbedingungen sind auf unserer Erde gegeben, und diese scheinen bezogen auf die vielen Möglichkeiten nur ein extrem schmales Fenster darzustellen. Ansonsten hätten wir sicher schon längst Bekanntschaft mit Lebewesen von anderen Himmelskörpern gemacht. Wir verdanken also unsere Existenz der Statistik oder dem Zufall. Unter den geschätzten 70 Trilliarden[29] Himmelskörpern finden sich offensichtlich nur

---

29 Eine 7 mit 22 Nullen: 70 000 000 000 000 000 000 000

auf der „Erde" Bedingungen, die die Entstehung von Leben ermöglichten. Das schließt natürlich statistisch nicht aus, dass es irgendwo einen Himmelskörper gibt, der ähnliche Bedingungen hat, hatte oder haben wird – mit oder ohne „Leben".

Zunächst verdanken wir dem Temperaturniveau auf der Erde unsere Existenzmöglichkeit. Wir haben eine Mitteltemperatur von derzeit ca. 14 bis 15 °C. Die war aber schon niedriger, und sie war auch schon höher.

Weiterhin haben wir eine atmosphärische Schutzhülle, ohne die wir nicht leben könnten.

Damit haben wir aber nur 2 von tausenden von notwendigen Rahmenbedingungen für die Existenz des Menschen erfasst – wir belassen es dabei und konzentrieren uns auf die „Atmosphäre" und verzichten auf die Beschreibung vieler weiterer „Gegebenheiten" auf der Erde, die wir zum „Leben" brauchen: Sauerstoff, Wasser, Materialien aller Art etc. bis zur Verlässlichkeit der Naturgesetze.

Dass wir unsere Existenz dem Zufall oder der Statistik zu verdanken haben, mag für viele Menschen unbefriedigend sein. Nicht umsonst finden wir in allen Religionen „Schöpfungsgeschichten", und zu allen Zeiten finden wir viele mystische Gedanken um die „Erde" und um den „Menschen", der sich irgendwie in diesem System zu schaffen macht.

Das „System Erde" – vom Menschen bedroht?

So sehen viele Menschen die Erde als ein komplexes System, in dem alles wie in einem bestens abgestimmten Räderwerk ineinandergreift. Jede – auch kleine – Störung von außen könnte das System Erde zum Einsturz bringen.

Solche Gedanken haben besonders in „Zeitenwenden" Konjunktur. Wenn sich für den Menschen sichtbar die äußeren Rahmenbedingungen laufend ändern und wenn er fühlt, dass diese Änderungen sich in der Zukunft fortsetzen, mit ungewissem Ausgang.

In der „Klimaliteratur" finden wir immer wieder den Begriff von der „großen Transformation"[30]. Damit sind die enormen Umwälzungen gemeint, die sich im Zuge der industriellen Revolution ergeben haben: Es begann mit der Erfindung der Dampfmaschine, der Mechanisierung der Produktion, der Entdeckung der Elektrizität, mit den vielen Erfindungen, und nun befinden wir uns mit der „digitalen Revolution" in der soundsovielten „Revolution". Diese Transformation, die mit der verstärkten Nutzung fossiler Energieträger ihren Anfang nahm, ist – so die Behauptung – Ursache unserer heutigen Probleme. Wir brauchen daher erneut eine „Transformation" in ein Leben ohne Kohle, ohne Erdöl und ohne Erdgas.

Verglichen mit zurückliegenden „Transformationen", etwa der Erfindung des Ackerbaus, verbunden mit der Sesshaftwerdung des Menschen, dürfte tatsächlich mit den laufenden Transformationen dem Menschen viel zugemutet werden und worden sein.

Zeiten ungewisser Zukunft sind auch Zeiten der Angst, der Unsicherheit und der Mystik, und offenbar wird erst heute, nach 150 Jahren „industrieller Revolution" die Menschheit von diesen Ängsten ergriffen. Unsere heutigen Ängste beziehen sich auf eine mögliche Überforderung der Erde durch den Menschen: Wir beuten die Erde aus, als hätten wir „mehrere Erden", und schließlich greifen wir in das Klimasystem der Erde ein – das macht Angst.

Diese Vorstellungen, z.B. die „Gaia-Hypothese", die die Erde als verletzliches Lebewesen betrachtet, haben dazu beigetragen, vorurteilslose und naturwissenschaftliche Vorgehensweisen zu überlagern. Die „Klimakatastrophe" ist ein Beispiel.

Auch viele Wissenschaftler – sogar Naturwissenschaftler – konnten sich dieser Ängste nicht entziehen. Zumal sich dabei auch eine gewisse Profitabilität gezeigt hat.

Wir werden im weiteren Verlauf immer wieder auf „mystische" Betrachtungen stoßen.

---

30 Dieser Begriff wird uns später im Zusammenhang mit den ideologischen Hintergründen beschäftigen.

Klimawissenschaft

Der Begriff „Klima" ist genau genommen ein Abstraktum. Real ist nur „Wetter". „Wetter" haben wir immer und überall. Zu jedem Zeitpunkt können wir an jedem Punkt der Erde bestimmte reale „Wetterdaten" messen: Temperatur, Sonneneinstrahlung, Windstärke, Regenmenge/Sekunde, Luftfeuchtigkeit. Wenn man vom Wetter eines Tages an einem konkreten Ort spricht, muss man schon mitteln und gewichten. Wenn wir von „Klima" sprechen, dann muss man zusätzliche – willkürliche – Annahmen machen: Beobachtungszeitraum und Beobachtungsgebiet. Ein „Erdklima" gibt es nicht bzw. ist nicht seriös definierbar, genauso wie eine Mitteltemperatur der Erde. Unter „Klima" versteht man im Allgemeinen die 30-jährigen Wetterdurchschnittsdaten eines (klimatisch) homogenen Gebietes. Da bleibt dann immer noch ausreichend Unschärfe für „Klimadefinition".

Entsprechend vorsichtig muss man daher auch mit dem Begriff „Klimawissenschaft" sein, eine Wissenschaft von einem abstrakten Gebilde, das es in der Realität gar nicht gibt. Natürlich ist die Beschäftigung mit diesem Thema sinnvoll, nur muss man wissen, dass Klimawissenschaft eine sog. Querschnittwissenschaft ist, die nahezu alle Naturwissenschaften berührt: Physik, Chemie, Biologie, Geologie, Meteorologie, Meereskunde, Astronomie, Vulkanologie, Archäologie. Alle diese Wissenschaftsgebiete haben in der Klimawissenschaft Bedeutung, und da es kaum jemand gibt, der all diese Teilgebiete beherrscht, kann sich ein einzelner Wissenschaftler eben nur mit Teilbereichen des Klimageschehens beschäftigen.

Leider haben sich in den vergangenen Jahrzehnten immer mehr Wissenschaftler zu „Klimawissenschaftlern" erklärt. Sie kamen aus den unterschiedlichsten Disziplinen. Gemeinsam hatten sie aber eine Botschaft: Der Mensch ist schuld an der derzeitigen Klimaschwankung.

Die folgende, sehr grobe Graphik gibt einen Einblick in die Komplexität.

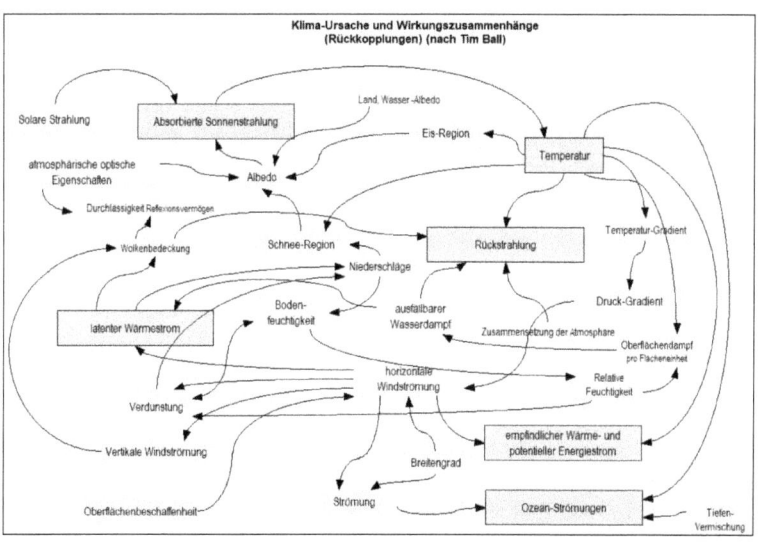

Abbildung 17: Interdependenzen im Klimasystem (nach Tim Ball)
Vorlage entnommen aus Tim Ball,
Human Caused Global Warming (eBook), Seite 27

Graphik: Patzner

Das hat sogar der Weltklimarat, der IPCC, erkannt:

> *„Das Klimasystem ist besonders herausfordernd, weil bekannt ist, dass Bestandteile des Systems chaotisch sind; es gibt Rückkoppelungen, die potenziell das Vorzeichen ... wechseln können und es gibt zentrale Prozesse, die das Klimasystem in einer komplizierten, nichtlinearen Weise beeinflussen. Diese komplexen, chaotischen, nichtlinearen Triebkräfte sind ein inhärenter ... Aspekt des Klimasystems. Mit einem Wort: Eine Strategie muss berücksichtigen, was möglich ist.*

> *In der Klimaforschung- und Klima-Modellierung sollten wir zu Kenntnis nehmen, dass wir es mit einem gekoppelten nichtlinearen System zu tun haben und deshalb eine Langzeit-Vorhersage zukünftiger Klimazustände nicht möglich ist."*[31]

Wenn etwas so komplex wie die „Klimawissenschaft" ist, dann heißt das, dass alle, die sich damit beschäftigen, gut beraten sind, vorsichtig und bescheiden an die Materie heranzugehen.

Dennoch heißt es: Es gibt nichts mehr zu diskutieren – „debate over" oder „science is settled".

Es dürfte wohl ein absolutes Novum in der Naturwissenschaft sein, wenn es immer wieder heißt „Es gibt nichts mehr zu diskutieren". Ausgerechnet ein Politiker hat dazu aufgerufen:

Der britische Umweltminister David Miliband forderte im Jahr 2007, dass „die Debatte über die Wissenschaft des Klimawandels endgültig beendet ist" und dass „die internationa-

---

31 3. Bericht des IPCC, Seite 774 (TAR 2001, nur englische Fassung), Kapitel 14.2.2 „Vorhersagbarkeit in einem chaotischen System"
https://www.ipcc.ch/site/assets/uploads/2018/03/WGI_TAR_full_report.pdf, Seite 78/771/784

le politische Verpflichtung, Maßnahmen zur Vermeidung gefährlicher Klimaveränderungen zu ergreifen, jetzt dringend erforderlich ist".[32]

Aber auch die renommierte „Royal Society"[33] beteiligte sich mit Nachdruck an der politischen Debatte und veröffentlichte 2005 „A Guide to the Facts and Fictions about Climate Change" – einen Bericht, der sich unmissverständlich über die offizielle Klimawissenschaft und diejenigen äußerte, die es wagten, sie in Frage zu stellen.

„Es gibt einige Personen und Organisationen, von denen einige von der US-amerikanischen Ölindustrie finanziert werden, die versuchen, die Wissenschaft des Klimawandels und die Arbeit des IPCC zu untergraben. Sie scheinen in ihren Argumenten durch ihre Haltung gegenüber dem Rahmenübereinkommen der Vereinten Nationen über Klimaänderungen und dem Kyoto-Protokoll motiviert zu sein, die dringende Maßnahmen zur Bekämpfung des Klimawandels durch eine Verringerung der Treibhausgasemissionen anstreben. Häufig ist all diesen Personen und Organisationen gemeinsam, dass sie gegen den wachsenden Konsens der wissenschaftlichen Gemeinschaft sind, dass dringende Maßnahmen durch eine Reduzierung der Treibhausgasemissionen erforderlich sind. Aber die Gegner sind gut organisiert und finanziell gut ausgestattet."[34]

---

32 Climate change: debate over, political action urgent, DEFRA press release, 2February2007(DEFRA:DepartmentforEnvironmentFood&RuralAffairs
33 „Königliche Gesellschaft" ist eine 1660 gegründete britische Gelehrtengesellschaft zur Wissenschaftspflege. Sie dient als nationale Akademie der Wissenschaften des Vereinigten Königreiches für die Naturwissenschaften.
34 https://www.sustainabilityexchange.ac.uk/files/the_royal_society_climate_change_-_fact_fiction.pdf. Seite 3

Später hat die Gesellschaft diese Formulierung zwar etwas abgemildert, die Aussage aber blieb stehen.

Der neue Bericht von 2010 ist umsichtiger als seine Vorgänger. Es ist nicht mehr die Rede von finanziellen Interessen. Es wird differenziert in drei Kategorien: „Aspekte des Klimawandels, über die weitgehende Übereinstimmung besteht"; „Aspekte des Klimawandels, über die ein breiter Konsens besteht, über die aber weiterhin debattiert und diskutiert wird"; und „Aspekte, die nicht gut verstanden werden".

KAPITEL 2

Die deutsche Energiepolitik im Dienst des „Klimaschutzes" – ein Weg in den Abgrund

Energie – Basis der Wirtschaft, Basis „menschlichen" Lebens

Solange der Mensch existiert, nutzt er „Energie". Zunächst verfügte er allein über Muskelkraft von Mensch und Tier. Muskelkraft ist das Ergebnis eines „Verbrennungsvorgangs" im Körper des Menschen bzw. eines Tieres. Später lernte er die Nutzung von Wind- und Wasserkraft, und er nutzte auch die Wärmeenergie aus der Verbrennung von Holz oder Kohle. Zur Gewinnung und zur Bearbeitung von Metallen mussten hohe Temperaturen erzeugt werden. Die Militärs verlangten Waffen und die Damen Preziosen.

Seit wann Kohle gewonnen und genutzt wird, wissen wir nicht genau, vermutlich bereits in der Jungsteinzeit. Sicher haben die Kelten im ersten Jahrtausend v. Chr. bereits Kohle genutzt.

Stark zugenommen hat der Kohleabbau im Hochmittelalter. Genutzt wurde die Kohle zur Erzeugung von Wärme, Metallgewinnung und -bearbeitung und vor allem zum Kalkbrennen.

Um welche Mengen es sich handelte, ist nicht bekannt. Es wäre interessant zu wissen, wie viel CO_2 unsere Vorfahren im Lauf der Jahrtausende emittiert haben. Unbeachtlich sind die Mengen nicht und müssten – wenn die These vom anthropogenen Klimawandel stimmen sollte, theoretisch ebenfalls bereits eine globale Erwärmung bewirkt haben. Es wird ja behauptet, das CO_2 aus der Verbrennung fossiler Stoffe würde sich in der Atmosphäre nicht, bzw. nur sehr, sehr langsam abbauen.

Die „industrielle Revolution" – sprunghafte Zunahme des Einsatzes von Energie

In Schottland erfand Anfang des 18. Jahrhunderts ein Thomas Newcomen eine dampfbetriebene Maschine, mit der Wasser aus den Bergwerken geschöpft werden konnte und damit die Bergarbeiter von einer sehr mühevollen Arbeit befreite. Der Einsatzbereich der Maschine war für diese Arbeit beschränkt und der Wirkungsgrad war gering. So dauerte es noch einmal ein halbes Jahrhundert, bis James Watt die Maschine so verbesserte, dass sie universell eingesetzt werden konnte und auch einen vernünftigen Wirkungsgrad hatte. Die Energie für diese Maschine kam aus der Verbrennung von Kohle.

Damit konnte man nun plötzlich jederzeit und überall mechanische Energie bereitstellen, z. B. konnte man Drehbewegungen erzielen, um eine Arbeitsmaschine anzutreiben. Man war nicht mehr auf unzuverlässigen Wind angewiesen, oder auf Wasserkraft, die nur an bestimmten Orten verfügbar war oder auf die (beschränkte) Muskelkraft von Mensch oder Tier.

Auch konnte man eine derartige Maschine auf ein Fahrgestell montieren. Das Fahrgestell konnte auf Schienen gesetzt werden, plötzlich wurde der Mensch mobiler.

Die Voraussetzungen für die „erste industrielle Revolution" waren gegeben. Zeitlich fällt dieser Start etwa auf den Beginn des 19. Jahrhunderts, so richtig los ging es dann in der zweiten Hälfte des 19. Jahrhunderts, welches dann auch mit den „Gründerjahren" endete. Erst von da an kann man auch von „rauchenden Schloten" sprechen – vorher nicht.

Das Ergebnis ist uns bekannt: Nicht nur in den Bereichen „Produktion materieller Güter", auch in Wissenschaft und Forschung, in der Chemie in der Medizin, in der Informationstechnologie, der Landwirtschaft, der Ernährung oder auf dem Gebiet des Transportes hat man Fortschritte erzielt, die das Leben der Menschen fundamental geändert haben – und weiter ändern.

Bessere medizinische Versorgung – und damit längere Lebenszeit – und effektivere Landwirtschaft führten zu einer sprunghaften Vergrößerung der Weltbevölkerung. Von damals (1750) maximal einer Milliarde Menschen stieg sie bis heute auf 8 Milliarden Menschen an.

All die Menschen können mit Nahrung, Wohnung, Kleidung versorgt werden – in vorindustrieller Zeit wäre dies undenkbar gewesen.

Was wir oft vergessen: Im Hintergrund all diesen Fortschritts steht ENERGIE, ohne Energie würden all diese Anlagen stillstehen, es würde nichts produziert, nichts transportiert, es könnte nicht ausreichend Brot gebacken werden …

Nicht nur die Grundbedürfnisse einer um den Faktor 8 gewachsenen Weltbevölkerung konnte das Produktivitätswachstum absichern, auch der Lebensstandard der Menschen – allerdings nicht aller Menschen – wurde enorm gesteigert.

Sehr viele Menschen in den Entwicklungsländern leben auch heute noch auf vorindustriellem Niveau, wenn man das „Bruttosozialprodukt" als Maßstab nimmt. Sie partizipieren bestenfalls am medizinischen Fortschritt und der gestiegenen Nahrungsmittelproduktion.

In Tabelle 1 sehen wir die Veränderungen, die die „industrielle Revolution" bewirkte. Die pro Kopf und Jahr erzeugten Güter hatten in vorindustrieller Zeit einen Wert von ca. 200 $ (Schätzung nach heutiger Bewertung) und der Energieverbrauch (unabhängig in welcher Form) belief sich auf umgerechnet 200 kg Rohöl (Energieäquivalent). Heute dagegen verbrauchen wir 1710 kg Rohöl pro Person und Jahr, also mehr als 8 Mal so viel, produzieren aber die 50-fache Menge je Person, statt 200 $ sind es heutzutage 10.000 $ je Person und Jahr.

Veränderungen der Wirtschaftsleistung (BIP) und des Energieeinsatzes in vorindustrieller Zeit gegenüber Gegenwart (grobe Schätzzahlen)

	Vorindustriell	Gegenwart (2000)	Veränderung	Bemerkung
Einwohner	<1 Milliarde	7 Milliarden	**Faktor 7**	
Energieverbrauch/ Kopf	<200 kg Rohöl	1710 kg Rohöl	**Faktor 8,5**	Variiert zwischen 200 kg Rohöl (Afrika) und 8000 kg Rohöl (USA) (1 : 40)
Energieverbrauch global	<200 Gt[35] Rohöl	12 000 Gt Rohöl	**Faktor 60**	
BIP/Kopf	<200 $	10.000 $	**Faktor 50**	Das BIP/Kopf variiert zwischen weniger als 200 $ (Afrika) und mehr als 50.000 $ (EU/USA) (1 : 250).
BIP global	<200 Milliarden $	70.000 Milliarden $	**Faktor 350**	

Tabelle 1: Veränderung von Energieeinsatz und Wirtschaftsleistung gegen vorindustrielle Zeit
Tabelle: Patzner

---

35 Gt = Gigatonne (1 000 000 000 Tonnen)

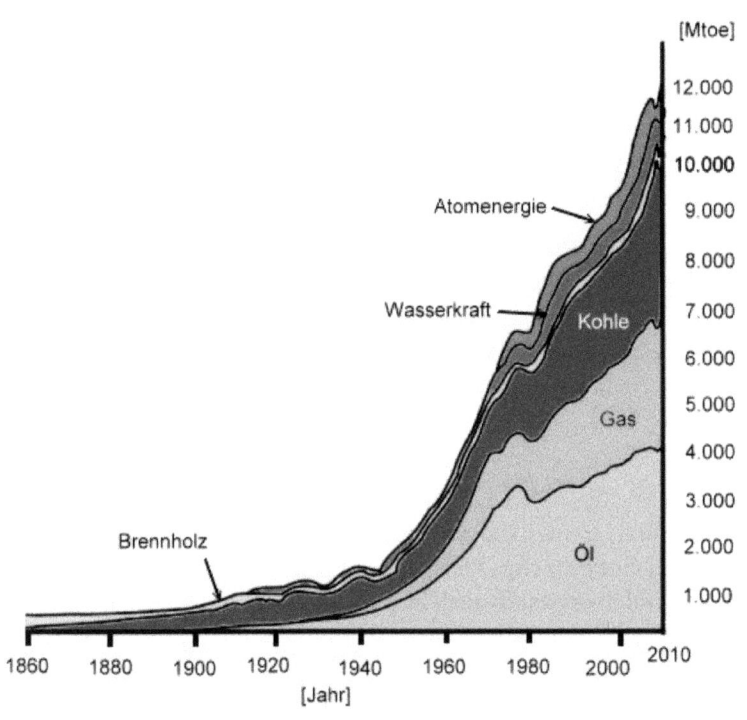

Abbildung 18: Entwicklung des Energieverbrauchs

Quelle: Jürgen Paeger, Webseite Ökosystem Erde: „Eine kleine
Geschichte des menschlichen Energieverbrauchs" (November 2022)
https://www.oekosystem-erde.de/html/energiegeschichte.html

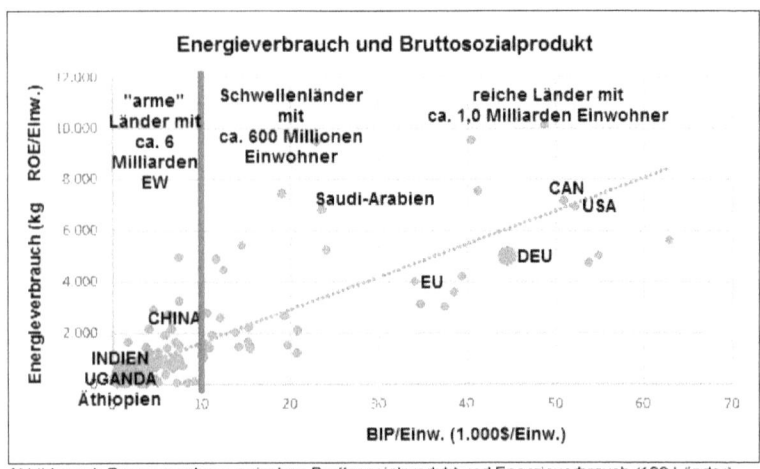

Abbildung 1: Zusammenhang zwischen Bruttosozialprodukt und Energieverbrauch (190 Länder)
(kgROE = kg Rohöläquivalent)

Graphik: Patzner

Abbildung 19: Zusammenhang zwischen Bruttosozialprodukt
und Energieverbrauch

Graphik: Patzner

Wenn wir die volkswirtschaftliche Leistung und den Energieverbrauch eines Staates gegenüberstellen, dann stellen wir schnell eine sehr enge Korrelation zwischen Bruttosozialprodukt und Energieverbrauch fest. Es existiert fast eine lineare Korrelation zwischen Bruttosozialprodukt und Energieverbrauch (Abbildung 19).

Wir sehen aber auch, dass eine große Anzahl von Staaten sich links unten befindet, d. h., ihr Energieverbrauch ist gering, aber auch deren Wirtschaftsleistung, es bildet sich ein Punkte-Knäuel. Innerhalb dieses Knäuels befinden sich volkreiche Staaten wie Indien, China, Pakistan, Nigeria, Bangladesch etc. Drei Viertel der Menschheit leben dort.

Die globale Spreizung ist enorm. In manchen Entwicklungsländern am Ende der Skala hat sich gegen vorindustrielle Verhältnisse wenig getan. Nehmen wir den afrikanischen Staat Malawi mit einem Bruttosozialprodukt von 220 $ je Person und

Jahr, und am anderen Ende der Skala finden wir Kanada und die USA mit über 50.000 $ pro Person und Jahr. Das heißt, ein durchschnittlicher Amerikaner verdient fast 250-mal so viel wie ein durchschnittlicher Malawi.

Es gibt natürlich auch „Ausreißer". Länder wie die Schweiz oder Luxemburg verfügen über eine extrem hohe „Energieintensität", das liegt daran, dass deren Bruttosozialprodukt von der „Finanzindustrie" beeinflusst wird, dort finden wir hohe „Produktivität", aber relativ geringen Energiebedarf – (da müssen nur die Büros geheizt werden). Auf der anderen Seite finden wir Länder wie Saudi-Arabien. Dort ist der Energieverbrauch überdurchschnittlich hoch, u. a. weil man sehr viel Energie für die Wassergewinnung aus Meerwasser verbraucht und auch ansonsten mit Energie sehr großzügig umgeht.

Das Wachstum der Wirtschaft seit Beginn der industriellen Revolution war auf weinige Regionen beschränkt: Europa, USA/Kanada, Japan, Australien/Neuseeland. Die Volksrepublik China nimmt eine Sonderrolle ein. Vor wenigen Jahrzehnten war China ein extrem unterentwickeltes Land. China hat sich aus eigener Kraft zu einem der dynamischsten Länder entwickelt und hat mit 6600 ($/Einw. und Jahr) Indien (1420 $/Einw. und Jahr) weit hinter sich gelassen. In Abbildung 19 „bewegt" sich daher China Jahr für Jahr weiter nach rechts – und entsprechend nach oben.

Alle übrigen Länder sind nur wenig entwickelt oder sind sog. „Schwellenländer". In Anlehnung an die sozialen Probleme in der Frühzeit der Industrialisierung können wir heute von einer „Verelendung" der „Dritten Welt" sprechen:

» 800 Millionen Menschen leiden permanent an Hunger.
» 2,5 Milliarden Menschen haben keinen Zugang zu sauberem Wasser.
» Fast 2 Milliarden Menschen haben keinen Stromanschluss,
» fast eine Milliarde Menschen kämpfen mit weniger als einem Dollar pro Tag ums Überleben (eine europäische Kuh erhält ca. 250 $ pro Jahr an Subventionen).

» Allein in Indien sind 150 Millionen Haushalte zum Kochen auf Brennholz, Dung und landwirtschaftliche Abfälle angewiesen. Diese Energiestoffe sind 20-mal weniger effizient, 20-mal mehr umweltbelastend als fossile Energieträger.

» Über 80 Millionen Menschen befinden sich auf der Flucht

Das Ergebnis der Verelendung auf nationaler Basis waren soziale Auseinandersetzungen. Hoffentlich erleben wir nicht Vergleichbares im globalen Maßstab.

Sichtbares Ergebnis dieses Wohlstandsunterschiedes ist der hohe Migrationsdruck nach Europa (aus Afrika und Teilen des Nahen und Mittleren Ostens) und den USA (aus Mittel- und Lateinamerika). Für diesen Migrationsdruck den Klimawandel verantwortlich zu machen geht an der Wirklichkeit total vorbei. Wir müssen befürchten, dass dieser Migrationsdruck noch lange anhält und wahrscheinlich zunehmen wird, solange die Wohlstandsunterschiede in diesem Ausmaß bestehen und die betreffenden Länder keine Entwicklungsperspektiven haben.

Eine Überprüfung der Entwicklungshilfepolitik ist daher unumgänglich – doch das ist nicht unser Thema. Die einzige Lösung ist die wirtschaftliche Entwicklung dieser Länder, sie müssen lernen, auf eigenen Beinen zu stehen, anstatt Almosenempfänger zu sein.

Doch das bedeutet eine weitere enorme Zunahme des globalen Energieverbrauchs[36]. Wenn man die Zunahme des Energieverbrauchs von China betrachtet und davon ausgeht, dass volkreiche Nationen wie Indien oder Indonesien dem folgen werden, dann wird der Energieverbrauch explodieren.

---

36 Es gibt auch andere Vorschläge, den Wohlstandsunterschied zu reduzieren, nämlich dass die Industrieländer „zurückentwickelt" werden – aus Klimaschutzgründen. Wir beschäftigen uns an anderer Stelle mit diesem Thema.

Die Forderungen der Klimawissenschaft und die globale Wirklichkeit

Die Bundesregierung beruft sich in ihrer Klimaschutzpolitik auf „Erkenntnisse der Wissenschaft".

Kern der Forderungen ist die „Decarbonisierung" der Weltwirtschaft, d. h., dass die Nutzung von fossilen Energieträgern schnellstmöglich beendet werden muss. Global dürfen (ab 2010) insgesamt nur noch 750 Milliarden Tonnen CO_2 emittiert werden. Ab Mitte dieses Jahrhunderts dürfen die globalen Emissionen allenfalls auf vorindustriellem Niveau sein.

Der WBGU[37] hat eine Zusammenfassung der notwendigen Maßnahmen in einem „Gutachten" zusammengefasst. Der Titel lautet: „Welt im Wandel – Gesellschaftsvertrag für eine große Transformation". Mit zahlreichen fragwürdigen Passagen dieses Gutachtens werden wir uns an anderer Stelle befassen. (vgl.: Plant eine Professorenclique den Umsturz? – Seite 323)

---

37 „Welt im Wandel – Gesellschaftsvertrag für eine große Transformation" entnommen. Herausgeber: Wissenschaftlicher Beirat der Bundesregierung Globale Umweltveränderungen. (WBGU). Vorsitzender: Prof. H. J. Schellnhuber. Berlin 2011

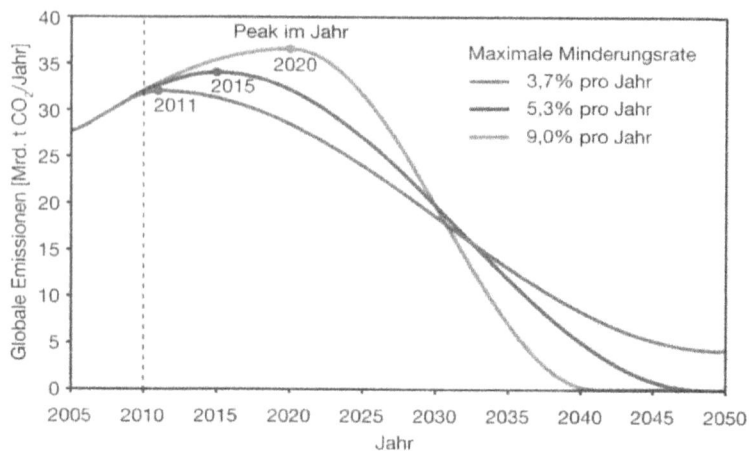

Abbildung 20: Mögliche Reduktionspfade der globalen CO_2-Emission
Aus „Welt im Wandel", Hrsg. WBGU, Berlin 2011, Seite 40

Die Forderung nach globaler Decarbonisierung hören wir seit gut 30 Jahren. Wie wir in Bild 21 aber sehen, steigt die Emission von CO_2 ungebremst dramatisch an. Ein weiterer Anstieg ist sicher. Indien und China haben definitiv erklärt, sich (bis auf weiteres) an keinerlei Decarbonisierungsmaßnahmen zu beteiligen (vgl. Abbildung 23). Volkreiche Staaten wie Indonesien, Nigeria, Bangladesch, die Tigerstaaten in Fernost und auch der südamerikanische Kontinent hungern nach mehr Energie. Sollte dieser Energiehunger nicht gestillt werden, dann werden wir der Migrationsströme nicht mehr Herr werden.

Umgekehrt ist deutlich, dass die EU und Amerika, auch Japan und Russland ihre CO_2-Emission leicht senken. Das liegt nicht an der Umstellung auf Erneuerbare Energien, sondern an einer laufenden Erhöhung der Energieeffizienz. Industrieländer sind weitgehend „energetisch gesättigt" und beschäftigen sich mit energiesparenden Techniken, um wettbewerbsfähiger zu sein. Deutschland zeigt immer voll Stolz den Rückgang seit 1990, der ist gravierend, doch der Grund ist in erster Linie die energetische Sanierung der neuen Bundesländer. Hinzu kommt, dass wir zunehmend CO_2-Emissionen in andere Länder verlagern.

In Abbildung 21 sowie in Abbildung 22 sieht man diesen Trend deutlich. Die volkreichen Entwicklungs- und Schwellenländer steigern ihren Energieverbrauch auf der Basis fossiler Energieträger kräftig. Da fallen die Emissionen der Industrieländer nicht mehr ins Gewicht.

Derzeit werden weltweit 1400 (es wird auch die Zahl 1600 genannt) große Kohlekraftwerke gebaut oder befinden sich in Planung.[38] Allein China baut und plant derzeit ca. 400 Kohlekraftwerke, fast wöchentlich wird dort ein Kohlekraftwerk eingeweiht. Auch Kernkraftwerke erfreuen sich großer Nachfrage.

---

38 „Weltweit ist ein Kohleausstieg überhaupt nicht in Sicht. Die 120 größten Kohlekonzerne haben aktuell knapp 1400 neue Kraftwerke in 59 Ländern in Planung oder sogar schon im Bau. Damit kämen neue Kapazitäten von gut 670 Gigawatt dazu. Das entspricht einem Drittel der aktuell global installierten Kapazitäten" (Handelsblatt, 4.10.2018).

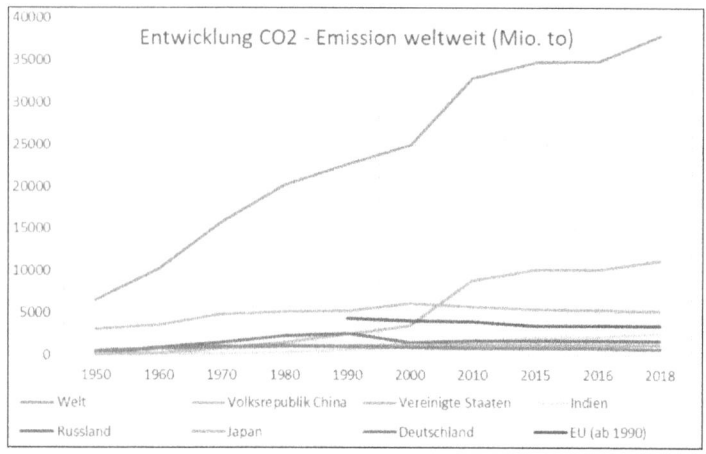

Abbildung 21: Entwicklung der CO_2-Emission seit 1950, ausgewählte Länder

Datenquelle: https://www.bmwk.de/Redaktion/DE/Binaer/
Energiedaten/energiedaten-gesamt-xls.html
Graphik: Patzner

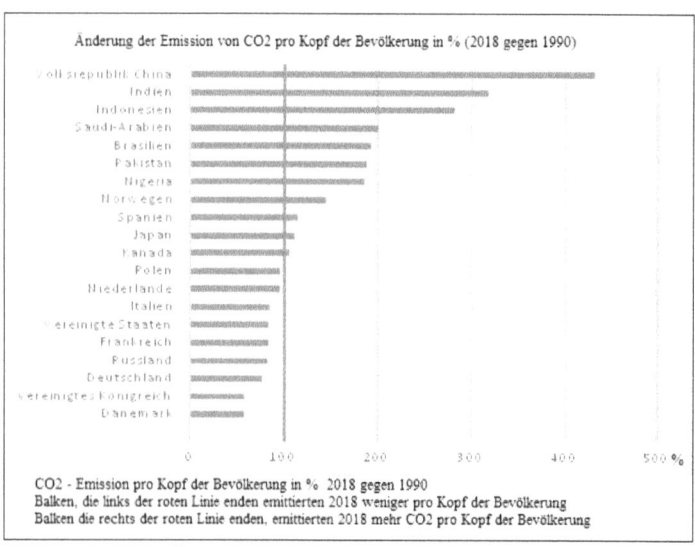

Abbildung 22: Änderung der CO_2-Emission pro Kopf (2018 gegen 1990)

Datenquelle: https://www.bmwk.de/Redaktion/DE/Binaer/
Energiedaten/energiedaten-gesamt-xls.html
Graphik: Patzner

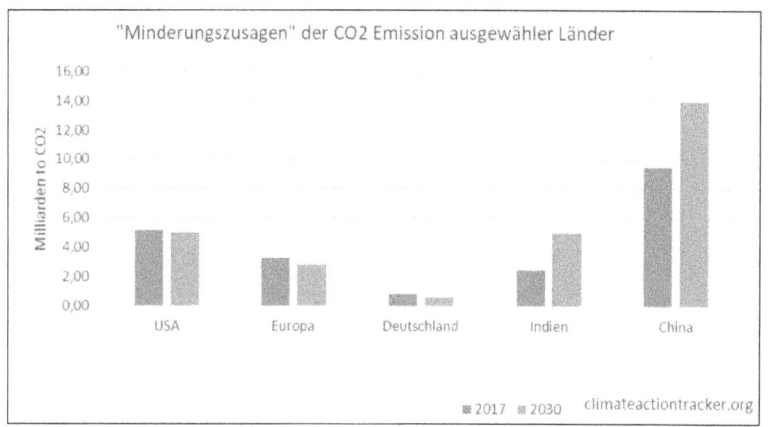

*Abbildung 23: CO₂-„Minderungszusagen" zum Pariser Abkommen
bis 2030 im Vergleich zu 2017
Auf der Klimakonferenz haben die Staaten Zusagen gemacht,
wie sie bis 2030 ihre CO₂-Emissionen „senken" wollen.
China will von 10 auf 14 Gto „senken", Indien von 2,5 auf 5 „senken".*

*Datenquellen:
https://climateactiontracker.org/countries/china/targets/
https://climateactiontracker.org/countries/india/targets/
Prof. Vahrenholt, Die kalte Sonne
Graphik: Patzner*

Die Widersprüchlichkeit der jährlichen Klimakonferenzen (COP) kann nicht größer sein. Die großen CO_2-Emittenten kündigen eine drastische Erhöhung ihrer Emissionen an, dennoch soll bis 2050 die globale Emission auf null gehen.

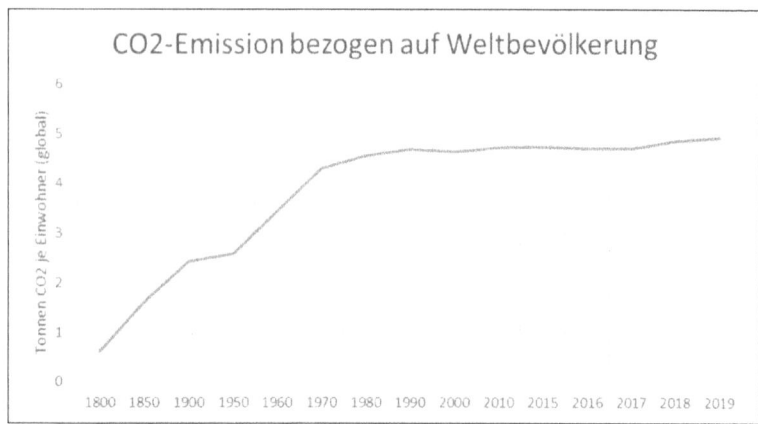

Abbildung 24: Globale CO₂-Emission bezogen auf Weltbevölkerung
Graphik: Patzner

Bemerkenswert ist, dass seit etwa 50 Jahren die Emission (bzw. der Energieverbrauch) bezogen auf die Bevölkerung kaum mehr zunimmt. Die eigentliche Wachstumsphase begann Mitte des 19. Jahrhunderts und endete etwa 1970.

Die Ziele der deutschen Energiepolitik

In Abbildung 25 sind die Klimaziele der Bundesrepublik dargestellt. Bis 2050 soll die Treibhausgasemission um mindestens 80 %, möglichst 95 % gesenkt werden. 60 % des Gesamtenergieverbrauchs soll aus Erneuerbaren Quellen kommen, und der gesamte Energieverbrauch soll um 50 % gesenkt werden.[39]

---

39 Zu beachten ist, dass 2020 stark von der Corona-Pandemie beeinflusst war. Ähnlich ging in 2008 (Finanzkrise) die CO_2-Emission zurück, stieg aber danach wieder. Außerdem macht sich ab 2015 der vermehrte Gaseinsatz bemerkbar. Der führt aber nur zu einer Verschiebung der CO_2-Emission.

Allein die Forderung nach Senkung des Energieverbrauchs ist weltfremd: Wenn wir diese Forderung mit Abbildung 19 vergleichen, dann würde dies einen Rückgang des Bruttosozialprodukt auf das Niveau eines Schwellenlandes bedeuten.

Der Exodus der Industrie ist schon im Gange, und er scheint gewollt zu sein:

Bereits im Jahr 2001 hat sich das Bundesministerium für Wirtschaft und Industrie Sorgen um die Abwanderung der Industrie gemacht. In einem Bericht wird festgestellt

„… dass energieintensive Wirtschaftszweige in Länder mit günstigeren Standortbedingungen abwandern werden."[40]

Dieser Bericht wird vom Sachverständigenrat für Umweltfragen (SRU) wie folgt kommentiert:

„Der Energiebericht sieht ‚die internationale Wettbewerbsposition der energieintensiven Industriezweige' durch das 40-Prozent-Ziel gefährdet. Selbst wenn dies zutreffen sollte, müssten dem die Wettbewerbsvorteile gegenübergestellt werden, die sich aus einer innovationsorientierten Vorreiterposition der Bundesrepublik im Klimaschutz bereits jetzt ergeben haben. Der Sachverständigenrat für Umweltfragen hält einen – sozial abgefederten und rechtzeitig eingeleiteten – Strukturwandel weg von den energieintensiven Altindustrien für langfristig ohnehin sinnvoll."[41]

Der SRU ist neben dem WBGU ein wichtiges Beratungsgremium.

---

40 Nachhaltige Energiepolitik für eine zukunftsfähige Energieversorgung. Herausgeber: Bundesministerium für Wirtschaft und Technologie (BMWi) 2001
http://www.boxer99.de/Global/Download/%7BIZNSHBJYMY-514201084019-QYOAZJWIKG%7D.pdf, S. 56
41 https://www.umweltrat.de/SharedDocs/Downloads/DE/04_Stellungnahmen/2000_2004/2001_Stellung_CO2_Reduzierung.pdf?_blob=publicationFile&v=4, Seite 2

„*Energieintensive Altindustrien*" sind z. B.: Stahlherstellung, Aluminiumwerke, Kupferwerke, Düngerproduktion, Chemiewerke, Zementwerke, Werke für Reinstsilizium, Papierindustrie ..."

„*... weg von den energieintensiven Altindustrien für langfristig ohnehin sinnvoll*"

kann also nur das bewusste Hinausdrängen von bestimmten Industrien bedeuten, denn verzichten kann man auf diese Produkte nicht.

Die Politik des Hinausdrängens zeigt längst Wirkung wie eine Studie[42] der Deutschen Bank aus dem Jahr 2013 zeigt:

Zurück zum Agrarstaat?
Die Verbraucher stöhnen über immer weiter steigende Strompreise, doch für die Industrie sind die Folgen offenbar noch gravierender. Wegen der teuren Energie habe in Deutschland bereits ein schleichender Prozess der De-Industrialisierung begonnen, resümiert eine Studie der Deutschen Bank. Energieintensive Branchen hielten sich bereits seit Jahren mit Investitionen in Deutschland zurück. In immerhin 15 der letzten 17 Jahre hätten die Abschreibungen höher gelegen als die Investitionen.
In der Folge sei der Wert des Nettoanlagevermögens der energieintensiven Betriebe um mehr als elf Prozent gesunken, während es in den übrigen Branchen zu einem Wachstum von fünf Prozent gekommen sei. Bei weiter überproportional steigenden Energiepreisen sei mit Umsatzverlusten zwischen fünf und 16 Milliarden Euro im Jahr zu rechnen.

Teurer Strom vertreibt Industrie

---

42 dpa 19.12.2013
https://www.t-online.de/finanzen/news/unternehmen-verbraucher/
id_67084006/deutschland-zurueck-zum-agrarstaat-de-
industrialisierung-hat-begonnen.html

Der deutsche Strompreis für Industriekunden sei um über ein Viertel höher als der EU-Durchschnitt. Gegenüber den USA sei der Kostennachteil sogar noch größer. In Deutschland seien die Strompreise seit 2007 um knapp 48 Prozent gestiegen, in der EU jedoch nur um 38 Prozent.

Die energieintensiven Branchen in Deutschland würden deshalb jährlich etwa drei bis zehn Millionen Tonnen CO_2 weniger ausstoßen. Jedoch deuteten gestiegene Auslandsinvestitionen darauf hin, dass die Emissionen des klimaschädlichen Gases durch deutsche Unternehmen im Ausland zunähmen. Global steige der Ausstoß ohnehin weiter.

Das Ausland nimmt kopfschüttelnd Notiz von dieser Politik: Das angesehene Wall Street Journal bezeichnet diese Energiepolitik in einem Leitartikel vom 26.1.2019 als die „dümmste Energiepolitik der Welt" (World's Dumbest Energy Policy). – Nach dem Ausstieg aus der Kernkraft will Deutschland nun aus der Kohle aussteigen. (After giving up nuclear power, Germany now wants to abandon coal.) Aus dem Artikel:

„… Nachdem Berlin unzählige Milliarden Euro für erneuerbare Energien verschwendet und deutschen Haushalten und Unternehmen die höchsten Energiepreise Europas aufgebürdet hat, verspricht Berlin nun, die einzige zuverlässige Stromquelle, die Deutschland noch übrig hat, zu töten …

Die deutsche Kohleausstiegskommission, bestehend aus Vertretern aus Industrie, Gewerkschaften, Umwelt-NGOs und Forschung, legt in ihrem Abschlussbericht einen Weg zum Kohleausstieg vor, der die Kohleverstromung bis spätestens 2038 beenden soll. Bundesregierung und Parlament müssen den Vorschlag nun prüfen und über die Umsetzung entscheiden."[43]

---

43 https://blackout-news.de/aktuelles/die-duemmste-energiepolitik-der-welt/

Aus Abbildung 25 geht hervor, dass seit etwa 2007, nach Auslaufen der Sanierung der neuen Bundesländer[44], nur eine geringe Reduktion der CO_2-Emission messbar ist. Die CO_2-Emission folgt eher der konjunkturellen Entwicklung. Die bis dahin investierten Mittel in die Energiewende – mindestens eine Billion – zeigen keine Wirkung.

Das sog. 40 %-Ziel, das wir 2020 erreichen wollten, wurde nur „dank" der Corona Pandemie erreicht. Mit der Rückkehr zur Normalität wird der CO_2-Ausstoß wieder steigen – ähnlich wie 2008.

Ist das Naivität, deutsche Arroganz oder Realitätsverlust?

Interviewerin Ulrike Demmer:
Aber was nützt es überhaupt, wenn das kleine Deutschland das Klima schützt, während andere große Industriestaaten weiter ihre Kohlekraftwerke betreiben und sogar noch mehr ans Netz bringen und sich wenig für Klimaschutz interessieren. Können wir da überhaupt was ausrichten?

Ehemalige Umweltministerin Svenja Schulze:
Ja! Also es ist ganz wichtig, was Deutschland tut, weil jede Tonne CO_2, die wir einsparen, die zählt am Ende. Und so wie wir in Deutschland leben, sind wir Beispiel für ganz, ganz viele in der Welt. Die gucken, was sind die Konsummuster, wie leben wir hier, wie essen, wie trinken wir, wie bewegen wir uns. Und das wird von ganz Vielen kopiert. Und deswegen ist es so enorm wichtig.[45]

---

44 Als Bezugsjahr für den CO_2-Rückgang hat man schlauerweise das Jahr 1990 gewählt. Der in der Graphik dargestellte Rückgang der CO_2-Emission von 1990 bis etwa 2005 ist allein der energetischen Sanierung in den Neuen Bundesländern zuzuordnen und nicht der Klimaschutzpolitik der Bundesregierung.

45 https://www.bundesregierung.de/resource/blob/1982118/1676670/5c68fcb5569fee0962befaf9898b9efb/download-pdf-data.pdf?download=1, Seite 4

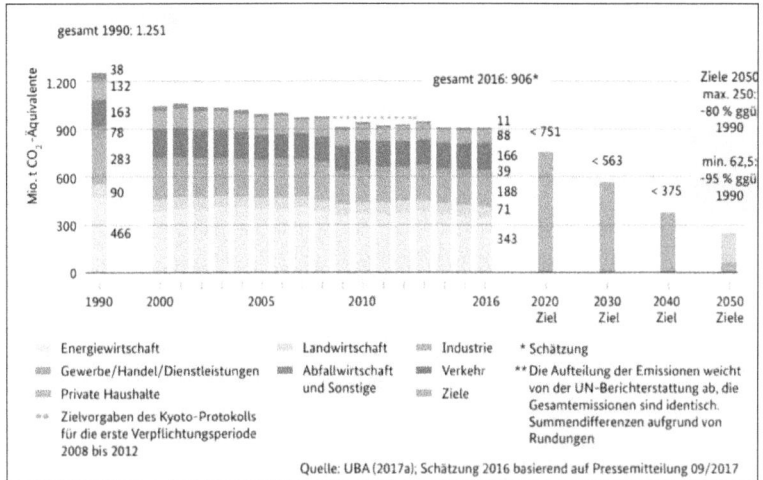

Abbildung 25: Entwicklung der CO₂-Emission in Deutschland
Quelle Umweltbundesamt https://www.bundestag.de/resource/
blob/565028/e7ff379935a919e8dd0d80b522b2352a/
WD-8-064-18-pdf-data.pdf

Die deutsche Energiepolitik
ist „grob fahrlässig"

Wozu laden die Bundesregierung bzw. die entsprechenden Fach-
gremien Fachleute ein wenn sie dann völlig ignoriert werden?

Am 15.6.2020 referierte Prof. Dr. Schwarz vom Lehrstuhl
für Energieverteilung und Hochspannungstechnik an der BTU
Cottbus-Senftenberg vor dem Bundestagsausschuss für Wirtschaft und Energie:[46]

---

46 Harald Schwarz https://www.bundestag.de/resource/
   blob/699966/72e7590bfa6ab7363ee878ba32e8f3a4/stgn-schwarz-
   data.pdf

Ausschnitte aus seinen Ausführungen:

„Durch mangelndes Verständnis der physikalischen Grundlagen der Stromerzeugung wird dabei in der Bevölkerung in fahrlässiger Weise der Eindruck erweckt, dass damit quasi die Hälfte des Weges zu einer CO_2-freien Stromerzeugung bereits geschafft wurde.“

Unter anderem nennt er folgende Hindernisse:

» *Begrenzter Lastspitzen-Ausgleich wegen großflächigen Wetterlagen in Europa (Kältewelle, Windstille, Nebel), d. h., es gilt nicht die Hoffnung „irgendwo weht immer Wind“.*
» *„Europäischer Strommarkt“ kann nicht verantwortlich sein für die Versorgungssicherheit in Deutschland.*
  Deshalb muss die Versorgung national sichergestellt werden. Das heißt, Deutschland kann sein Versorgungssicherheit nicht auf einem europäischen Stromverbund aufbauen.
» *Nach Abschaltung der Kern- und einzelner Kohlekraftwerke kann sich Deutschland bereits im Winter 2023 nur noch zu 80 % gesichert und aus eigener Kraft versorgen.*
» *Das bislang diskutierte Kohleausstiegsszenario sieht vor, dass die gesicherte Leistung bei der Stromerzeugung bereits in 2022 um 15–20 GW unter der deutschen Höchstlast liegen wird und somit eine* **grob fahrlässige Gefährdung der sicheren Stromversorgung** *darstellt.*
» ***… Da aber viele Volkswirtschaften in den Schwellenländern nachvollziehbarerweise nach höherem Wohlstand, höherer Industrialisierung und damit höherer Nutzung von Energieressourcen streben, kann ein Beitrag Deutschlands nicht darin liegen, die De-Industrialisierung als Mittel zur CO_2-Emissionsminderung voranzutreiben, sondern nur darin, nachhaltige, ressourcenschonende, emissionsmindernde und vor allem bezahlbare und damit übertragbare Lösungen zu entwickeln“***

Es scheint, dass die Kohlekommission der Abschaltung der Kohlekraftwerke Vorrang vor der Bereitstellung der gesicherten Leistung gibt.

Die Konsequenz wird sein:

Rückgang der Industrietätigkeit, Abwanderung von Industrie, Flächendeckende Blackouts mit der Gefahr für Leben und Gesundheit der Bevölkerung.

Die Rolle des Energiemix und der Kernkraft

» Neben dem Industrialisierungsgrad spielt der Energiemix für die CO_2-Emission eines Landes eine große Rolle. Länder, die die Kernkraft stärker ausgebaut haben bzw. ausbauen sind wesentlich „klimafreundlicher" als Länder, deren Wirtschaft auf fossilen Energieträgern beruht.
Ähnliche Emissionswerte haben Länder, die auf Grund ihrer besonderen Topographie viele Wasserkraftwerke bauen können (z. B. Österreich, Schweiz, Norwegen).

» Ein besonderes Beispiel ist Frankreich. Die CO_2-Emission (pro Kopf) ist in Frankreich nur etwa halb so hoch wie in Deutschland. Frankreich ist aber das Land mit der höchsten Kernkraftdichte der Welt, 40 % der gesamten Energie kommt in Frankreich aus der Kernkraft. In Europa setzen außerdem viele osteuropäische Länder auf Kernkraft (vor allem Ukraine, Tschechien, Ungarn, Rumänien), auch Großbritannien plant in Zukunft den Ausbau der Kernkraft.

» Mit dem Ausbau der Kernkraft schaffen sich diese Länder einen enormen Wettbewerbsvorteil gegenüber Länder wie Deutschland, die aus den fossilen Energieträgern aussteigen, aber keinen Ersatz dafür haben.

Energieversorgung aus erneuerbaren Quellen – technisch und physikalisch nicht möglich.

Die Forderung, dass die Energie zu 100 % aus erneuerbaren Energiequellen kommen soll, ist eine Illusion, mit der Einschränkung, dass bei Kilowatt-Preisen von etwa 5 € eine Chance besteht und wenn wir mit ca. 800 000 Windkraftanlagen in Deutschland leben wollen, heute sind es gut 30 000. Vielleicht können wir uns noch ein paar Windräder sparen, wenn wir den Rest der freien Flächen mit Solaranlagen bepflastern. Für Menschen wäre allerdings kein Platz mehr.

Bundesweit müssten wir mehrere Windkraftanlagen pro km² bauen – letztlich auch in Städten. Die Gründe sind einfach:

» Die sog. „Energiedichte" von Windenergie, Solarenergie oder Biogasenergie (bezogen auf die Ackerfläche) ist sehr gering. Wir brauchen daher riesige Flächen, die wir aber nicht haben.

» In der Sahara gäbe es viel Fläche für Solarenergie. Da müssten wir aber den Strom über lange, teure, verletzliche (Terrorgefahr!) Stromleitungen transportieren. Es würden neue Abhängigkeiten entstehen. Immerhin, es wäre eine Option.

» Elektrischer Strom ist großtechnisch zu ökonomischen Bedingungen nicht speicherbar. Eine Speicherung von Wind- und Solarstrom wäre aber Voraussetzung für deren Nutzung. Die Speicherung über „power-to-gas" oder „power-to-liquid" ist möglich, wegen der damit verbundenen Wirkungsgradverluste müsste die Anzahl der Windkraftanlagen (oder Solarfläche) nochmal verdoppelt werden.

Witterungsbedingt müssen wir mit Tagen ohne Wind und Sonne im Umfang von mindestens 10 Tagen rechnen, aber es können durchaus auch einmal 30 Tage oder auch mehr sein, stabile Großwetterlagen im Winter sind nicht selten. Die Sonne spielt im Winter keine Rolle.

Die heutige speicherbare Strommenge aus Pumpspeicherkraftwerken reicht für maximal 8 Stunden, wir müssten unsere Speicherkapazitäten mindestens verhundertfachen. (!)

Die geringe Energiedichte verlangt aber auch eine unvorstellbar große Masse an Material. Die bezüglich Energiewende unverdächtige Zeitschrift Foreign Policy[47] hat ein paar Zahlen abgeschätzt. Ein kompletter Umstieg auf Batterien, Solar- und Windenergie würde eine Vervielfachung des Verbrauchs von Kupfer, Blei, Zink, Eisen und Aluminium bedeuten. Vom Bedarf an Lithium ganz zu schweigen. Die Umweltfolgen wären katastrophal.

47 https://www.bostonherald.com/2022/06/09/bhr-z-moore-oped-0609-2/

Deutschland ist eines der „energieeffizientesten" Länder der Erde:

Deutschland emittiert 0,9 Milliarden Tonnen CO_2 pro Jahr, das sind etwa 2,5 % der globalen Emissionen. Es erwirtschaftet damit aber 4,4 % der globalen Wertschöpfung. Deutschland ist also sehr „energieeffizient". Wenn Deutschland seine CO_2-Emissionen um die Hälfte oder komplett reduzieren würde – hätte dies global keine Auswirkung. Die deutsche Wirtschaft würde allerdings zusammenbrechen. Allein der jährliche Zuwachs der CO_2-Emission Chinas ist größer als unsere Jahres-Emission!

Die folgende Tabelle ist aufschlussreich:

Land	CO_2-Emission pro 1000$ BIP (t)	Bemerkungen
Schweiz	0,07	Hoher Anteil an Wasserkraft, hoher Anteil an „Finanzindustrie"
Schweden	0,08	Hoher Anteil an Wasserkraft
Frankreich	0,10	Hoher Anteil an Kernkraft
Deutschland	0,15	Trotz massivem Ausbau der EE sind die fossilen Energien die Hauptbasis. Der im Verhältnis zu Japan und USA niedrige Wert ist z. T. Ergebnis der hohen Energieeffizienz.
Japan	0,22	
USA	0,25	
Russland	0,48	
China	0,50	Geringe Energieeffizienz
Welt	0,29	

Tabelle 2: Energieeffizienz ausgewählter Länder
Datenquelle: NDC Paris, climateactiontracker.org, EU-Kommission 2020 EUR 30358EN
Tabelle (Daten): Die kalte Sonne

Energiewende – ökonomischer Wahnsinn

5 % des Bruttosozialprodukts für das „Klima", ein Prozent für die Verteidigung[48]

Die Energiewende verschlingt unendlich viel Geld:

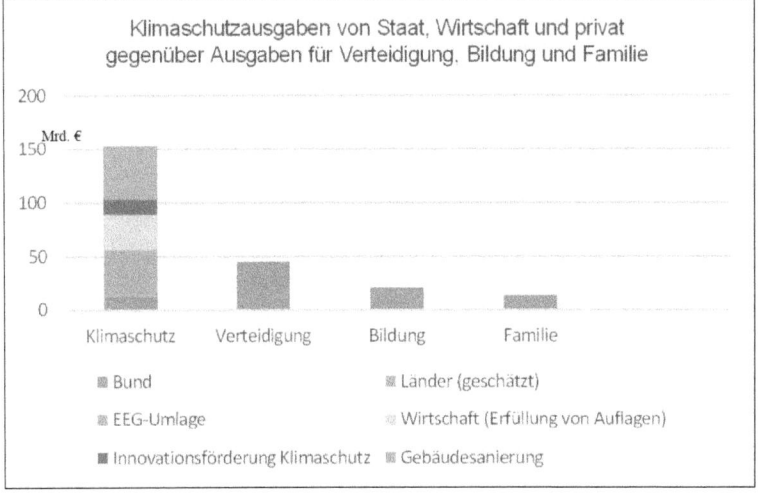

Abbildung 26: Ausgabenvergleich Klimaschutz zu Verteidigung, Arbeit und Soziales sowie Zukunftsbereiche (CO$_2$-Steuer ist dabei noch nicht berücksichtigt!)
Quelle: https://www.bundeshaushalt.de/#/2020/soll/ausgaben/ einzelplan.html, sowie diverse Presseberichte. Graphik: Patzner

Der gesamte unmittelbare finanzielle Aufwand, der in Deutschland für den „Klimaschutz" getrieben wird, wird jährlich auf mindestens 150 Milliarden € geschätzt, das sind 5 % des Bruttosozialprodukts. Dabei ist die 2021 eingeführte CO$_2$-Abgabe nicht enthalten.

---

48 Vor dem 24.2.2022

Es handelt sich um eine große Fülle von Einzelmaßnahmen, die nur zum geringen Teil aus Bundes-, Landes- oder kommunalen Kassen finanziert werden.

Der größte Anteil der Kosten wird von den Bürgern und der Wirtschaft über gesetzliche Umlagen oder gesetzliche Investitionen getragen – auf jeden Fall vom Endverbraucher über höhere Preise oder höhere Mieten. Sie stehen rechtswidrig außerhalb des Bundeshaushalts.

Verwendet wird das Geld für

» den Bau von Solar- und Windkraftanlagen, Biogas-Anlagen, Stromspeicher, Netzausbau, Power-to-Gas, Power-to-Liquid, Wasserstofftechnik.
» Innovationszuschüsse und Subventionen aus Steuermitteln für E-Autos, Wasserstofftechnik, Ladestationen etc.
» die Finanzierung von Klimaschutzprojekten durch Bund, Länder und Kommunen
» die Finanzierung von Klimainstituten und Klimaforschung
» Subventionsbedingte und auflagenbedingte private Investitionen in Klimaschutzmaßnahmen (energetische Sanierung, Energieeinsparung, Fernwärmeprojekte etc.)
» die Subventionierung von „grünen" Projekten.

Eine systematische Zusammenstellung der Gesamtkosten gibt es bezeichnender Weise nicht (Beispiel: https://www.bmu.de/fileadmin/Daten_BMU/Pools/Broschueren/klimaschutz_in_zahlen_2018_bf.pdf) und wurde von der Bundesregierung bisher nicht vorgelegt.

Die Schätzungen der Experten gehen weit auseinander: von 4,6 bis 5 Billionen € sprechen regierungsnahe Experten der Akademie der Wissenschaften Leopoldina, von acatech und der Union der deutschen Akademien der Wissenschaften, wobei die Gesamtkosten mit jeder Erhöhung des CO_2-Reduktionsziels deutlich überdurchschnittlich steigen.[49] Die Fraunhofer-Gesellschaft schätzt die Gesamtausgaben auf über 7 Billionen €[50].

Das bedeutet für jeden Haushalt eine monatliche Belastung von 320 bis 640 € – je nach Geschwindigkeit der Decarbonisierung – oder ca. 60.000,00 € insgesamt je Person. Die Bezahlung erfolgt in erster Linie über Inflation.

In einer Studie des *Bundesverbandes der Deutschen Industrie* e. V. aus dem Jahr 2018 werden die Kosten für den Klimaschutz auf bescheidene 2,3 Billionen geschätzt. Den Grund für die zurückhaltende Schätzung findet man wohl in Sätzen wie diesen in der Studie:

> *„... von den Klimaschutzausgaben profitieren zahlreiche Industriesektoren, zum Beispiel Maschinenbau, Bau- und Dämmstoffindustrie in Form zusätzlicher Aufträge."*

> *... „Das Billionen-Programm zur Dekarbonisierung ist zugleich ein in dieser Höhe nie dagewesenes fiskalisches Umverteilungsprogramm."[51]*

Es ist also kein Wunder, dass auch die deutsche Wirtschaft eifrig die Werbetrommel für den Klimaschutz rührt, natürlich unter dem Gesichtspunkt der „Planungssicherheit".

---

49 https://www.akademienunion.de/fileadmin/redaktion/user_upload/ Publikationen/Stellungnahmen/ESYS_Analyse_Sektorkopplung.pdf
50 Was kostet die Energiewende? Wege zur Transformation des Deutschen Energiesystems bis 2050, November 2015, https://www.ise.fraunhofer.de/content/dam/ise/de/documents/ publications/studies/Fraunhofer-ISE-Studie-Was-kostet-die-Energiewende.pdf
51 https://www.welt.de/wirtschaft/energie/article172622880/BDI-Studie-Klimaschutz-kostet-uns-2-300-000-000-000-Euro.html

„Planungssicherheit" ist längst zu einer unverdächtigen Umschreibung für „staatliche Garantie langfristiger Einnahmesicherheit" geworden. Der Begriff findet sich überall dort, wo nach langfristiger verlässlicher Subventionierung verlangt wird.

„Ein ambitioniertes Klimaschutzgesetz als Chance für Innovationen und Planungssicherheit"[52]

lautet dementsprechend ein Positionspapier der „Stiftung 2 Grad" im Rahmen der „Unternehmerinitiative Klimaschutzgesetz". Die Mitglieder der Initiative sind ausschließlich Unternehmen, die am „Klimaschutz" verdienen.

Die Mitglieder dieser „Initiative 2 Grad" sind auf den ersten Blick ausnahmslos Unternehmen, die an den Klimaschutzinvestitionen teilnehmen:

Alfred Ritter GmbH Co. & KG	Hermes Germany GmbH
Alba Group/Interseroh	Hoffmann + Voss
Allianz SE	MW Energie AG
Bausparkasse Schwäbisch Hall	Otto Fuchs KG
Costa Group	Otto Group
Covestro AG	Papier- und Kartonfabrik Varel
Daikin Airconditioning Germany GmbH	Schüco international KG
Deutsche Rockwool GmbH & Co. KG	Siemens AG
Deutsche Telekom AG	SWM Stadtwerke München
Deutsche Wohnen SE	Triodos Bank N.V. Deutschland
DFH Fertighaus Holding AG	thyssenKrupp AG
EnBW Energie Baden-Württemberg AG	Volkswagen AG
Gegenbauer Holding SE & Co. KG	Vonovia AG
Goldbeck GmbH	Wacker Chemie AG
HeidelbergCement AG	

---

52 https://klimawirtschaft.org/wp-content/uploads/2022/02/190909_
S2G_Positionspapier_Unternehmerinitiative_KSG.pdf

Zusammenstellung der Klimaschutzausgaben

Position	Mrd. €	Bemerkung	Finanzierungsquelle
allgemeine Ausgaben des Bundes für Klimaschutz (z. B. Klimainstitute)	10	jährlich, geschätzt	Steuermittel
allgemeine Ausgaben der Länder und Kommunen für Klimaschutz	5	jährlich, geschätzt	Steuermittel
Internationale Klimafinanzierung	4–8	jährlich durch KfW	Steuermittel [53]
Innovations- und Investitionszuschüsse in Klimatechnik	ca. 20	jährlich durch KfW	Steuermittel [54]
Umlagen für Energiewende (EEG, Kraft-Wärme-Kopplung, Öko-Umlage etc., MwSt.)	40	jährlich, seit 2000	Umlage auf Strompreis
Erfüllung von Klimaschutzauflagen	30	jährlich, geschätzt	Wirtschaft und Private
konkrete Klimaschutzmaßnahmen des Bundes	14	jährlich 2020 bis 2023, Angaben des BMU	Steuermittel
Investitionen zur energetischen Sanierung von Gebäuden	496	von 2010 bis 2018 (Handelsblatt)[55]	Wirtschaft und Private. Umlage auf Mieter.

53 Aus Wikipedia: https://de.wikipedia.org/wiki/Klimafinanzierung
54 ebenda
55 https://www.handelsblatt.com/politik/deutschland/immobilien-klimamilliarden-fuer-die-gebaeudesanierung-verpuffen/26226374.html?ticket=ST-3390657-YrniSE3yheYJgq6lXEca-ap5

Position	Mrd. €	Bemerkung	Finanzierungsquelle
Investitionen zur energetischen Sanierung von Gebäuden	500	insgesamt, ab 2018 bis ... (geschätzt)	Wirtschaft und Private. Umlage auf Mieter.
CO_2-Steuer	18,5	Geschätzt für 2021, dann jährlich steigend. Soll an die Bürger zurückfließen.	Umlage auf Verbrauch (Heizung und Mobilität)
Kohleausstieg (Strukturhilfen)	90	geschätzte Gesamtsumme (ab 2027)[56]	Steuermittel
Bau neuer Stromtrassen	ca. 50	geplante Gesamtsumme[57]	Umlage auf Strompreis

Tabelle 3: Zusammenstellung von Ausgaben für Energiewende in Deutschland

Deutschland hat den höchsten Strompreis der Welt (Ausnahme: 3 unbedeutende Staaten in Afrika)

Mit 31 ct/kWh ist Deutschland einsamer Spitzenreiter, Polen hingegen, das weitgehend auf Kohle setzt, hat einen Strompreis von 13,5 ct/kWh.

---

56 https://www.tagesspiegel.de/wirtschaft/energiewende-was-kostet-der-kohleausstieg/23920412.html

57 https://www.zeit.de/wirtschaft/2019-02/stromerzeugung-erneuerbare-energien-ausbau-stromautobahn-netzentwicklungsplan?utm_referrer=https%3A%2F%2Fwww.google.com%2Fhttps://www.bundesnetzagentur.de/SharedDocs/Downloads/DE/Sachgebiete/Energie/Unternehmen_Institutionen/ErneuerbareEnergien/ZahlenDatenInformationen/EEGinZahlen_2019_BF.pdf?__blob=publicationFile&v=3, Seite 12 auch: https://de.wikipedia.org/wiki/Erneuerbare-Energien-Gesetz

Auf den deutschen Strompreis werden folgende Kosten aufgeschlagen:

- » EEG-Umlage (22 %)
- » Stromsteuer (7,2 %)
- » KWKG-Umlage (Kraft-Wärme-Kopplung) (0,6 %)
- » § 19 Abs. 2 StromNEV-Umlage (Netzausbau) (0,3 %)
- » Offshore-Netzumlage nach § 17f EnWG (0,9 %)
- » § 18 AbLaV-Umlage (0,03 %)
- » Konzessionsabgabe (5,9 %)
- » Umsatzsteuer (19 %)

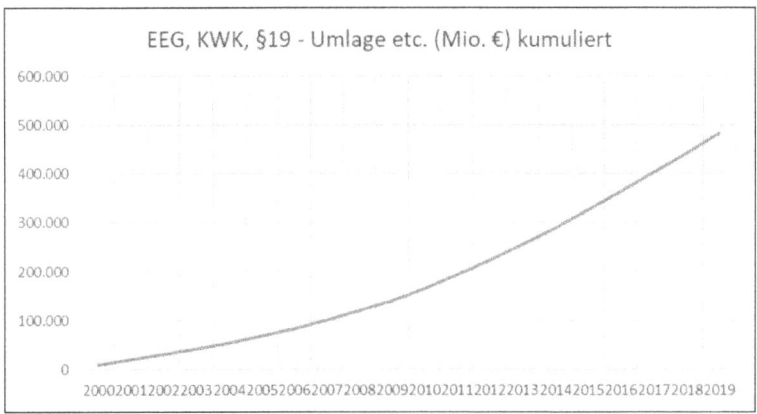

Abbildung 27: Summe der Energiewende- und Öko-Umlagekosten auf den Strom (kumuliert) (500 Mrd. €)

Datenquelle: https://de.wikipedia.org/wiki/Erneuerbare-Energien-Gesetz
Graphik: Patzner

Um einen möglichst schnellen Umstieg von fossilen Energieträgern auf sog. erneuerbare Energiequellen zu erreichen, beschloss die Bundesregierung im Jahr 2000 die nicht marktfähigen Energiequellen wie Solar-, Wind- oder Bio-Energie durch einen Aufschlag auf die Stromrechnung zu subventionieren in der Hoffnung, dass diese Energiequellen alsbald wettbewerbsfähig werden. (Erneuerbare-Energien-Gesetz – EEG)

Der Aufschlag auf die Stromrechnung beträgt derzeit (inkl. Mehrwertsteuer) ca. 40 Milliarden € pro Jahr. Da die Subventionierung auf 20 Jahre garantiert ist, wird diese Umlage noch viele Jahre bestehen bleiben.

Die Summe der Umlagen aus dem EEG und den damit zusammenhängenden weiteren Umlagen bzw. Mehrwertsteuer haben im Jahr 2019 bereits die halbe Billion € erreicht. Diese Kosten wurden einst mit „einer Kugel Eis pro Monat" beziffert. Dass diese Art der Umlage das Prinzip der Sozialstaatlichkeit verletzt, wird in Kapitel „Die Finanzierung der Energiewende", erörtert.

Ähnliches gilt für die Umlage der Gebäudesanierungskosten. Diese werden auf den Mieter abgewälzt.

Die EEG-Subventionen haben bewirkt, dass in den letzten 20 Jahren über 30 000 Windkraftanlagen gebaut wurden, schätzungsweise 500 km² wurden mit Fotovoltaik-Elementen überbaut (auf Gebäuden und Freiflächen), ca. 20 % der landwirtschaftlichen Flächen werden mit „Energiepflanzen" bebaut.

Das Missverhältnis von Aufwand und Ertrag beim „Klimaschutz" kann größer nicht sein:

Es gibt sogar „Negativerträge":

- » Naturverbrauch und Naturzerstörung
- » Zerstörung der wirtschaftlichen Basis
- » Gesundheitliche Beeinträchtigung
- » Reduzierung der landwirtschaftlich nutzbaren Fläche

Wir brauchen einen „Zuwachs an Rationalität"

Heinz Riesenhuber, 1982–1993 Bundesminister für Forschung und Technologie, schreibt in einer öffentlich gewordenen privaten Mail:

Ich freue mich, dass Sie in Ihrem Landesfachausschuss Wirtschaft auch die Fragen der Energiepolitik aufgegriffen haben. Diese braucht einen Zuwachs an Rationalität in vielen Bereichen. Wenn wir (über den Strompreis) die wenigen Prozente, die die Photovoltaik zu unserem Strombedarf beitragen kann, jährlich mehr ausgeben, als die Bundesregierung in Bildung und Forschung – trotz großer Zuwächse – investieren kann, dann ergeben sich daraus schon grundsätzliche Fragen zur Zukunft Deutschlands. (28. Januar 2011)

Investitionen ohne Wirkung

Die installierte Leistung der existierenden Wind-, Fotovoltaik- und Biogasanlagen übersteigt bei weitem den Bedarf. Die maximale Strom-Leistung, die in Deutschland nachgefragt wird, beträgt ca. 80 GW (Gigawatt). Die installierte Leistung an Erneuerbare-Energie-Anlagen beträgt ca. 130 GW (2020), also weit mehr als gebraucht wird. Nur: Die Stromerzeuger Wind und Fotovoltaik liefern in Wirklichkeit nur in 8 % (Solar) bzw. 16 % (Wind) der Zeit Strom. Sie liefern nichts, wenn der Wind nicht weht und die Sonne nicht scheint. Biogasanlagen hingegen könnten 80–90 % der Zeit laufen. Nur: Die existierenden Biogasanlagen entziehen bereits jetzt 20 % der Agrarfläche für die Nahrungsmittelproduktion.

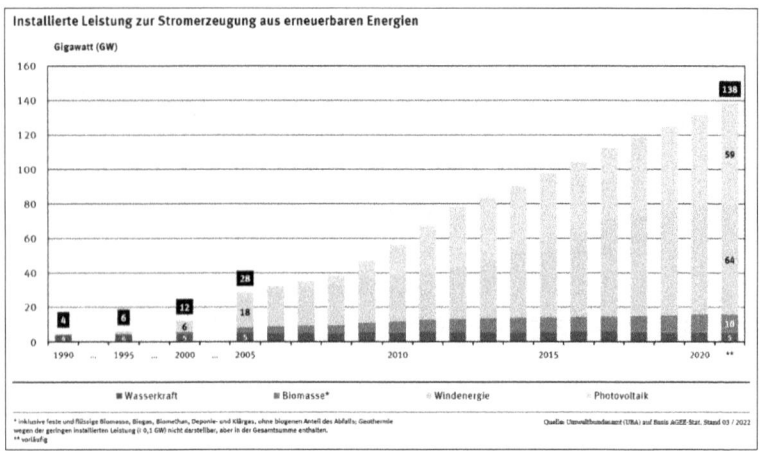

Abbildung 28: Installierte Leistung von Erneuerbare-Energie-Kraftwerken. Die maximale Nachfrage liegt bei 80 GW, also weit unter der installierten Leistung.

Quelle: Umweltbundesamt, https://www.umweltbundesamt.de/ bild/installierte-leistung-zur-stromerzeugung-aus-2

Der Energiebeitrag ist gering (2020)

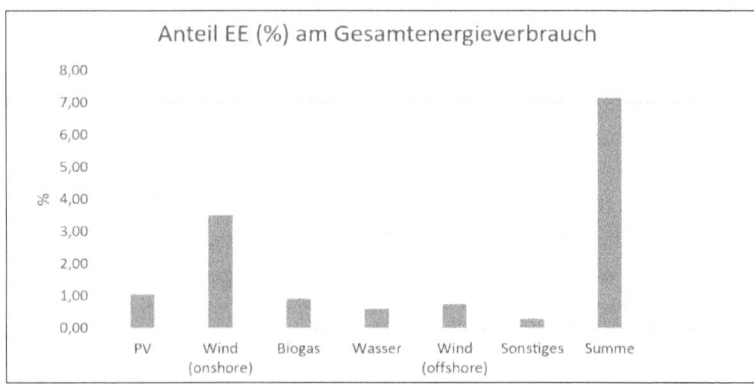

Abbildung 29: Energiebeiträge von Erneuerbaren Quellen

Datenquelle: https://www.bmwk.de/Redaktion/DE/Binaer/ Energiedaten/energiedaten-gesamt-xls.html Graphik: Patzner

Die Zahlen täuschen allerdings: In Abbildung 28 sehen wir, dass die installierte Leistung von Wind-, Solar-, Wasserkraft- und Biogasanlagen die Gesamtnachfrage weit überschreitet. Wer nun den physikalischen Unterschied zwischen „Arbeit" und „Leistung" nicht kennt – und das scheint die Mehrheit der Politiker zu betreffen –, der vergisst, dass die Laufzeit für ein Kraftwerk von größter Bedeutung ist. Die gelieferte Ener- gie eines Kraftwerks ist „installierte Leistung" multipliziert mit der „Laufzeit".

Wind- und Solarkraftwerke erzeugen unvorhersehbar entwe- der zu viel oder zu wenig Strom. Deshalb werden diese „Kraft- werke" entweder „abgeregelt" (der nicht erzeugte Strom muss aber trotzdem bezahlt werden – und geht in die Statistik ein) oder der Strom wird zum Nulltarif oder sogar zu „negativen Preisen" nach Österreich oder in die Schweiz „verkauft". Dort hat man die Möglichkeit in riesigen Kavernenkraftwerken – ähn- lich wie in Pumpspeicherkraftwerken – einen Teil des Stroms zu verwenden.

Der kleine Anteil der Erneuerbaren Energien am tatsächli- chen Verbrauch hat bisher wie erwähnt ca. eine halbe Billion € gekostet. Demgegenüber beträgt der Neuwert aller konventi- onellen Kohle-, Öl-, Gas-, Kern- und Wasserkraftwerke hin- gegen nur ca. 350 Milliarden €. Diese Kraftwerke versorgen uns allerdings bis heute zuverlässig mit ausreichend Energie.

Und noch ein technisch-physikalischer Umstand, der Po- litiker offenbar nicht anficht:

Wind- oder Solarstrom kommt immer in den falschen Men- gen. Da aber in jeder Sekunde genau die Strommenge erzeugt werden muss, die gerade nachgefragt wird, muss die Strom- erzeugung ständig geregelt werden. Das war vor der Energie- wende relativ einfach: man hatte Grundlastkraftwerke, das waren Kernkraftwerke und Braunkohlekraftwerke, dann wa- ren da Steinkohlekraftwerke, die im Tagesrhythmus geregelt wurden. Für die Feinregelung hatte man Pumpspeicherkraft- werke und Gas- oder Ölkraftwerke.

Nun ist diese Regelung zur Herausforderung geworden. Mit Kohlekraftwerken und Kernkraftwerken geht das nicht mehr, und man ersetzt sie durch regelbare Gaskraftwerke. Dem Publikum verkauft man diese Lösung mit der Behauptung, Gaskraftwerke würden weniger CO_2 emittieren – doch das ist zumindest für Deutschland falsch.

Deutschland importiert das Gas, obwohl wir sehr viel in Norddeutschland hätten. Wir haben uns abhängig gemacht. Gas ist zudem wesentlich teurer als Kohle und unterschlagen wird, dass der Transport des Gases den Emissionsvorteil bei der Nutzung wieder ausgleicht. (Abbildung 30)

Das heißt, wir reduzieren durch den Einsatz von Gas keine CO_2-Emission, wir verlagern sie nur in andere Länder.

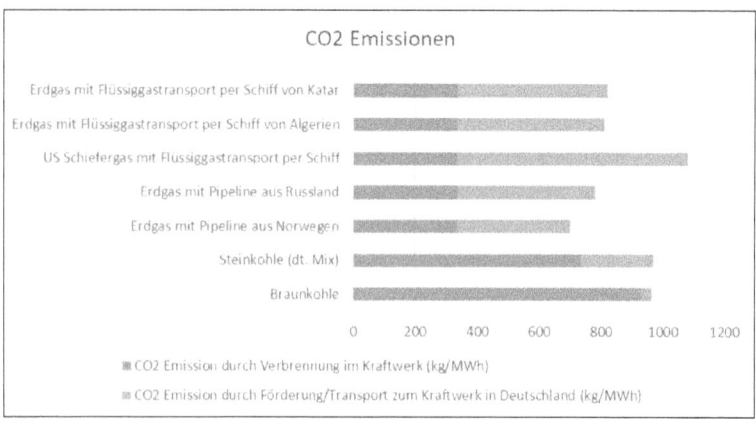

**Abbildung 30: Vergleich von CO₂-Emission von Kohle-
und Gaskraftwerken**

*Datenquelle: https://www.bundestag.de/resource/
blob/699966/72e7590bfa6ab7363ee878ba32e8f3a4/
stgn-schwarz-data.pdf
Graphik: Patzner*

Der Bundesrechnungshof warnt erneut vor dem Verlust der Wettbewerbsfähigkeit und vor Blackouts

Im März 2021 hat der Bundesrechnungshof seine Kritik an der Energiewende erneut betont.[58]

„Das Bundesministerium für Wirtschaft und Energie (BMWI) steuert die Energiewende im Hinblick auf die gesetzlichen Ziele einer sicheren und preisgünstigen Versorgung mit Elektrizität weiterhin unzureichend." (Seite 4)

„Im Übrigen sind die Annahmen des BMWI zur Versorgungssicherheit bei Elektrizität teils zu optimistisch und teils unplausibel", heißt es. Es fehle die Untersuchung eines „Worst-Case-Szenarios". Dabei müsste etwa ein schwächer als geplanter Ausbau der erneuerbaren Energieträgern, ein Kohleausstieg schon im Jahr 2035 und höhere Einwohnerzahlen in Deutschland als bislang geschätzt zugrunde gelegt werden. (Seite 6 f.)

„Der Bundesrechnungshof sieht die Gefahr, dass die Energiewende in dieser Form den Wirtschaftsstandort Deutschland gefährdet und die finanzielle Tragkraft der Strom verbrauchenden Unternehmen und Privathaushalte überfordert." (Seite 47)

---

58 https://www.bundesrechnungshof.de/SharedDocs/Downloads/DE/
Berichte/2021/versorgungssicherheit-und-bezahlbarkeit-von-strom-
volltext.pdf?__blob=publicationFile&v=1

Die Finanzierung der Energiewende – unsozialer geht es nicht

Haushaltsrechtlich ist die Energiewende eine Gemeinschaftsaufgabe und muss daher über den Bundeshaushalt finanziert werden. Dann müsste auch jährlich im Zuge der Haushaltsberatungen darüber neu entschieden werden. Nun sind die Kosten über Gebühren und Kosten zementiert.

Bestätigt wird dies durch folgende Formulierung im Gesetzesentwurf zur Änderung des EEG vom 23.9.2020:

Der neue § 1 Absatz 5 des EEG 2021 *sollte lauten:*

> *„Die Errichtung von Anlagen zur Erzeugung von Strom aus erneuerbaren Energien liegt im öffentlichen Interesse und dient der öffentlichen Sicherheit."*

(Inzwischen ist diese Gesetzesänderung gestrichen worden. Dass es sich bei den Klimaschutzmaßnahmen um „öffentliche Interessen" handelt, darüber darf kein Zweifel bestehen. Die Kosten müssen daher in den allgemeinen Haushalt.)

Die Finanzierung der Energiewende erfolgt aber zum größten Teil über Umlagen auf die Energiepreise. Das führt zu einer besonderen Belastung der unteren Einkommen und zu einer dreisten Umverteilung von unten nach oben.

Geringverdiener tragen die Hauptlast der Kosten der Energiewende

„Starke Schultern müssen mehr tragen als schwache." Darüber besteht gesellschaftlicher Konsens. Deshalb gibt es die Progression bei der Lohn- und Einkommenssteuer. Fast die Hälfte (48,2 %) des Aufkommens an der Lohn/Einkommenssteuer tragen die 10 % einkommensstärksten Bürger, 30 % der Bürger zahlen 1,3 %, weil sie geringe Einkommen haben.

Die Kosten der Energiewende werden demgegenüber **nicht** nach dem Prinzip der starken und schwachen Schultern verteilt. Im Prinzip gilt hier eine Gleichverteilung auf alle Köpfe. Dabei können nur die Kosten vom Bürger wahrgenommen werden, die auf der Stromrechnung stehen, der größere Teil versteckt sich in höheren Preisen beim Einkauf, denn die Preise nahezu aller Produkte – vom Brötchen bis zum Auto und auch aller Dienstleistungen enthalten Energiekostenanteile, die weitergegeben werden müssen. Diese Kostenanteile stehen auf keiner Rechnung.

Nach Berechnungen des DIW (aus 2009) schwankt der auf der Stromrechnung stehende Betrag zwischen 72 € (einkommensschwächste Bürger) und 84 €[59] (einkommensstärkste Bürger). Wir können also tatsächlich von „Gleichverteilung" auf alle Bürger sprechen. Gegenüber dem Erhebungszeitraum 2009 haben sich die Umlagen auf die Stromrechnung bis heute verdoppelt. Wir gehen also von 144 bzw. 168 €/Person aus.

Diesen die Bürger treffenden Betrag müssen wir aber um die nicht auf der Stromrechnung stehenden Beträge erhöhen. Damit bezahlt jeder Bürger im Schnitt zwischen 450 und 550 €/Jahr je nach Haushaltgröße bzw. Konsum, der Mittelwert beträgt 480 €/Jahr.

---

59 https://www.deutschlandinzahlen.de/fileadmin/diz/content_data/ interaktive_grafik_umverteilung (nicht mehr auffindbar)

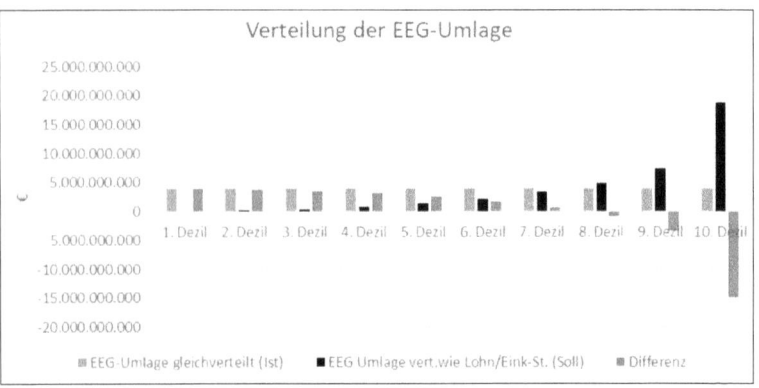

Abbildung 31: Schieflage bei der Verteilung der EEG Umlage
Erläuterung:
1. Dezil: dasjenige Zehntel der Bürger mit geringstem Einkommen
2. Dezil: dasjenige Zehntel der Bürger mit zweit-geringstem Einkommen
10. Dezil: dasjenige Zehntel der Bürger mit dem höchsten Einkommen

Datenquelle: Eigene Daten
Graphik: Patzner

In Abbildung 31 sehen wir deutlich: Bei der derzeitigen Verteilung der Kosten der Energiewende entfällt auf jede Einkommensgruppe (Dezil), vom Geringverdiener bis zum Einkommensmillionär fast der gleiche Betrag von 3,885 Milliarden € (blaue Säulen). Die schwarzen Säulen stellen die Verteilung der EEG-Umlage im Maß der Progression der Einkommenssteuer dar. Der Umlagebetrag würde dabei je nach Einkommensgruppe zwischen 0 und 18,7 Milliarden € betragen. Die roten Säulen stellen den Differenzbetrag dieser beiden Umlagearten dar.

Das Ergebnis: Die Gruppe der untersten 30 % in der Einkommensskala müssten bei sozial korrekter Verteilung ca. 11 Milliarden € weniger zahlen, während die Gruppe der obersten 10 % 14,8 Milliarden mehr zahlen müssten.

Die unteren Einkommensbezieher müssen damit fast 5 % ihres Einkommens für die Energiewende aufwenden, die oberen hingegen nur etwa 1,4 %. (Annahme: 10.000,00/40.000,00 € Jahresnettoeinkommen) (vgl. Abbildung 32)

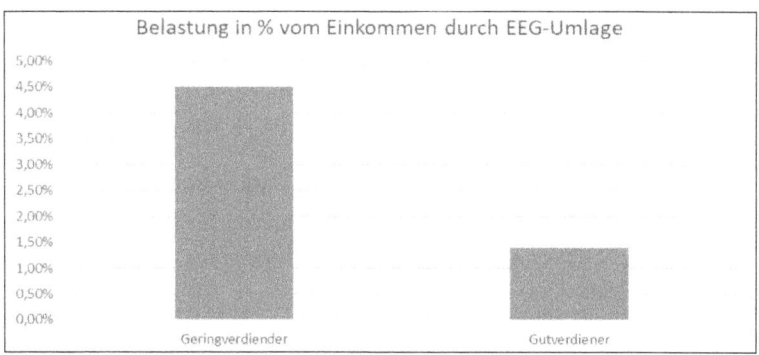

Abbildung 32: Soziale Schieflage der EEG-Umverteilung
Datenquelle: eigene Berechnung
Graphik: Patzner

„Klima-Inflation" – Finanzierung der Energiewende über höhere Preise: Die breite Masse bezahlt – wohlhabende Investoren kassieren

Rund ⅔ der jährlichen Aufwendungen von 150 Milliarden € für Klimaschutz bzw. Energiewende wird demgegenüber über Umlagen auf den Strompreis (Energiewende), auf die Mieten (energetische Sanierung) und auf Benzin, Diesel, Heizöl oder Gas (CO_2-Steuer) umgelegt. Das restliche Drittel wird aus dem Bundeshaushalt finanziert.

Die Umlagen führen zu der im vorigen Kapitel beschriebenen besonderen Belastung der unteren Einkommensgruppen, während obere Einkommensgruppen nur marginal belastet werden. Zusätzlich bieten sich für Gutverdiener lukrative Anlagemöglichkeiten.

Folgende Relationen sollte man sich klarmachen: Derzeit umfasst der Bundeshaushalt ca. 400 Mrd. €. Die Ausgaben des Bundes für Klimaschutz/Energiewende von ca. 50 Mrd. € schmälern demnach den Spielraum des Bundes für alle anderen Aufgaben. Wir sehen das an der Verkehrsinfrastruktur, dem schlechten Zustand der Schulen und an vielen anderen Stellen.

Die verbleibenden 100 Mrd. €, die über Umlagen finanziert werden, könnte der Staat nur dann übernehmen, wenn er z. B. alle Steuern vom Einkommen oder Ertrag um etwa 30 % (!) erhöhen würde oder alle Steuern (in Bund, Land und Kommunen) um ca. 12 %.[60]

Das Ergebnis der derzeitigen Finanzierung über Umlagen führt zu einer Verteuerung aller Produkte und hat für den Staat den Vorteil, dass auch die Mehrwertsteuererträge entsprechend steigen.

Ende 2021 stellte man fest, dass die energiebedingte Verteuerung eine generelle Preissteigerung um etwa 5 % verursacht hat, der Begriff „Klimainflation" begann sich zu bilden. Insofern kam der Ukraine-Krieg der Bundesregierung entgegen: Kriegsbedingt kamen zahlreiche zusätzliche energiepreistreibende Faktoren hinzu. Aber genau genommen müssen wir von der jetzigen Teuerung von etwa 10 % die Klimainflation von 5 % abziehen.

Kumuliert über die vergangenen 20 Jahre (seit Einführung des EEG) hat jeder Bundesbürger im Durchschnitt allein für die Energiewende etwa 6.250 € beigetragen, eine 4-köpfige Familie also 25.000 €. Insgesamt sind auf diese Weise ca. 500 Milliarden, eine halbe Billion € umgelegt worden. Die nächsten 500 Milliarden werden bereits in wenigen Jahren erreicht sein. Für die „energetische Sanierung" kommt nochmal der gleiche Betrag dazu.

Die Umverteilungen der Klimaschutzkosten auf die Allgemeinheit übersteigen mittlerweile die Gesamtsumme der Ausgaben für „Arbeit und Soziales" und konterkarieren damit alle Sozialleistungen.

---

60 Summe Ertragssteuern ca. 350 Milliarden €, Gesamtsteueraufkommen (Bund/Länder/Gemeinden) ca. 800 Milliarden €

Die WELT schreibt am 22.09.2017:

„Doch der Staat greift nicht nur über Steuern und Sozialabgaben, sondern auch durch Gebühren, Beiträge und Regulierungen in die Einkommensverwendung des privaten Sektors ein. So werden etwa die Umlagen nach dem Erneuerbare-Energien-Gesetz (EEG) trotz ihres steuerähnlichen Charakters in den volkswirtschaftlichen Gesamtrechnungen als Bestandteil des Strompreises interpretiert. Die offiziell ausgewiesene Steuerquote wirkt damit kleiner, als es der realen Belastung entspricht. Der Unterschied ist erheblich: Im Jahr 2015 erreichte die Zahllast der Bürger für die EEG-Umlage ein Volumen von 24,2 Milliarden Euro – das entspricht einer zusätzlichen Belastung von 0,8 Prozentpunkten des BIP.[61]*“*

Auch die 2021 eingeführte CO_2-Steuer aus dem Klimapaket wird wieder genauso unsozial auf alle Köpfe verteilt. Die Steuer liegt anfangs bei 50 % der derzeitigen EEG-Umlage und steigt in den nächsten Jahren auf mindestens das Doppelte an. Mit dieser Steuer wird die Entscheidung, die EEG-Lasten demnächst aus dem Bundeshaushalt zu finanzieren, überkompensiert.

Es wird argumentiert, dass eine Beteiligung an einem Wind- oder Solarpark gute Rendite abwerfen würde. Dies ist richtig, wenn man mindestens einen 5-stelligen Betrag investiert. Dies können sich aber wiederum nur betuchte Bürger leisten. Allein diese profitieren wirtschaftlich von der allgemeinen Energieabgabe, gewinnen also, völlig zu Lasten der einkommensschwächeren Bevölkerungsschichten. (Beispiel nächste Seite)

---

61 https://www.welt.de/wirtschaft/bilanz/article168920162/Die-schwaecheren-Schultern-muessen-entlastet-werden.html
Einer der Verfasser ist immerhin Prof. Christoph Schmitt, Vorsitzender des Sachverständigenrats. Anmerkung: Die 0,8 % beinhalten nur die EEG-Umlage, bezieht man die weiteren energiewendebedingten Positionen mit ein, dann sind es sogar 1,2 % des BIP – das sind 10 % der Steuerlast.

Die unsoziale Verteilung dieser Kosten wurde in der Presse immer wieder thematisiert[62]. Die Politik reagiert darauf nicht.

SPIEGEL-online berichtet am 15.11.2015: „Rund 350 000 Haushalten wurde der Strom gesperrt"

Die soziale Asymmetrie zeigt sich in folgendem Rechenbeispiel:

Wir nehmen einen wohlhabenden Bürger, der eine Einkommensteuer von 100.000,00 € bezahlt (Jahreseinkommen ca. 275.000 €). Seine Familie zählt 4 Köpfe, d. h., er zahlt zusätzlich ca. 4 x 500,00, d. h. 2.000,00 € für die EEG-Umlage. Aus einer Windparkbeteiligung von 250.000 € bezieht er eine 6 %ige Rendite von (netto) 9.000,00 €.

	Gleichmäßige Verteilung der Energiewendekosten nach EEG-Regelung (€) (Ist-Situation)	Progressive Verteilung der Energiewendekosten wie Einkommensteuer (€)
Einkommenssteuer	100.000	100.000
Einkommensteuererhöhung zur Finanzierung der Energiewende	0	12.000
EEG-Umlage (4-Personenhaushalt)	2.000	0
Summe Belastungen	**102.000**	**112.000**
Rendite aus Windparkbeteiligung (6 % aus 250.000) abzüglich 6.000 € Est	9.000	9.000
Belastung abz. Rendite	93.000	103.000
Differenz (Vorteil bei derzeitiger Lösung)	**10.000**	

Tabelle 4: Beispiel für die soziale Schieflage

Tabelle: Patzner

Die derzeitige Lösung gewährt dem Investor einen Vorteil von ca. 10.000 €.

---

62 Beispiel: https://magazin.spiegel.de/EpubDelivery/spiegel/pdf/110117909

Es profitieren natürlich nicht nur Anleger. Ganze Industriezweige haben sich auf das lukrative, durch Subventionen gesicherte Geschäft eingerichtet. Wir wiederholen:

> *„... von den Klimaschutzausgaben profitieren zahlreiche Industriesektoren, zum Beispiel **Maschinenbau, Bau- und Dämmstoffindustrie** in Form zusätzlicher Aufträge. ... Das Billionen-Programm zur Dekarbonisierung ist zugleich ein in dieser Höhe nie dagewesenes fiskalisches Umverteilungsprogramm."*[63]

Viele Unternehmen haben sich bewusst auf das lukrative Windenergiegeschäft eingerichtet und gründen dann gleich die (Beispiel) XY Wind AG und brüsten sich mit den unsinnigsten, natürlich vom Staat finanzierten Projekten. Paradebeispiel ist der „Naturstromspeicher" im baden-württembergischen Gaildorf.

Jeder kennt den (Haupt-)Schwachpunkt der Erneuerbaren Energie: die Stromspeicherung. Also baut man ein Pilotprojekt für 75 Millionen €. Damit kann man etwa 1/700 000stel der Strommenge speichern, die wir speichern müssten. Also 700 000 x 75.000.000 €, d. h., die Komplettversorgung würde 50 Billionen € kosten. Die Fläche Deutschlands würde dafür nicht ausreichen.

Energiewende – ordnungspolitisch verfehlt

Die Bundesregierung macht der Wirtschaft einseitige technische Lösungsvorschriften. Damit wird die Freiheit der Wirtschaft über Gebühr eingeschränkt, und unsere Wirtschaftsordnung ist davon berührt (Art. 14 GG).

---

63 https://www.welt.de/wirtschaft/energie/article172622880/BDI-Studie-Klimaschutz-kostet-uns-2-300-000-000-000-Euro.html

Unter Hinweis auf die angeblich drohende Klimakatastrophe entscheidet der Staat immer mehr, in welche Richtung Innovationen zu lenken seien.

Im Bereich Energieerzeugung ist das besonders deutlich. Der Staat zwingt den Einstieg in Energietechniken, deren Tauglichkeit überhaupt noch nicht geklärt ist.

Sehr kritisch äußert sich der Sachverständigenrat zur Begutachtung der gesamtwirtschaftlichen Entwicklung (Wirtschaftsweisen) im Jahresbericht 2011 zum EEG.[64] (Seite 252)

„Zudem betätigt sich der Gesetzgeber mit der Beschränkung der Förderung auf ausgewählte Technologien als vorausschauender Planer, der versucht, die zukünftig erfolgreichen Technologien bereits Jahrzehnte im Voraus zu identifizieren. Da die Bevorzugung einer (bekannten) Technologie immer auch die Diskriminierung anderer (noch unbekannter) Technologien bedeutet, besteht somit die Gefahr, dass die Entwicklung derzeit noch unbekannter, aber kostengünstigerer, Technologien verhindert wird.“

Das gilt nicht nur für die Technologie der Energieerzeugung, es gilt auch für

» die Antriebstechnik von Kraftfahrzeugen,
» die Wahl der Transportmittel,
» Gebäudekonstruktionen/Heizsysteme,
» Landwirtschaftliche Erzeugungsmethoden
» u. v. m.

Auch im Jahresbericht 2012 wird festgestellt:[65] (Seite 250)

---

64 https://www.sachverstaendigenrat-wirtschaft.de/fileadmin/ dateiablage/download/ziffer/z403_z430j11.pdf, (Seite 252)
65 https://www.sachverstaendigenrat-wirtschaft.de/fileadmin/ dateiablage/download/ziffer/z434_z452j12.pdf (Seite 250)

„Sie wird in den kommenden Jahren im energiepolitischen Ziel-
dreieck aus Versorgungssicherheit, Wirtschaftlichkeit und Um-
weltverträglichkeit zwangsläufig zu Lasten der ersten beiden
Ziele gehen, ohne dass ein nennenswerter Zugewinn bei der Um-
weltverträglichkeit, insbesondere der Klimaverträglichkeit, ga-
rantiert wäre.

Der Staat muss sich auf die Setzung von Rahmenbedingungen
beschränken, z. B. Setzung von Umweltstandards. Die Entwicklung von Lösungen muss der Staat dem Bürger bzw. der Wirtschaft überlassen, sonst ist ein Staat von der zentralverwalte-
ten Planwirtschaft nicht weit weg.

Daran ist die DDR gescheitert.

Energiewende – verfassungswidrig

Nahezu alle Maßnahmen der Bundesregierung, die unter dem
Begriff „Klimaschutzmaßnahmen" zusammengefasst werden, werden angegriffen, weil sie entweder wirkungslos sind,
gegen das Übermaßverbot verstoßen, gegen das Sozialstaats-
gebot verstoßen, weil sie Leben und Gesundheit der Bürger in
Gefahr bringen, weil sie den Wirtschafts- und Wissenschafts-
standort Deutschland in Gefahr bringen und weil sie Grund-
rechte aller Bürger missachten. Damit sind die Maßnahmen
verfassungswidrig.

Die Richtigkeit oder Unrichtigkeit der Behauptung, der
Mensch würde durch die Emission von CO_2 das Klima beeinflussen, spielt in diesem Zusammenhang keine Rolle.

Wir verweisen auf eine Stellungnahme für den Bundestagsausschuss für Wirtschaft und Energie am 15.06.2020, (vgl.
Die deutsche Energiepolitik ist „grob fahrlässig") verfasst von
Prof. Dr.-Ing. Harald Schwarz, Lehrstuhl für Energieverteilung und Hochspannungstechnik, BTU Cottbus-Senftenberg.

Nach eigenem Bekunden bekennt sich Prof. Schwarz für Klimaschutzmaßnahmen, aber er sagt mehr als deutlich, dass der eingeschlagene Weg in die Sackgasse führen wird bzw. völlig untauglich, ja – im wörtlichen Sinne – lebensgefährlich ist.

Prof. Schwarz spricht vor Bundestagsabgeordneten das aus, was die Fachwelt von Anbeginn der Klimaschutzmaßnahmen sagt: Sie sind bezüglich der Einsparung von CO_2 wirkungslos und gefährlich.

Alle Klimaschutzmaßnahmen sind

» unangemessen,
» nicht zielführend und
» nicht geeignet.

Die Maßnahmen sind daher rechtswidrig.

Einschub aus aktuellem Anlass: Die deutsche Klimapolitik im Dienste Putins

Dass der Überfall Russlands auf die Ukraine in die Endphase der Niederschrift dieser Dokumentation fällt, ist Zufall.

Deutschland und Europa haben mit ihrer Appeasement-Politik gegenüber Russland Putin geradezu ermuntert, mit Gewalt sich das zu holen, was er will.

Donbass, Syrien, Tschetschenien, Georgien, Krim, Aleppo, Auftragsmorde im Ausland, der Umgang mit der Opposition … die Liste der Brutalitäten ist lang. Europa hat weggesehen.

Putin ist ja ein ehrenwerter Mann, ein zuverlässiger Partner, ein lupenreiner Demokrat, in dessen Hände wir ohne Sorge unsere Energieversorgung legen können. So langsam dämmert es, einige Politiker bedauern bereits, die Warnungen nicht beachtet zu haben.

Circa 50 % unserer Energie bezogen wir bis Anfang des Krieges aus Russland, das ist ein Anteil, der unverantwortlich ist. In eine derartige Abhängigkeit darf man von keinem Land kommen. Jeder weiß, dass man bei existentiell wichtigen Einkäufen eine Risikostreuung vornehmen muss. Das weiß jeder Einkaufschef eines gut geführten Unternehmens.

Nordstream 2 wurde gegen jede Vernunft, gegen alle Warnungen durchgezogen. Sogar zu Lasten der Ukraine und Polen, die man dadurch umgehen wollte.

Nun sitzen wir in der Falle und haben Angst um unseren Wohlstand.

Wie konnte das geschehen?

Die Energiewende zwang uns, viele Braunkohlekraftwerke und die stillgelegten Kernkraftwerke durch Gaskraftwerke zu ersetzen. Gaskraftwerke sind – im Gegensatz zu Braunkohlekraftwerke – leicht regelbar. Gaskraftwerke springen immer dann ein, wenn kein Wind weht oder keine Sonne scheint. Nur Gaskraftwerke können die „volatile" Energielieferung der Wind- und Solaranlagen ausgleichen, und diese Volatilität ist gewaltig: Bei „Dunkelflaute" wird kein Strom geliefert – das ist in etwa 80 % der Zeit so. Wenn gleichzeitig die Sonne scheint und der Wind weht, wird 1,5-mal so viel Strom geliefert wie gebraucht wird. Das heißt im Umkehrschluss: Wir brauchen nur alle Wind- und Solaranlagen abzuschalten, dann können wir auf alle Gaskraftwerke verzichten. Die Kohlekraftwerke (und Kernkraftwerke) müssen wieder eingeschaltet werden. Die CO_2-Emission ändert sich nicht.

Die Energiewende hat nur dazu geführt, dass wir unseren Gasbedarf mehr als verdoppelt haben – das rächt sich jetzt. Mit der Energiewende haben wir bisher nur die zuverlässige Kernkraft- und Braunkohleenergie mit „blutigem" Erdgas ersetzt.

Am Ukraine-Krieg zeigt es sich deutlich: In einem wohl einmaligen Politikversagen, getragen von allen Parteien, haben wir den Krieg zwar nicht zu verantworten, aber wir haben ihn finanziert.

KAPITEL 3

Historie des Klimaschutzes

Die Nachkriegszeit:
Neue Hoffnungen und alte Ängste

*„Die Zukunft soll man nicht voraussehen wollen,
sondern möglich machen."*

Antoine de Saint-Exupéry

Neue Hoffnungen – Hurra, es geht aufwärts

Kaum waren die Trümmer des Zweiten Weltkrieges beseitigt, begann ein bis dahin noch nie dagewesener wirtschaftlicher Aufschwung – auf globaler Ebene. Dank der Entwicklung des Flugverkehrs schrumpfte die Erde, globaler Handel konnte von jedermann betrieben werden. Neue Entwicklungen auf dem Gebiet der Technik, der Mobilität, der Kommunikation, der Freizeitgestaltung und der Touristik boten neue Chancen.

Zu den Neuerungen gehörte auch der Computer. Komplexe Rechenaufgaben mussten bis dato von einem Heer von Ingenieuren und Mathematikern mit Hilfe von Rechenschiebern und Logarithmentafeln mühsam gelöst werden, plötzlich konnte dies durch einen Knopfdruck erfolgen. Das war eine Revolution, auch wenn die Rechenleistung eines Großcomputers von damals noch nicht einmal die Leistung eines heutigen PCs hatte. Langwierige und komplexe Berechnungen waren von nun an aber kein Problem mehr.

„Jetzt können wir alles berechnen" – das war so in etwa der Jubelschrei von Wissenschaftlern aller Sparten, von den Naturwissenschaftlern, den Sozialwissenschaftlern bis zu den Futurologen – und den Klimaforschern.

Die Berliner Philosophin Gabriele Gramelsberger hat sich ausführlich mit diesen damaligen Perspektiven auseinandergesetzt.[66]

Die Zukunft vorhersagen zu können, ist ein alter Traum der Menschheit, der in Form berechenbarer Zukünfte Mitte des 20. Jahrhunderts in verlockende Nähe rückt. Eingebettet in den Rahmen eines deterministischen Systemdenkens entwickelt sich seit den 1950er Jahren ein Planungs- und Prognosedenken, das in eine Flut von Vorhersagen für die nächsten zehn bis fünfzig Jahre mündet. Beginnend mit Fragen der Bevölkerungsentwicklung, der Stadt- und Verkehrsplanung, widmet sich die Zukunftsforschung bald komplexeren Themen wie der Rohstoffverknappung, des menschlichen Einflusses auf das Ökosystem der Erde, der wirtschaftlichen und technologischen Entwicklung im Zeichen des Fortschrittdenkens sowie der sozialen und kulturellen Veränderungen im Rahmen der zunehmenden Technologisierung des Alltags.

In den wirtschaftswissenschaftlichen Hochschulen drückte sich dies durch die Einführung des Faches „Operations Research" aus. Da wurde die Zukunft von Unternehmen, von Volkswirtschaften, von Modetrends, von Bevölkerungsstrukturen etc. modelliert und prognostiziert.

Es wurde sozusagen „Mode", komplexe Zusammenhänge in ein Rechenmodell einzupressen und es mit wechselnden Parameter so lange durchzuspielen, bis ein plausibles Ergebnis vorlag. Das ging so weit, dass das sog. „unternehmerische Gespür" in Frage gestellt wurde und stattdessen die zukünftige Unternehmensentwicklung von Computern errechnet wurde, indem man Bevölkerungsgröße, Altersstruktur, Wiederbeschaffungszeiten, Gewohnheitsänderungen, Kaufkraft etc. komplex verbunden hat. Man ließ alsbald die Finger von derartigen Spielen, denn die Realität kam anders. Irgendeine kleine Erfindung hat alles über den Haufen geworfen.

---

66 http://userpage.fu-berlin.de/~gab/info/CPP_Gramelsberger.pdf
(Seite 28)

Klimaforscher und Zukunftsforscher hingegen, deren Zeithorizont weiter ist als die Lebenserwartung der lebenden Menschen, ließen sich allerdings ihr neues Spielzeug nicht nehmen.

Alte Ängste – Wirtschaftsaufschwung und immer mehr Menschen – geht das? Kassandra lebt.

Die industrielle Produktion bescherte alsbald Umweltschäden. Immer mehr Schornsteine rauchten, Flüsse wurden zu Kloaken, die Sonne wurde von Staub, Rauch und Schmutz verdunkelt. Berufskrankheiten breiteten sich aus. Die sprunghafte Zunahme der industriellen Entwicklung nach dem Zweiten Weltkrieg brachte weltweit eine Welle der Umweltbelastung. Unfälle in Seveso und Bophal taten das Ihre.

Kein Wunder, dass sich viele Leute Sorgen machten. Die einen suchten Wege nach Lösungen und „Umweltschutz", der tatsächlich in den 1960er Jahren laufen lernte, andere dachten über das drohende Ende der Welt nach.

Zunehmender Ressourcenverbrauch, Umweltprobleme, Bevölkerungswachstum waren durchaus geeignet, als Bedrohung gesehen zu werden.

„Zum einen beobachten wir die zunehmende Selbstreflexion auf den menschlichen Einfluss auf das Ökosystem der Erde und zum anderen die Lagerbildung in restaurative Zukunftsoptimisten und systemkritische Pessimisten, deren Kassandra-Rufe Anfang der 1970er Jahre mit den beiden ersten Berichten des Club of Rome ‚Grenzen des Wachstums' … und ‚Menschheit am Wendepunkt' … den Höhepunkt futurologischer Zukunftsszenarien darstellen."[67]

---

67 http://userpage.fu-berlin.de/~gab/info/CPP_Gramelsberger.pdf
(Seite 29)

Neo-Malthusianismus

Die Sorge, der Mensch würde die Erde überlasten, war nicht neu. Bereits Anfang des 19. Jahrhunderts beunruhigte das ungestüme Wirtschaftswachstum in England viele Menschen. Benannt wurde dieser Wachstumspessimismus nach dem britischen Ökonomen Thomas Robert Malthus. (1766–1834). Er war überzeugt, dass das Anwachsen der Bevölkerung zu immer wiederkehrenden Hungersnöten führen würde.

Die Entwicklung nach dem Zweiten Weltkrieg bescherte uns wenig überraschend eine Neuauflage des Malthusianismus, den „Neo-Malthusianismus". Die Initialzündung dürfte das 1968 erschienene Buch „Die Bevölkerungsbombe" von Paul und Anne Ehrlich[68] gewesen sein.

Hier wurde geweissagt, eine „Bevölkerungsexplosion" würde die Umwelt verheerend zerstören und hunderte von Millionen Hungertote bis in die 1980er Jahre verursachen. Wie wir wissen, kam es anders, die weltweite Nahrungsmittelproduktion wuchs schneller als die Bevölkerung.

Paul Ehrlich überarbeitete später sein Buch und variierte die Katastrophenbotschaft: Demnach würde die Hälfte der Menschheit an einer neuen Seuche sterben. Erst danach könnten die Überlebenden einen Zustand des Gleichgewichts zwischen Mensch und Natur wieder erreichen.

In einem 2011 geführten Interview[69] meint Ehrlich, die Chance der Menschheit, die Bevölkerungsexplosion zu überleben, sei 10 %. Seiner Meinung nach liegt die optimale Bevölkerungsgröße bei etwa 1,5 Milliarden Menschen, aber nur, wenn wir uns vernünftig verhalten. Wenn wir Krieg um Öl und Nahrungsmittel führen, dann kann die Zahl der Menschen schnell unter eine Milliarde fallen.

Dem alarmistischen Buch von Paul und Anne Ehrlich folgte eine unendliche Flut von Büchern, Veröffentlichungen, Be-

---

68 Paul und Anne Ehrlich: The population bomb, New York 1968
69 Süddeutsche Zeitung, 30.10.2011

richten und Prognosen, die katastrophische bis apokalyptische Zukunftsszenarien zum Inhalt hatten.

Verantwortlich für die drohende Apokalypse war nicht nur die Bevölkerungsexplosion, auch das fortwährende Wirtschaftswachstum mit dem zunehmenden Verbrauch von Energie- und Rohstoffen wurde als Menschheitsbedrohung betrachtet.

Die bedrohlichen Szenarien fielen auf einen fruchtbaren Boden: Die sichtbare Umweltbelastung und die Ölkrisen Anfang der 1970er schienen Vorboten des prognostizierten „Ende der Ressourcen" zu sein.

Die Keimzelle dieses alarmistischen Weltbildes lag in den Universitäten Stanford und Berkeley nahe San Francisco, wozu neben Paul Ehrlich auch der österreichisch-amerikanische Physiker Frithjof Capra gehörte. Beide bereiteten den ideologischen Boden für die spätere „Klimawissenschaft". Capra verlangte in seinem Buch „Wendezeit"[70] eine neue Sicht der Wissenschaft. Er verlangte eine Abkehr von der mechanistischen „Cartesianischen" und „Newton'schen" Wissenschaftsauffassung.

Seine Nähe zu Paul Ehrlich drückt sich in folgender Aussage aus:

> *„Um die schnelle Erschöpfung unserer Rohstoffe zu verlangsamen, müssen wir nicht nur die Idee anhaltenden wirtschaftlichen Wachstums aufgeben, sondern auch den weltweiten Bevölkerungszuwachs unter Kontrolle bringen. Die Gefahren dieser ‚Bevölkerungsexplosion' sind jetzt allgemein erkannt."[71]*

Bereits in der Einführung des Buches schreibt Capra von einem notwendigen Wandel in der Physik – hin zur Mystik:

> *„Die neuen Vorstellungen der Physik haben unser Weltbild tiefgreifend verändert – von der mechanistischen Vorstellungswelt*

---

70 Frithjof Capra, Wendezeit, Amerikanische Originalausgabe: „The Turning Point"

71 https://www.zitate.eu/autor/fritjof-capra-zitate/171210

*eines Descartes und Newton zu einer ganzheitlichen und öko-
logischen Sicht, einer Anschauungsweise, die ich als den An-
schauungen der Mystiker aller Zeitalter ähnlich erkannt habe."*

Im Kapitel „Wirtschaftswissenschaften in der Sackgasse" stellt
er fest, dass es wohl ein Fehler der Wirtschaftswissenschaft
gewesen sei, den „kartesianischen Rahmen" der Naturwissenschaften zu übernehmen.

*„Die Wirtschaftswissenschaftler erkennen im allgemeinen nicht,
dass Wirtschaft nur ein Aspekt eines umfassenden ökologischen
und gesellschaftlichen Gewebes ist – ein lebendiges System aus
Menschen, die in ständiger Interaktion miteinander und mit ihren natürlichen Hilfsquellen stehen, von denen die meisten ihrerseits lebende Organismen sind."*

Capra kritisiert die „Zerstückelung" der Wirtschaftswissenschaften und mahnt eine „ganzheitliche" Betrachtung an.

*„Wie in der Psychologie und Medizin wird der Übergang vom kar-
tesianischen Paradigma zu einem ganzheitlichen und ökologischen
Weltbild die neuen Methoden nicht weniger wissenschaftlich gestalten, sondern sie im Gegenteil in bessere Übereinstimmung mit
den neuesten Entwicklung in der Naturwissenschaft bringen."*

Ehrlich, Capra sowie der radikale Umweltaktivist Dave Fore-
man waren auch Mitglieder der „Deep Ecology"[72]-Bewegung
(„Tiefenökologie"), einer mystischen, esoterischen Weltauf-
fassung, nicht weit entfernt von der Gaia-Philosophie von
James Lovelock.
    Die Tiefenökologie verlangt eine ökozentrische (erdzen-
trierte) Sichtweise anstatt der gängigen anthropozentrischen

---

72 https://en.wikipedia.org/wiki/Deep_ecology
   https://tinaland-blog.de/fritjof-capra-was-heisst-tiefenoekologie-
   teilnehmendes-erkennen-als-neues-paradigma/

(menschenzentrierte) Sichtweise, die von Philosophen der Aufklärung wie Newton, Bacon und Descartes entwickelt wurde.

Die Tiefenökologie widerspricht der Vorstellung, dass der
Mensch von der Natur getrennt ist und für die Natur verantwortlich ist bzw. ein Verwalter der Natur ist. Die Betrachtung
der Natur als Ressource ist nicht erlaubt. Vorbild für die Tiefenökologie sind indigene Völker, die ihre Umwelt wenig ausbeuten und somit eine nachhaltige Gesellschaft gewährleisten.

Eine Reduktion der Menschheit auf 100 Millionen Menschen ist daher erforderlich.

(Vgl. „War der Holocaust nur ein Testlauf?")

**Alles wächst exponentiell – eine Erfindung
des Club of Rome**

Eine Flut alarmistischer Bücher kam auf den Markt, und es
stellt sich die Frage, in welcher Absicht diese Bücher geschrieben wurden. War es die berechtigte Sorge vor der Zukunft und
damit eine notwendige Warnung an die Menschheit in der Hoffnung, dass Maßnahmen ergriffen werden, die die Befürchtun-
gen obsolet machen? War es reine Wichtigtuerei einer neuen
Spezies von Pseudowissenschaftlern, oder stand dahinter die
bewusste Erzeugung von Angst, um damit die Menschen zu
manipulieren?

Es war ja richtig: Die Weltbevölkerung wuchs wie nie in
der Geschichte, die natürlichen Ressourcen wurden scheinbar ausgebeutet wie nie, und die Umwelt wurde unüberseh-
bar beschädigt.

Der Club of Rome, eine Gründung amerikanischer und europäischer Industrieller und Mitglieder des amerikanischen
Geldadels, nahm das globale Unbehagen an dem ungeheuren
globalen wirtschaftlichen und industriellen Wachstum nach
dem Zweiten Weltkrieg mit sichtbaren Umweltschäden bewusst
auf. Wo führt dieses Wachstum hin, war die naheliegende Frage.

Der Club of Rome gab die Antwort: Ins Verderben. Er präsentierte das Narrativ vom „exponentiellen Wachstum". Die
Absicht war klar: „Angst erzeugen".

Beispiel: Wenn der Verbrauch eines Rohstoffs jedes Jahr um einen bestimmten gleichen Prozentsatz wächst, dann haben wir ein „exponentielles" Wachstum. Das Wachstum bezieht sich immer auf den jeweils erhöhten Wert des Vorjahres. Beim linearen Wachstum erhöht sich der Wert immer nur auf den Ausgangswert. (vgl. Abbildung 33)

Egal wie hoch oder niedrig der Wachstumsfaktor ist, am Anfang spürt man kaum etwas, aber irgendwann schießt die Kurve nach oben ins „Unbeherrschbare".

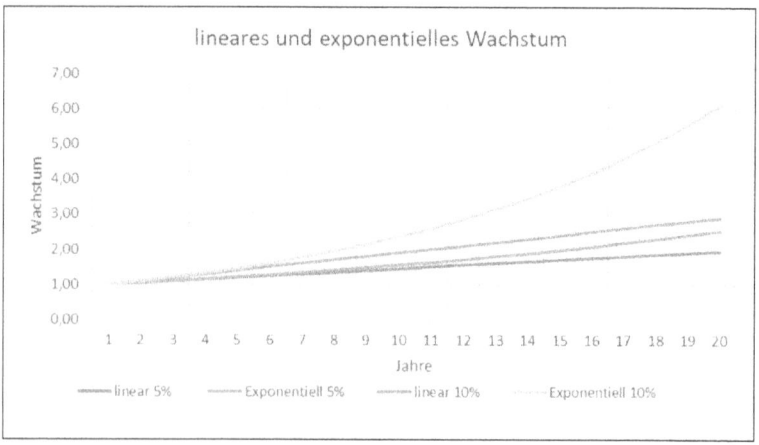

Abbildung 33: Lineares und exponentielles Wachstum
bei gleicher Wachstumsrate
Graphik: Patzner

Der Club of Rome postuliert: Wachstum ist immer exponentiell und verweist auf den berühmten Seerosenteich:

Am Tag 1 erfreuen sich die Menschen über eine Wasserrose im Dorfteich, am nächsten Tag sind es schon 2, am 3. Tag sind es 4, am 5. sind es 8 usw. Nach wenigen Tagen ist bereits die Hälfte des Teichs bedeckt, und tags darauf ist der Teich schon überfüllt.

Und so sei es auch mit unserem Wachstum nach dem Prinzip „immer mehr". Eines Tages, wenn es zu spät ist, ist nichts mehr da, alles verbraucht, kein Platz mehr da, und es ist zu spät zum Eingreifen.

Die Wirklichkeit ist anders. Sicher gibt es kräftige Wachstumsphasen in der Natur und in der Wirtschaft oder auf ein Unternehmen bezogen. Jedes Jahr im Frühling sehen wir sogar ein „explosionsartiges" Wachstum der Natur. Die Mengen an Biomasse, die da in kurzer Zeit entstehen, sind gigantisch. Aber das Wachstum währt nur kurze Zeit, dann vergeht die gesamte Biomasse wieder.

Wir wissen auch, dass „Bäume nicht in den Himmel wachsen". Neben Wachstum gibt es auch Niedergang, Umstrukturierung, Neuanfang – überall. Wie in Abbildung 33 deutlich ist, gehen lineares und exponentielles Wachstum frühestens nach 5 Jahren auseinander. Bei den in Frage kommenden Wachstumsraten von maximal 5 % gehen die Kurven erst spät auseinander. Selbst nach 20 Jahren ist der Unterschied noch moderat.

Fazit: Der Hinweis auf „exponentielles Wachstum" hat mit der Realität nicht zu tun. Er stiftet nur Verwirrung – und Angst.

Einige Jahre nach Paul Ehrlichs „Die Bevölkerungsbombe" erschien 1972 der erste „Bericht an den Club of Rome" mit dem Titel „Die Grenzen des Wachstums". Das Buch wurde ein enormer Erfolg. Dreißig Millionen Exemplare wurden weltweit verkauft. Die Publicity war enorm, der Markt wurde überschwemmt.

Der Club of Rome war sehr erfolgreich. Mit den ersten Publikationen „Die Grenzen des Wachstum" und „Menschheit am Wendepunkt" trafen die Autoren den Nerv der zunehmenden wachstumsängstlichen Menschen. Entsprechend zündete der Klappentext:

„Unser Bevölkerungs- und Produktionswachstum ist ein Wachstum zum Tode"

Jährlich erschien ein neuer „Bericht". Die wichtigsten Berichte sind:

» Dennis L. Meadows et al., 1972: *„Die Grenzen des Wachstums"*,
» Mihajlo Mesarovic und Eduard Pestel, 1974: *„Menschheit am Wendepunkt"*
» Alexander King und Bertrand Schneider, 1991: *„Die erste globale Revolution"*
» Jørgen Randers, 2012: *„2052"*
» Ugo Bardi, 2014: *„Der geplünderte Planet – Die Zukunft des Menschen im Zeitalter schwindender Ressourcen"*
» Jørgen Randers und Graeme Maxton: *„Ein Prozent ist genug"* (2016)
» Ernst Ulrich von Weizsäcker, Anders Wijkman et al.: 2018: *„Wir sind dran – Der große Bericht: Was wir ändern müssen, wenn wir bleiben wollen"*

Die katastrophischen Themen wechselten sich ab: Bevölkerungswachstum, Ressourcenknappheit, saurer Regen, Ozonloch, Baumsterben, Artensterben, und erst sehr viel später gesellte sich das Thema „Klimawandel" hinzu.

Bei der Lektüre wird deutlich, dass es den Autoren des Club of Rome nicht um „Warnung" ging oder um die Schaffung eines „Problembewusstseins". In allen „Berichten" werden gleichzeitig „Lösungen" präsentiert, und die sind gleichermaßen phantasielos, irreal und menschenfeindlich:

Es sind immer die gleichen uns vertrauten Forderungen:

» Konsumverzicht
» wenig Energieverbrauch
» kein Wirtschaftswachstum
» kein Nachwuchs
» nicht fliegen
» nicht Auto fahren usw.

Es scheint, dass die Mitglieder des Club of Rome enttäuscht waren von der letztlich geringen Wirkung der Bücher. Sie wurden zwar diskutiert, aber ansonsten blieb die Menschheit beim „business as usual", der „call for action" blieb weitgehend ungehört.

Im ersten Bericht finden wir bereits das Computermodell, „Weltmodell" genannt, welches der Club of Rome „entwickelt" hat. Dass – aus der Sicht 1972 – im Jahr 2000 kein Öl mehr vorhanden wäre und weitere wichtige Rohstoffe erschöpft wären, konnte jeder Geologe bereits damals als falsch erkennen. Es ist – rückwirkend gesehen – schon verwunderlich, dass dieser Unsinn damals nicht thematisiert wurde.

Die Autoren rechtfertigten sich später, sie hätten lediglich „Szenarien" in ihren Computermodellen errechnet, keine Prognosen. Aber wer macht schon einen Unterschied zwischen „Szenario" und „Prognose"?

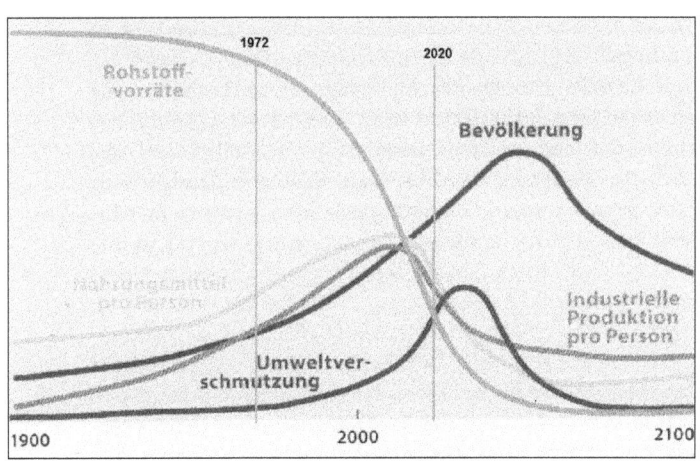

Abbildung 34: Weltmodell des Club of Rome
Die senkrechten Balken für 1972 und 2020 wurden vom Autor eingefügt.
Quelle: Weizsäcker, Ernst Ulrich von; Wijkman, Anders:
„Wir sind dran", München 2018

Es mag sein, dass 1972 die Widersprüchlichkeit des „Weltmodells" noch nicht so deutlich erkennbar war: Die Graphik zeigte (noch) keine bedrohliche Umweltverschmutzung, die Produktivität war im Steigen begriffen, und die Bevölkerung wuchs. Dass aber die Rohstoffvorräte bereits zur Neige gingen, das hätte man merken müssen. Der weitere Verlauf war apokalyptisch.

Es überrascht sehr, dass im letzten Bericht an den Club of Rome („Wir sind dran" – 2018) dieses „Weltmodell" wiederholt und mit folgendem Hinweis ergänzt wird:

„Trotz einiger Mängel im World3-Computermodell bleibt es dabei, dass viele Ökonomen die Warnungen des ‚Grenzen des Wachstums'-Berichts viel zu leichtsinnig verworfen haben. Sie denken viel zu schnell an die Substituierbarkeit von natürlichem Kapital durch Finanzkapital. Aber wir können Geld nicht essen, und Geld kann keine Orang-Utans, kein sauberes Grundwasser oder ein stabiles Klima erzeugen, wenn die Überbeanspruchung oder Verschmutzung zu weit gegangen ist. Darüber hinaus sind konventionelle ökonomische Modelle, die meist linear sind, nicht in der Lage, sprunghafte Änderungen oder kulturell-politische Reaktionen abzubilden. Die Wissenschaft erinnert uns immer wieder an ‚Kipppunkte' in Bezug auf das Klimasystem oder bestimmte Ökosysteme wie Regenwälder, Böden oder Seen. Nach dem Überschreiten eines Kipppunktes kann der Schaden unumkehrbar sein. Besondere Sorgen macht die Erwärmung der Tundra, was zu einem rasch steigenden Ausstoß von Treibhausgasen, also einer Kettenreaktion führen kann. Auch bei Korallenriffen und dem Amazonas-Wald sind Kipppunkte zu befürchten."[73]

Die „Alarmisten" sind sehr erfindungsreich, und der Club of Rome nimmt einschlägige „Erfindungen" gerne auf. Eine dieser Erfindungen ist der „Überschreitungstag" (Overshoot Day), der im letzten Bericht ebenfalls präsentiert wird.

Dass wir „über unsere Verhältnisse leben" und die Möglichkeiten der Erde „übernutzen", sollte mit der Erfindung des „Overs-

---

73 Weizsäcker, Ernst Ulrich von; Wijkman, Anders: „Wir sind dran". Club of Rome: Der große Bericht: Was wir ändern müssen, wenn wir bleiben wollen. Eine neue Aufklärung für eine volle Welt (German Edition) (S. 41). Gütersloher Verlagshaus. Kindle-Version.

hoot Day" plastisch dargestellt werden. An einem bestimmten Tag im Jahr, der immer weiter nach vorne rückt, haben wir so viel konsumiert, wie wir im ganzen Jahr hätten konsumieren dürfen. (vgl. Abbildung 35)

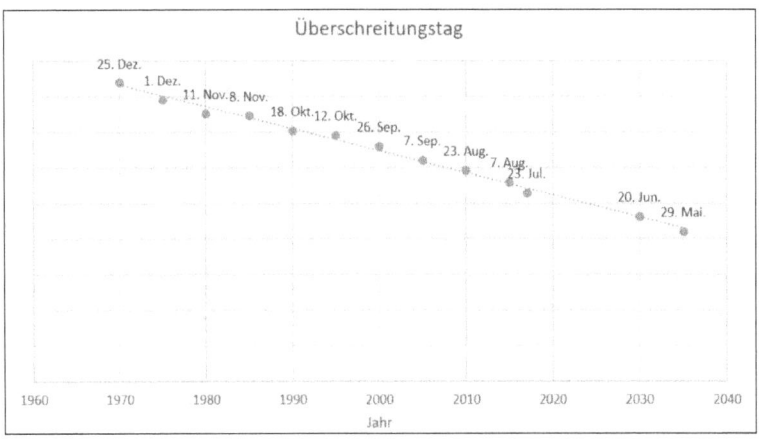

Abbildung 35: Der Überschreitungstag (Overshoot Day)
Datenquelle: verschiedene Quellen des Internets, Durchschnittswerte
Graphik: Patzner

Das gilt natürlich nur für Europäer und Amerikaner. Einwohner von Bangladesch und Ghana sind demgegenüber Vorbilder, deren „overshot day" ist natürlich der 31.12.

Eine nachvollziehbare Berechnungsgrundlage gibt es für den „Überschreitungstag" nicht.

Neben dem „Überschreitungstag" hat man jede Menge „Kipp-Punkte" (tipping point) erfunden. Am Tag des „Kipp-Punkts" passiert dann irgendetwas völlig außergewöhnliches, da reißt etwa der Golfstrom ab, der ganz Westeuropa erwärmt, da brechen riesige Eismassen ab und verursachen einen noch nie dagewesenen Tsunami ...

Das ist dann so etwas wie der Jüngste Tag.

Beispiel Bevölkerungswachstum

Besonders beängstigend sei die Bevölkerungsentwicklung. In den 100 Jahren nach Beginn der Industrialisierung um 1850 bis Mitte des 20. Jahrhunderts verdoppelt sie sich auf 2 Milliarden. In den darauffolgenden 75 Jahren vervierfacht sie sich (2022 wurden die 8 Milliarden errreicht). Das ist wesentlich mehr als exponentielles Wachstum. Wir sehen aber bereits jetzt, dass dieses Wachstum so nicht weitergehen wird, in großen Teilen der Erde schrumpft die Bevölkerung oder wächst kaum noch. Nur in Afrika wächst die Bevölkerung noch überdurchschnittlich. (vgl. Abbildung 36)

Wir können es auch so betrachten: Vor der Industrialisierung pendelte die Bevölkerung um eine Zahl von etwas unter einer Milliarde, mehr Menschen konnten nicht ernährt werden. Mit anderen Worten: Nahrungsmittelangebot und Anzahl der Menschen waren im Gleichgewicht. Vor der Sesshaftigkeit lag dieses Gleichgewicht sicher wesentlich niedriger, und heute wird sich dieses Gleichgewicht möglicherweise bei 8–10 Milliarden Menschen einpendeln – weil eben ein größeres Nahrungsmittel- und Güterangebot diese Zahl zulässt. Welche sonstigen Beschränkungen sichtbar werden, wissen wir erst später.

In Kapitel 5 beschäftigt sich der Autor mit der „Tragfähigkeit der Erde".

Die Frage der Überbevölkerung hat die Menschheit schon früh umgetrieben, wie der Text „De Anima" von Tertullian (150–220) zeigt. Der Dichter schrieb um 209 n. Chr.: (Alles schon da gewesen!)

Alles ist bereits zugänglich, alles erforscht, alles für den Verkehr erschlossen; verrufene Einöden sind längst in die lieblichsten Triften verwandelt, Wälder zu Ackerfeld urbar gemacht, die wilden Tiere durch die zahmen vertrieben, Sandflächen besäet, Felsen gesprengt, Sümpfe ausgetrocknet und die Zahl der Städte so gross als ehedem die der Hütten. Auch die Inseln sind nicht

mehr Gegenstand der Furcht, Klippen schrecken nicht mehr, (...)
überall sind Wohnungen, überall Bevölkerungen, überall Staaten,
überall Leben. Wir sind der Erde eine Last, kaum reichen die Ele-
mente für uns aus, die Bedürfnisse werden knapper und überall
gibt's Klagen, da uns die Natur bereits nicht mehr erhalten will.

Seuchen, Hunger, Kriege, Untergang von Städten sind schier
für Heilmittel zu halten, für eine Art Beschneidung des über-
wuchernden menschlichen Geschlechtes."[74]

Dies war nicht die einzige Sichtweise. Johann Peter Süßmilch
(1707–1767), Mediziner und Theologe, beschäftigte sich mit
Bevölkerungsstatistik. Er antizipierte ein Wachstum der Bevölkerung und brachte dies in Beziehung zur „Tragfähigkeit"
der Erde. Anders als Malthus prognostizierte er mindestens
8 Milliarden Menschen, vielleicht auch 13 Milliarden. Er sah
keine Probleme, diese Menschen zu ernähren[75].

Höhere Erträge in der Landwirtschaft dank eines zunehmenden Mechanisierungsgrades, künstlicher Bewässerung,
Düngung, Zuchterfolgen, intensiver Tierhaltung etc. ermöglichten die Ernährung einer immer größeren Zahl von Menschen.
Die höhere industrielle Produktivität konnte diese wachsende
Zahl von Menschen auch mit ausreichend materiellen Gütern
wie Wohnraum und Kleidung ausstatten.

Entsprechend dem Industrialisierungsgrad wuchs die Bevölkerung in den Weltregionen unterschiedlich. In Europa verdrei-
fachte sich die Bevölkerung zwischen 1750 und 1900. Bis zum
Ende des Zweiten Weltkriegs beschränkte sich die Industrialisierung auf Europa, Nordamerika und einige Länder in Fernost.

---

74 Tertullian (155–220) – Über die Seele (De anima), 30. Cap.
   https://bkv.unifr.ch/de/works/cpl-17/versions/uber-die-seele-bkv/
   divisions/31
75 Die göttliche Ordnung in den Veränderungen des menschlichen Ge-
   schlechts aus der Geburt, dem Tode und der Fortpflanzung desselben,
   Verlag Daniel August Gohls, Berlin 1741. Zitiert in Herwig Birg: Die
   Weltbevölkerung. München 1996

Weite Teile der Welt wurden in die Kolonialreiche Europas eingegliedert. Sie fungierten einzig als Rohstofflieferanten und dienten der Sicherung des Wohlstands der Mutterländer.

Nach dem Zweiten Weltkrieg wurden diese Länder ausnahmslos in die Freiheit entlassen und zum Teil ebenfalls von der Industrialisierung erfasst. Doch sie blieben weitgehend Rohstofflieferanten, wobei zu den Rohstoffen nun Massengüter wie Rohstahl oder chemisch/pharmazeutische Grundstoffe und Textilien dazukamen. Die Veredelung der Rohstoffe behielten die Industrieländer für sich.

Es spricht alles dafür, dass die globale Bevölkerung sich einem neuen Plateau nähern wird. Wahrscheinlich in der Spanne, die Süßmilch geschätzt hat.

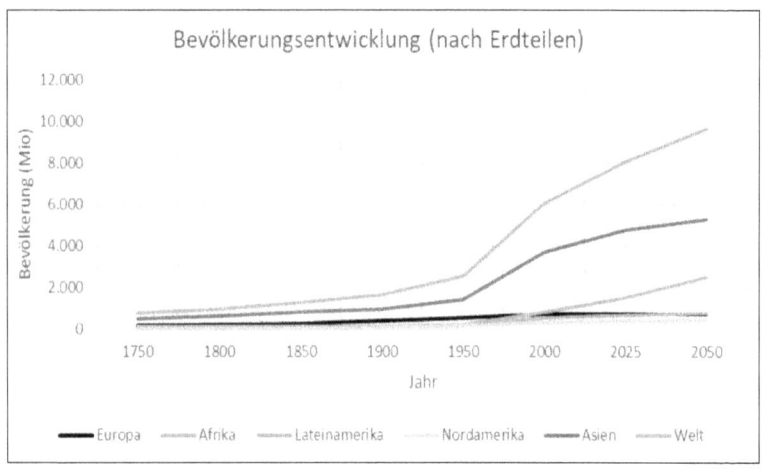

Abbildung 36: Globale Bevölkerungsentwicklung seit 1750
Deutlich ist der Wachstumsknick nach dem Zweiten Weltkrieg, die
Abflachung in Asien, aber der ungebrochene Trend in Afrika, Daten: UNO
Graphik: Patzner

Doch mit den höheren Erträgen in der Landwirtschaft scheint es „dank" der Energiewende vorbei zu sein. Circa 80 % der globalen Maisernte dienen nicht mehr der Ernährung, sondern wandern in „bio-energy". Die ARD brachte in der Reihe „die Story im Ersten" einen nachdenkenswerten Bericht zum Themenkomplex „Tank oder Teller"[76].

Die Entstehung und Vermarktung des „anthropogenen Klimawandels"

Übereinstimmend heißt es, dass das Klimageschehen „bei weitem nicht verstanden worden ist". Da widerspricht kein einziger „Klimawissenschaftler". Daraus ergibt sich, dass es wohl möglich ist, einzelne prinzipielle Teilmechanismen des Klimageschehens zu verstehen, aber das Gesamtsystem ist infolge der unendlichen Interdependenzen und Freiheitsgrade nicht fassbar.

Unwidersprochen ist auch, dass das Klimasystem chaotisch, nicht linear, komplex, rückgekoppelt, vorzeichenwechselnd und nicht berechenbar ist. Wir werden es nie berechnen können, aber wir werden sicher Jahrzehnt für Jahrzehnt im Verständnis der Zusammenhänge millimeterweise weiter kommen. Bessere Messtechnik, Satellitentechnik und leistungsfähige Rechner helfen da.

Eine Diskussion des Klimageschehens außerhalb der wissenschaftlichen Strukturen, sozusagen am Stammtisch, verbietet sich. Da kommen dann solche absurden Sätze:

„Mehr CO_2 erwärmt die Erde. Denn das Gas fängt in der Erdatmosphäre mehr Hitze ein. Diese Wärme wiederum lässt Wasser zu Dampf aufsteigen und führt dadurch im Treibhauseffekt zu weiter steigenden Temperaturen."

(zu finden in Süddeutsche Zeitung – Rubrik Wissenschaft!!!)[77]

---

76 https://www.youtube.com/watch?v=jAwjsRaAFik
77 SZ 7.12.2018, „Kohle, Kohle, Kohle", https://projekte.sueddeutsche.de/artikel/wissen/die-klimaleugner-szene-ist-im-aufwind-e344371/

Der lange Schatten der Ölkrise 1973 – die Themen Energie und Klima werden gekoppelt

Zu den Nachwirkungen der Ölkrise 1973 gehörte eine Diskussion über die zukünftige Energiepolitik. „Gesicherte Energieversorgung" – eine Diskussion, die uns heute noch beschäftigt, hat damals ihren Anfang genommen. Wenn Öl weitgehend ersetzt werden soll, dann stand eigentlich damals in erster Linie die Kohle zur Verfügung, auch das Thema Kohleverflüssigung stand auf der Tagesordnung. Demgegenüber sah aber auch die damals neu entstehende Kernkraftindustrie ihre Chancen. Die damals existierenden Reaktoren waren noch nicht ausgereift, eigentlich waren es noch Versuchsreaktoren.

Hier liegt mit Sicherheit der Ursprung der interessenorientierten Diskussion der Frage der Wirkung der CO_2-Emission auf das Klima. Man mutmaßte zwar einen Zusammenhang, aber mehr nicht. Man beobachtete eine Korrelation, aber die Kausalität war spekulativ.

Mit der möglichen, wieder verstärkten Nutzung der Kohle wurde diese Frage allerdings aktuell. 1974 wurde die AGU, die amerikanische Geophysikalische Union, mit dieser Frage konfrontiert. Es wurde eine Arbeitsgruppe „Energie und Klima" eingerichtet. Nach dem Amtsantritt von Jimmy Carter (1977) wurde dieses Thema intensiviert was dazu führte, dass zunehmend Geld in die (Klima-)Wissenschaft gepumpt wurde. Verständlicherweise veranlasste das keinen Wissenschaftler zu sagen, es gäbe keinen „anthropogenen Klimawandel". Um die Geldströme aufrecht zu halten, musste die Frage offen bleiben und weiterer Forschungsbedarf angemeldet werden.

Wir können zusammenfassen: Zu der Vermutung eines Zusammenhangs zwischen Klima und CO_2-Emission, zu sich verbreitenden „neo-malthusianischen" Ängsten – auch unter Wissenschaftlern – kam nun eine anschwellende Flut von Geldern zur Erforschung des Zusammenhangs CO_2-Emission und Klima. Hinzu gesellte sich die Interessenlage der Kernkraftindustrie. Diese Melange führte schließlich zur Klimakatastrophe.

Wissenschaftler mit Sendungsbewusstsein und Glaskugeln

Wie bereits dargelegt, ist die Auseinandersetzung, ob solare Schwankungen oder die Kohlendioxyd-Konzentration für globale Temperaturänderungen verantwortlich sind, über 100 Jahre alt. Außerhalb der Wissenschaft hat sich kaum jemand dafür interessiert.

Möglicherweise hat das „Internationale Geophysikalische Jahr" 1957/58 hier etwas geändert. Im Zentrum standen internationale Forschungen auf allen Gebieten, die auch mit „Klima" zu tun hatten. Die umfangreiche Berichterstattung hat durchaus zu einer Popularisierung der „Geowissenschaft" geführt, und die seit Jahrzehnten von Wissenschaftlern gehegte Vermutung, CO_2 könnte die globale Temperatur beeinflussen, wurde durch die Berichte von den Forschungsarbeiten von Guy Stewart Callendar, David Keeling und Roger Revelle auf Hawaii bekannt. Keeling präsentierte die Kurve steigender CO_2-Konzentration und brachte sie mit der Temperaturkurve zur Deckung (Keeling-Kurve). Da bereits im Jahr 1956 ein Artikel im Magazin TIME erschien, der den Zusammenhang zwischen CO_2-Konzentration und Klima thematisierte, ist zu vermuten, dass die Vertreter der CO_2-Theorie mehr Aufmerksamkeit bekommen wollten.

Mitte der 1970er Jahre traten zunehmend „Klimawissenschaftler" auf, die vor gefährlichen Klimaänderungen warnten und dafür das „anthropogene" CO_2 verantwortlich machten. Die Resonanz war gering, die Politik nahm nur langsam Notiz davon. Die herrschende Meinung unter Klimawissenschaftlern war eine bevorstehende Eiszeit. Das Magazin TIME brachte zwischen 1973 und 1979 4 Titelstorys mit den Überschriften

» „The Big Freeze" (1973),
» „The Big Freeze" (1977),
» „How to Survive the Coming Ice Age" (1977) und
» „The Cooling of America" (1979).

Möglicherweise waren es die zusätzlichen Gelder, die in die Klimawissenschaft gesteckt wurden, die einige Wissenschaftler veranlasst haben, auf den Jahrmarkt der Eitelkeit zu wechseln. Tatsächlich traten nun mehr und mehr Wissenschaftler an die Öffentlichkeit, die sich nicht mehr allein auf ihre Fachjournale beschränken wollten. Es wurden Zeitschriften wie „Science" oder „Scientific American", die weiter verbreitet waren als die eigentlichen Fachjournale, dazu benutzt, Warnungen vor den Folgen der ökologischen Klimakrise „unters Volk" zu bringen. Es wurden Kongresse organisiert und Bestseller geschrieben. Zuvor beschränkten sich die Wissenschaftler auf das Fachpublikum[78]. Dennoch blieb die CO_2-Theorie eine Vermutung, zumal die physikalische Begründung höchst umstritten war.

Auch Wissenschaftler sind Menschen mit allen Eigenschaften, die Menschen haben. Dazu gehört auch Eitelkeit und Ehrgeiz. Die Wissenschaft ist nicht fern dieser Welt in einem Elfenbeinturm untergebracht – wenngleich im vorliegenden Falle es besser gewesen wäre, die Klimawissenschaft dort zu lassen.

Nachfolgend die wichtigsten „Klimawissenschaftler", die sich in der Verbreitung der „anthropogenen Klimatheorie" besonders hervorgetan haben.

Ein lautstarker Pionier war **Stephen Henry Schneider** (1945 – 2010), ein US-amerikanischer Plasmaphysiker.

Er war einer der ersten Forscher, die sich an die Öffentlichkeit wandten. Gemeinsam mit seiner Frau schrieb er 1976 ein populäres Buch mit dem Titel „The Genesis Strategy: Climate and Global Survival" (in deutscher Sprache unter dem Titel „Klima in Gefahr" – Strategien zur Beherrschung des Wetters[79]). Schneider wurde später einer der bekanntesten Kommentatoren zum Thema Klimawandel und einer der Hauptautoren des IPCC.

---

78 Gerhard Sardemann: Beeinflussung des globalen Klimas durch den Menschen: Historische Entwicklung und Stand des Wissens zum anthropogenen Treibhauseffekt,
https://www.itas.kit.edu/pub/v/1997/sard97a.pdf (Seite 32)
79 Stephen Schneider, Klima in Gefahr, Frankfurt/M. 1978

Schneider findet folgenden Vergleich:

Stellen Sie sich ein riesiges Schiff vor – nennen wir es Titanic II, das den Nordatlantik überquert. Während die Passagiere den Komfort genießen, für den sie so teuer bezahlen, glaubt der Erste Offizier am Ruder, die gefürchtete Form eines Eisbergs etwa drei Meilen vor sich durch den dichten Nebel zu sehen. Er beeilt sich, dem Kapitän davon zu erzählen. Als Veteran unzähliger ereignisloser Reisen steht der Kapitän der Gefahr skeptisch gegenüber. Trotzdem geht er schnell zum Ruder, sieht aber kein Hindernis im Nebel.[80]

Mit diesen Worten beschreibt Schneider genau unsere heutige Situation: Der Erste Offizier (die „Wissenschaft") warnt den Kapitän, der die „nichthandelnde Zivilgesellschaft" oder „Klimaskeptiker" repräsentiert. Die Katastrophe steht also bevor.

Der US-amerikanische Wissenschaftshistoriker Spencer R. Weart beschreibt Schneider als „einen der Forscher mit der geringsten Scheu, vor Klimagefahren zu warnen". So waren es auch Schneider und sein Kollege James Hansen, die dafür sorgten, dass 1981 erstmals auf Seite eins der New York Times auf die Gefahren des Treibhauseffekts hingewiesen wurde, ohne allerdings wissenschaftliche Belege zu liefern.[81]

Stephen Schneider hat aber auch erkannt, dass man nur dann „Erfolg" haben kann, wenn man drastische Worte wählte:

„Einerseits sind wir als Wissenschaftler ethisch an die wissenschaftliche Methode gebunden, d. h. die Wahrheit zu sagen, die ganze Wahrheit und nichts als das – einschließlich all unserer Zweifel, Vorbehalte, Wenns, Unds und Abers. Andererseits sind wir nicht nur Wissenschaftler, sondern auch menschliche Wesen. Und wie die meisten Menschen würden wir die Welt gerne

---

80 The Genesis Strategy. Climate and Global Survival
81 https://www.novo-argumente.com/artikel/die_wurzeln_des_ipcc

*als besseren Ort sehen,[82] was in diesem Kontext bedeutet, dass wir das Risiko eines potentiell katastrophalen Klimawandels verringern wollen. Um das zu tun, benötigen wir eine breite Unterstützung, wir müssen die Öffentlichkeit dazu bringen, sich eine Vorstellung davon zu machen. Dazu sind viele Medienberichte notwendig. **Also müssen wir ängstigende Szenarien liefern, einfache, dramatische Äußerungen machen, und Zweifel, die wir vielleicht haben, wenig erwähnen**. Diese „ethische Doppelbindung", in der wir uns oft befinden, kann durch keine Formel gelöst werden. Jeder von uns muss entscheiden, was das richtige Gleichgewicht ist zwischen effektiv sein und ehrlich sein. Ich hoffe, dass es auf beides hinausläuft."[83]*

Schneider griff die neue Möglichkeit, der Nutzung von Computern auf, wobei es sich damals noch um Lochkartensysteme (!) handelte. In einer Biographie von Schneider finden wir:

„In den 1970er und frühen 1980er Jahren wurde das unglaubliche Potenzial der numerischen Modelle des Klimasystems immer offensichtlicher. Mit diesen ausgefeilten numerischen Darstellungen der Atmosphäre (und viel einfacheren Darstellungen des Ozeans) war es möglich, die Art von ‚Gedankenexperimenten' durchzuführen, die Einstein liebte – Gedankenexperimente, die in der realen Welt nicht durchgeführt werden konnten.

> » *Wie könnte das Erdklima auf vom Menschen verursachte Veränderungen des atmosphärischen Niveaus von Treibhausgasen reagieren?*
> » *Könnten Modelle glaubwürdige Schätzungen des Klimas in der Kreidezeit liefern?*
> » *Wie reagiert das Klimasystem auf massive Vulkanausbrüche oder auf Veränderungen der Sonnenenergie?*

---

82 „Der Versuch, den Himmel auf Erden einzurichten, erzeugt stets die Hölle ..." (Karl Raimund Popper, Die offene Gesellschaft und ihre Feinde)
83 https://dewiki.de/Lexikon/Stephen_Schneider

» *Was sind die Stärken und Schwächen einfacherer Energiebilanz-Klimamodelle und vollständige dreidimensionale Modelle des Klimasystems?*

Steve war einer der Ersten, der die Macht der Klimamodellierung zu schätzen wusste und sich zu eigen machte. Als er später schrieb: „Für mich war es absolut aufregend, dass ich mich an eine Lochkarten-Tastatur hinsetzen konnte, eine Schachtel mit Lochkarten stanzen und in meinen Händen die Fähigkeit halten, die Erde zu simulieren, verschmutzt oder nicht."

*„Steve erkannte, dass er und seine Kollegen die Macht hatten, systematische numerische Experimente mit und ohne menschliche Einflüsse und für aktuelle, vergangene und zukünftige Klimaverhältnisse. Er sah, dass die Kraft der Modellierung zu echten wissenschaftlichen Durchbrüchen führen könnte: zu einem besseren Verständnis der Hauptursachen des Klimawandels und der grundlegenden Eigenschaften des Klimasystems. Steve verstand auch, dass diese Modelle, die er einmal **‚wolkige Kristallkugeln'** nannte, trotz ihrer Unvollkommenheiten die einzigen Werkzeuge für Wissenschaftler waren, um glaubwürdige Projektionen des Klimawandels des 21. Jahrhunderts zu erhalten"*[84]

James E. Hansen (geb. 1941) war Direktor des Goddard Institute for Space Studies (GISS) und Professor für Umweltwissenschaften an der Columbia University. Bekannt wurde Hansen besonders in den 1980ern als einer der ersten Wissenschaftler, der eindringlich vor den Gefahren der globalen Erwärmung warnte. Er beendete im April 2013 sein Engagement bei der NASA, um sich fortan vorrangig auf politischer und juristischer Ebene für die Verringerung von Treibhausgasemissionen einzusetzen. James Hansen arbeitete eng mit Stephen Schneider zusammen und hatte gute Verbindungen zu Regierungsstellen.

---

84 http://www.nasonline.org/publications/biographical-memoirs/
memoir-pdfs/schneider-stephen.pdf (Seite 5)

James Hansen fand einen besonders hässlichen Vergleich:

„Die Kohle wird darüber entscheiden, ob wir den Klimawandel weiter verstärken oder den menschlichen Einfluss verlangsamen. Der Anstieg des fossilen CO_2-Gehalts in der Luft im Vergleich zur vorindustriellen Atmosphäre ist heute zu 50 % auf Kohle, zu 35 % auf Öl und zu 150 % auf Gas zurückzuführen. Wenn die Ölvorkommen ihren Höchststand erreichen, wird Kohle den künftigen CO_2-Gehalt bestimmen. Kürzlich fuhr ich ... von Denison nach Dunlap, wo meine Eltern begraben sind. Über weite Strecken von 20 Meilen waren Züge geparkt, von der Lokomotive bis zum Führerstand, wobei die Hälfte mit Kohle gefüllt war. Wenn wir den Bau weiterer Kohlekraftwerke nicht stoppen können, werden diese Kohlezüge Todeszüge sein – nicht weniger schrecklich, als wenn es Güterwagen wären, die zu Krematorien fahren, beladen mit unzähligen unersetzlichen Arten"[85]

Zu dieser Pilotgruppe gehört auch **Michael Mann** (geb. 1965), bekannt durch die sog. „Mann-Kurve" oder „Hockeyschläger-Kurve". Die Kurve suggeriert, dass es in den letzten 1200 Jahren praktisch keine Temperaturänderungen gegeben hat. Die Kurve ist eine Fälschung. Dass er dabei Basisdaten „manipuliert", geht aus einem gehackten Mail-Wechsel mit Phil Jones hervor. Phil Jones war Direktor des Climate Research Unit (CRU) an der East-Anglia-Universität. Im Zuge dieser „Climategate"-Affäre musste er zurücktreten.

Phil Jones, der Direktor der Climate Research Unit (CRU) schreibt an einen Kollegen: *„I've just completed Mike's* (Anmerkung: gemeint ist Michael Mann) *Nature trick of adding in the real temps to each series for the last 20 years (i. e. from 1981 onwards) and from 1961 for Keith's to hide the decline."* *(„Ich habe gerade Mikes*

---

85 Schreiben von J. Hansen vom 21.11.2007 an Kraig R. Naasz, CEO der National Mining Association auf Papier der Columbia University (the Earth Institute). Zur Verfügung gestellt von Dr. Gerhard Kramm.

Natur-Trick, die realen Temperaturen zu jeder [Daten] Serie für die letzten 20 Jahre hinzuzufügen, fertiggestellt ... um den (Temperatur-)Rückgang zu verstecken." [86]

Zu diesem Thema ist 2019 in Kanada vor einem obersten Gericht in Calgary ein bizarrer Prozess nach 10 Jahren zu Ende gegangen. Der kanadische Klimatologe Tim Ball bezeichnete den Autor der Hockeyschläger-Kurve als Betrüger, was der nicht auf sich sitzen lassen wollte, und verklagte Tim Ball. Um den Vorwurf einschätzen zu können, verlangte das Gericht von Michael Mann die Basisdaten seiner Kurve. Doch dieser Forderung kam er nie nach und zog es vor, den Prozess zu verlieren und Millionen von can$ Gerichtskosten zu zahlen.[87]

Mit richterlicher Erlaubnis darf man im Zusammenhang mit der „Mann-Kurve" diesen Herrn Mann einen „Betrüger" nennen bzw. die Kurve eine Fälschung.

Weitere wichtige Pioniere des menschengemachten Klimawandels sind:

Paul Josef Crutzen, (1933–2021), ein niederländischer Meteorologe. Er war von 1980 bis 2000 Direktor am Max-Planck-Institut für Chemie in Mainz. Crutzen hat den Begriff „Anthropozän" geprägt, d.h., dass der Mensch nunmehr das Gesicht der Erde prägt anstatt geologischer Gegebenheiten. Sein Spezialgebiet war das „Ozon-Loch", und er war überzeugt vom Einfluss des anthropogenen CO_2 auf das Klima.

Bert Bolin: (1925–2007), schwedischer Meteorologe. Als „Nestor der Klimaforschung" war Bolin einer der Gründer des Weltklimarats (IPCC) und zwischen 1988 und 1997 dessen erster Vorsitzender.

---

86 https://www.focus.de/wissen/klima/klimapolitik/skandal-um-manipulierte-daten-klimagate_id_1900293.html

87 https://www.manhattancontrarian.com/blog/2019-8-26-michael-mann-hockey-stick-update-now-definitively-proven-to-be-fraud

John Paul Holdren, geb 1944, war leitender Berater von Präsident Barack Obama in Wissenschafts- und Technologiefragen, er gehört zu den Vertretern des Neo-Malthusianismus.

Holdren gehört zum Umfeld von Paul Ehrlich, dementsprechend stand das Thema „Bevölkerungsexplosion" im Zentrum seiner Arbeit.

Nicholas Herbert Stern, Baron Stern of Brentford, geb. 1946. Der Mathematiker und Volkswirtschaftler war von 1994 bis 1999 Chefökonom der Europäischen Bank für Wiederaufbau und Entwicklung und arbeitete dort eng mit Horst Köhler zusammen. 2000 bis 2003 war er Chefökonom der Weltbank.

Bekannt wurde Stern durch den 2006 veröffentlichten Stern-Report in dem er die wirtschaftlichen Folgen des Klimawandels untersuchte.

Naomie Oreskes (geb. 1958) ist eine US-amerikanische Professorin für Wissenschaftsgeschichte an der Harvard University. Gegenstand ihres Interesses ist die Erforschung der „Leugnung des menschengemachten Klimawandels". In diesem Zusammenhang führte sie bizarre Auseinandersetzungen mit ExxonMobil.

Sir John Houghton (1931–2020). Er war in der Presbyterianische Kirche aktiv und in diesem Zusammenhang Vorsitzender der *John Ray Initiative*, die Christentum, Wissenschaft und Umweltschutz in Einklang bringen will. Er ist Gründungsmitglied der International Society for Science and Religion.

Ähnlich wie Stephen Schneider meint auch John Houghton, ehemaliger Vize-Präsident des IPCC, dass man eine drastische Sprache anwenden muss:

> *„Solange wir keine Katastrophe ankündigen,*
> *wird niemand zuhören."*

So weit die wichtigsten Vertreter der Wissenschaftler, die „alarmistisch" an die Öffentlichkeit gingen, schwerpunktmäßig anglo-amerikanische Wissenschaftler. Die Motive für das Verlassen des Elfenbeinturms dürften in erster Linie der Wunsch nach Profilierung sein.

Bei der Auflistung der wichtigsten Klima-Kassandras dürfen wir den deutschen „Klimapapst" Prof. **Hans-Joachim Schellnhuber** nicht vergessen.

„Die Wissenschaftler müssen auf die Straße gehen, um der Klimaleugnung entgegenzutreten." (Im Original: Scientists have to take to the streets to counter climate denial.) „Wir werden am Ende eine Erwärmung des Planeten von 4, 5, 6 oder sogar 12 Grad haben. Es wäre das Ende der Welt, wie wir sie kennen, und ich habe alle Beweise."[88]

Sein Kollege im Potsdam Institut für Klimafolgenforschung, **Stefan Rahmstorf**, dürfte wohl den Vogel abgeschossen haben:

„Ohne Zweifel wird man sich einst an die fossile Ära als ein dunkles Zeitalter der Menschheit erinnern. ..."[89]

Die Überprüfung der „anthropogenen Klimatheorie" durch die Politik – ohne Befund

Die amerikanische Regierung beauftragte Ende der 1970er Jahre die Wissenschaft, sich des Themas anzunehmen. Bekannt sind zwei Aufträge. Den Wissenschaftlern standen die damals leistungsfähigen Computer zur Verfügung. Das Ergebnis war der „Charney Report" und der Bericht „Global 2000".

Beide Berichte, die von namhaften Wissenschaftsgremien geschrieben wurden, kamen zu dem Ergebnis, dass es keinen Beweis, aber auch keine Möglichkeit des Zugangs für die CO_2-Theorie gibt, sie blieb eine Vermutung.

---

88 Interview mit der Deutschen Welle am15.3.2017
   http://www.dw.com/en/schellnhuber-scientists-have-to-take-to-the-streets-to-counter-climate-denial/a-37947164
89 Stephan Rahmstorf auf Twitter, 21. Mai 2022 – 11 Uhr 50

Der Charney-Bericht (1979):

Die Wissenschaftler erkannten sehr bald, dass die Fragen nicht zu beantworten waren. Sie kamen zu dem Schluss, dass aufgrund der Komplexität der Materie der fragliche Zusammenhang nicht festgestellt werden kann.

„Zusammenfassend lässt sich sagen, dass wir versucht haben, aber nicht in der Lage waren, irgendwelche übersehenen oder unterschätzten physikalischen Effekte zu finden, die die derzeit geschätzte globale Erwärmung infolge einer Verdopplung des CO_2 in der Atmosphäre auf ein vernachlässigbares Maß reduzieren oder ganz umkehren könnten.

Wir halten es jedoch für durchaus möglich, dass die Fähigkeit des Zwischenwassers der Ozeane, Wärme zu absorbieren, die geschätzte Erwärmung um mehrere Jahrzehnte verzögern könnte.

*Es scheint, dass die Erwärmung letztendlich eintreten wird, und die damit verbundenen regionalen Klimaveränderungen, die für die Bewertung der sozioökonomischen Folgen so wichtig sind, könnten durchaus signifikant sein, **aber leider können letztere noch nicht angemessen prognostiziert werden.“**[90]*

Dass man dennoch eine mögliche Spannbreite der Temperaturänderung bei einer **Verdoppelung des CO_2-Gehalts** von 1,5 °C bis 4,5 °C genannt hat, ist nie geklärt worden. Es wird vermutet, dass innerhalb des Wissenschaftsteams Vertreter der sich abzeichnenden Gruppe der Klimaalarmisten befanden. Wissenschaftlich gesehen ist die obige Aussage eine Null-Aussage.

---

90 Carbon Dioxide and Climate: A Scientific Assessment, Climate Research Board, National Academy of Sciences, Washington D.C. 1979
    https://geosci.uchicago.edu/~archer/warming_papers/charney.1979.
    report.pdf (Seite 3)

Der israelisch-amerikanische Wissenschaftler Nir Shaviv erklärt in einer Anhörung vor dem deutschen Bundestag:

„Bemerkenswerterweise wurde der vom IPCC angegebene Bereich von 1,5 bis 4,5 °C pro CO_2-Verdopplung im Jahr 1979 im Charney-Kongressausschuss in den USA festgelegt. Alle wissenschaftlichen Berichte des IPCC von 1990 bis 2013 enthalten den gleichen Bereich.

Noch peinlicher ist, dass wir nach fast vier Jahrzehnten Forschung und Milliarden von Dollar (und Euro), die in die Klimaforschung investiert wurden, keine bessere Antwort auf die wichtigste Frage haben.

Die Beweislage zeigt jedoch deutlich, dass die Klimasensitivität eher niedrig ist, und zwar etwa 1 bis 1,5 Grad pro CO_2-Verdopplung. Die Beteiligten in der Klimaforschung können sich die so genannte Pause in der Erderwärmung nicht erklären. Wo verbirgt sich diese Wärme? In Wirklichkeit weist dies einfach nur auf eine geringe Sensitivität hin. Die ‚fehlende' Wärme hat die Erde längst verlassen!"[91].

Global 2000 – eine Studie für die amerikanische Regierung

Die aufkommenden Umweltängste bewogen Präsident Carter am 23.5.1977 in einer Botschaft zur Umweltproblematik den Auftrag an die Wissenschaft zu erteilen, die anthropogenen Umweltgefahren näher zu untersuchen.

In dreijähriger Arbeit wurde Mitte 1980 ein fast 1500 Seiten umfassendes Werk abgegeben. Es fragt alle Naturbereiche ab, die der Mensch ggf. beeinträchtigen könnte.[92]

---

91 https://www.bundestag.de/resource/
blob/580504/2b96f368c0a785e5e4a09bb1d9797449/19-16-143_
Conversation_COP24_Prof_Nir_Shaviv-data.pdf (November 2018)
92 Global 2000 – Der Bericht an den Präsidenten, Frankfurt/Main 1980

» Bevölkerungsentwicklung
» Bruttosozialprodukt
» **Klima**
» Technologie
» Nahrungsmittel
» Fischerei
» Wälder
» Wasser
» Energie
» Brennstoffe
» Mineralien
» Umwelt

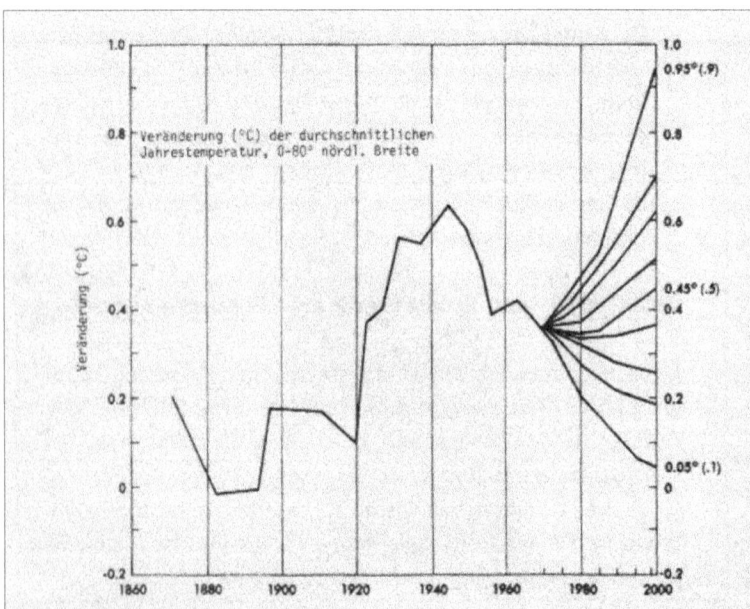

Fig. 17-8. Wahrscheinlichkeit einer Veränderung der durchschnittlichen Jahrestemperatur auf der Nordhalbkugel bis ins Jahr 2000, wie sie vom Panel der Klimaexperten bestimmt wurde. Bezugsperiode: 1880-84.

Abbildung 37: Klimavorhersagen für 2000 im Jahr 1980

Quelle. Global 2000 – Reports to the President, Frankfurt 1980, Seite 1066

Das Ergebnis der Studien zum Thema „Klima" zeigt, dass 1980 die These vom anthropogenen Klimawandel noch keineswegs in der Wissenschaft angekommen war.

Hierbei stützte man sich auf Expertenurteile, die via Fragebogen zusammengetragen wurden. Viele Befragten zeigten sich allerdings zurückhaltend wegen des Mangels an ausreichenden meteorologischen Vergangenheitsdaten, an umfassenden Theorien oder adäquaten Modellen zur Untermauerung der in den Fragen geforderten quantitativen Schätzungen, man scheute auch konkrete Aussagen wegen der hohen Ungewissheit.[93]

Der „Wissenschaftsstreit" spiegelt sich in folgendem Bericht aus dem Jahr 1978, der der Studie zugrunde liegt, wider:

Die Befragten, deren Wahrscheinlichkeitsschätzungen zu den beiden Erwärmungsszenarien tendierten, begründeten dies in erster Linie mit der wahrscheinlichen langfristigen Dominanz des CO_2-Erwärmungseffekts. Diese Erklärung spiegelt sich quantitativ in Abbildung III-1 wider, in der die Antworten auf Frage Ill (Kohlendioxid, Trübung und Klima) des Fragebogens zusammengefasst sind. Im Allgemeinen gingen die Teilnehmer, die zu einer globalen Abkühlung neigten, davon aus, dass die erwärmenden Auswirkungen von CO_2 nicht in dem Maße eintreten könnten, wie es von den Befürwortern eines starken Erwärmungstrends behauptet wurde oder dass die erwärmenden Auswirkungen von CO_2 von einem langfristigen, durch die Sonneneinstrahlung verursachten Abkühlungstrend überlagert würden. Mehrere Befragte äußerten sich auch zu den möglichen kühlenden Auswirkungen vulkanischer Aktivität, wiesen jedoch darauf hin, dass es schwierig sei, das Ausmaß oder den Zeitpunkt einer solchen Aktivität vorherzusagen.

Das mittlere Szenario, das von einer geringen Veränderung der globalen Jahresmitteltemperatur ausgeht, beruht in erster Linie darauf, dass die wärmenden Auswirkungen von CO_2 die Auswir-

---

93 Ebenda, Seite 1058

kungen der natürlichen Abkühlung ausgleichen. Einige Diskus-
sionsteilnehmer äußerten sich zu den möglichen Auswirkungen
von Staub und anderen natürlichen und anthropogenen Parti-
keln auf den Klimawandel, doch scheint es keinen Konsens da-
rüber zu geben, ob solche Partikel eine wärmende oder kühlen-
de Wirkung haben; außerdem ist ihre Wirkung wahrscheinlich
eher regional als global. [94]

Von Konsens und Verständnis keine Spur! – 1980

Die Vereinten Nationen adoptieren die „Klimakrise" und vermarkten sie weltweit

Ohne das Engagement der Vereinten Nationen, die Klimapolitik zu fördern, hätten wir heute wohl weder eine Klimakrise
noch eine Klimakatastrophe.

Die UN fungieren heute als die wichtigste internationale
Institution, die den globalen Klimaschutz medial verbreitet.
Innerhalb der UN-Organisation ist der Weltklimarat (IPCC)
angesiedelt, aber auch die World Meteorological Organization (WMO), das UN Environment Programm (UNEP – Um-
weltprogramm der UN), aber auch die UNESCO und auch der
IWF sind wichtige globale Organisationen in der Förderung
des Klimaschutzes.

Hintergrund des UNO-Engagements für den globalen Klimaschutz ist das Projekt „Global Governance". Damit sollen
die UN eine stärkere globale Führungsrolle erhalten. Es sollte
vermieden werden, dass die UN das gleiche Schicksal erleiden
könnten wie vor dem Zweiten Weltkrieg der Völkerbund, der
sich als „Tiger ohne Zähne" entpuppte – so die Begründung.

---

94 Climate Change to the Year 2000: A Survey of Expert Opinion, Department of Agriculture, Washington, D.C.
Institute for the Future, Menlo Park, Calif., National Defense-Univ., Washington, D.C.
National Oceanic and Atmospheric Administration (DOC), Rockville, Md.
https://files.eric.ed.gov/fulltext/ED160394.pdf, Seite 38 f.

Betraut mit dieser Aufgabe wurde der kanadische Ölunternehmer Maurice Strong, (1929–2015) eine – wie wir heute sagen würden – schillernde Figur. Strong war ein Meister der Vernetzung, er war in der kanadischen Politik ebenso zu Hause wie in der Wirtschaft, speziell in der Ölindustrie Nordamerikas. Auch hatte er auffallend gute Beziehungen zur damaligen Sowjetunion. Er war Vorsitzender des kanadisch-sowjetischen Freundschaftskomitees. Über eine Tante kam er auch mit Mao Tse Tung in engeren Kontakt.

Sein guter Kontakt zum nordamerikanischen Geldadel half ihm ebenfalls bei der Durchsetzung seines Vorhabens.

Strong wird wie folgt zitiert:

„Reform und Stärkung der Vereinten Nationen als das Herzstück des neuen Systems der demokratischen Weltordnungspolitik.“ ...
„Es ist unser fester Beschluss, dass die Vereinten Nationen auch weiterhin eine zentrale Rolle in der global Governance spielen.“

Global Governance ist keine Weltregierung, sondern ein internationaler Rahmen von Prinzipien, Regeln und Gesetzen inklusive einer Reihe von Institutionen, um diese aufrechtzuerhalten, die notwendig sind, um globale Probleme zu bewältigen.[95]

Strong betrieb diese Aufgabe innerhalb der Vereinten Nationen mit großem Engagement. Strong erkannte sehr früh, dass möglicherweise der globale Umweltschutz der Hebel sein könnte, mit dem die Rolle der Vereinten Nationen gestärkt werden könnte, denn „Umweltverschmutzung macht an den Grenzen nicht Halt.“ Strong war der Initiator und Organisator der ersten globalen Umweltkonferenz in Stockholm 1972. Erst auf der Konferenz von Rio de Janeiro 1992 wurde der Umweltschutz vom Klimaschutz abgelöst.

---

95 https://www.bpb.de/veranstaltungen/netzwerke/teamglobal/67464/
definition

Abkürzungen für UN-Organisationen – Bereich Umwelt und Klimaschutz

COP	Conference of the Parties (jährliche Klimakonferenzen)
CSD	Commission for Sustainable Development
FAO	Ernährungs- und Landwirtschaftsorganisation
IPCC	International Panel of Climate Change
UNCCD	United Nations Convention to Combat Desertification
UNCED	United Nations Conference on Environment and Development
UNCTAD	United Nations Conference on Trade and Development
UNDP	United Nations Development Program
UNECE	United Nations Economic Commission for Europe
UNEP	United Nations Environment Program
UNFCCC	United Nations Framework Convention on Climate Change
UNCHE	United Nations Conference on the Human Environment (1972 Stockholm)
UNCED	UN Conference on Environment and Development (Rio 1992)
UNCTAD	UN-Wirtschaftskommission
UNDP	UN-Entwicklungsprogramm
WMO	Weltorganisation für Meteorologie

Aktueller Einschub:

Aus heutiger Sicht wäre es wohl sinnvoller gewesen, unter „Global Governance" nicht die Behandlung einer fiktiven Bedrohung zu verstehen, sondern die Entwicklung eines Instrumentariums, mit dem innerstaatliche und zwischenstaatliche Konflikte behandelt werden können.

Wenn die Vereinten Nationen nur die Hälfte der Energie, die sie für „climate" aufgewendet haben, für zwischenstaatliche Mediationspolitik eingesetzt hätten, hätte man den Ukraine-Krieg vielleicht vermeiden können.

UN Weltumweltkonferenz Stockholm 1972

Die UNO-Weltkonferenz über die Umwelt des Menschen (kurz Umweltschutzkonferenz) vom 5.–16.6.1972 in Stockholm[96] war die erste UNO-Weltkonferenz zum Thema Umwelt überhaupt und gilt als der eigentliche Beginn der internationalen Umweltpolitik. Mehr als 1200 Vertreter aus 112 Staaten (ohne Oststaaten) nahmen daran teil. Der Beginn dieser Konferenz, der 5. Juni, ist heute noch der *„internationale Tag der Umwelt"*.

Das Thema „Klima" gab es auf dieser Konferenz noch nicht, obwohl ein Jahr zuvor – ebenfalls in der Nähe von Stockholm – eine erste „Klimakonferenz" mit 60 Teilnehmern durchgeführt wurde.[97]

Der deutsche Teilnehmer Hermann Flohn sagte später über diese Konferenz: „Wir waren alle der Überzeugung, dass wir diesem Problem unbedingt nachgehen mussten, dass es aber völlig verfrüht sei, darüber etwas zu sagen." Flohn wurde zum wissenschaftlichen Vorreiter des Themas in Deutschland.

Die Weltumweltkonferenz hat unter dem Strich zwei Ergebnisse gebracht: Tonnen von Papieren mit hehren Bemerkungen zu Umweltschutz, Artenschutz, Gerechtigkeit – Papiere, die völlig nutzlos und unverbindlich waren.

Daneben wurden und werden immer neue supranationale (unter UN-Führung stehende) Umwelt-, Entwicklungs-, Finan-

---

96 Konferenz der Vereinten Nationen über die Umwelt des Menschen oder auch Weltumweltkonferenz, kurz UNCHE (engl. United Nations Conference on the Human Environment)

97 https://www.forschung-frankfurt.uni-frankfurt.de/95369848.pdf

zierungs-, Beobachtungsorganisationen gegründet und eine unübersehbare Anzahl von privaten „Partner"-Organisationen. Es entstand eine undurchsichtige Verflechtung zwischen den Vereinten Nationen und privaten Finanzorganisationen.

Erste Klimakonferenz 1979

Die Vorstellung eines menschengemachten Klimawandels war noch weitgehend unbekannt, als am 12. Februar 1979 ca. 400 Delegierte in Genf zur ersten Weltklimakonferenz zusammenkamen. Auch der deutsche Meteorologe Hermann Flohn war einer der Referenten.

Eingeladen hatte die Weltmeteorologie-Organisation (WMO) – einer Unterorganisation der UN – auf Betreiben einiger Wissenschaftler.

Thema war „das Problem eines möglichen menschlichen Einfluss auf das Klima".

Die Vorstellung, der Mensch könne für eine Änderung des Klimas verantwortlich sein, klang damals in den Ohren der meisten Menschen und Wissenschaftler absurd. Dementsprechend gering war das Interesse an einer Konferenz zum Klimawandel, erinnert sich der emeritierte Klimaforscher Atsumu Ohmura von der Eidgenössisch-Technischen Hochschule in Zürich.

„Viele Amerikaner wollten gar nicht erst hinfahren, weil sie das Thema für unwichtig hielten. Und auch mein ehemaliger Professor wurde nur als Teil der japanischen Delegation nach Genf geschickt, weil er emeritiert war und nichts anderes zu tun hatte. Der Hintergrund dieser Konferenz war also sehr bescheiden."[98]

---

98 https://www.deutschlandfunkkultur.de/
weltklimakonferenz-vor-40-jahren-die-geburtsstunde-
des-100.html

Die Formulierungen aus dem Schlussdokument[99] sind vage und sind eher ein Aufruf, „Umweltschutz" zu betreiben. Der Zusammenhang CO_2 – Klima kann zwar mit „einiger Sicherheit" gesagt werden. In keinem der Vorträge findet sich aber ein Hinweis auf eine Beweisführung. Stattdessen wird vor allem Forschungsarbeit angemahnt, denn

es ist denkbar, ... Klimaveränderungen in großem Maßstab durch gezielte Eingriffe zu bewirken. Es wäre aber unverantwortlich, solche Maßnahmen in Erwägung zu ziehen, solange wir nicht das grundlegende Verständnis der Mechanismen ... erlangt haben, die notwendig sind, um die Folgen abzuschätzen.

Das heißt, Klimaschutzmaßnahmen ohne grundlegendes Verständnis sind unverantwortlich. Im Gegensatz zu späteren Konferenzen erging kein Handlungsaufruf an die Politik.

Die 1. Klimakonferenz von Villach (November 1980)

In Villach (Kärnten) wurde 1980 eine Konferenz („workshop") abgehalten, die von der WMO, UNEP und dem Internationalen Rat der wissenschaftlichen Gewerkschaften (ICSU) veranstaltet wurde, mit dem Ziel, eine „sorgfältig vorbereitete wissenschaftliche Bewertung der CO_2-Frage, um die Nationen zu beraten und bei ihren künftigen Aktivitäten Ratschläge zu geben". Die Konferenz kam allerdings zu dem Schluss, dass die wissenschaftlichen Unsicherheiten so groß waren, dass kein CO_2-Managementplan vorgeschlagen werden konnte.

Es war eine kleine Runde von 19 Teilnehmern, darunter Bert Bolin, Stephen Schneider und Syukuro Manabe.

Die Unsicherheiten gehen aus dem Schlussdokument deutlich hervor. Explizit wird gesagt: *„Aufgrund der Unwägbarkeiten des gegenwärtigen Wissensstandes ist die Entwicklung eines Ma-*

---

99 https://library.wmo.int/index.php?lvl=author_
see&id=5288#.YlE5tMhBxPY

*nagementplans zur Kontrolle des CO_2-Gehalts in der Atmosphä-
re oder der sich daraus ergebenden Auswirkungen auf die Gesellschaft verfrüht.“*

Das heißt, die Kenntnisse sind zu gering, um Handlungsauf-
rufe zu formulieren.

» Der CO_2-bedingte Klimawandel ist ein wichtiges Umwelt-
   problem. Die Auswirkungen sind global und **erfordern
   eine gemeinsame Untersuchung durch die Nationen
   der Welt**.
» Die künftigen Veränderungen der wichtigsten Kohlenstoff-
   speicher und die vom Menschen verursachten Kohlendioxidemissionen in die Atmosphäre **sollten sorgfältig über-
   wacht werden** …
» Um eine angemessene Projektion der künftigen atmosphärischen CO_2-Konzentrationen zu ermöglichen, **müssen die
   derzeitigen Ungewissheiten über die Rolle der natürlichen Senken für die vom Menschen verursachten CO_2-
   Emissionen in die Atmosphäre ausgeräumt werden.**

**Die 2. Klimakonferenz von Villach (Oktober 1985) –
auf dem Weg zum Weltklimarat**

Auf erneute Initiative der WMO (World Meteorological Organisation) und der UNEP trafen sich vom 9. bis zum 15. Oktober 1985 in Villach 89 Klima- bzw. Umweltwissenschaftler,
und es trifft den Kern, wenn man diese Konferenz als „Mar-
keting-Konferenz“ bezeichnet.

Die Teilnehmerin Jill Jäger erinnert sich:[100]

„Villach schreibt Klimageschichte ... In Villach erkannte man die Rolle von Treibhausgasen wie Methan, Ozon oder Fluorchlorkohlenwasserstoffen und zeigte, dass sich durch ihr Zusammenwirken die Erderwärmung schneller bemerkbar machen wird. ... Um die globale Erwärmung auf 2 Grad Celsius zu begrenzen oder sogar die 1,5 Grad zu schaffen, müssen die Emissionen drastisch reduziert werden."

„The week that climate changed", titelte 2005 der „New Scientist" ... „Erstmals in der Geschichte ist der Mensch dabei das Weltklima zu ändern!" Diese Erkenntnis formulierten 1985 die Klimaforscher der World Meteorological Organization (WMO), des United Nations Environment Programme (UNEP) und des International Council for Science (ICSU) in Villach. Abseits der Weltöffentlichkeit trafen sich 89 anerkannte Klimaforscher aus aller Welt in Villach. Ohne Presserummel – nicht einmal Fotos gibt es in den Archiven. Vom 9. bis 15. Oktober 1985 diskutierten die damaligen Koryphäen der Klimaforschung wie Bert Bolin, Syukuro Manabe, Roger Revelle, Phil Jones, Hans Oeschger die neuesten Erkenntnisse der Wissenschaft. „Schon 1980 gab es einen ersten Workshop in Villach und 1987 fand noch ein intensives Arbeitstreffen der Forscher statt."

Im Gegensatz zu den Konferenzen von 1979 (Genf) und 1980 (Villach) und weiteren Treffen zum Thema „Klima" hatte die Konferenz 1985 nachhaltige Folgen. Sie wurde zum Wendepunkt in der „Klimadebatte", obwohl sich der Wissensstand nicht geändert hatte. Der kausale Zusammenhang CO_2 – Klima war immer noch eine Vermutung oder eine mögliche Wahrscheinlichkeit – nicht mehr. An keiner Stelle des Berichtes findet sich ein Hinweis auf wissenschaftliche Arbeiten. Dennoch wurde

---

100 https://villach.at/VillachPortal/media/Downloads/Landingpages/
    Natur%20und%20Umwelt/210122_Deko-Banner_Jill-Jager_07.pdf

erstmals auch staatliches Handeln angemahnt. Dies hat man in den bisherigen Konferenzen stets bewusst unterlassen und stattdessen mehr Forschungsbedarf festgestellt. Erst zwei Jahre zuvor hat sich ein Report des US National Research Council dafür ausgesprochen, keine CO_2-Reduktionspolitik zu fordern. „Vorsicht – nicht Panik" war das Motiv.[101]

Auf welch dünnem wissenschaftlichen Eis man sich bewegt, geht aus folgenden Sätzen hervor. (Seite 10 f.)[102]:

„Die Höhe der Erwärmung kann von der Politik stark beeinflusst werden."

Große Unsicherheiten bleiben bei Vorhersagen über Veränderungen in den globalen und regionalen Niederschlags- und Temperaturmuster. Ökosystemreaktionen sind ebenfalls unvollkommen bekannt. Trotzdem ist das Verständnis der Treibhausfrage ausreichend entwickelt, so dass Wissenschaftler und Politiker mit einer aktiven Zusammenarbeit zur Erforschung der Wirksamkeit alternativer Politiken und Anpassungen beginnen sollten.

Wir müssen uns zu weiterer wissenschaftlicher und technischer Forschung verpflichten. Klimamodelle und andere Projektionen müssen verbessert werden, wenn sie eine glaubwürdige Grundlage für politisches Handeln sein sollen."

In Analysen von verschiedenen Beobachtern kommt man zu folgender Erklärung: Die der UNO zugehörigen Organisatoren hatten die Wissenschaftler anders als üblich, als „private Personen" und nicht als Vertreter einer Regierung eigeladen. Gleichzeitig wurden sie gebeten „Empfehlungen für die Poli-

101 Wendy E. Franz: „The Development of an International Agenda for Climate Change: Connecting Science to Policy", ENRP Discussion Paper W-97-07, Kennedy School of Government, Harvard University, August 1997
102 https://library.wmo.int/doc_num.php?explnum_id=8512

tik zu geben". Diese Empfehlungen hatten somit die Autorität einer supranationalen Organisation und somit ein besonderes Gewicht. Zu ergänzen wäre noch, dass die eingeladenen Wissenschaftler weitgehend zur Gruppe der „Wissenschaftsaktivisten" gehörten. Wie aus Äußerungen des damaligen UNEP-Chefs Mostafa Tolba zu entnehmen ist, sollte das Thema „Klimawandel" eine weitere Chance zur Profilierung der UNO sein.

So unbeachtet die Konferenz damals war, so folgenreich war sie: Die Konferenz von 1985 gilt als Meilenstein in der Klimadebatte.

Die Forderung „Die Höhe der Erwärmung kann von der Politik stark beeinflusst werden" war tatsächlich neu. Bekannt ist auch, dass in der Folgezeit eine große Zahl von informellen Treffen stattgefunden haben, die am Ende zur Gründung des Weltklimarats geführt haben.

Aus der Schlussdokumentation der Villach-Konferenz 1985 geht hervor:[103]

» Mangels wissenschaftlicher Kenntnis der Zusammenhänge sollen Modelle erstellt werden, um dann, unter Berufung auf die Modellergebnisse, Beweise zu präsentieren. Der CO_2-bedingte Klimawandel wurde als „plausible Wahrscheinlichkeit" bezeichnet. Es wurde behauptet, dass die zunehmende Konzentrationen von Treibhausgasen in der Atmosphäre zu einer wesentlichen Erwärmung in den nächsten Jahrzehnten führen werde.

Man regte daher auch an, in Zukunft mehr von den „Klimafolgen" zu sprechen als von den physikalischen Zusammen-

---

103 CLIMATE SCIENCE CORRUPTED. How the IPCC's sponsor, the UNEP, and key IPCC individuals have misled governments into supporting the notion of manmade warming by John McLean, November 20, 2009 http://scienceandpublicpolicy.org/images/stories/papers/originals/ climate_science_corrupted.pdf https://www.klimabuendnis.at/aktuelles/klima_konferenz_villach

hängen. Diese „Klimafolgen" sollten ebenfalls über Computermodelle festgestellt werden;

» die Politisierung der Wissenschaft durch die implizite Behauptung, dass Konsens über die wissenschaftliche Wahrheit besteht,

» die Einbindung von Umweltschutzorganisationen in den Klimaschutzgedanken mit ihrem „Vorsorgeprinzip".

» Die wichtigste Botschaft war wohl die Aussage, dass es Aufgabe der Regierungen sei, den Temperaturanstieg durch gesetzgeberische Maßnahmen zu beschränken.

Es kommen noch weitere Faktoren hinzu die dazu führten, dass der Klimawandel zu einem solch viel beachteten Thema wurde. Einige Wissenschaftler und Nichtregierungsorganisatoren agierten als Unternehmer und puschten das Thema Klimawandel durch Konferenzen, Reports und persönliche Kontakte. Die wissenschaftlichen Empfehlungen galten nicht mehr der Wissenschaft, sondern der Politik.

Der Brundtland-Report[104]

Im Dezember 1983 beschloss die UN-Generalversammlung die Einrichtung einer **Kommission für Umwelt und Entwicklung** unter dem Vorsitz der früheren norwegischen Ministerpräsidentin Gro Harlem Brundtland. Der 1987 veröffentlichte Bericht der Kommission **„Unsere gemeinsame Zukunft"**, bekannt als Brundtland-Bericht, sollte einen Meilenstein in der globalen Umweltpolitik markieren und sollte dem Konzept der „Nachhaltigen Entwicklung" zu seinem Durchbruch verhelfen.

Der Bericht machte deutlich, dass die *„globale Umweltkrise eine Bedrohung für die gesamte Menschheit"* sei und Verhaltensänderungen zwingend notwendig seien.

---

104 http://www.un-documents.net/our-common-future.pdf

Nach dem Brundtland-Bericht enthält die Definition von nachhaltiger Entwicklung folgende Elemente:

» Kontrolle des Bevölkerungswachstums
» Erfüllung der Grundbedürfnisse
» qualitatives Wachstum
» Förderung des technologischen Fortschritts
» Preispolitik, die die Rohstoffknappheit einbezieht
» Globale Politik, die ökologische und ökonomische Strategien in Einklang bringen
» qualifizierte Arbeitsplätze
» Bildung

Zum Thema Klimawandel heißt es – eher am Rande, es gäbe eine

hohe Wahrscheinlichkeit *des Klimawandels durch den „Treibhauseffekt", insbesondere durch CO_2 aus der Verbrennung fossiler Brennstoffe.*

Das heißt, nach 3 Klimakonferenzen in Genf (1979) und Villach (1980 und 1985) gab es nur eine „hohe Wahrscheinlichkeit" für den „menschengemachten Klimawandel". Eine wissenschaftliche Begründung gab es nicht – es blieb bei der „Vermutung". Der Brundtland Bericht war aber ein wichtiger Meilenstein auf dem Weg zur Gründung des IPCC.

Der Brundtland-Bericht hatte einen simplen Hintergrund: Anfang der 1980er Jahren sank der Preis des Nordsee-Öls unter 10 Dollar je Barrel, so dass die Erdgasförderung in der Nordsee infolge der Koppelung des Gaspreises an den Ölpreis unrentabel wurde. Für Europa lag es nahe, zur reichlich vorhandenen billigen Kohle zurückzukehren. Für die Norweger eine wenig gute Entwicklung.

Die norwegischen Ministerpräsidentin Gro Harlem Brundtland, später Vorsitzende der nach ihr benannten UN-Kommission für Umwelt und Entwicklung, startete daher eine europaweite Kampagne für CO_2-Steuern, um den Kohle- und Öleinsatz künstlich zu verteuern und die Erdgasförderung in der Nordsee wieder rentabel zu machen.

IPCC – International Panel for Climate Change oder Weltklimarat, besser: der Klima-Wächterrat

Die wichtigste Folge der Konferenz von Villach (1985) war die Gründung des Weltklimarats, des Intergovernmental Panel on Climate Change (zwischenstaatlicher Ausschuss für Klimaänderungen – IPCC). Dieser Ausschuss wurde im November 1988 vom UNEP und WMO gegründet. Der Sitz ist Genf.

Der Gründung vorausgegangen – so ein Insider – seien mehrere informelle Meetings in den USA, deren Ergebnis die Gründung einer seitwärts der UNO zu installierenden neuen Organisation ist. Unter anderem wurde festgehalten, dass es „machbar" ist, mittels entsprechender **medialer Aktivitäten ein Klimakatastrophenszenario**, welche mittels „Angsterzeugung" gesetzliche Manipulation bestimmter Größenordnungen erlaubt. Ziel: Ein weltweites Geschäft größten Volumens mittels gesetzlicher Vorgaben.

Eine offizielle Organisation der Vereinten Nationen ist der IPCC nicht, Helmut Schmidt konnte daher sagen:

> *„Dieser Weltklimarat hat sich selbst erfunden, den hat niemand eingesetzt. Die Bezeichnung Weltklimarat ist eine schwere Übertreibung."*[105]

Der IPCC ist eine rein politische Institution. Er hat keine eigenen Forschungseinrichtungen, er sammelt lediglich die Ergebnisse von meteorologischen Instituten weltweit und bereitet sie zu den „assessment-reports" auf.

Bisher sind 6 Berichte erschienen (FAR, SAR, TAR, AR4, AR5, AR6 – first assessment report, second assessment report 4/5/6).

---

105 Helmut Schmidt in Frankfurter Allgemeine Zeitung, 24.7.2007
https://www.faz.net/aktuell/wissen/klima/jenseits-der-klimaschlagzeilen-das-sensiblere-bewusstsein-als-chance-begreifen-1460454.html

Die wissenschaftlichen Inhalte der Klimaberichte des IPCC beruhen auf dem **Vorverständnis einer vorausgesetzten anthropogenen Beeinflussung des Klimas durch Kohlendioxid-Emission**. Daraus ergibt sich, dass nur solche wissenschaftlichen Arbeiten aus dem internationalen Raum in die „assessments" einfließen, die diesem Vorverständnis entsprechen.

Die *„Klima-Katastrophe"* ist ein Fabrikat, vergleichbar einem Franchise-Produkt, welches der IPCC, die oberste Weltklimabehörde, als Werbebotschaft durch ihre Direktion und ihre Organe verbreiten lässt. Den Menschen als Verursacher dieser fiktiven Katastrophe darzustellen, wurde vor Geburt des IPCC als dessen Aufgabe von den Initiatoren festgelegt und beschlossen. Der IPCC ist somit eine Marketinggesellschaft oder ein „Klima-Wächterrat".

Das IPCC bekommt bereits in seiner Geburtsurkunde zwei politische Aufgaben gestellt:

a. Feststellung, dass die Welt einer Klimakatastrophe entgegengeht
b. Feststellung, dass der Mensch diese Katastrophe verursacht

„You have to understand, the Intergovernmental Panel on Climate Change was set precisely up to proof, that human beings are offending the climate." („Sie müssen wissen, dass der Gründungsauftrag für den Weltklimarat lautete: zu beweisen, dass der Mensch sich gegen das Klima versündigt.")[106]

Der exakte Text lautet:

Die Rolle des IPCC besteht darin, auf einer umfassenden, objektiven, offenen und transparenten Basis die wissenschaftlichen, technischen und sozioökonomischen Informationen zu bewer-

---

106 Nigel Calder (1931–2014), britischer Wissenschaftsjournalist
http://klimaueberraschung.de/?page_id=34

ten, die für das Verständnis der wissenschaftlichen Grundla-
ge des Risikos des vom Menschen verursachten Klimawandels,
seiner potenziellen Auswirkungen und der Optionen für Anpas-
sung und Abschwächung relevant sind.[107]

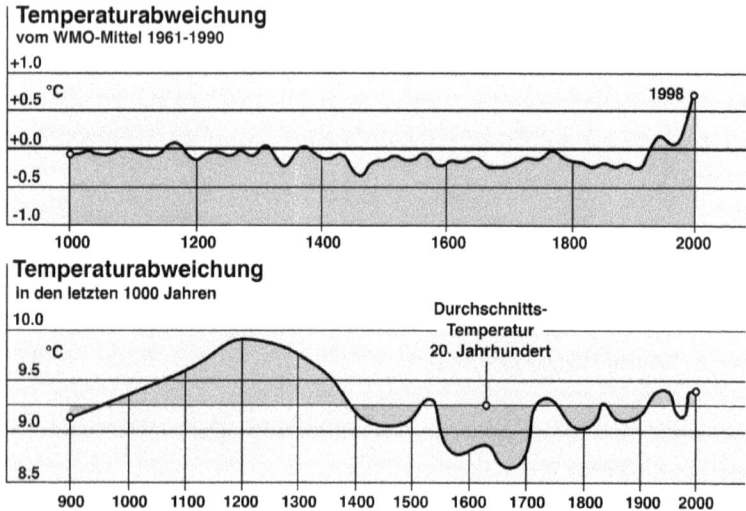

Abbildung 38: Hockeyschläger-Kurve und Realität
Obiger Temperaturverlauf, manipuliert von Michael Mann
(Hockey-Schlägerkurve); untere Kurve:
tatsächlicher Temperaturverlauf (Nachbildungen)

Quelle: The Telegraph, 11. Mai 2006 https://vademecum.
brandenberger.eu/klima/wandel/verlauf.php

Als wissenschaftliches Institut hat sich der IPCC damit eindeutig diskreditiert.

---

107 https://archive.ipcc.ch/organization/organization_history.shtml

Die regelmäßigen Berichte des IPCC beruhen auf der „Zuarbeit" ausgewählter meteorologischer Institute. Das wichtigste dieser Institute sind das Hadley-Center am Met Office (Meteorological Office) in London und das Climate Research Unit (CRU) an der East Anglia University. Beide waren verwickelt in den sog. „Climategate"-Skandal, beide sind von Margaret Thatcher mit der Erforschung des CO_2-bedingten Klimawandels beauftragt worden.

Es ging um die sog. „Hockeyschläger"-Kurve (auch Mann-Kurve genannt – obere Kurve). Damit desinformiert der Weltklimarat das Publikum. 1000 Jahre sei die globale Temperatur kontinuierlich leicht gesunken, und mit Beginn der Industrialisierung würde sie nun rasant ansteigen. Doch diese Kurve ist eine Fälschung. (vgl. „Wissenschaftler mit Sendungsbewusstsein und Glaskugeln"– Seite 149)

Den tatsächlichen Verlauf zeigt die untere Kurve. Deutlich ist die historisch belegte mittelalterliche Warmphase (um 1200) und im 17. Jahrhundert die sog. „kleine Eiszeit", ebenfalls historisch belegt.

Diese Darstellung (Hockey-Stick-Kurve – oder Michael-Mann-Kurve genannt) wurde vom IPCC mit großem Presserummel publiziert und als Hauptargument immer wieder präsentiert, zuletzt im 3. Bericht (TAR) auf Seite 3. Nach dem Climategate-Skandal zog man sie zurück.

Ehemalige Mitarbeiter an der Zusammenstellung der Jahresberichte des IPCC zur Weltklimakatastrophe, wie z. B. Dr. Vincent Gray, Experten-Gutachter des IPCC seit 1990, äußerten sich seit langem abfällig über die Arbeit des IPCC. Gray sagte:

„Der IPCC ist fundamental korrupt ... die einzige Reform, die ich mir vorstellen könnte, wäre seine Abschaffung."

„Die ganze IPCC-Betätigung wurde in Gang gebracht, um ‚Beweise' dafür zusammenzutragen, dass die Erde wegen der Zunahme an Kohlendioxid und anderen Treibhausgasen in der Atmosphäre eine ‚globale Erwärmung' erlebt. Es bestand niemals irgendeine Absicht, eine ausgeglichene oder unvoreingenomme-

ne, wissenschaftliche Abschätzung der Klimawissenschaft vor-
zulegen. Das IPCC ist fundamental korrupt, es spinnt sich das
Klima zurecht. Die einzige ‚Reform‘, die ich mir vorstellen könn-
te, wäre seine Abschaffung.“[108]

> Dr. Gray ist nicht der einzige Wissenschaftler,
> der den IPCC verlassen hat.

Konferenz von Rio de Janeiro 1992

Ein erster Höhepunkt der globalen Vermarktung des „Klimaschutzes“ war die UN-Konferenz über Umwelt und Entwicklung in Rio de Janeiro 1992. Es war die erste Mammutkonfe-
renz mit 10 000 Teilnehmer aus 178 Staaten.

Das Hauptergebnis der Konferenz war das Aktionspro-
gramm Agenda 21 mit detaillierten Handlungsaufträgen für
gesellschaftlich und wirtschaftlich dauerhafte und umweltge-
rechte Entwicklung im 21. Jahrhundert. Im Mittelpunkt stand
der Klimawandel.

Der Weltgipfel in Rio bildet auch den Beginn der dauerhaften Einbindung nicht-staatlicher Akteure (NGOs) in die
Durchsetzung der Klimapolitik. Die Agenda 21 fordert, dass
„Regierungen und die Wirtschaft einschließlich der transna-
tionalen Unternehmen [...] verstärkt Partnerschaften bilden,
um die Prinzipien und Kriterien einer nachhaltigen Entwicklung umzusetzen.“[109]

Damit wurden die internationalen Finanzorganisationen
eingeladen, mitzumischen.

---

108 https://www.schweizerzeit.ch/2909/weltklima.html (nicht mehr
     verfügbar)
109 https://www.un.org/depts/german/conf/agenda21/agenda_21.pdf.
     AGENDA 21, Konferenz der Vereinten Nationen für Umwelt und
     Entwicklung, Rio de Janeiro, Juni 1992, Abs. 30.7

„Climate Change" ist das Zauberwort oder auch das Schreckens-wort auf dem ganzen Globus geworden – nicht nur in Deutsch-land. Alljährlich – seit 1995 – stürmen weit über 20 000 Um-weltpolitiker, Umweltaktivisten, Gutmenschen, Klimagurus, geldgeile Investoren, Wissenschaftsbetrüger, korrupte Vertreter von Drittweltstaaten und hunderte von UNO-Mitarbeiter auf Klima-Gipfel, genannt Weltklimakonferenz oder COPs (Con-vention of the Parties)[110]. Es sind wohl die nutzlosesten, größ-ten und teuersten Palaver der Menschheitsgeschichte. Die letz-te Konferenz in Glasgow war Nr. 26 mit 25 000 Teilnehmern. In Sharm el Sheikh sollen es über 40 000 Teilnehmer werden. Der Berg kreißte und gebar nicht einmal ein Mäuslein ...

Dazwischen finden laufend Vorbereitungs- und Folgekonfe-renzen statt.

Am Anfang stand die „Konferenz der Vereinten Nationen über die Umwelt des Menschen" oder auch Weltumweltkonfe-renz, im Juni 1972 in Stockholm, mit 1200 Vertretern ein be-scheidenes Kaffeekränzchen. Seit 1992 hat die Erde Fieber.

Bisher ist jedenfalls global noch kein Gramm CO_2 einge-spart worden. Es geht nur ums Geld, um Subventionen, um Verschmutzungszertifikate, um Zahlungen an Drittweltstaa-ten, denn diese seien die Leidtragenden des Klimawandels (und bilden damit die notwendige Kulissen in der UN-Vollversamm-lung), Zahlungen an die verschiedensten Klimafonds (was da-mit geschieht, weiß kein Mensch), Zahlungen an NGOs, die helfen, die Horrorvisionen in die Welt zu tragen.

Die auf diese Weise aufgebaute „globale Ökoindustrie" ist mittlerweile so mächtig geworden, dass sie längst den militä-risch-industriellen Komplex abgelöst hat.

---

110 Zum Beispiel Bali 2007: 9000 Regierungsdelegierte aus 186 Staaten. Zusätzlich waren Mitglieder von 330 Nichtregierungsorganisationen sowie 2000 Journalisten auf der indonesischen Ferieninsel.

Das folgende sybillinische Zitat von Otmar Edenhofer[111] bekommt damit einen Sinn:

„Wir verteilen durch die Klimapolitik de facto das Weltvermögen um. Dass die Besitzer von Kohle und Öl davon nicht begeistert sind, liegt auf der Hand. Man muss sich von der Illusion frei machen, dass internationale Klimapolitik Umweltpolitik ist. Das hat mit Umweltpolitik, mit Problemen wie Waldsterben oder Ozon-Loch, fast nichts mehr zu tun.“

Der Durchbruch der Klimakatastrophe in die Politik und Öffentlichkeit – und der mediale Urknall

Wir rekapitulieren nochmal in aller Kürze den Werdegang des „anthropogenen Klimawandels":

Der beobachtete gleichzeitige Anstieg der CO_2-Konzentration in der Atmosphäre und der Globaltemperatur veranlasste viele Wissenschaftler zwischen diesen beiden Größen auch einen kausalen Zusammenhang zu suchen. Die Namen Arrhenius, Callendar, Keeling und Revelle sind damit verbunden. Die Resonanz innerhalb und außerhalb der Wissenschaft war gering.

In den 1970er Jahren vergrößerte sich die Zahl der Wissenschaftler, die sich mit diesem Thema beschäftigten. Diesen Wissenschaftlern muss man bereits ein gewisses Sendungsbewusstsein zuordnen, und da die Vereinten Nationen diesen Wissenschaftlern eine Plattform gaben, schlief die Verfolgung dieser Vermutung nicht ein. Der Schwerpunkt der wissenschaft-

---

111 *Ottmar Edenhofer* ist Direktor und Chefökonom des Potsdam-Instituts für Klimafolgenforschung
https://www.nzz.ch/klimapolitik_verteilt_das_weltvermoegen_neu-ld.1003523

lichen Zellen lag damals in den USA. Die öffentliche Resonanz blieb aber weiter im bescheidenen Rahmen.

Die Wende kam 1986 durch Vorgänge in Deutschland und in England. Aktivitäten der Deutschen Physikalischen Gesellschaft (DPG) und von Maggi Thatcher brachten das Thema mit Wucht in die Öffentlichkeit und in die Politik. Von da an wurde das Thema „Klimawandel" bzw. „Klimakatastrophe" beherrschend.

Es waren nicht Klimawissenschaftler, sondern es waren der Kernkraft nahestehende Physiker, die die „Klimakatastrophe" erfanden

Hermann Flohn

Eine wichtige Rolle in der wissenschaftlichen Klimadebatte in Deutschland spielte der Meteorologe und Geologe Hermann Flohn (1912–1997). Sein Interessengebiet waren die Zirkulation der Atmosphäre, die Geophysik und damit im Zusammenhang die Klimawissenschaft.

Nach eigenem Bekunden ist er bereits 1941 im Zusammenhang mit seiner Habilitation auf den möglichen Einfluss des CO_2 auf das Klima gestoßen[112]. Flohn war auch Mitglied der DPG (Deutsche Physikalische Gesellschaft), seine Veröffentlichungen zum Thema „Klima" hatten dort einen großen Einfluss.

Noch 1957 erklärte er auf dem Deutschen Geographentag 1957 in Würzburg:

„Wir dürfen nie vergessen, dass in Europa die Temperaturen um 1800 sowie im 12. und 14. Jahrhundert – d. h. vor der Industrialisierung und der weltweiten Landnahme seit 80 bis 100 Jahren¡– ebenso hoch oder sogar noch höher waren als heute. Die-

---

112 https://www.swr.de/swr2/wissen/archivradio/hermann-flohn-klimapionier-menschengemachter-klimawandel-100.html

ser Befund, auch wenn er nur regionaler Natur ist und daher eventuell auch nur durch Zirkulationsanomalien erklärt werden kann, sollte uns **warnen vor allen voreiligen Extrapolationen wie auch vor einer Überbewertung dieser Zusammenhänge zwischen CO$_2$-Zunahme und erdweiter Erwärmung**."[113]

Zwanzig Jahre später, 1977, führt Flohn den Begriff „Klimakatastrophe" im deutschen Sprachbereich ein. In der „Umschau in Wissenschaft und Technik" überschreibt er einen Beitrag im Jahre 1977 mit dem Titel: **„Stehen wir vor einer Klimakatastrophe?"**[114]

In dem Beitrag identifiziert er mehrere mögliche Ursachen für Klimaänderungen, wobei er die Änderung der Albedo durch tiefgreifende Änderung der Bodennutzung in den Vordergrund stellt. Aber auch der „Glashauseffekt" und die Luftverschmutzung werden genannt. Wegen der zunehmenden Industrialisierung erwartet er einen Anstieg des CO$_2$-Gehalts der Atmosphäre auf 580 ppm (heute 400 ppm). Dies würde, bei einer Klimasensitivität des CO$_2$ von 1,5 bis 3 °C (Temperaturerhöhung je Verdoppelung des CO$_2$-Gehalts) eine globale Temperaturerhöhung von 2,9 °C gegen das vorindustrielle Niveau bedeuten.

Begründet werden seine Aussagen mit „Modellrechnungen". Er stellt aber auch klar, dass „die natürlichen Vorgänge, die die Klimaentwicklung beeinflussen, mit großer Wahrscheinlichkeit früher oder später zu einer neuen Eiszeit" führen – das könnte schon in 100 Jahren sein. Aber „leider lassen sich einige der wesentlichen natürlichen Klimafaktoren nicht vorhersagen". Flohn nennt dabei die Schwankung der Sonnenaktivität und den Vulkanismus.

---

113 Flohn H. (1957): Klimaschwankungen der letzten 1000 Jahre und ihre geophysikalischen Ursachen. Deutscher Geographentag Würzburg. Tagungsbericht und wissenschaftliche Abhandlungen. Franz Steiner Verlag
114 Umschau in Wissenschaft und Technik 77 (1977) Heft 17, Seite 561

Sein Fazit lautet: „Wenn der CO_2-Gehalt weiter unkontrolliert zunimmt, ... dann kann ein solcher Zustand schon in 30 bis 40, höchstens 50 Jahren eintreten."[115]

Flohn bringt in diesem Zusammenhang die Kernkraft ins Spiel:

> „Die Weichen zu einer solchen Entwicklung stellen wir selbst, stellt unsere Energiepolitik in den nächsten 10 bis 20 Jahren. **Von diesem Standpunkt aus ist das Risiko der Verwendung fossiler Brennstoffe mindestens ebenso groß wie das ... Risiko der Kernkraftwerke."**

Sechs Jahre vorher, 1971 auf einer Tagung der DPG, klang das noch moderat: Der Titel des Vortrags lautete **„Machen Menschen das Wetter?"**[116]. Auch dort warnte Flohn eindringlich vor den Auswirkungen einer Nutzung fossiler Energieträger, wobei die Warnungen harmlos klingen:

> „Der CO_2-Gehalt der Atmosphäre steigt seit Beginn der Industrialisierung stetig an. Das durch den Verbrauch fossiler Brennstoffe zugeführte Kohlendioxyd bleibt aber nur etwa zur Hälfte in der Atmosphäre, ...
>
> Die Wirkung auf das Klima besteht in einer Erwärmung der Troposphäre. Die Verdoppelung des CO_2-Gehaltes entspricht einer Zunahme der mittleren Temperatur der Erdoberfläche um 2,2°. Die derzeitige mittlere Wachstumsrate von 0,7 ppm entspricht einer Erwärmung um 5 Milligrad pro Jahr. ..."[117]
>
> In 2–3 Generationen wird der Anteil der zusätzlichen Energiezufuhr so anwachsen, daß er neben der natürlichen Energiequelle nicht mehr vernachlässigt werden kann. Da die Versorgung der

---

115 Das war 1977, vor 45 Jahren.
116 https://www.dpg-physik.de/veroeffentlichungen/publikationen/
     stellungnahmen-der-dpg/klima-energie/machen-menschen-das-
     wetter#:~:text=Physikertagung%2C%20die%20gemeinsam%20
     von%20der,die%20beobachtbaren%20Effekte%20sehr%20gering.
117 Das wären 0,5 °C in einem Jahrhundert.

wachsenden Weltbevölkerung mit Nahrungsmitteln und Wasser eine weitere Zunahme der Wachstumsrate erzwingt, ist dieser Effekt auf lange Sicht von besonderer Bedeutung.

1981 meinte Flohn[118]:

„Auf jeden Fall muss das Problem ernst genommen werden: Es bedroht die Bevölkerung der Erde als Ganzes, es bedroht die Generation unserer Kinder und Enkel im Verlauf des nächsten Jahrhunderts. (...) Es geht hier nicht um Argumente für einen Wahlkampf in der kurzatmigen Zeitskala der Politik, es geht um das Schicksal unserer Kinder und Enkel auf der ganzen Erde.“

Die Kernkraft-Lobby

In den Äußerungen von Flohn ist deutlich das immer wieder erwähnte Argument des risikolosen Einsatzes der Kernkraft vor dem Hintergrund des „möglichen" Einflusses des CO_2 auf das Klima. Sicher ist, die Kernkraftindustrie war eine der ersten, wenn nicht die erste wirtschaftliche Organisation, die den Umweltschutz und später die Klimakatastrophe konkret für sich zu nutzen verstand. Denn was liegt näher als CO_2-freien Atomstrom als Umwelt- und Klimaschutzinstrument einzusetzen? Kernkraft war CO_2-frei, abgasfrei, staubfrei. Aber um diese Eigenschaften wert zu schätzen, brauchen wir erst einmal die „Klimakatastrophe".

So berichtet der SPIEGEL am 22.06.1970 von einer Tagung von EURATOM. Dort empfahlen die Experten (aus Umweltschutzgründen) neben dem Bau eines bereits mehrfach geforderten Reaktors zur Erzeugung schneller Neutronen ... die

„unverzügliche Umsetzung von Kapazitäten auf Projekte der Umwelthygiene" (Stichworte: Reinhaltung von Luft und Wasser)[119].

---

118 Physikalische Blätter 37, 7, 1981, 184–190: 190
119 Der Spiegel, 21.6.1970

Damals war vom „anthropogenen Klimawandel" noch nichts bekannt. Wenige Jahre später wurde aber bereits die „Umwelthygiene" durch „CO_2-Reduzierung" bzw. „Klimaschutz" ersetzt.

Aktivitäten der Kernkraft-Lobby in Deutschland

Das nicht zuletzt vom Club of Rome prognostizierte Ende der „fossilen Energieträger", insbesondere des Erdöls, beförderte weltweit den Bau von Kernkraftwerken. In der Politik wurde die Kernkraft als notwendige zukünftige Säule der Energieversorgung gesehen. Die Bevölkerung in Deutschland hingegen sah den Ausbau der Kernenergie zunehmend kritisch. Proteste gegen die Kernkraft-Projekte in Wyhl (1972), Gorleben (1979), Brokdorf (1981) und Wackersdorf (1985) markierten die Akzeptanzprobleme in Deutschland.

Mit großem Engagement gegen gesellschaftliche Widerstände und Widerstände in der eigenen Partei versuchte Bundeskanzler Helmut Schmidt den Bau von Kernkraftwerken voranzutreiben. Am evangelischen Kirchentag im Juni 1979 vertrat er diese Meinung und bekam kräftigen Gegenwind[120]. Er begründete dies mit den steigenden Ölpreisen und der notwendigen Energiesicherheit. Schmidt musste damals noch auf das „Klimaargument" verzichten, denn es gab dieses Argument noch nicht. Damals war der Zusammenhang zwischen Klima und CO_2 noch kein Thema. Schmidt hätte das Argument sicher benutzt.

---

120 Nürnberger Nachrichten, 16./17. Juni 1979, Seite 1

Physiker aus der Energiebranche haben die „Klimakatas-trophe" in die Welt gesetzt (um die Kernkraft zu fördern)

Die Deutsche Physikalische Gesellschaft (DPG) bzw. deren „Arbeitskreis Energie" (AKE), griff das Thema auf und dramatisierte es auffällig. Der AKE verband die Frage eines möglichen Klimawandels aus Gründen der CO_2-Emission mit der langfristigen Energiefrage bzw. der Nutzung der Kernenergie, Argumente, denen wir bei Flohn schon begegnet sind.

Im Rückblick ist ein Interview mit dem Physiker Hartmut Graßl aus dem Jahr 2013 sehr aufschlussreich:

In dem Interview ist vom „Orchideenfach Klimatologie" und von der „millionenschweren ‚Big Science'" die Rede. Deutlich ist, dass es durchaus unterschiedliche Meinungen zwischen DPG, DMG (Deutsche Meteorologische Gesellschaft) und dem BMBF (Bundesministerium für Forschung und Technologie), damals von Heinz Riesenhuber geleitet, gab.

Grassl erinnerte sich:

Die DPG hatte etwas zu Klima geschrieben, was der Deutschen Meteorologischen Gesellschaft (DMG) nicht gefiel, und wollte Klimatologen in dem Gremium sehen. Herr Schönwiese und ich kamen dann dazu, und ich durfte das Memorandum für die Präsidenten mit ihm neu schreiben: „Warnung vor weltweiten Klimaänderungen durch den Menschen". Das damalige Ministerium für Forschung und Technologie wollte die Veröffentlichung verhindern, aber sie fand trotzdem im März 1987 statt. Und ich wurde zum „Medienstar"[121]

---

121 https://mpimet.mpg.de/kommunikation/aktuelles/single-news/
interview-mit-hartmut-grassl-anlaesslich-der-ems-silbermedaille
Grassl meint in dem Interview, dass jährlich eine Milliarde USD für „Klimaforschung" ausgegeben wird, das macht sie zum „Orchideenfach" bzw. „big science". Klimaskeptiker hingegen sind korrupt oder dumm: „Es gibt ganz unterschiedliche Motive: Manche bekommen schlicht Geld von Ölfirmen. Andere sind Menschen, die immer gegen alles sind. Ich habe auch schon echte Spinner erlebt." (taz 20.12.2010)

Die Schrift, die er in dem Interview mit „etwas" umschrieben hat, veröffentlicht am 22.1.1986, trägt den Titel:

Warnung vor einer drohenden Klimakatastrophe[122]

Prof. Heinloth hat das Papier auf einer Pressekonferenz vorgestellt und dabei Aussagen gemacht, die nicht einmal der alarmistischste Klimawissenschaftler gemacht hätte.

Das auf der PK vorgestellte Papier ist eine durchsichtige Werbung für Kernkraft, es wird gefordert:

„Verstärkte Nutzung nicht auf Verbrennung beruhender Primärenergien, vor allem Kernenergie und Sonnenenergie.

Langfristig bieten sich aus heutiger Sicht für eine Energieversorgung, bei der keine wärmeisolierenden Spurengase emittiert werden, Sonnenenergie und Kernenergie an: Neue Techniken, für Kernenergie Hochtemperaturreaktor und Brutreaktor, für umfangreiche Sonnenenergienutzung vor allem Solarwärmekraftwerke und fotovoltaische Kraftwerke, sind in Erprobung."

---

122 https://www.dpg-physik.de/veroeffentlichungen/publikationen/
stellungnahmen-der-dpg/klima-energie/warnung.pdf

Auszüge aus der Presseinformation[123] der Deutschen Physikalischen Gesellschaft e. V. (DPG) zur Warnung des Arbeitskreises Energie der DPG vor einer drohenden, weltweiten Klimakatastrophe

Erläuterungen von Prof. Dr. K. Heinloth auf der PK am 22.1.1986, 15 Uhr, Hotel Tulpenfeld, Bonn:

» *Wir Physiker des AKE der DPG haben einen Aufruf zur Verhinderung einer drohenden, weltweiten Klimakatastrophe veröffentlicht.*

Bei weiterer Zunahme der Luft an Kohlendioxyd und anderen Spurengasen ... wird die mittlere Temperatur auf der Erde schon in wenigen Jahrzehnten auf eine Höhe ansteigen, welche seit Beginn der Menschheit, seit einer Million Jahre noch nicht erreicht wurde.

Wenn wir die Verbrennung von Kohle, Öl und Gas nicht drastisch einschränken, wird schon in 50 bis 60 Jahren allein der CO_2-Gehalt auf mindestens 0,5 bis 0,6 Promille angestiegen sein.

Dadurch wird die mittlere Temperatur auf der Erde auf mindestens 20 °C, möglicherweise bis 30 °C ansteigen. [124]

Die CO_2-Klimakatastrophe ist – abgesehen vom nuklearen Holocaust – vermutlich die schlimmste Katastrophe, die die ganze Menschheit bedroht ...«

---

123 https://www.dpg-physik.de/veroeffentlichungen/publikationen/
stellungnahmen-der-dpg/klima-energie/pm-1986.pdf
124 Heutige Temperatur: ca. 15 °C

Nur wenige Monate zuvor, im Oktober 1985, fand Die 2. Klimakonferenz von Villach (Oktober 1985) statt. Einer der Teilnehmer war der deutsche Geologe Egon Degens. Degens war aber auch Mitglied der DPG bzw. AKE. Dass der alarmistische Bericht „Warnung vor einer drohenden Klimakatastrophe" zu diesem Zeitpunkt erschien, ist sicher kein Zufall.

Wegen der dramatisierenden Darstellung, insbesondere wegen des Begriffs der drohenden Klimakatastrophe, gab es Ärger mit der DMG und dem BMBF. Die abgemilderte Fassung vom März 1987 (*„Warnung vor drohenden weltweiten Klimaänderungen durch den Menschen"*[125]), die das BMBF ebenfalls verhindern wollte, hat nichts mehr bewirkt – die „Klimakatastrophe" war längst in der Welt.

Der SPIEGEL hatte mit dem Heft 33 im August 1986 für den globalen Beginn der Klimakatastrophe gesorgt (vgl. nachfolgendes Kapitel). Entgegen früherer erfolgloser Versuche, die Öffentlichkeit und vor allem die Politik aufzurütteln und den drohenden Klimawandel als Argument für den Ausbau der Kernenergie zu etablieren, zeigte dieser Aufruf schnell Wirkung in den Medien und in der Politik. Insbesondere der Begriff der Klimakatastrophe signalisierte eine Dringlichkeit, die sofortiges Handeln notwendig erscheinen ließ.

Das Ergebnis war eine plötzliche Medienaufmerksamkeit, der sogar Klimawissenschaftler skeptisch gegenüber standen. Die Warnung kam ja nicht aus den eigenen Reihen, sondern von Physikern, die sich mit Energie beschäftigten und das Thema für ihre Zwecke nutzten und dabei dramatisierende und maßlos übertreibende Formulierungen verwendeten. Insbesondere der Begriff der drohenden Klimakatastrophe wurde als unangemessen empfunden.

---

125 https://onlinelibrary.wiley.com/doi/pdf/10.1002/phbl.19870430811

„... Der Versuch, die Dramatik des Diskurses zu entschärfen, schlug fehl. Der Begriff der Katastrophe hat sich in kürzester Zeit diskursiv verselbstständigt und wesentlich zur Politisierung des Forschungsgegenstandes beigetragen. Ein Klimaforscher erinnerte sich am Rande einer Konferenz an diesen problematischen Schritt des AK Energie und kommentierte, dass damals zwar versucht wurde, die Dramatisierungen zurückzuschrauben, aber dass es zu spät gewesen sei, als der Begriff einmal von den Medien aufgegriffen worden war.“[126]

Im Jahre 2019 veröffentlicht die DPG erneut ein Statement zum Klimawandel und bleibt bei ihrer alarmistischen Grundhaltung allerdings mit dem interessanten Zusatz:

„Die DPG blendet nicht aus, dass das „Klima“ ein außerordentlich komplexes System ist und die wissenschaftliche Modellbildung nicht abgeschlossen ist.“[127]

Rückblickend erinnert sich Flohn an diesen Vorgang in einem Interview am 8.9.1995:[128]

... „In Amerika haben wir oft über diese Dinge im politischen Kreis gesprochen, und damals habe ich mir schon überlegt, ja lieber Gott, wenn das ein Problem der Politik wird, wie verhalten wir uns dann, wie sind wir überhaupt in der Lage, eine konkrete und realisierbare Aussage zu machen. Da hatte ich also Angst vor dem Prognoseproblem, das auf uns zukam. Und die Angst ist noch nicht vorbei.“

126 Weingart, Peter; Engels, Anita; Pansegrau, Petra. Von der Hypothese zur Katastrophe: Der anthropogene Klimawandel im Diskurs zwischen Wissenschaft, Politik und Massenmedien (German Edition) (S. 50). Verlag Barbara Budrich. Kindle-Version.
127 https://www.dpg-physik.de/veroeffentlichungen/aktuell/2019/dpg-pm-2019-17.pdf
128 Weingart, a. a. O., Seite 43

Diese „Angst vor dem Prognoseproblem" scheinen heutige Klimawissenschaftler nicht zu kennen. Kritisch ist aber anzumerken, dass Flohn mit Sicherheit dazu beigetragen hat, die Geister zu rufen, die wir hoffentlich bald wieder loswerden.

Der zuvor erwähnte Grassl war ein enger Vertrauter von Franz-Josef Strauß. Strauß, ein Verfechter der Kernkraft, regte den „Klimabeirat" der Bundesregierung an und sorgte dafür, dass Grassl an wichtige Positionen kommt – zum Ärger von Riesenhuber.

Es gibt heute keinen Zweifel mehr: Die unverantwortliche Übertreibung durch „die Physiker" brachte eine globale Lawine ins Rollen, die bis heute nicht zu stoppen war. Der SPIEGEL nahm die sensationalistische Botschaft gerne auf und informierte die Welt vom Weltuntergang. Die Idee, die wissenschaftliche Vermutung vom „anthropogenen Klimawandel" zu missbrauchen, war in der Welt. Dass die Veröffentlichung der DPG vom 22.1.1986 Grundlage des SPIEGEL-Artikels war, ist in diesem Artikel bestätigt.

Franz-Josef Strauß am 17.7.1986 im Bayr. Landtag:
„Ein Zurück zu fossilen Energieträgern wäre ein Verbrechen an der Menschheit und an der Umwelt, (Beifall bei der CSU) weil Luft und Atmosphäre zunehmend vergiftet und wertvolle Ressourcen verschwendet würden. Das Kohlendioxid, also CO_2, das bei der Verbrennung fossiler Energieträger entsteht, führt zu einer laufenden Veränderung der Atmosphäre mit einem Gefährdungspotential, das alle anderen Gefährdungspotentiale bei weitem übersteigt."[129]

---

129 http://www.bayern.landtag.de/www/ElanTextAblage_WP10/
Protokolle/10%20Wahlperiode%20Kopie/10%20WP%20Plenum%20
LT%20Kopie/113%20PL%2020170786%20ges%20endg%20Kopie.pdf

Enquete-Kommission „Schutz der Erdatmosphäre"

Nicht zuletzt auf Betreiben von Franz Josef Strauß mündete die Kampagne der Physikalischen Gesellschaft bereits 1987 in die Einsetzung der Enquête-Kommission „Schutz der Erdatmosphäre"[130]. Ihr Vorsitzender war der als Lobbyist der Hanauer Nuklearindustrie (NUKEM) bekannte CDU-Abgeordnete Klaus Lippold, weiterhin gehörten dazu die uns bekannten Physiker des AKE, Klaus Heinloth, Graßl sowie Prof. Dr. Wilfried Bach. Hinzu gesellten sich Wissenschaftler, die zu den Öko-Alarmisten gehören: Prof. Dr. Crutzen, Prof. Dr. Dolzer und Prof. Dr. Hennicke, der später Direktor des Wuppertal-Instituts wurde.

Die Gruppe produzierte schließlich ein fast 1000-seitiges Papier in dem die Reduktion der CO_2-Emissionen der Mitglieder der Europäischen Gemeinschaft (EG) um 20 bis 25 Prozent bis zum Jahre 2005 gefordert wird. Erreicht werden soll das Ziel durch:

» Ausbau der erneuerbare Energien, insbesondere Solartechnik
» Ausbau der Kernenergie
» Emissionsrückhaltung – z. B. CCS
» Austausch von fossilen Brennstoffen (z. B. Kohle durch Gas)
» Konsumverzicht

Das Papier wurde vom Bundestag beschlossen und somit zur weiteren Arbeitsgrundlage.

Der aktuelle naturwissenschaftliche Kenntnisstand wird mit angeblich dramatischen Temperaturerhöhungen der letzten 100 Jahre begründet.

---

130 https://dserver.bundestag.de/btd/11/080/1108030.pdf

Zum Beispiel:

„Die Temperatur der Erde in Bodennähe steigt in jüngster Zeit immer stärker an, in den vergangenen 100 Jahren allein um 0,6 °C mit weiter steigender Tendenz. Vergleicht man diese Erwärmung mit dem globalen Temperaturanstieg nach der vergangenen Eiszeit vor 15 000 bis 50 000 Jahren von etwa 5 °C, so wird seine Dramatik deutlich.“[131]

Der Hinweis auf eine Temperaturerhöhung von 5 °C im Verlauf von 15 000 Jahren ist absurd. Diese Erhöhung erfolgte – wie an anderer Stelle des Papiers richtig dargestellt, innerhalb von wenigen hundert Jahren. Seit diesem einschneidenden Klimawandel vor ca. 11 000 Jahren beobachten wir Temperaturoszillationen von +/- 1 °C im Lauf von Jahrhunderten. Daran hat sich nichts geändert.

Und schließlich ist man so ehrlich zu sagen, dass alles nur „wahrscheinlich“ ist: *__Der letzte wissenschaftliche Beweis für diese These steht zwar noch aus, doch sind sich die Klimatologen darüber einig, daß diese These mit einer sehr großen Wahrscheinlichkeit richtig ist.“__*

Dass wir es auch hier mit „Wissenschaftsaktivisten“ zu tun haben, verraten folgende Formulierungen:

„Bei Problemen von so großer Dimension, wie sie ... der Treibhauseffekt darstellt, bei denen vor allem ab einem bestimmten Zeitpunkt des untätigen Zuwartens die Katastrophe nicht mehr verhindert, sondern nur noch durch sekundäre Abwehrmaßnahmen etwas abgemildert werden kann, wird der Politik dann zu Recht verantwortungsloses Nichthandeln vorgeworfen, wenn sie sich auf Entwarner verläßt oder den zaghaft Warnenden nicht zum Durchbruch verhilft.

---

131 Seite 20 im Zwischenbericht Drucksache 11/3246

Die Wissenschaft verliert das Recht, die Politik für unterlasse-
nes Handeln anzuklagen, wenn ihre Darstellungen zurückhal-
tend und mit so vielen Fragezeichen formuliert sind, daß für
den Politiker diese Aussagen bei einer Abwägung als nicht aus-
reichend angesehen werden.

Wissenschaftliche Aussagen dürfen nicht bestimmt
werden von der Sorge, die Reputation in den jeweiligen
Fachkreisen könnte leiden durch zu weitgehende Pro-
gnosen, die in der Realität möglicherweise nicht ganz
eintreffen."[132]

Insbesondere mit dem letzten Satz bewegt man sich im Bereich
des Vorsatzes, hier steht nichts anderes als „wissenschaftliche
Aussagen dürfen ruhig falsch sein, wenn dies dem Ziel dient."
Das ist eine Aufforderung an die Wissenschaft zu lügen.

Der Eingang „CO_2-sparender Maßnahmen" in die Wirtschaft
hat nicht lange gedauert, es war noch unter Kanzler Kohl. Ein
Manager erinnert sich:

... Die Stahlindustrie in Deutschland beteiligt sich seit 1990 an
der nationalen Klimavorsorgepolitik, die für die gesamte Volks-
wirtschaft eine Minderung der CO_2-Emissionen und damit des
Inputs an fossilem Kohlenstoff zum Ziel hat. Bereits im März
1996 hat die Stahlindustrie im Rahmen der Klimavorsorgeer-
klärung der deutschen Wirtschaft zugesagt, die spezifische pri-
märenergiebedingte CO_2-Emission bei der Erzeugung ihrer Stahl-
werkstoffe von 1990 bis 2005 um 16 bis 17 % zu senken ...[133]

---

132 Enquete-Kommission „Vorsorge zum Schutz der Erdatmosphäre" des
      Deutschen Bundestages 1987, Drucksache 11/3246, Seite 139/140
      (https://dserver.bundestag.de/btd/11/032/1103246.pdf)
133 Private Mail an H. T.

Es war das Pech der Kernkraftlobby, dass im April 1986 das Kernkraftwerk in Tschernobyl havarierte (nachdem es bereits 1979 in Three Miles Island einen Beinahe-GAU gab) und so den allmählichen Rückzug der deutschen Politik aus der Kerntechnik einleitete, insbesondere auf Druck der „Grünen". Die gleichen katastrophischen Argumente, die die Kernkraftlobby in die Welt gesetzt hat, wurden nun von den „Grünen" benutzt – diesmal zugunsten der „Erneuerbaren".

Maggie Thatcher und die Kernkraftindustrie in England

Einen etwas anderen Verlauf, aber den gleichen Hintergrund, hatte die Entwicklung in England. Er war nicht weniger wichtig für die globale Durchsetzung der „Klimakatastrophe".

Auch hier die Nachwehen der Ölkrisen. Maggi Thatcher setzte gegen großen Widerstand – auch aus den eigenen Reihen – den Ausbau der Kernkraft durch, nicht zuletzt um die Macht der starken Bergarbeitergewerkschaft zu schwächen. Um ihre Politik argumentativ zu untermauern, stützte sie sich auf zwei gewichtige Institute, die den „human-induced climate change" untersuchen sollen. Die Climate Research Unit (CRU) am East Anglia Institute und das später gegründete Hadley Center.

Maggie Thatcher wurde nicht müde, von der Gefährlichkeit des CO_2 für das Weltklima und vom CO_2-freien Atomstrom zu sprechen.

Vor der Generalversammlung der Vereinten Nationen hielt Margaret Thatcher am 8.11.1989 eine vielbeachtete Rede[134].

Herr Präsident, die Beweise sind da. Der Schaden ist angerichtet. Was können wir, die internationale Gemeinschaft, dagegen tun? In einigen Bereichen liegt der Handlungsbedarf in erster Linie bei einzelnen Nationen oder Gruppen von Nationen.
Die Hauptbedrohung für unsere Umwelt sind immer mehr Menschen und ihre Aktivitäten: Das Land, das sie immer intensiver

---

134 https://www.margaretthatcher.org/document/107817

bewirtschaften; Die Wälder, die sie abholzen und niederbrennen;
Die Berghänge legten sie frei; Die fossilen Brennstoffe, die sie
verbrennen; Die Flüsse und Meere verschmutzen sie. ...
Und ich denke an die Nutzung der Kernenergie, die – trotz der
Haltung der so genannten Grünen – die ökologisch sicherste
Form der Energie ist.

Ein wenig Ironie: In ihrem letzten Buch beklagt sich die konservative Lady über die Geister, die sie gerufen hat. Der „anthropogene Klimawandel" biete einen hervorragenden Vorwand für die Einführung eines weltweiten, supranationalen Sozialismus– den sie als Premierministerin stets bekämpft hatte.[135]

Die Medien
Der mediale Urknall – Ein SPIEGEL –
Artikel verändert die Welt

Der Eingang des Begriffs „Klimakatastrophe" in die öffentliche Debatte kann exakt auf das Jahr 1986 datiert werden. Er kam nicht aus der Wissenschaft,

> *„sondern von Physikern und Energieexperten, die die Ergebnisse der Klimaforschung nutzten und dabei dramatisierende Formulierungen verwendeten"[136].*

Die Warnung der Physiker vor der Klimakatastrophe und die Verlautbarungen von Prof. Heinloth auf der Pressekonferenz am 22.1.1986 in Bonn landeten im Büro des SPIEGEL. Dort erkannte man, ein explosives Thema gefunden zu haben, und sammelte eifrig Material, das dazu passte. Nach gut einem halben Jahr zündete man die mediale Bombe.

---

135 Statecraft, London 2003
136 Weingart, P./Engels, A./Pansegrau, P., 2002, Seite 50

Abbildung 39: SPIEGEL Nr. 33/86 –
„Der Urknall – eine Botschaft geht um die Welt"
Quelle: „DER SPIEGEL"

Der SPIEGEL beruft sich ausdrücklich auf das Papier des AKE:

Vor einer „weltweiten Klimakatastrophe" warnte Anfang die-
ses Jahres der „Arbeitskreis Energie der Deutschen Physikali-
schen Gesellschaft" in einer Stellungnahme, die den aktuellen
Forschungsstand zusammenfasst.

Inhaltlich ist der Spiegelartikel ein Brei von Bedrohungsszena-
rien nicht nur im Zusammenhang mit „Klima", auch das FCKW-
Problem mit dem Ozon-Loch wird aufgekocht, desgleichen die
globale Luftverpestung – insgesamt ein Aufguss der neo-malthusianischen Nachkriegsängste.

Auf die Nennung nachprüfbarer wissenschaftlichen Arbei-
ten wird verzichtet, stattdessen werden Klimaaktivisten wie
Hansen genannt oder Aussagen von Revelle aus den 1950er
Jahre, oder man verweist auf „Wissenschaftskreise".

Der Artikel im Spiegel war überschrieben mit: „Die Klima-katastrophe" begleitetet mit einem Bild auf der Titelseite, das den in der Nordsee untergehenden Kölner Dom zeigt. Das war der Anstoß zur globalen Klima-Hysterie. Aus dem Text:

„Überraschend war die Katastrophe nicht gekommen. Wissen-schaftler hatten zeitig gewarnt, Umweltschützer unermüd-lich demonstriert. Schließlich hatten sogar die Politiker den Ernst der Lage erkannt – zu spät: Das Desaster, der weltwei-te Klima-GAU, war nicht mehr aufzuhalten. Jetzt, im Sommer 2040, ragen die Wolkenkratzer New Yorks weit vor der Küste wie Riffs aus der See. Überflutet, vom Meer verschluckt sind längst auch Hamburg und Hongkong, London, Kairo, Kopen-hagen und Rom."

(Anmerkung: ⅔ der Zeit von 1986 bis 2040 sind bereits vorbei, die Nordsee sollte langsam Köln näher kommen.)

Die geniale Idee, den Kölner Dom in den Fluten der Nord-see versinken zu lassen, wurde offensichtlich nicht von phantasiebegabten Journalisten des SPIEGEL geboren.

1979 erschien ein Buch des Klimawissenschaftlers Chris-tian Dietrich Schönwiese mit dem Titel „Klimaschwankun-gen". Dort heißt es auf Seite 97:

„Die Zeit vor dem Tertiär, das Mesozoikum, ... war global wesentlich wärmer als das heutige Klima ... Wenn sich der-artige Klimabedingungen heute einstellen würden, müßte wegen des Schmelzens der Eisgebiete der Meeresspiegel um rund 70 m ansteigen. Die Nordseeküste würde dann in der Gegend von Köln oder Hannover verlaufen."[137]

137 C. D. Schönwiese, Klimaschwankungen, Berlin 1997

Im weiteren Verlauf wird allerdings mehr von „Indizien", von „Experimenten", von „Mängeln der Computermodelle" und der Frage gesprochen, ob es in den letzten 100 Jahren „überhaupt wärmer geworden ist".

Klare Aussagen fehlen, „vermutet", „könnte" „befürchtet" sind die Schlüsselwörter.

Ein Publizist führte nach Erscheinen des Artikels mit dem Herausgeber des Spiegel, Rudolf Augstein, ein Telefongespräch, der Anrufer meinte, dass der Artikel eine unverantwortliche Panikmache sei.

Journalist:	„Was hast du dir denn dabei gedacht?"
Augstein:	„Wobei gedacht?"
Journalist:	„Na, beim Ersäufen des Kölner Doms."
Augstein:	„Aufwecken, munter machen."
Journalist:	„Und Angst machen", antwortete ich.
Augstein:	„Ohne Angst der Massen gibt es keine Bewegung der Massen."
Journalist:	„Deine Aktion wird Folgen haben."
Augstein:	„Hoffentlich ..."[138]

Der Text des Spiegel-Artikels las sich wie das Drehbuch eines Katastrophenfilms. Er schwappte nach Hollywood und fand dort eine begeisterte Gemeinde. Hollywood sorgte für die Dauerhaftigkeit der Hysterie. Dutzende von Klimakatastrophenfilme wurden gedreht.

Aber er wurde auch in Wirtschaftskreisen gelesen. Dort wurde erkannt, dass man die Klimakatastrophe kommerzialisieren könnte und ein „long lasting gigantic business" daraus machen kann.

Der SPIEGEL hat sich fortan an diesem Thema festgebissen und brachte in den Folgejahren mehrere „Klimakatastrophenberichte".

---

138 Zitiert in Hartmut Bachmann, Die Klimakatastrophe, Berlin 2007, Seite 118

Das Magazin TIME berichtete fortan nicht mehr von der Gefahr des „Global Cooling", sondern nur noch von „Global Warming". Die TIME titelte:

» „The Heat Is On" (1987)
» „Global Warming" (2001)
» „Be Worried, Be Very Worried" (2006)
» „Global Warming" (2007)

Die Vorboten in den Medien

Unabhängig von der Motivlage versuchten die „Klimaalarmisten" ihre Sicht der Dinge in die Presse zu bekommen. Das ist ihnen erst mit Zeitverzögerung gelungen, nicht zuletzt ihrer drastischen Sprache wegen. Eine Sprache, die offensichtlich viele Journalisten aufhorchen ließ und dahinter aufregende sensationelle Stories vermuteten bzw. erhofften.

Der erste – eher vorsichtige – Artikel dürfte im Magazin TIME am 28. Mai 1956 erschienen sein. Ein Verfasser wird nicht genannt.

In dem Artikel drückt sich die ganze Unsicherheit der Klimaforschung aus, aber immerhin endet er mit folgenden Prognosen:

Dr. Revelle hat noch nicht das Stadium der Warnung vor dieser Katastrophe erreicht, aber er und andere Geophysiker beabsichtigen, weiter zu beobachten, aufzuzeichnen und zu beobachten. … Sie werden versuchen herauszufinden, ob die CO_2-Decke dicker geworden ist und welche Auswirkungen dies hat. Wenn alle ihre Daten untersucht wurden, können sie vielleicht vorhersagen, ob die Fabrikschornsteine und Autoabgase der Menschen letztendlich dazu führen werden, dass Salzwasser durch die Straßen von New York und London fließt.[139]

---

139 TIME, 28.5.1956

Die Medien in Deutschland nehmen das Thema auf – erst langsam, ab 1986 mit Wucht

Befürchtete Klimaänderungen wurden zwar immer wieder thematisiert, aber dass der Mensch damit in Verbindung steht, fand hierzulande erstmals 1974 einen Niederschlag in der Presse, noch vorsichtig. In anderen Ländern dürfte es ähnlich gewesen sein.

Spiegel 1974:

„In zunehmendem Maße kann freilich die künftige Klimaentwicklung auch durch Umwelteinflüsse bestimmt werden, für die der Mensch verantwortlich ist: etwa durch Kohlendioxid-Gas, wie es bei der Verbrennung von Kohle und Erdöl entsteht, aber auch durch die Staub- und Abwärmeproduktion in den industriellen Ballungsgebieten. … Wie dabei die höchst störanfällige Klimaanlage Erde – in den Lehrbüchern der Wetterkunde meist als „thermodynamische Maschine" beschrieben – reagiert, ist bis heute nur in groben Umrissen bekannt. Im Detail lässt sich das komplizierte Regelkreis-System der kalten und warmen Windströme, der Meeresströmungen und der wandernden Hoch- und Tiefdruckzonen nicht überblicken."[140]

Oder 1977 etwas deutlicher:

„Klima für Dinosaurier. Was einst – zur Zeit der Atombombenversuche – von Laien befürchtet wurde, ist jetzt Besorgnis angesehener Klimaforscher in Ost und West: Der Mensch könnte das Weltwetter auf Dauer zum Schlechten verändern. Durch die Verbrennung immer größerer Mengen Öl und Kohle werde ein Treibhausklima geschaffen – mit katastrophalen Folgen für alle Bewohner des Planeten."[141]

---

140 „Katastrophe auf Raten", Spiegel, 33/1974
141 „Klima für Dinosaurier", Spiegel, 35/1977

Die vorgenannten Beispiele waren Vorboten der späteren Flut „klimakatastrophischer" Berichte. Es waren die ersten Versuche, das Klimathema populär zu machen, zunächst mit wenig Erfolg. Der Klimaalarmismus in den Medien steigerte sich sehr langsam – aber kontinuierlich, es schien, als würde die Katastrophenmetapher „Klima"

> *„den Medien die Möglichkeit (geben), ihre an Sensationalisierung, Negativität und Eindeutigkeit ausgerichtete Berichterstattung gleichermaßen auf einen Begriff und einen Bezugspunkt zuzuspitzen."*[142]

Allerdings wurden auch kritische Stimmen laut. Die beginnende finanzielle Überförderung der Klimawissenschaft und die Tatsache, dass es sich herumsprach, dass die Prognosen nur auf Computermodellen beruhte, veranlasste einige Journalisten zur kritischen Hinterfragung und galt „als Ausweis der Überforderung der Wissenschaft angesichts eines chaotischen, überkomplexen Klimageschehens".[143]

Beispiele:

» *„Auch noch schnellere Superrechner werden vorläufig nichts daran ändern: Klimamodelle sind primitive Abbildungen der Realität."* Und: *„Die sind gleichsam der Jäger 90 des Klimafeldzuges: teuer und absturzbedroht"*[144].
» *„Die Natur richtet sich nicht nach derart simplen Modellvorstellungen, auch wenn diese leicht und gerne geglaubt und rezipiert werden"*[145].

---

142 Weingart, P./Engels, A./Pansegrau, P., 2002: Seite 78.
143 Weingart, P./Engels, A./Pansegrau, P., a. a. O., Seite 144
144 DIE ZEIT 25.07.1997, „Ist der Treibhauseffekt wirklich auf menschlichen Einfluss zurückzuführen? Zweifel sind angebracht"
145 Handelsblatt, 21.11.1995, „Die Erde ist kein Treibhaus"

» „Bei den Klimamodellen handele es sich um einen realitätsfernen Reduktionismus, um tote Modellatmosphären, die immer wieder ins Chaos auszubrechen versuchten. Nur durch die Flusskorrekturen gebändigt, könnten sie auf dem Tugendpfad der Wetterkartenähnlichkeit gehalten werden. Man sollte, meint Thüne, sich vor jeder Aussage eingestehen, dass das per Computer simulierte Klima ein aufgrund von Simplifikationen und Approximationen errechnetes Kunstklima ist, dessen Bewegungsabläufe und Reaktionen mit dem natürlichen Wettergeschehen nichts gemeinsam haben."[146]

Bis etwa 2005 findet man zahlreiche ähnliche Artikel, die Skepsis gegen die Klimamodelle ist deutlich aber die Kritik an der Klimakatastrophe hielt nur kurze Zeit an.

Der SPIEGEL beteiligt sich an diesen skeptischen Berichterstattungen eher zurückhaltend. Immerhin, am 22.3.2019 erschien ein umfangreicher Artikel im SPIEGEL in dem die Unzuverlässigkeit der Klimamodelle beschrieben wird, das ist sogar von „Kaffeesatzleserei" die Rede.

Es wäre schön gewesen, der Artikel hätte die gleiche Wirkung gehabt wie der von 1986!

Das „Klimathema" ließ fortan die Medien nicht mehr los. Es war ein verlockendes Themenfeld aus Wissenschaft, Zukunftsphantasien, Sensationen, Spekulationen. Alle Beteiligten versuchten, Kapital aus dem Thema zu schlagen. Am Ende befinden wir uns in einer Spirale der Übertreibung.

„Vorbei die Zeiten, in denen Klimaforscher in ihren mit Supercomputern vorgestellten Elfenbeintürmen hockten. Ihr Sujet eignet sich mittlerweile zum Thriller, sie selbst sind zu deren Hauptdarstellern aufgestiegen. So heiß umkämpft ist das Thema, so spektakulär die Prognosen, dass nicht mehr nur die Medien darüber berichten; die Profis des inszenierten Weltuntergangs ha-

---

146 FAZ, 12.04.1995 „Unsichtbare Hand lenkt Klimaforschung"

ben angebissen. ... Die Forschung gerät in eine Krise, weil ihre
öffentlichen Akteure sich auf dem hart umkämpften Markt der
Themen durchsetzen, indem sie diese überverkaufen. ... Insofern
werden wir erleben, wie die Propheten des Untergangs die Kli-
magefahren in noch grelleren Bildern zeichnen."[147]

Die Medien nehmen ihre Aufgabe als „vierte Gewalt" nicht mehr wahr – sie werden gleichgeschaltet

Aber auch diese Phase der eingestreuten skeptischen Presse-stimmen wich einer einheitlichen Berichterstattung. Die Kli-mapolitik wurde fester Bestandteil der Regierung Merkel, ARD und ZDF verbreiteten diese Politik in der Art einer Hofbericht-erstattung.

Das Dogma, dass der Mensch durch die Emission von CO_2 das Klima verändert, wird so gut wie von keinem Presseorgan hinterfragt. Dazu gehören alle großen Tages- und Wochenzei-tungen inklusive SPIEGEL und FOCUS und ZEIT. Allenfalls werden gelegentlich die Maßnahmen der Energiewende kri-tisch kommentiert.

Dass die „taz" hier an vorderster Front kämpft ist nicht ver-wunderlich, dass aber die „Süddeutsche Zeitung" und „Die Zeit", die beide zu den anspruchsvollsten Zeitungen in Deutschland zählten, mit besonderem Engagement, völlig kritiklos, das The-ma behandeln, ist fast beängstigend.

Ein besonders widerlicher Artikel erschien in der **„Süddeut-schen"** am 8.12.2018 mit dem Titel „Kohle, Kohle, Kohle"[148] ver-fasst von den beiden Klimaaktivistinnen Susanne Götze und An-nika Jöres. Da wird behauptet, Klimaleugner sind alle „über 60" und sind „rechtsradikal", da gäbe es „internationale Netzwer-ke" gegen den Klimaschutz. Dieser Artikel würde eher in einen „Klima-Stürmer" passen. Eine Schande für eine seriöse Zeitung.

---

147 Spiegel, 4/2005
148 https://projekte.sueddeutsche.de/artikel/wissen/die-klimaleugner-szene-ist-im-aufwind-e344371/

Götze ist Journalistin in Berlin. Sie schreibt seit 2002 über Umwelt- und Klimathemen in diversen Tageszeitungen und Magazinen. Sie ist Mitglied der Chefredaktion der Internetplattform „klimaretter.info"- einer besonders radikalen Plattform.

Annika Jöres schreibt für das Recherchezentrum „Correctiv"und beschäftigt sich mit den „Klimalügen".

Aus dem Artikel in der Süddeutschen:

Die amerikanische Kohle- und Frackingindustrie verbreitet Zweifel an der Klimakrise. „Die Zerstörungsphantasien der Leugner reichen bis nach Europa"

Sie sorgen dafür, dass Deutschland oder Frankreich die Ziele verfehlen.

> „Um sie (die Ziele) noch zu erreichen müssten bald drastische Gesetze folgen – etwa Verbote von Inlandsflügen, Quoten für E-Autos, für begrenzten Fleischkonsum, für einen sofortigen Kohleausstieg. Das missfällt vielen Branchen und Lobbygruppen. Ohnehin wollen die meisten Menschen ihr Leben nicht ändern. Die Klimaleugner bieten ihnen Argumente."

Die Autorinnen des Artikels stellen fest, dass sie „Klimaleugner aufgespürt haben, „wo niemand sie vermutet hätte". Sie sitzen als Berater in allen möglichen Gremien – und sie sind „meist Männer über 60 Jahre".

Rechtsextreme, Rechtspopulisten und Vertreter der Öl- und Flugzeugindustrie bilden das Rückgrat der Klimaleugnerszene – so die SZ.

Zum 50. Jubiläum der Veröffentlichung des Buches „Die Grenzen des Wachstums" erschien in der ZEIT ein ganzseitiger Artikel mit der Überschrift „Die Erde zuerst".[149]

Garniert wird der Artikel mit einem Bild der Erde aus dem Weltall. In der Bildunterschrift heißt es „Das Foto ... zeigt die Schönheit und Zerbrechlichkeit des Blauen Planeten".

Der Eindruck der Schönheit des Anblicks der Erde aus dem Orbit ist nachvollziehbar. Doch woraus die „Zerbrechlichkeit" abgeleitet wird, ist schwerlich nachzuvollziehen.

Das einzige, was man vielleicht hineininterpretieren kann, ist ein wohlstrukturiertes Chaos.

Der Titel „Die Erde zuerst" („Earth first") zeigt, wie unreflektiert solche Sprüche übernommen werden. Diese Priorisierung ist letztendlich eine Möglichkeit, eine menschenfeindliche Politik zu begründen. In Kapitel „Hintergründe" setzen wir uns mit diesem menschenverachtenden Weltbild auseinander. (vgl.: Der Mensch – „Krebsübel" oder „Geschöpf Gottes" – Seite 391)

Dass der „Himmel über der Ruhr wieder blau" sein sollte, forderte Willy Brandt schon 1961. Die Gesellschaft hat längst vor den Herren des Club of Rome richtig reagiert. Der Club of Rome sprang doch nur auf den Zug auf – weil er Angst verbreiten wollte. Dieser „Club" wird uns immer wieder beschäftigen.

Wenn mit diesem Narrativ gesagt werden soll, dass mit diesem Buch die globale Ökologie-Bewegung" begann, dann ist das richtig. Die internationale „Ökologie-Bewegung" betreibt nichts anders als eine finanziell höchst einträgliche Umwelthysterie.

So ist das mit „Narrativ". Wie bei einem Märchen hat es einen richtigen und einen falschen Teil.

Dass in dem Artikel der esoterisch veranlagte Physiker Frithjof Capra als Erfinder der „Wendezeit" anerkennend erwähnt wird, unterstreicht die Blindheit des Verfassers. Wo kommen wir hin, wenn wir – wie Capra verlangt – die Wissenschaft wieder „mystisch" begreifen sollen. Das Mittelalter haben wir doch hinter uns gelassen.

---

149 DIE ZEIT, Nr. 4 (vom 20.1.2022)

In der Presse ist die Klimakatastrophe Fakt

Mit der Gründung des Weltklimarats (IPCC) 1988 und des Potsdam Instituts für Klimafolgenforschung (PIK) 1992 in Deutschland wurde der „anthropogene Klimawandel" institutionalisiert. Zeitgleich wurden auch der Wissenschaftliche Beirat Globale Umweltveränderungen (WBGU) sowie das Wuppertal Institut für Klima und Energie gegründet.

Die Institute schwammen in einer Flut von Geld und versorgten die Öffentlichkeit und die Medien mit unendlich viel „Informationen". Andere als „alarmistische" Informationen gab es nicht mehr.

Ab 1995 fanden die jährlichen, von den Vereinten Nationen organisierten „Klimakonferenzen" statt. Mit jeweils ca. 20 000 Teilnehmern eine eindrucksvolle Kulisse.

Selbstzensur der Presse?

Die Medien wurden oftmals als „vierte Gewalt" apostrophiert weil sie besondere Sensibilität für gesellschaftliche Fehlentwicklungen entfaltet haben. Lange Zeit war die deutsche Presse stolz auf dieses Prädikat. Im Bereich „Klimakatastrophe" haben die deutschen Medien diesen Anspruch aufgegeben – durch Selbstzensur. Von ganz wenigen Ausnahmen abgesehen ist die deutsche Presse gleichgeschaltet oder lässt sich gleichschalten: Die Klimakatastrophe kommt, sie ist da, es ist alles klar. Wer das anders sieht ist ein Klimaleugner ... Andere Meinungen gibt es nicht.

In New York wurde 2019 eine Organisation mit dem Namen „Covering Climate Now" („Jetzt das Klima abdecken") gegründet. Covering Climate Now arbeitet nach eigenen Angaben mit Journalisten und Nachrichtenredaktionen zusammen, um „bessere und nötigende („urging") Klimaberichte" zu produzieren. [150]

Die Journalisten werden aufgefordert, jeden Bericht über Politik, Wirtschaft, Kultur bis zum Wetter immer in einen Bezug zum „menschengemachten Klimawandel" zu setzen auch wenn das Klima nicht zentrales Thema eines Berichts ist.[151]

Immerhin gehören die großen Nachrichtenagenturen, Reuters, Bloomberg und Agence France Presse, die weltweit alle Redaktionen mit Nachrichten versorgen, zu dieser Gruppe.

2 Milliarden Menschen werden global damit erreicht.

In Deutschland gehören folgende Presseorgane zu „Covering Climate Now" – „taz", „SPIEGEL", „correctiv" und „STERN" sowie „klimareporter", „globalmagazin", „Spektrum der Wissenschaft", „Deutsche Welle" und „KlimaSocial".

Ein Beispiel aus dem „Stern"

in einer Kolumne zur Klimafrage meint Richard David Precht im STERN vom 24.10.2019:

Das Höllenjahrhundert überzieht auch Deutschland mit himmlisch verursachten Plagen, denen kein biblischer Pharao und auch keine moderne Gesellschaft standhalten kann. Unter solchen Vorzeichen an den ungerührten Fortbestand unserer liberalen Demokratien zu glauben ist illusorisch ... All das ist keine Schwarzmalerei, so sehr man sich wünschte, dass es so wäre.

---

150 https://coveringclimatenow.org/
Aus der homepage: Covering Climate Now wurde ermöglicht durch großzügige Zuschüsse von Actions@EBMF, The David and Lucile Packard Foundation, Michaux Family Foundation, One Earth Fund, Park Foundation, Rockefeller Family & Associates, Rockefeller Family Fund, Schumann Media Center, Taylor Family Charitable Fund und Wayne Crookes.

151 Wer kann sich noch an die Presse der DDR erinnern? Dort wurde jedes Thema mit „Sozialismus" in Verbindung gebracht. Ein sonderbares Déjà-vu!

Bei dieser Gelegenheit ist die Frage erlaubt, ob die deutschen Intellektuellen nicht endgültig die „Bodenhaftung" verloren haben, wie Schelsky"[152], einst befürchtete. Auch von den „Intellektuellen" sollte man erwarten, dass sie sich kritisch mit gesellschaftlichen Vorgängen beschäftigen, und da böte „Klimaschutz" viele Möglichkeiten.

Aber es wird noch schlimmer: Beeinflussen statt berichten – eine Perversion des Journalismus.

Das Umweltbundesamt hat eine Studie in Auftrag gegeben, nach Wegen zu suchen, auf welche Weise die Medien mehr für eine adäquate, „proaktive Reaktion auf die globalen Umweltprobleme" tun könnten.

Das Ergebnis war der Vorschlag für einen „Impact-Journalismus".

„Impact-Journalismus und zielgenaues Storytelling für gesellschaftlichen Wandel"[153]

„... Unter Impact-Journalismus wird eine Ergänzung des bisherigen Journalismus um ein zusätzliches Tätigkeitselement verstanden, das es im journalistischen Berufsbild heute noch nicht gibt. Neu ist, dass die Journalist*innen, die bisher nur Content[154] produzierten, sich künftig auch um die Verbreitung ihrer Produkte (Dissemination) wie auch um ihre Wirkung (Impact) kümmern müssen. Diese Ergänzung journalistischer Arbeit erscheint notwendig, wenn die Medien „zielgenau" dazu beitragen wollen, die großen Umwelt- und Ökologieprobleme in den Griff zu bekommen."

---

152 Helmut Schelsky, Die Arbeit tun die anderen, München 1977
153 http://kmgne.de/wp-content/uploads/2015/04/PM-Impact-Journalismus.pdf
154 Content: Inhalt, d. h., ein Content-Bericht eines Journalisten soll eine Nachricht transportieren. Impact bedeutet, der Bericht soll eine Wirkung haben.

Früher war man ehrlicher, da hat man von Propaganda gesprochen, heute werden „Stories" oder „Narrative" erzählt. Bezeichnenderweise beschäftigt sich das Umweltbundesamt damit.

Und schließlich: Embedded Journalism

Embedded Journalism ist ein Begriff, der „kontrollierte, zivile Kriegsberichterstattung" bezeichnet. Er wurde insbesondere in den Golfkriegen, im Irakkrieg und im Afghanistan-Krieg geprägt.

Der Begriff wird zunehmend auch außerhalb militärischer Zusammenhänge benutzt, um Journalismus zu charakterisieren, der sich den vorgegebenen politischen Strukturen und Erwartungen anpasst, also zum Sprachrohr der Regierung machen lässt (nach Wikipedia).

Die WELT berichtet:[155]

> „Medien komme „eine wichtige Rolle für die Zukunft des gesamten Planeten zu", heißt es in einem „Inputpapier" des Umweltbundesamtes von 2018, das dem Umweltministerium unterstellt ist. Ziel sei, „Informationen zu verbreiten und Bewusstsein zu schaffen, damit die Belastungsgrenzen des Planeten nicht weiter überschritten werden, sondern ein ernsthafter und tiefgreifender Wandel zur Nachhaltigkeit stattfindet".

> „So gehört die Klimakatastrophe seit Mitte der 80er-Jahre zum festen Repertoire deutscher Medien. Die Energiewendelobby hat dem Anschein nach allzu oft leichtes Spiel. Der ‚stern' ließ die Klimaaktivisten von Fridays for Future eine Ausgabe konzipieren, die Chefredaktion des Magazins verkündete beim Klimawandel „nicht länger neutral sein zu wollen". Vergangenes Jahr hatten sich ‚stern', ‚Spiegel' und ‚taz' der Initiative ‚Covering Cli-

---

155 Die unterschätzte Macht der grünen Lobby. Die WELT, 30.4.2021

mate Now' angeschlossen, die anlässlich eines UN-Klimagipfels
‚die Berichterstattung über die Folgen der Klimakrise maximie-
ren' wollte. Journalisten unterschrieben Petitionen, die ‚Klima-
krise endlich ernst zu nehmen' und für eine tägliche Klimasen-
dung vor der Tagesschau."

Bundesumweltministerin Svenja Schulze schätzt die Medien-
arbeiter: „Es gibt vermutlich kein anderes Land, das so ausdau-
ernde Klimajournalist*innen hat wie Deutschland", twitterte
ihr Pressesprecher 2019 von der UN-Klimakonferenz in Mad-
rid samt einem Foto der anwesenden Journalisten[156].

Das Medium Film

Was kann Filmemachern mehr entgegen kommen als der bevorstehende Weltuntergang. Dutzende von Natur-Katastrophen-
filme wurden produziert, nicht immer im Zusammenhang mit
dem „Klima". Erdbeben, Meteoreinschläge, der Einmarsch der
Außerirdischen rundeten die Palette ab. Hauptsache: Angst vor
der Natur, Angst vor dem Klimawandel.

Im Juli 1988 war es in den USA ganz besonders heiß und trocken. Dies beeindruckte James Hansen, Raumfahrtexperte, so
sehr, dass er dringend wissenschaftliche Fördermittel verlangte, um dieses alarmierende Phänomen zu untersuchen. Der Vorgang produzierte jede Mengen Schlagzeilen in den USA und Al
Gore fand eine Formulierung, die wirklich hier nicht her gehören.

„Kristallnacht des Erwärmungsholocausts"[157]

In Hollywood sorgten sich fortan „echte Experten" um das Klima. Die Schauspieler Julia Roberts, Barbara Streisand, Meryl
Streep, Robert Redford, Leonardo DiCaprio u. a. standen an
vorderster Front der Klimakatastrophen-Alarmisten und die

---

156 Goliaths fürs Klima, Die WELT, 25.4.2021
157 Zitiert in Kurt G. Blüchel, „Der Klimaschwindel", Seite 187,
     München 2007

damalige Kongressabgeordnete Claudine Schneider brachte die Stimmung auf den Punkt:

„Die Wissenschaftler mögen nicht zustimmen, aber wir hören Mutter Erde weinen."[158]

Besonders hervorgetan haben sich die Regisseure Roland Emmerich (The Day After Tomorrow), Davis Guggenheim mit dem Al Gore – Film „eine unbequeme Wahrheit"[159] und der „Titanic"-Regisseur James Cameron mit einer neunteiligen Fernseh-Dokumentarreihe „Years of Living Dangerously". Mitgewirkt haben unter anderem Arnold Schwarzenegger und Harrison Ford – da muss man ja schwach werden.

Bei so vielen Katastrophen jubelte die Hollywood-Schickeria.

Wikipedia

Der Autor nutzt, wie mittlerweile wohl die überwiegende Zahl der Informationssuchenden, die Internetplattform „Wikipedia". Es erspart den Gang zum Bücherregal um dort den richtigen „Brockhaus" zu suchen und dann das richtige Stichwort zu finden, abgesehen davon, dass es den Brockhaus nicht mehr gibt.

Heute tippt man das entsprechende Stichwort ein – und schon steht die gewünschte Information auf dem Bildschirm, mit „copy and paste" wandert sie in den Text, den man gerade schreibt.

Das funktioniert solange gut, solange es sich um unverdächtige Informationen handelt, um die Lebensdaten einer historischen Person oder um irgendwelche Fakten.

In Wikipedia finden wir mittlerweile auch Einträge über alle Menschen, die, wie auch immer in der Öffentlichkeit stehen. Politiker, Journalisten, Wissenschaftler, Autoren, Unternehmer, jeder, der sich irgendwo einmal öffentlich geäußert hat,

---

158 ebenda
159 Der 2-teilige Film strotzt vor Übertreibungen, Dramatisierungen und unwissenschaftlichem Hokuspokus. Nach dem Urteil eines britischen Gerichts darf der Film nur noch zusammen mit entsprechenden Unterrichtsmaterialien in einigen Schulen in England gezeigt werden.

kann sich plötzlich in Wikipedia finden. Da steht dann manchmal außer dem Geburtsdatum und dem Beruf nicht viel mehr. Nur eine Information fehlt nie: Sollte sich dieser Mensch einmal kritisch mit dem Thema „anthropogener Klimawandel" geäußert haben, dann findet sich plakativ die Bemerkung: „... ist ein Klimaleugner".

Wenn man das Stichwort „Kohlenstoffdioxid" eingibt, kommt als erste Information „wichtiges Treibhausgas in der Erdatmosphäre". Dass CO_2 Lebensgrundlage für alle grünen Pflanzen ist, sucht man vergebens.

Die Plattform „Wikipedia" steht voll und ganz im Dienst der Verbreitung des Dogmas vom anthropogenen Klimawandel. Aber nicht nur bei diesem Thema zeigt es sich, dass diese Plattform alles andere als eine zuverlässige neutrale Informationsquelle ist. Themenabhängig ist Wikipedia eine gefährliche „Desinformationsquelle".

Es ist allerhöchste Zeit, dass die Politik hier eingreift. Wikipedia hat ein globales Monopol in der Verbreitung von Informationen. Das ist brandgefährlich.

Wenn es richtig sein sollte, dass unsere Gesellschaft sich von einer „Wissensgesellschaft" zu einer „Informationsgesellschaft" wandeln sollte, dann müssen alle Alarmglocken läuten.

„Klimaschutz" – der Generalschlüssel für viele Profiteure

Neben der Kernkraftlobby haben auch sehr bald Vertreter anderer Interessen bzw. Technologien die Möglichkeiten des „anthropogenen Klimawandels" entdeckt. Atomkraftgegner und Umweltgruppen sowie die neue Partei „Die Grünen", die 1980 gegründet wurde, forderten den Ausbau der „Erneuerbare Energien". Auf Drängen dieser Gruppen baute die Bundesregierung eine Pilot-Windkraftanlage. „Growian" („Große Windanlage") ging 1983 in Betrieb hatte aber zahlreiche Mängel und wurde 1987 wieder stillgelegt und 1988 rückgebaut. Genaugenommen übernahmen die Grünen die Argumente der Kernkraftlobby 1:1 nur diesmal zugunsten der „Erneuerbaren".

Eng verbunden mit dem Ausbau der „Erneuerbaren Energien" sind die Namen Frank Asbeck und Herrmann Scheer. Asbeck war Gründungsmitglied der Grünen und Scheer war SPD-Mitglied (MdB).

Die Grünen setzten sich auf politischer Bühne für das 100 000-Dächer-Projekt ein und für die Einspeisemöglichkeit von Strom aus Erneuerbaren Quellen in das Netz.

Asbeck gelang es, auf der Basis dieser Gesetzeslage 1998 den Konzern „Solarworld" aus dem Boden zu stampfen. Dank der hohen Einspeisevergütungen und direkter Staatssubventionen in Höhe von 130 Mio. € entwickelte sich das Unternehmen schnell zu einem einen Konzern.

Abbildung 40: Frank Asbeck
Foto Sven Doering

Dennoch gab es Probleme und Asbeck kam in die Verlustzone. Die Rettung kam aus der Politik. Der damalige Umweltminister Trittin und Parteifreund erhöhte flugs die Einspeisevergütung für kleinere Anlagen um 13 ct. auf 57,4 Cent je Kilowattstunde[160]. Das war die Rettung und Asbeck konnte Solarworld zum Weltkonzern ausbauen. 2017 musste er Insolvenz anmelden.

Herrmann Scheer hingegen war der ideologische Wegbereiter der Energiewende. Mit seinem Buch „Der energethische Imperativ" sorgte er damals (2004) für Aufsehen. Dabei ist dieses Buch für einen technisch/naturwissenschaftlich gebildeten Leser eine Zumutung. Ein Beispiel: Wenn jedes Unternehmen auf seinem Betriebsgelände ein paar Windräder baut, dann ist es nicht nur energetisch autark, wir sparen uns dabei zusätzlich die großen Stromleitungen. „Dezentralisierung" der Stromerzeugung nannte dies Scheer. Klein-Fritzchen stellt sich so die technische Welt vor – das Buch wurde zur Bibel grüner Energieträume.

Dass die damaligen Energieversorger RWE, EON, EnBW und Vattenfall Produkte des Teufels sind, steht auf fast jeder Seite. Als Lobbyist tat sich Scheer durch die Gründung der Lobbyorganisation „Eurosolar" hervor. Diese mächtige und einträgliche Organisation wurde vorsichtshalber von seiner Frau, später von seiner Tochter, geleitet. Scheer starb unerwartet 2010.

„Die Energiekonzerne tun so, als ob sie das Rückgrat der Wirtschaft seien. Doch ihr Untergang ist besiegelt. Die Zukunft gehört den vielen kleinen Energieproduzenten, wie Hermann Scheer überzeugend darstellt."[161]

Scheer war auch, gemeinsam mit dem grünen Abgeordneten Hans-Josef Fell (sowie Michaele Hustedt und Dietmar Schütz) Autor des EEG, des „Erneuerbaren Energiegesetzes". Es wurde kurz vor Anpfiff eines großen Fußballspiels in die Lesung eingebracht und „schnell durchgewinkt". Als man merkte, was man da beschlossen hat, war es schon zu spät, in Windeseile bildete sich der „Öko-Industriekomplex", der den Selbstbedienungsladen EEG schnell erkannte.

---

160 FOCUS Money vom 19.2.2004
161 taz 14.1.2006, Anette Jensen: There's always the sun

Große, bestens mit Geld ausgestattete Lobbyverbände wurden gegründet. Deren Aufgabe war es, die Notwendigkeit einer „Energiewende" wegen der drohenden Klimakatastrophe zu vermarkten:

Bundesverband Bioenergie e. V., Eurosolar, Bundesverband Erneuerbare Energie e. V., Fraunhofer-Institut für Solare Energiesysteme (ISE), Freiburg, Bundesverband Solare Mobilität (BSM), Bundesverband Wind Energie, Solarförderverein (sfv) …

Sie sorgten für die notwendige Gehirnwäsche der Bevölkerung. Daneben finden wir unzählige regionale Wind/Solar/Bioenergie Fördervereine.

Hinzu kam schließlich auch die Wirtschaft. Auf der Plattform des Deutschen Institut für Wirtschaftsforschung e. V. (DIW Berlin) kann Frau Claudia Kemfert mit professoralem Hintergrund jede Desinformation verbreiten.

Es sprach sich weltweit wie ein Lauffeuer herum, dass „Klimaschutz" ein einträgliches Geschäft ist und ein Generalschlüssel ist, mit dem unendlich viele Türen geöffnet werden konnte.

» „Umbau von Wirtschaft und Gesellschaft", Decarbonisierung, Energiewende, Mobilitätswende waren ein Aufruf, Maßnahmen zu ergreifen und hochsubventionierte technische Lösungen zu präsentieren, die einen Beitrag zur Weltrettung versprechen. Die Industrie ist begeistert.
» Wir brauchen einen neuen, „klimaneutralen Lebensstil". Soziologen, Ideologen, „Sozialingenieure" sind begeistert.
» Der Umbau zur Klimaverträglichkeit wird teuer. Die Aussichten des Staates, alle Formen der Energie zu besteuern, versprachen neue Einkommens- und Umverteilungsmöglichkeiten für den Staat. Der Staat ist begeistert.
» Die globalen Finanzflüsse müssen in neue Energietechniken und „green technologies" umgeleitet werden. Die Finanzindustrie ist begeistert.

» Wir haben einen neuen Feind, den wir gemeinsam bekämpfen müssen. Wir müssen zusammenstehen und den Gürtel enger schnallen. Die philanthropischen Oligarchen aller Länder sind begeistert.

» Es ist klar, dass der Kapitalismus an der Klimakatastrophe schuld ist. Linke Systemüberwinder sind begeistert.

» Das wirtschaftliche Wachstum auf der Erde muss begrenzt werden, das gilt vor allem für Entwicklungsländer. Neo-Kolonialisten sind begeistert.

Um die Geschäfte und Aktivitäten abzusichern, brauchte man Organisationen, die die traurige Botschaft der drohenden Klimakatastrophe und des notwendigen Baus von Windmühlen etc. endgültig in die Köpfe der Menschen einhämmerten.

Die Blaupause, wie so etwas funktioniert, hat der findige Staatsekretär Günter Hartkopf geliefert.

Staatliche Umweltpolitik war bis Mitte der 1960er Jahre ein schwieriges Unterfangen. Staatliche Umweltpolitik war zur damaligen Zeit nicht gerade populär, sie wurde eher als „Jobkiller" empfunden. Der Interessengegensatz zwischen Umweltschutz und Arbeitsplatzsicherung trat sehr bald zutage, so dass die neue Behörde sich alsbald in Konfrontation zur Wirtschaftslobby befand, auch das Wirtschaftsministerium dürfte nicht unbedingt zu den Unterstützern der Umweltbehörde gehört haben.

Angesiedelt war der Bereich in dem von der FDP geführten Bundesinnenministerium. Staatssekretär Günter Hartkopf war mit dem Thema betraut.

Hartkopf erkannte bald, dass er keine übermäßigen Erfolge vorweisen werde. Als Gegner *„fortschrittlichen Umweltschutzes"* standen ihm große und finanzkräftige Wirtschaftsorganisationen gegenüber, die ihrerseits über Verbündete in der Verwaltung verfügten. Seine Idee war daher, eine „Gegenlobby" zu gründen – einen „Kampfverband", wie er selbst sagte. *„Da es eine solche potente Gegenseite zunächst nicht gab, mußte sie geschaffen werden".* Hartkopfs Behörde initiierte daher einen Dachverband für all die existierenden kleinen oder großen örtlichen Bürgerinitiativen. Der Dachverband bzw. seine Gründung wurden aus Eigenmitteln der Behörde bezahlt.

> *„Natürlich war allen Beteiligten klar, dass man einen ziemlich wilden Haufen ins Leben gerufen hatte, der auch der Umweltverwaltung durch seine Forderungen schwer zu schaffen machen würde. Doch das eigentliche Wadenbeißen des Verbandes fand immer in der richtigen Richtung statt. Es verschaffte der Umweltverwaltung Luft zum Agieren."[162]*

Global erfolgte das Gleiche, indem die zahlreichen NGOs – Nichtregierungsorganisationen – finanziell bestens ausgestattet wurden. Die NGOs entwickelten sich damit praktisch zu Söldnerheeren des Klimaschutzes.

Es ist höchste Zeit, die sog. NGOs – die Nichtregierungsorganisationen – unter die Lupe zu nehmen und Ihre Rolle bei der Beeinflussung der öffentlichen Meinung zu betrachten. Während alle Großunternehmen finanziell in jeder Beziehung transparent sind, gilt dies nicht für die millionenschweren, global agierenden „NGOs".

Ihre Finanzierung ist üppig, aber völlig undurchsichtig. Sie werden dafür bezahlt, dass sie die richtigen Botschaften in die Welt bringen.

> *„Die Nichtregierungsorganisationen genießen bei uns Journalisten in vielen Fällen ein beinahe grenzenloses Vertrauen. Sie retten die Welt, die Tiere, die Umwelt, beschützen uns vor den finsteren Machenschaften der Kapitalisten und haben selbstverständlich nie eigene Interessen, die es zu hinterfragen gelten könnte."[163]*

---

162 Günter Hartkopf in „DIE ZEIT", 14.2.1986
163 http://www.topagrar.com/news/Home-top-News-Warum-hinterfragen-die-Medien-nie-die-NGOs-1321176.html

Sie bilden ein „Moralkartell", in Wirklichkeit sind sie mächtige Drückerkolonnen.

Patrick Moore, der Mitbegründer von Greenpeace bedauert:

„Die Umweltbewegung, bei deren Entstehung ich mithalf, hat ihre Objektivität, ihre Moral und ihre Humanität verloren."[164]

Und er stellt weiter fest:

„Sie erhalten üppige Zuwendungen und haben dadurch ihren moralischen Kompass verloren (und) „ihre ethischen Grundlagen verlassen haben indem sie unreflektiert in eine gegnerische Position zu Wirtschaft, Wissenschaft, Technologie und letztlich auch zum Menschen eingenommen haben. Politisch motivierte, wissenschaftliche Analphabeten und Ideologen haben die Führung zahlreicher Organisationen übernommen."

Im Jargon des Potsdam Instituts für Klimafolgenforschung (PIK) sind diese Organisationen sog. „Akteurskonstellationen" oder auch „Treiber des Fortschritts". Auf Deutsch: Aktivisten, die für Geld jede Botschaft unter die Leute bringen und zur Not auch mal zuschlagen. (vgl.: Plant eine Professorenclique den Umsturz? – Seite 323)

Tatsächlich sollten wir nicht so blauäugig sein und meinen, die NGOs kämpfen für das Gute. Das sind millionenschwere internationale Konzerne geworden, deren Finanzquellen mehr als undurchsichtig sind. Wenn wir von der jährlich für „Klimaschutz" global umverteilten Billion € nur ein Zehntel Promille, d. h. ein Zehntausendstel nehmen, dann sind das immer noch 100 Millionen €. Damit können viele Desinformationskampagnen finanziert werden, Politiker gekauft werden und unbotmäßige Politiker einem Shitstorm unterworfen werden – das machen dann die NGOs.

---

164 Zitiert in Paul K. Driessen: „Öko-Imperialismus", Jena 2006, Seite 196

Greenpeace, Friends of the Earth, Germanwatch etc. wurden möglicherweise als Idealvereine gegründet, doch zwischenzeitlich sind sie korrumpiert, eine andere Formulierung ist nicht möglich.

Die NGOs sind weltweit über die Organisation Climate Action Network (CAN) vernetzt. CAN ist ein Dachverband von 850 umweltpolitischen Nichtregierungsorganisationen mit dem Ziel, die „vom Menschen verursachte Klimaerwärmung" auf ein vertretbares Maß zu beschränken.

Die europäische Abteilung von CAN erhält z. B. von der EU jährlich 250.000,00 € und „Friends oft he Earth Europe" finanziert sich zu 50 % aus EU-Geldern[165].

Transparent ist das alles nicht. Die Stuttgarter Zeitung berichtet von Zahlungen der EU an NGOs in Höhe von 11,3 Milliarden in den Jahren 2014 bis 2017. Der Europäische Rechnungshof hat die fehlende Transparenz bereits gerügt[166].

Diese Empfänger-Organisationen machen natürlich Druck, wir finden sie jährlich auf den „Weltklimakonferenzen". Sie bilden dort eine beachtliche Kulisse. Keiner der rund 20.000 Teilnehmer bezahlt Flug, Kost und Logis aus eigener Tasche. Versüßt wird die Konferenzteilnahme auch durch die geschickte Auswahl der Konferenzorte: Kyoto, Bali, Rio de Janeiro, Cancun, Paris, Marrakesch – da wollte doch jeder einmal hin.

---

165 SPIEGEL vom 01.04.2017 „EU-Förderung von NGOs: 1,2 Milliarden Euro für null Transparenz"
166 https://www.stuttgarter-zeitung.de/inhalt.ngo-finanzierung-zu-viele-eu-gelder-fuer-interessengruppen.5dc69882-a06b-44a2-b8bd-c01612e6b29e.html

Eine Auswahl nationaler und internationaler NGOs:

» Attac
» Avaaz
» Bloomberg Philanthropies
» Bund für Umwelt und Naturschutz Deutschland (BUND e. V.)
» Campact
» Defenders of Wildlife,
» Earth First,
» Earthjustice,
» Ende Gelände
» Environmental Defense Fund,
» feelGreen
» Food & Water Watch
» Friends of the Earth
» Greenpeace
» National Wildlife Federation
» National Parks Conservation Association
» 350.org
» Natural Resources Defense Council
» Ocean Conservancy
» Oxfam Deutschland e. V.
» PowerShift
» Public Citizen
» Rainforest Action Network
» Robin Wood
» Sierra Club
» The Climate Reality Project
» The Nature Conservancy
» Umweltinstitut München e. V.
» Urgewald
» WEED – Weltwirtschaft, Ökologie & Entwicklung e. V.
» WWF

Auch die europäischen Staaten und vor allem die EU finanzieren unter dem öffentlichen Druck die Szene. Geldempfänger sind ein

> *„Filz von Öko-Aktivisten, Firmen für Alternativenergie und Bürokraten aus der Verwaltung ... Es handelt sich um nicht viel mehr als antikapitalistische Agitprop-Gruppen, die mit Mythen und Lobbying ihr Einkommen maximieren. Dieser grüne Klecks breite sich vor allem in Brüssel aus, wo die neun größten Umweltorganisationen in den letzten sechs Jahren 150 Millionen Euro absahnten: „Die EU-Beamten geben den grünen Organisationen üppige Mittel, damit diese strengere Regulierung fordern, die wiederum zu größeren Budgets führen.“*[167]

Zimperlich sind die Aktivisten nicht.

Im Lauf der Jahre sind diese Aktivistengruppen im wahrsten Sinne des Wortes „schlagkräftig" geworden. In „Schlägertrupps stehen wieder bereit" beschäftigen wir uns ausführlich damit.

Die Industrieländer: Die globalen Ressourcen sind nicht für alle da

In Europa erkannte man bereits vor dem Zweiten Weltkrieg die Gefahr einer globalen industriellen Entwicklung. Zur Aufrechterhaltung der Führungsposition der englischen Oberschicht im britischen Weltreich war es auch wichtig, die wirtschaftliche Entwicklung der Kolonialländer zu hintertreiben. In dieser Frage scheint sich ein Einvernehmen mit Nazi-Deutschland ergeben haben. Es ist überliefert, dass Hitler den Engländern riet (1935):

---

167 Owen Paterson, ehemaliger britischer Umweltminister, zitiert in Weltwoche, Ausgabe 32/2014, Autor Markus Schär

„Deutschland, England, Frankreich, Italien, Amerika und Skandinavien sollten eine Vereinbarung treffen, wonach sie ihre Staatsbürger daran hindern, Ländern wie China und Indien bei der Industrialisierung zu helfen. Es wäre Selbstmord, die Entstehung von Industrienationen in den Agrarländern Asiens zu fördern."

Ende der 1960er Jahre wurde das auch ein Thema in den USA. Man erkannte die Gefahr, *dass durch das sich abzeichnende wirtschaftliche Wachstum in unterentwickelten Regionen die Rohstoffe sich verknappen und verteuern würden – zum Nachteil der USA. Der sog. Kissinger-Report, lange unter Verschluss gehalten, drückt dies wie folgt aus:*

„Der größte Faktor, der die Nachfrage nach nichtlandwirtschaftlichen Rohstoffen beeinflusst, ist das Niveau der industriellen Aktivität, regional und global. So konsumieren z. B. die USA mit 6 % der Weltbevölkerung etwa ein Drittel der Ressourcen. Die Nachfrage nach Rohstoffen, im Unterschied zu den Nahrungsmitteln, ist nicht direkt vom Bevölkerungswachstum abhängig. Die gegenwärtige Verknappung und die hohen Preise für die meisten dieser Rohstoffe ist im Wesentlichen ein Resultat des Aufschwunges in allen Industrieregionen in den Jahren 1972 und 73."[168]

Das Wachstum in der Welt – außerhalb der USA – musste also begrenzt werden.[169]

---

168 KISSINGER REPORT: NSSM-200 Implications of Worldwide Population Growth – Kissinger, Henry, National Security – Amazon.de, Kapitel III

169 „Die einzige Hoffnung für die Welt ist, zu gewährleisten, dass es nicht noch eine weitere USA gibt. Wir können es nicht zulassen, dass andere Länder dieselbe Anzahl an Autos und dieselbe Menge an Industrialisierung haben, wie wir in den USA. Wir müssen die Länder der Dritten Welt genau dort stoppen, wo sie gerade sind."
Michael Oppenheimer, Mitglied des IPCC; Environmental Defense Fund

„Der amerikanische Lebensstandard", warnte Professor Robert Socolow, Energie-Fachmann an der Princeton University, „darf sich keinesfalls in der ganzen Welt verbreiten."[170]

Eine Politik, die offen derartige Ziele verfolgt, war natürlich nicht möglich. Kissinger, der hervorragend vernetzt war, dürfte damit allerdings die Politik der „Grenzen des Wachstums" (aber bitte für andere) installiert haben. Diese Idee von den Grenzen des Wachstums wurde in Tücher des Umweltschutzes verpackt und in den folgenden Jahrzehnten ergänzt mit der schwindenden Ozonschicht, einer neuen drohenden Eiszeit, dem sauren Regen, dem Waldsterben und schließlich mit dem Klimaschutz gekrönt.

Die erste „politische Anwendung" dürfte im Jahre 1974 gewesen sein. Die Vereinten Nationen organisierten 1974 eine Konferenz in Bukarest auf der Ideen entwickelt werden sollten, welche Maßnahmen zu ergreifen wären, um eine selbsttragende wirtschaftliche Entwicklung in den Ländern der Dritten Welt zu erreichen. Doch das Ergebnis war genau das Gegenteil:

Die amerikanische Delegation, besetzt mit Vertretern des Finanzadels, machte Vorschläge und brachte die mit dem in Zukunft notwendigen „Umweltschutz" in Verbindung. Man sprach von „angepasster Technologie". In der Übersetzung las sich das so: *„dass in Afrika nie Eisenbahnen gebaut würden, sie würden kleine Schaufeln und kleine Brunnen in ihren Dörfern bekommen, womit sie Dinge tun könnten, die für sie angepasst sind".[171]*

„Komplexe" zeigen Interesse an der Klimaforschung

Im Zuge des kalten Krieges kam die Meteorologie in den Fokus der Militärs, und zwar auf beiden Seiten des „eisernen Vorhangs". Es war auch die Zeit der ersten Großrechner, mit de-

---

170 Der SPIEGEL 29/1989 https://www.spiegel.de/politik/der-geschundene-planet-a-921abd0b-0002-0001-0000-000013494673
171 Bericht eines Teilnehmers

ren Hilfe meinten die Militärs eine Möglichkeit zu bekommen, Wetterphänomene besser zu verstehen und durch geeignete Maßnahmen („Geo-Engineering") Dürren oder Überschwemmungen oder andere Naturkatastrophen auf der jeweils anderen Seite des Eisernen Vorhangs künstlich herbeizuführen. Die Militärs pumpten große Summen in die Meteorologie. Ein Bedeutungszuwachs des Wissenschaftszweiges „Meteorologie" war die Folge. Offensichtlich ist damit zumindest in der amerikanischen meteorologischen Wissenschaft der Bazillus der Korruptionsanfälligkeit gezüchtet worden.

Das große Nutz-Potential der Klimaforschung

Die Klimawissenschaft geriet etwa in den 1970er Jahre in den Focus mehrerer globaler oder mächtiger Organisationen. Man erkannte, dass dieses Thema geeignet sein könnte, politische, ökonomische oder ideologische Ziele zu erreichen.

Dank gezielter großzügiger Finanzierung mutierte die Klimawissenschaft immer mehr zu einer Pseudowissenschaft, die es sich zur Aufgabe gemacht hat, immer das zu beweisen, was der jeweilige Finanzier verlangte. Das plötzliche Interesse vieler schwerreicher Organisationen an der „Klimawissenschaft" führte offensichtlich zu einer Käuflichkeit von Wissenschaftlern. Der amerikanische Physiker Harold Lewis fand dafür drastische Worte. Er bezeichnet die Behauptung, die Erderwärmung sei vom Menschen verursacht als den

„größten und erfolgreichsten pseudowissenschaftlichen Betrug, den ich während meines langen Lebens gesehen habe". Und er sprach von Machenschaften einer durch eine „Flut von Geldern ... korrumpierten Bagage pseudowissenschaftlicher Berufsverbrecher, deren einziges Interesse die Jagd nach Forschungsgeldern sei".[172]

---

172 https://physicsworld.com/a/aps-responds-to-climate-change-accusations/

Der „Öko-Industrie-Komplex"

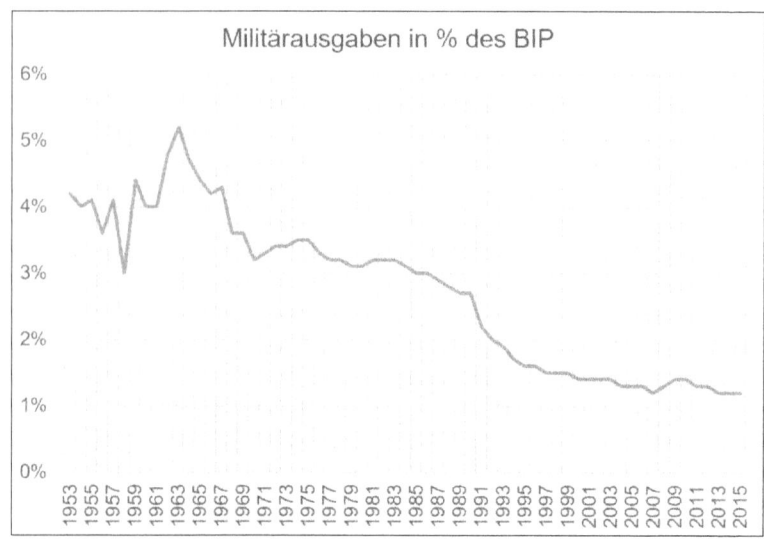

Abbildung 41: Entwicklung der Militärausgaben in Deutschland

Datenquelle: https://www.bundestag.de/resource/
blob/503294/493c4e3a31e0705bd3b62a77
d449bc76/wd-4-025-17-pdf-data.pdf
Graphik: Patzner

Historisch profitierten Teile der Industrie traditionell von den Rüstungsausgaben des Staates. Dass dieser Industriekomplex stets alles getan hat, um den Staat zu veranlassen, die Rüstung voranzutreiben, liegt auf der Hand. Dass er auch wenn nötig, zu diesem Zweck in die Politik eingriff, wissen wir zumindest von 1933.

Nach dem Krieg, bzw. nach der Wiederbewaffnung, lagen diese Ausgaben in Westdeutschland zwischen 3 und 5 % des Bruttosozialproduktes. Mit Auslaufen des kalten Krieges fielen sie in kurzer Zeit auf gut 1 %. Der Rückgang der Rüstungsausgaben ab 1960 ist deutlich sichtbar. (vgl. Abbildung 41). Da ist es fast verwunderlich, dass die traditionelle Rüstungsindustrie, in erster Linie Stahl-, Zement- und Elektroindustrie nicht auf die Barrikaden ging. Tatsächlich wandelten sich diese Unternehmen zu einem „öko-industriellen Komplex".

Die Ursprünge des Öko-Industrie-Komplexes gehen in die 1970er Jahre zurück. Umweltschutz und Umwelttechnik wurden von der Großindustrie entdeckt, darunter auch Rüstungskonzerne wie Messerschmidt-Bölkow-Blohm (MBB). Die Namen Bölkow und dessen Manager Balke (späterer „Atomminister") spielten eine große Rolle.

Je schärfer die Grenzwerte für Schadstoffe in Abwasser und Abluft, desto besser die Geschäftschancen der Umweltbranche. Das wurde bereits auf der ersten deutschen auf Umwelttechnik spezialisierten Messe, der ENVITEC 1973 in Düsseldorf, thematisiert. Bei dieser vom damaligen Bundesinnenminister Hans-Dietrich Genscher (FDP) eröffneten Ausstellungs- und Kongress-Veranstaltung wurde auch deutlich, dass die Branche stark von Konzernen des Militärisch-Industriellen Komplexes (MIK) dominiert wird. Deren Manager waren es gewohnt, in einer korporatistischen, aber hoch effizienten Form von Vetternwirtschaft auf politisch-bürokratisch bestimmten Märkten zu arbeiten.

Zu MBB gesellten sich alsbald Unternehmen wie Flick (insbesondere Krauss-Maffei), Quandt, Klöckner, Krupp, Haniel, Rheinstahl, Siemens, Metallgesellschaft, Degussa und Hoechst sowie der Energiekonzern RWE. Viele waren auch in der Nuklearindustrie aktiv, diese versprach „umwelthygienischen" Strom. Die Zementindustrie ersetzte gerne den Bau von Kasernen durch den Bau von Windkraftanlagen. [173]

Die Assoziation der Begriffe „Rüstungsausgaben" und „Klimaschutzkosten" ist nicht konstruiert. Tatsächlich ist immer wieder zu hören: „Wir befinden uns im Krieg gegen den Klimawandel."

---

173 Entnommen aus: https://gaertner-online.de/2009/01/15/oeko-industrie-komplex/

Deutschland wendet ca. 5 % des jährlichen Bruttosozialprodukts für Klimaschutzmaßnahmen auf. (150 Milliarden von 3,2 Billionen). Global werden insgesamt ca. eine Billion US$ dafür aufgewandt, das sind aber nur ca. 1,25 % des globalen Bruttosozialprodukts. Kein Wunder, dass die deutsche Industrie vom Kampf gegen den Klimawandel besonders begeistert ist.

Speziell in Deutschland scheinen die Ausgaben für den Klimaschutz ein willkommener Ersatz für die stark zurückgefahrenen Rüstungsausgaben zu sein. Statt einen „militärisch-industriellen Komplex" haben wir heute einen „Öko-Industrie-Komplex".[174]

Der Berater der Bundesregierung Patrick Graichen nimmt den Gedanken auf und spricht von einem „politisch-industriellen Komplex.[175] Von ihm stammt der vieldeutige Satz:

„Die Begeisterung für den grünen Umbau und die Begeisterung für das Geschäft mit dem grünen Umbau sind längst nicht mehr zu unterscheiden."[176]

---

174 Der amerikanische Publizist Martin Gellen hat den Begriff 1970 eingeführt und darauf hingewiesen, dass solche Komplexe zu „parasitären Wirtschaftsstrukturen" führen.
175 Patrick Graichen „Die Zeit" vom 4.12.2014
176 Patrick Graichen, ebenda

EEG und Besitzstandwahrung (im Wahljahr 2013)

„Doch beim Blick in die Wahlprogramme dämmert es: Egal, welche Parteien am 22. September gewinnen – niemand wird an den Grundfesten des EEG rütteln. Warum sollte etwa die FDP den Versicherungen, Fondsmanagern, Anwälten und 450 000 Handwerksbetrieben, die sich in ihren Verbandsbroschüren als „Ausrüster der Energiewende" vermarkten, einen Strich durch die Rechnung machen? Warum sollte die CDU es sich mit den Kommunen, die mehr Gewerbesteuern kassieren, verscherzen, warum mit Kirchen und Großgrundbesitzern, die als Verpächter von Windparkflächen profitieren? Welches Interesse sollte die CSU in Bayern haben, ihren Besitzern von rund 375 000 Solaranlagen das Geschäft zu verderben. Und warum sollte das Bundesland, dessen Bewohner durch die EEG-Umverteilung 1,2 Milliarden Euro vom Rest der Republik kassieren, einer harten EEG-Novelle zustimmen?"[177]

Big Business

Klimaschutz bewegt unendlich viel Geld. Überliefert ist eine spontane Idee auf einer Wirtschaftstagung in Florida: *„Why don't we convert the ‚climate change' in a business attraction?"*[178] Auslöser war der kurz zuvor im SPIEGEL erschienene Artikel von der „Klimakatastrophe", der sowohl in amerikanischen Finanzkreisen als auch in Hollywood aufmerksam gelesen wurde. (vgl. „Der mediale Urknall – Ein SPIEGEL – Artikel verändert die Welt")

---

177 FAZ, 24.8.2013
178 Es ist überliefert, dass am 27. 09.1986 in einem bekannten Club in den USA von den Großen der Werbebranche anlässlich einer Feier diese Frage in den Raum gestellt wurde: „Weshalb verwandeln wir die „Klimaänderung" nicht in eine Geschäftsidee?"

Es spricht also vieles dafür, dass die Haupttreiber der globalen „Transformation" mittlerweile aus einer Allianz von internationalen Investmentgesellschaften wie Goldman-Sachs, Blackrock, J. P. Morgan, Union Investment etc. bestehen und mit sog. grünen Investitionen Geld verdienen wollen. Hinzu kommen tausende von Forschungseinrichtungen, deren Finanzierung davon abhängt, dass die Angst vor dem CO_2 weiter geschürt wird – ganze Wirtschafts- und Wissenschaftskreise profitieren davon.

Mit Milliardensubventionen aus Umverteilungen in CO_2-sparende Technologien werden die Unternehmen buchstäblich angelockt, sich für Klimaschutz zu begeistern.

Global bewegt Klimaschutz inzwischen Beträge an der Billionengrenze. Und zwar Jahr für Jahr. Zudem wurden hunderte Institute und Forschungseinrichtungen gegründet, die sich ausschließlich oder zumindest überwiegend mit den entsprechenden Themen beschäftigen. Jedes Rütteln an der Hypothese vom „Klimakiller" CO_2, das angeblich unseren Planeten krank macht, würde die Profite der entsprechenden Investoren sowie die Existenz der eigens hierfür geschaffenen Forschungsjobs gefährden.

International läuft Klimaschutz unter dem Motto „Carbon Disclosure Project" (Kohlenstoff-Offenlegungs-Projekt), das Ziel: ein „entmaterialisiertes Wachstum". Was hinter dieser seltsamen Metapher steht, wäre wert zu wissen. Der Black-Rock-CEO Larry Fink stellt fest.[179]

Der Klimawandel bietet eine historische Investitionsmöglichkeit.

---

179 https://corpgov.law.harvard.edu/2021/01/30/letter-to-ceos/

Die Finanziers, die großen Banken, die Vermögensverwalter, die Privatinvestoren und das Risikokapital entdecken: Mit der Schaffung dieser neuen (grünen) Arbeitsplätze lässt sich eine Menge Geld verdienen. (Wenn es schief geht, ist es das Geld der Bürger oder des Staates).

Der neue Goldrausch:

Spiel mir das Lied vom Lithium – ein moderner Western
in einer SWR2 – Reportage vom 1. April 2022 wird davon berichtet, wie die aus dem sog. „Green Deal" stammenden Gelder der EU in Billionenhöhe nichts anderes außer Gier wecken, Spekulationen anheizen, Umwelt und Landschaften zerstören und Menschen vertreiben.
Die Energiewende hat einen neuen Goldrausch entfacht. Es lohnt sich das Audio zu hören oder den Text zu lesen.

Text
file:///D:/Eigene%20Dateien/Downloads/spiel-mir-
das-lied-vom-lithium-von-kritischen-rohstoffen-
gruenen-kapitalisten-und-widerstand-in-spanien-swr2-
feature-2022-04-01-102%20(1).pdf

Audio
https://www.swr.de/swr2/doku-und-feature/barbara-
eisenmann-spiel-mir-das-lied-vom-lithium-von-
kritischen-rohstoffen-gruenen-kapitalisten-und-
widerstand-in-spanien-100.html

Oder googeln „Spiel mir das Lied vom Lithium".

Linke Systemüberwinder

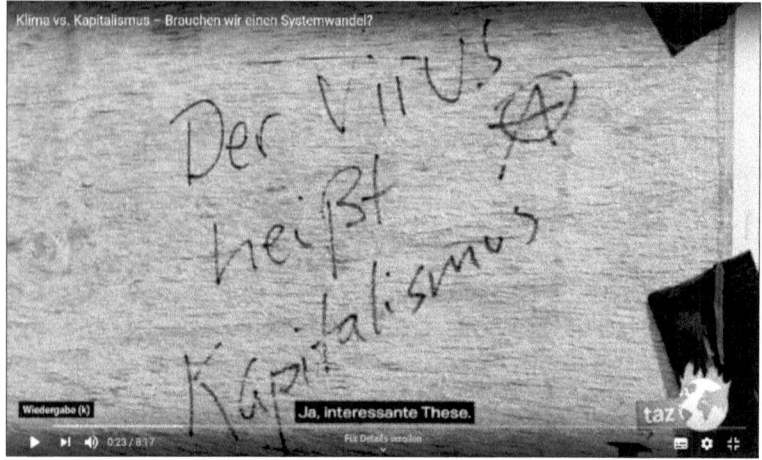

Abbildung 42: Screenshot aus taz-Video
Klima vs. Kapitalismus – Brauchen wir einen Systemwandel?
https://twitter.com/tazgezwitscher/
status/1271414445563133952?lang=de
*https://www.youtube.com/watch?v=EOUovAzR2fg&feature=emb_*
title&fbclid=IwAR1oDCVPTqQedQ7VBXq49qHnTVC
mkUJAyqX8b2jMYdCnj_OB6Sh8FatzFoc

Der Kapitalismus ist am Klimawandel schuld, deshalb kochen linke Ideologen ihr Süppchen mit Zutaten aus der Klimaküche.

Der „Kapitalismus" hat angeblich die Klimakatastrophe zu verantworten, deshalb müssen wir den Kapitalismus überwinden. Stellvertretend wird Naomie Klein genannt, die mehrere internationale „Bestseller" geschrieben hat. 2014 erschien das Buch „Die Entscheidung: Kapitalismus vs. Klima" (englisch *This Changes Everything: Capitalism vs. the Climate)*

Jürgen Trittin schreibt in einem 2014 erschienenen Buch[180]:

„Klimawandel und Ungleichheit sind die beiden großen historischen Herausforderungen unserer Zeit. Sie verlangen nichts weniger als eine große Transformation von Wirtschaft und Gesellschaft." (Seite 9)

Wir brauchen eine große soziale und ökologische Transformation." (Seite 11) Trittin wirbt dabei für einen „ökologischen Materialismus".

Er beklagt, dass der *„Zeitgeist ... nach dem Mauerfall ... marktliberal dominiert war".*
(Seite 34)

Sein Fazit*:*

„Der Markt löst Koordinierungsprobleme nicht." (Seite 38)

Aber offensichtlich hat „Klimaschutz" auch noch eine einträgliche materielle Dimension:

„Klimaschutz ist das Wahre, Gute und Profitable zugleich." (Seite 83)

Ähnlich fällt das (staatlich finanzierte) **„Wuppertal Institut"** auf. Der ehemalige Leiter dieses Instituts, Uwe Schneidewind, schreibt in dem Buch „Die Große Transformation – Eine Einführung in die Kunst gesellschaftlichen Wandels":

„Die Debatte über Nachhaltige Entwicklung macht bisher weitgehend einen Bogen um die Frage zur Zukunft der globalen Wirtschaftsordnung. Dabei wird zunehmend deutlich, dass vie-

---

180 Jürgen Trittin „Stillstand – made in Germany – ein anderes Land ist möglich. Seite 83, Gütersloh 2014

le Nachhaltigkeitsherausforderungen unmittelbare Nebenfol-
gen des modernen globalen Kapitalismus sind. Eine Auseinan-
dersetzung mit der Großen Transformation kommt daher nicht
umhin, sich mit der aktuellen Kapitalismuskritik auseinander-
zusetzen. Alles andere würde auch dem Namensgeber des Be-
griffes der ‚Great Transformation', Karl Polanyi, nicht gerecht
werden. Das vorliegende Kapitel greift wichtige Stränge der ak-
tuellen Kapitalismuskritik mit unmittelbarer Rückwirkung auf
das Ziel einer Nachhaltigen Entwicklung sowie die Möglichkei-
ten einer doppelten Entkopplung auf. Es zeigt zudem, wie die
institutionelle Weiterentwicklung des heutigen Wirtschafts-
systems helfen kann, Prozesse Nachhaltiger Entwicklung ak-
tiv zu flankieren."[181]

Die Oligarchie[182]

Alle Maßnahmen, die zur Rettung der Erde notwendig seien,
werden besonders laut jährlich auf dem World Economic Forum (WEF) in Davos verkündet. Der WEF ist immerhin so etwas wie ein „Dachverband" aller Oligarchen dieser Erde. Man
trifft sich nicht nur in Davos, viele dieser Reichen und Super-
Reichen geben sich jedes Jahr mit ca. 400 Privatjets auch ein
Stelldichein auf den jährlichen Klimakonferenzen und singen
dort das hohe Lied des Klimaschutzes bzw. der materiellen
Einschränkungen.

---

181 Uwe Schneidewind: Die Große Transformation Eine Einführung in die
   Kunst gesellschaftlichen Wandels. FISCHER E-Books. Kindle-Version.
   Uwe Schneidewind, geb. 1966, ist seit 2010 Präsident des Wuppertal
   Instituts für Klima, Umwelt, Energie und Professor für Innovations-
   management und Nachhaltigkeit an der Bergischen Universität Wup-
   pertal. Er ist u. a. Mitglied im Wissenschaftlichen Beirat der Bundes-
   regierung Globale Umweltveränderungen (WBGU), und er ist auch
   Mitglied im „Club of Rome". (S. 65)
182 Der Begriff „Oligarchie" wird in diesem Zusammenhang von Aldous
   Huxley übernommen

Klaus Schwab, der Gründer und geschäftsführende Vorsitzende des WEF, schreibt in seinem Buch „Stakeholder Capitalism":

„Das zeigt uns das zentrale unauflösbare Problem. Die Fähigkeit, die den Menschen dazu verhilft, die Armut zu überwinden und ein besseres Leben zu führen, ist gleichzeitig dafür verantwortlich, dass der Planet für zukünftige Generationen zerstört wird. Die Ursachen für den Klimawandel sind nicht nur das Resultat einer selbstsüchtigen Generation von Industriellen und Babyboomers im Westen. Sie sind die Konsequenz des menschlichen Strebens nach einer besseren Zukunft."[183]

Bei solchen Worten muss man misstrauisch werden. Seine, Schwabs, Alternative lautet also: Arm, aber lebendig oder reich und tot – das ist pervers. Dazu passt eine Kampagne des WEF (World Economic Forum) mit der Bezeichnung „Großer Neustart" – Great Reset[184] (2030).

„Dir wird nichts gehören, und du wirst glücklich sein"

„Was immer du willst, kannst du mieten", heißt es im nächsten Bild – Misstrauen ist im Hinblick auf das neue Armutsgebot empfehlenswert. (vgl. „Armut für alle")

Es dürfte bekannt sein, dass Eigentum unabhängig und frei macht. Wenn wir nun nichts mehr im Eigentum haben sollen, dann verschieben sich die Eigentumsverhältnisse in Richtung der „Vermieter". Die Folge ist eine massive Kapitalkumulation mit unabsehbaren Folgen.

---

183 Klaus Schwab: Stakeholder Capitalism. Hoboken 2012 Seite 154
184 https://www.youtube.com/watch?v=2C_dm2e-Oik

Abbildung 43: Dir wird nichts gehören, und du wirst glücklich sein.
Quelle: *https://i.kym-cdn.com/entries/icons/original/000/039/630/cover4.jpg*

Was man zunächst nicht vermutet: je mehr man sich mit dem Werdegang der These vom „anthropogenen Klimawandel" beschäftigt, desto mehr fällt auf, dass die Vertreter der Hochfinanz und auch des Hochadels diese These nicht nur unterstützen sondern dass sie mit großem finanziellen Engagement alles tun, dieses Dogma global zu verbreiten und zu verfestigen.

Als besondere Förderer und Finanziers sind bekannt und haben sich hervorgetan:

Prinz Bernhard der Niederlande[†] und Prinz Phillip, Herzog von Edinburgh[†] (beide Gründer des WWF), Prinz Charles[185], Nelson[†] und David Rockefeller[†] (Mitbegründer des Club of Rome), Davis Guggenheim[†], William Hewlett[†], David Packard[†], Maurice Strong[†], Al Gore, Michael Bloomberg, Jeremy Grantham, Jeff Bezos, Bill Gates, Gordon Moore (Intel), Familien Heintz und Walton (Wal-Mart), George Soros, the Streisand Foundation, William and Flora Hewitt Foundation, McCall/MacBain-Foundation und viele mehr.

---

185 Jetzt König Charles III

Das sind nur die bekanntesten Namen. Hunderte von Milliardären spenden über ihre philanthropischen Stiftungen Milliarden von Dollars. In Deutschland muss man die Milliardärs-Familie Reemtsma nennen, deren Sprösslinge[186] innerhalb von Fridays for Future besonders lautstark ihren Beitrag leisten.

Ob diese Familien dabei sind, ihren Lebensstil „nachhaltig" zu ändern – so wie man das vom „Volk" verlangt – darf bezweifelt werden. Es ist eher so, dass sie Wasser predigen und besonders teuren Wein trinken. Sie hoffen natürlich auch auf einen entspannten Luftraum, damit sie ungehindert mit ihren Jets um die Welt düsen können.

Wir brauchen nicht sehr weit in die Vergangenheit schauen. Da war die Gesellschaft geteilt in „das Volk" und „der Adel". Der Adel hielt in Politik und Wirtschaft alle Fäden zusammen, er hat sich im Lauf der Jahrhunderte Privilegien und wirtschaftliche Vorteile gesichert.

Die Oligarchie – wie Aldous Huxley den heutigen Geldadel nennt – scheint die Re-Feudalisierung der Gesellschaft zu planen. Warum sollte man nicht ein ähnliches System erneut anstreben, es war ja herrlich bequem, Einfluss und Reichtum wurden vererbt, Stabilität gesichert. Und das Ganze wird sogar einfacher. Statt Adelstitel brauchen wir nur noch zur Kaste der „Alphas"[187] gehören.

In Kapitel „Hintergründe" setzen wir uns ausführlich mit der Rolle der „Oligarchie" auseinander.

---

186 Louisa Neubauer und Carla Reemtsma
187 Begriff aus dem Zukunftsroman „Schöne Neue Welt" von Aldous Huxley. In diesem Roman wird eine Gesellschaft beschrieben, die offensichtlich eine Blaupause für die „Transformation" ist.

Profiteure aller Länder vereinigt euch. „Diabolische Allianzen" von links/grün bis rechts außen!

Deutschlandweit fließen derzeit jährlich ca. 150 Milliarden € in die Windkraft-, Solar-, Dämmstoff-, Biogas-, Energiespeicher-, Batterie-, E-Mobilität-, Wasserstoff-, etc-Industrie. Zum weitaus größten Anteil in Projekte ohne Zukunft und ohne Wertschöpfung. Oder nicht zu Ende gedachte Projekte. Basis all dieser unsinnigen, aber lukrativen Projekte ist der angeblich notwendige Klimaschutz.

Es ist also das gemeinsame Anliegen all dieser Profiteure die Angst vor der Klimakatastrophe aufrecht zu erhalten und wenn möglich zu fördern.

Damit das so bleibt, wird „Landschaftspflege" getrieben. Man finanziert Fördervereine und Aktivisten, man gibt Filmchen in Auftrag, die die schrecklichen Folgen des Klimawandels zeigen und Mitleid mit verhungernden Eisbären erwecken. Da werden Anwaltsfabriken beauftragt um den für die Windkraft hinderlichen Artenschutz aufzuweichen. Mit Geld kann man auch Schmutzkampagnen gegen unliebsame Politiker inszenieren …

Wenn es um so viel Profit geht, dann werden gerne alle Prinzipien geopfert.

Eine der berühmtesten/berüchtigtsten diabolischen Allianzen dürfte historisch der Hitler-Stalin-Pakt gewesen sein. Zumindest wird man unwillkürlich an diesen Pakt erinnert, wenn man folgende Mitteilung einer deutschen Anwaltskanzlei liest. Diese große überregionale Kanzlei befasst sich schwerpunktmäßig mit der juristischen Unterstützung der Energiewende, speziell der Windkraftindustrie auf nationaler und auf EU-Ebene. Dorn im Auge der Windkraft-Investoren sind die Abstandsgebote, Naturschutzgesetze und auf EU-Ebene die FFH-Richtlinie (Flora-Fauna-Habitat).

Die Mitteilung lautet:

„Die Änderung der FFH und der Vogelschutzrichtlinie ist nötig und im EU Parlament auch möglich durch eine diabolische Allianz mit rechtsnationalen Kräften. *Biografisch bedingt kann ich diese Allianz nicht fördern, rational müssen die dem Klimaschutz und der Energiewende Verpflichteten aber genau dies tun."*[188]

Die Kanzlei beanstandet folgende Versäumnisse der Politik[189]:

„Der Ausbau der Windenergie wird durch Einbeziehung immer unrealistischerer Vorgaben für die Bearbeitung des Artenschutzes im Genehmigungsverfahren und weitreichende Klagerechte von Umweltvereinigungen erschwert. Im Interesse der Energiewende besteht für den ins Stocken geratenen Windenergieausbau Nachbesserungsbedarf. Dennoch hält der EuGH den individuenbezogenen Maßstab der Artenschutzprüfung für gerechtfertigt, da sich Auswirkungen auf der Ebene der Population stets erst mittelbar aus kumulativen Beeinträchtigungen und Schädigungen von Individuen ergäben …
Auch an anderer Stelle blieb der EuGH untätig. So hat er in der Vergangenheit Gelegenheiten verstreichen lassen, auf die Anpassung der artenschutzrechtlichen Ausnahmegründe die Harmonisierung der Richtlinien insgesamt hinzuwirken, obwohl dies aufgrund offensichtlicher Wertungswidersprüche dringend angezeigt ist."

---

188 https://www.maslaton.de/news/Urteil-des-EuGH--Stillstand-im-Artenschutzrecht--Zugleich-ein-offener-Brief-an-die-Windenergiebranche-den-eigenen-Verband-und-an-die-Mandatstraeger-in-allen-Parlamenten-die-die-Energiewende-wollen--n802 MASLATON Rechtsanwaltsgesellschaft mbH, Holbeinstraße 24 D-04229 Leipzig (website zwischenzeitlich geändert), ersatzweise: https://www.wattenrat.de/2021/03/17/aenderung-der-vogelschutzrichtlinie-durch-eine-diabolische-allianz-mit-rechtsnationalen-kraeften/
189 ebenda

Mit Windkraftanlagen gegen Putin

Aus dieser Kanzlei kommt – als Beitrag zum Ukraine-Konflikt folgender Aufruf, da fehlen nun wirklich die Worte:

Schluss mit dem ganzen Piep Matz, Denkmalschutz – Luftverkehrs- und sonstigen Einwendungsgequatsche. Die aktuellsten Entwicklungen bewegen mich zu diesem „auf ein Wort extra" mit persönlichem Einschlag, was man mir bitte nachsehen möge.

Gerade als studierter Historiker kann man die aktuellen Entwicklungen kaum glauben und sie sich doch vollständig erklären. Wir erleben nicht mehr und nicht weniger als den Beginn eines (irrationalen) großen Krieges der vor Deutschland nicht halt machen wird.

Mögen sich all die Bedenkenträger, die vom Rot Milan über schöne Landschaftsaussichten, imaginäre Flugverkehrsprobleme und anderen Unfug hinweg meinen, (erneuerbare) Energieversorgung verhindern zu müssen, sich fragen, ob sie denn statt in die dann „verbaute Landschaft" in die Kanonenrohre russischer Panzer blicken wollen?!

Jeder, aber auch wirklich jeder vom kleinsten Verwaltungsbeamten bis in die Spitzen aller Regierungen, die jetzt noch Windenergieanlagen verhindern, verteuern den Strom unnötig und tragen ihren vernichtenden Teil zu einer potentiellen weiteren Energieabhängigkeit vom russischen Massenmörder und Diktator Putin bei![190]

---

190 https://www.maslaton.de/news/Jede-in-Betrieb-gehende-Windenergieanlage-ist-jetzt-ein-Gebot-nationaler-und-europaeischer-Versorgungssicherheit--n838

Die deutsche Klimapolitik –
grob fahrlässig und vorsätzlich

„Demokratien, die ihre größte Sorge im Ausstoß von
CO_2 sehen, können ein leichtes Opfer sein."

Wladimir Kaminer

Verantwortung für zukünftige Generationen

Eine Gesellschaft, die auf Kosten anderer, zeitgleich oder zukünftig lebender Menschen lebt, wird zu Recht kritisiert. Im
Zusammenhang mit dem „Klimaschutz" wird immer wieder
betont, wir würden zu Lasten künftiger Generationen leben –
und dies seit vielen Jahrzehnten. Es heißt deshalb, wir müssen alle verfügbaren Mittel nutzen um den drohenden – menschengemachten – Klimawandel zu vermeiden. Wenn wir das
jetzt nicht sofort tun, dann wird unsere jetzige Jugend eine
umso größere Zeche zu bezahlen haben.

Die bis etwa 2040 von Deutschland aufzubringenden Mittel für den Klimaschutz bewegen sich im Bereich von 5–7 Billionen €, d. h. etwa im Gegenwert von 2 Jahresbruttosozialpro-
dukten. Oder mit anderen Worten: in den Jahren 2000 bis 2040
werden wir 2 Jahre nur für den Klimaschutz gearbeitet haben.

Das geht natürlich zu Lasten anderer Handlungsfelder der
Politik wie z. B. Bildung, Infrastruktur, Energieforschung, Innovationen, Pflege, soziale Sicherung, Digitalisierung, Verteidigung, Familienpolitik, Natur- und Umweltschutz etc.

Einfach ausgedrückt setzen wir derzeit alles auf eine Kar-
te: den Klimaschutz – aber wenn die Karte nicht sticht?

Wie werden die Bürger, d. h. unsere Kinder oder Enkel, die in
Deutschland in der Mitte des 21. Jahrhunderts Verantwortung
tragen, unsere jetzige Generation sehen, wenn sich herausgestellt hat, dass Deutschland gegen alle Warnungen „Vorreiter"

im „Klimaschutz" sein wollte und damit die wirtschaftliche und politische Stärke verspielt haben sollte und vielleicht sogar unsere demokratische Verfasstheit?

Kein Politiker kann behaupten, er habe nie Hinweise bekommen von der Fragwürdigkeit der „anthropogenen Klimatheorie". Dennoch stimmen nahezu alle ein in das hohe Lied der Klimakatastrophe – oder sie schweigen, teilweise mit geballter Faust in der Tasche. Nur wenige haben bisher den Versuch unternommen, dem entgegen zu treten. Sie sind zwischenzeitlich alle eingeschüchtert und zum Schweigen gebracht worden.

Lobbyismus, Korruption, unsichtbare Einflussnahme auf politische Entscheidungen sind das stärkste Gift für die Demokratie. Im Bereich „Klimaschutz" scheint es neben der Verlockung durch Geld auch noch psychologische Mittel (auf Deutsch: Druck) der Beeinflussung zu geben. Die Regierungen sind offensichtlich machtlos und werden getrieben. Die Politik befindet sich in einer babylonischen Gefangenschaft *der Phalanx der Profiteure*.

Politisches Handeln unter Unsicherheit

Der österreichische Schriftsteller Karl Kraus hat die Lösung vorgegeben:

**In zweifelhaften Fällen entscheide man
sich für das Richtige.**

Wir müssen Verständnis haben für Politiker, die sich von Sätzen wie den folgenden beeindrucken lassen:

„Politisch sind die Aktivitäten der ‚Klimaskeptiker' schädlich, denn sie verhindern sinnvolle Vorsorgemaßnahmen. Sie führen dazu, dass in Teilen von Politik und Wirtschaft das Klimaproblem falsch eingeschätzt wird, und daher falsche Entscheidungen getroffen werden …
Vor allem aber besteht die Gefahr, dass Klimaschutzmaßnahmen so sehr hinausgezögert werden, dass durch vermehrte Unwetterkatastrophen viele Menschen unnötig ihr Leben verlieren.

*Ich habe lange die Aktivitäten der ‚Skeptiker' kommentarlos ver-folgt und mich einfach meiner Forschung gewidmet. Ich habe mich aber nach einigen Schlüsselerfahrungen im Zusammenhang mit der Elbeflut, u. a. auch bei einem Besuch im überfluteten Dres-den, zur Stellungnahme entschlossen. Wissenschaftler haben auch die Verantwortung, sich mit **unseriösen** Thesen ausei-nanderzusetzen, wenn sie in der Öffentlichkeit zirkulieren."*[191]

Es ist nicht verwerflich, Maßnahmen zu ergreifen gegen eine mögliche – wenn auch wenig wahrscheinliche – Gefahr. Das gehört zur „Vorsorge" in der Politik. Die Maßnahmen müssen aber „verhältnismäßig" sein.

Das Klima ändert sich, daran kann man nicht zweifeln. Kli-maschutzpolitik muss daher heißen: Wir müssen uns vor den Auswirkungen einer Klimaschwankung schützen.

Es darf nicht heißen: Wir müssen das Klima schützen. Des-halb ist eine Neubesinnung in der „Klimaschutzpolitik" unum-gänglich. Beim Sonnenschutz/Wetterschutz/Regenschutz etc. machen wir es ja auch richtig.

Entscheidungen in der Politik sind fast immer von Unsicher-heiten begleitet, deshalb brauchen wir zur Findung einer gu-ten Entscheidung die offene und freie, parlamentarische und öffentliche Debatte. In einer lebendigen Demokratie muss je-der Bürger die Möglichkeit haben, die Argumente, die zu ei-ner Entscheidung geführt haben, nachvollziehen zu können.

Nicht selten werden zur Entscheidungsfindung auch Ex-perten oder Wissenschaftler befragt. Deren Argumente müs-sen ebenso – nach Gewichtung – in die Entscheidungsfindung einfließen und eine Regierung muss daher immer in der Lage sein, bei neuen Erkenntnissen, die eine in der Vergangenheit getroffene Entscheidung möglicherweise als unrichtig erken-nen lassen, Korrekturen vorzunehmen.

---

191 http://www.pik-potsdam.de/~stefan/alvensleben_kommentar.html, (Schlussbemerkung) Hervorhebung des Begriffs „unseriös" vom Verfasser

Dies gilt auch für die Klimapolitik – und hier ganz besonders – weil die Tragweite der Entscheidungen und deren Konsequenzen hier extrem groß sind.

Wir werden darlegen, dass die Bundesregierung auf dem Gebiet des „Klimaschutz" diese Grundsätze missachtet und keine ehrliche Debatte führen will.

Die Bundesregierung beruft sich in ihrer Klimaschutzpolitik auf Erkenntnisse der Wissenschaft, die u. a. von folgenden Instituten vertreten werden:

» Potsdam Institut für Klimafolgenforschung (PIK)
» Wissenschaftlicher Beirat globale Umweltveränderungen (WBGU)
» Wuppertal-Institut für Klima, Umwelt und Energie
» Sachverständigenrat für Umweltfragen (SRU)
» Weltklimarat (IPCC)[192]

Das wichtigste internationale Institut in diesem Zusammenhang ist der Weltklimarat (IPCC). Er ist eine politische Organisation, die sich im Umfeld der Vereinten Nationen angesiedelt hat. Er veröffentlicht im 4-jährigen Rhythmus umfangreiche Klimaberichte (Assessments).

Es ist das Recht und auch die Pflicht einer Regierung, die Wissenschaft zu beachten. Sie muss aber wissen, dass es in den Naturwissenschaften (wie in allen anderen Wissenschaften auch) nie endgültige Erkenntnisse gibt. Alle wissenschaftlichen Vermutungen, Hypothesen, Theorien und sogar Naturgesetze stehen unter dem Vorbehalt der Falsifizierung. Daher sind Aussagen wie z. B. „der menschengemachte Klimawandel ist Fakt" nicht erlaubt.

Wenn die Bundesregierung wissenschaftliche Erkenntnisse zur Basis ihres Handelns macht, muss sie immer die Möglichkeit des wissenschaftlichen Irrtums beachten. Auch die Beachtung von wissenschaftlichen Minderheitsmeinungen ist erforderlich.

---

192 International Panel of Climate Change

Tut sie das nicht, dann handelt sie grob fahrlässig.

Die Lobbyisten und Alarmisten gaben den Ton an – andere Informationen wurden nicht beachtet.

Aber neben Kernkraftlobbyisten und Öko-Alarmisten hatten die Bundestagsabgeordneten auch zahlreiche Gelegenheiten, andere Stimmen zu hören. Von dem Vortrag von Prof. Schwarz wurde bereits berichtet. (Die deutsche Energiepolitik ist „grob fahrlässig")

Es gab Anhörungen im Ausschuss für Umwelt, Naturschutz und nukleare Sicherheit im Deutschen Bundestag am 24. November 2018 mit dem renommierten israelisch-amerikanischen Klimawissenschaftler Prof. Nir Shaviv[193] und eine weitere Anhörung im Bundestag am 6.11.2019 mit dem höchst qualifizierten britischen Wissenschaftler Piers Corbyn. (Den Vortrag von Nir Shaviv finden Sie in der Anlage.)

Wie rüde mit diesem international renommierten Wissenschaftskollegen umgegangen wurde, sollte stutzig machen. So geht man nicht miteinander um, da spielt es überhaupt keine Rolle dass die AfD den Wissenschaftler eingeladen hat.[194]

„Alles, was Shaviv gesagt hat, ist Quatsch"[195], das war das Einzige, was der Vertreter des Potsdam Institut für Klimafolgenforschung, Levermann, entgegenzusetzen hatte.

Piers Corbyn ist ein Astrophysiker und Direktor des Instituts für Langzeit-Wetter-Prognosen. Er hat einen First Class Degree in Physik vom Imperial College und einen MSc in Astrophysik vom Queen Mary College. Er hat bereits in jungen Jahren zahlreiche wissenschaftliche Arbeiten zu Themen wie Meteorologie, Kosmologie und Galaxienbildung veröffentlicht und auf vielen internationalen Konferenzen vorgetragen.

---

193 Prof. Shaviv ist ein israelisch-amerikanischer Wissenschaftler. Er ist Chairman im Racah Institute of Physics, Edmond J. Safra Campus, Giv'at Ram Jerusalem 91904, Israel.

194 Statement_for_Bundestag_Committee_Nov2018

195 https://www.bundestag.de/resource/blob/584210/1333e5d 7816ecfd0469841b463e3f8e8/Protokoll-19-024-data.pdf. Seite 12

Piers Corbyn argumentiert, dass die menschengemachte globale Erwärmung durch CO_2 Unsinn ist. Stattdessen argumentiert er, dass auf lange Sicht die CO_2 Konzentration in der Atmosphäre die Wirkung und nicht die Ursache von Änderungen des Klimas bzw. von Temperaturen ist, und dass es die Sonne ist, die das Klima antreibt.[196]

Aber die ebenfalls am 6.11.2019 anwesenden „Klimawissenschaftler" vom Zentralverband des Deutschen Handwerks, des Fraunhofer-Institut für Umwelt-, Sicherheits- und Energietechnik, des Deutschen Landkreistages, des Deutschen Naturschutzring, des Deutschen Gewerkschaftsbundes, der Brandenburgischen Technische Universität Cottbus, der Klima-Allianz Deutschland und des WWF Deutschland mahnten unisono mehr Geld für den Kampf gegen den Klimawandel an.[197]

Wie soll eine Regierung sich verhalten, wenn die Grundlagen der Entscheidungen von hoher Unsicherheit geprägt sind?

Die Bundesregierung hat sehr viel Grund, am „anthropogenen Klimawandel" zu zweifeln. In diesem Zusammenhang sei auf einen Vortrag von Prof. Dr. Carl Christian von Weizsäcker[198] auf einer Tagung der Deutschen Physikalischen Gesellschaft vom 26. bis 28. März 2012 in Berlin verwiesen. Weizsäcker geht hier auf die Verantwortung einer Regierung bei Entscheidungen unter hoher Unsicherheit ein und stellt fest, dass eine Regierung nicht ohne weiteres die Verantwortung für eventuelle falsche Entscheidungen auf ein Expertengremium verlagern kann.

Diese Problematik sollte der Bundesregierung bekannt sein.

Weizsäcker nennt konkret den Weltklimarat (IPCC) und den Wissenschaftlichen Beirat globale Umweltveränderun-

---

196 https://www.bundestag.de/resource/blob/666002/21b43e1b155051
227ef2981acd52c254/19-16-292-C-Corbyn-data.pdf
197 https://www.bundestag.de/presse/hib/666810-666810
198 Den kompletten Vortrag von C.C. von Weizsäcker finden Sie in
https://www.coll.mpg.de/80391/CCvW-Klimapolitik.pdf

gen (WBGU). Auf diese Institutionen beruft sich die Bundesregierung in Energie- und Klimafragen.

Aus diesem Vortrag:

*Die Politik hat auf das Problem des Entscheidungszwangs bei ho-
her Unsicherheit dadurch reagiert, dass sie Gremien eingerichtet
hat, denen Experten angehören und die beauftragt sind, der Politik Empfehlungen zu geben. Beispiele sind hier auf internationaler Ebene das International Panel on Climate Change (IPCC)
und auf nationaler Ebene der wissenschaftliche Beirat der Bundesregierung zu globalen Umweltveränderungen (WBGU).*

*Mit der Einrichtung solcher Gremien verschwindet indessen
das Unsicherheitsproblem nicht. Es wird nur verlagert; dadurch
kann sich die Politik leichter befreien von einem späteren Vorwurf, falsch entschieden zu haben.*

Doch Weizsäcker zeigt auf, dass diese Entlastung nicht unbedingt funktionieren muss. Und zwar dann, wenn Zweifel an
der wissenschaftlichen Einhelligkeit sichtbar sind.

Und Weizsäcker gibt zu bedenken:

*Nun kennen wir auch für Demokratien, die seit mehr als 200 Jah-
re existieren, den Ausnahmezustand des Krieges. Im Krieg wird
auch in einem Land wie den USA die Meinungsfreiheit und Pres-
sefreiheit massiv eingeschränkt. Es fallen dann viele Entscheidungen ohne große vorherige Diskussion. Das nach der herrschenden Meinung Richtige wird einfach in die Tat umgesetzt.
Was der WBGU, begründet durch die Dringlichkeit einer Prob-
lemlösung, nun praktisch tut, ist, dass er einen Krieg verkündet:
den Krieg gegen den Klimawandel. **Die Große Transformation, die der WBGU als alternativlos darstellt, entspricht
damit funktional einem Kriegszustand**. Sie soll an Breite und Tiefe ja der industriellen Revolution nicht nachstehen,
gleichzeitig aber mithilfe des „gestaltenden Staates" im Verlauf
von zwei Jahrzehnten durchgeführt werden. Folgt man dieser
„Philosophie", dann ist in der Tat keine Zeit mehr für lange De-*

batten über die beste Strategie, Debatten, wie sie in der herkömmlichen Form der Demokratie üblich sind.

Der ständige Hinweis der Bundesregierung, dass 97 % der Wissenschaftler dieser Meinung seien, soll diese Entlastungsfunktion stärken. Doch sie übersieht, dass diese „97 %" nur für die genannten Beratungsgremien gilt. Weizsäcker zeigt ferner, dass es innerhalb dieser Beratungsgremien einen „Druck auf Einstimmigkeit oder Einhelligkeit der Meinung" gibt „damit das Gremium nach außen als eines auftreten kann, in dem keine gravierenden Meinungsverschiedenheiten zu finden sind".

Diesen „Druck auf Einstimmigkeit" gibt es ansonsten in der Wissenschaft nicht, gäbe es ihn, könnte Wissenschaft nicht funktionieren. Es ist sträflich, dass die Bundesregierung die Meinung der Wissenschaftler, die nicht in den „Gremien" gebunden sind, ignoriert. Sie übersieht daher vorsätzlich, dass es diese Einhelligkeit nicht gibt.

Interessanterweise ist sich die Bundesregierung klar, wie unsicher die Handlungsbasis für den Klimaschutz ist. In einem Kabinettsbeschluss vom 17.12.2008 finden wir folgenden aufschlussreichen Satz:[199]

„Um mit diesen Unsicherheiten umzugehen und dabei dennoch handlungsfähig zu bleiben, werden Emissionsszenarien vereinbart, deren zentrale Rahmendaten zuvor durch das IPPC definiert wurden. Weil aber noch längst nicht alle klimatischen Vorgänge komplett verstanden sind, können die Modelle immer nur Annäherungen an die Wirklichkeit sein und niemals sämtliche Faktoren des Systems ‚Klima' abbilden."

Die Feststellung, *„dass längst nicht alle klimatischen Vorgänge komplett verstanden sind"* verbietet es, Billionenbeträge auszugeben.

---

199 https://www.bmu.de/fileadmin/bmu-import/files/pdfs/allgemein/
application/pdf/das_gesamt_bf.pdf, Seite 13

Auffallend ist die Verwendung des Begriffs „Szenario". Damit verbinden wir fiktive Vorstellungen, die mit der Realität nur wenig zu tun haben und auffallend ist die Verschiebung der Verantwortung auf den Weltklimarat (IPCC).

Unter „Szenario" verstehen wir z.B. „Bühnenbild", „Skript", „Drehbuch".

Die Bayerische Akademie der Wissenschaften spricht nahezu Klartext

Interessant sind die „Rundgespräche zum Klimawandel im 20. und 21. Jahrhundert"[200]. Eingeladen hatten im Mai 2004 die Bayerische Akademie der Wissenschaften und ihre Kommission für Ökologie. Das Rundgespräch sollte den damaligen Kenntnisstand zu den Ursachen des Klimawandels herausarbeiten, wie es im Vorwort heißt:

„Viele Klimaforscher sind aufgrund von Hypothesen und Modellrechnungen davon überzeugt, dass die derzeitige Klimaerwärmung mit allen Nebenerscheinungen ganz überwiegend durch den Anstieg des Kohlenstoffdioxids (CO_2) und anderer Treibhausgase aus anthropogenen Quellen verursacht wird. Diese Auffassung bestimmt das in den Medien verbreitete Weltbild und ist Grundlage der energie- und Klimapolitik der Bundesregierung (Stichworte Kyoto-Protokoll, Emissionsrechtehandel). Demgegenüber verweisen andere Wissenschaftler mit guten Argumenten darauf, dass die komplexen Wechselwirkungen zwischen Energie- und dem Wasserhaushalt der Atmosphäre/Erde und auch die Einflüsse anderer Klimaparameter bisher nur wenig verstanden und deshalb in den gegenwärtig benutzten Klimamodellen nur unvollkommen abgebildet sind. Die Belastbarkeit der

---

200 Hagedorn, H., Rehfuess, K.-E., Röck, H. (2005): Klimawandel im 20. und 21. Jahrhundert: Welche Rolle spielen Kohlendioxid, Wasser und Treibhausgase wirklich? Bayerische Akademie der Wissenschaften. Rundgespräche der Kommission für Ökologie, Band 28. Verlag Dr. Friedrich Pfeil.

aus den verfügbaren Modellen abgeleiteten Klimavorhersagen
ist daher in Frage zu stellen. Wegen der vielen Einflussfaktoren
mit oft unzureichend bekannten Wechselwirkungen wird sogar
überhaupt bezweifelt, dass die künftige Klimaentwicklung pro-
gnostiziert werden kann ..."[201]

Zwei prominente Zweifler:

1. Mojib Latif zweifelt:

Selbst der bekannte Klimaforscher Mojib Latif, der nicht
wenig zur Verfestigung der Klimadogmen beigetragen hat,
äußert Zweifel. Er schreibt 2010:

> „... *es lässt sich jedoch durch den Nachweis einer statistisch*
> *signifikanten Klimaänderung kein kausaler Zusammenhang*
> *zwischen dieser Änderung und Änderungen in der Treibhaus-*
> *gas-Konzentration herstellen. Um die Klimaänderung mit*
> *der Änderung der Treibhausgaskonzentration in Verbindung*
> *zu bringen, müssen wir alle anderen Ursachen einer extern*
> *angetriebenen Klimavariation ausschließen können.*"[202]

2. Eine Stellungnahme der Deutschen Meteorologi-
schen Gesellschaft zu den Grundlagen des Treib-
hauseffektes (1999)

> „*Es ist unstrittig, daß der anthropogene Treibhauseffekt*
> *noch nicht unzweifelhaft nachgewiesen werden konnte.*"[203]

---

201 Verfasser: Prof. Dr. Horst Hagedorn (Geographisches Institut Uni
  Würzburg), Prof. Dr. Karl-Eugen Rehfuess (Dept. Für Ökologie Technische Universität München) und Dr. Heinrich Röck (Trostberg) (2005).
202 Latif, M. Bringen wir das Klima aus dem Takt? Hintergründe und Prognosen. – Fischer Taschenbuch (7. Aufl., Dez. 2010, S. 150)
203 https://www.dmg-ev.de/wp-content/uploads/2020/07/1999_
  Treibhauseffekt.pdf

Zweifel an der Politik des Klimaschutzes wird auch aus Kreisen von Mitgliedern der CDU und der CSU angemeldet.

Der „Berliner Kreis in der Union" hat am 30.5.2017 ein Papier zum Thema „Klima und Energie", veröffentlicht[204], desgleichen eine Gruppe innerhalb der CSU mit dem Titel „Die Sonne steuert das Klima, nicht das CO_2" am 30. Dezember 2019[205]:

Die konservative Basisinitiative WerteUnion in Bayern – Konservativer Aufbruch sieht es als erwiesen an, dass die Sonne das Klima steuert und nicht das Kohlendioxid (CO_2). **Die neuen Klima-Gesetze seien daher unbedeutend für das Klima, aber „sie bedrohen die Grundlagen für Freiheit, Wohlstand und Marktwirtschaft".**

Die Reaktionen waren in beiden Fällen extrem harsch. „Den Treibhauseffekt kleinzureden ist so irrsinnig wie Kinder zum Spielen auf die Autobahn zu schicken", von Mini-Trumps war die Rede.[206]

Es ist bekannt, dass es innerhalb der Politik, in allen Parteien, auch bei den Grünen, viele Politiker gibt, die sich wegen der Klimaschutzpolitik die Haare raufen. Aber sie sind derzeit chancenlos. Zudem: Wer wiedergewählt werden will, wer seine politische Laufbahn nicht zerstören will, der schweigt in Sachen „Klimaschutz" – oder besser: Er macht mit.

Die beiden Arbeitskreise sind zwischenzeitlich mundtot gemacht worden.

---

204 http://berliner-kreis.info/klima-und-energiepolitik
205 https://konservativer-aufbruch.bayern/2019/12/30/die-sonne-steuert-das-klima-nicht-das-co2/
206 Stuttgarter Zeitung, 6.6.2017

Zweifel an der eigenen Energiepolitik:

Nachfolgend einige ausgewählte Zitate von hohen Regierungsmitgliedern bzw. Fachleuten:

Angela Merkel hat auf einer Energiekonferenz am 29.10.2004 im Hyatt-Hotel in Köln – als sie noch nicht Kanzlerin war – ein gutes Gespür für gesellschaftliche Fehlentwicklungen gezeigt:

> *„Auf die Dauer gibt es so viele Profiteure der Windenergie, dass sie keine Mehrheiten mehr finden, um das noch einzuschränken."*

Bei einer Tischrede beim Handelsblattdinner am 22.4.2013 in Berlin sagte sie:

> *„Wir müssen jetzt ein Gesetz ändern, das die alternativen Energien fördert – und von dem viele profitieren. Wie bisher können wir nicht weitermachen."*

Noch deutlicher wird der damalige Wirtschaftsminister Sigmar Gabriel, er sagte am 17.4.2014 in Kassel in einem Vortrag bei dem Hersteller von Solarkomponenten SMA zur Energiewende wörtlich Folgendes:

> *„Die Wahrheit ist, dass die Energiewende kurz vor dem Scheitern steht."*
> *„Die Wahrheit ist, dass wir auf allen Feldern die Komplexität der Energiewende unterschätzt haben."*
> *„Für die meisten anderen Länder in Europa sind wir sowieso Bekloppte."*

Der Direktor der Denkschule für deutsche Energiepolitik „Agora Energiewende", Dr. Patrick Graichen wird in „Die Zeit" vom 4.12.2014 zur Energiewende wie folgt zitiert:

> *„Wir haben uns geirrt bei der Energiewende. Nicht nur bei ein paar Details, sondern in einem zentralen Punkt. Die vielen neuen Windräder und Solaranlagen, die Deutschland baut, leisten nicht, was wir uns von ihnen versprochen haben. Wir hatten gehofft, dass sie die schmutzigen Kohlekraftwerke ersetzen würden, die schlimmste Quelle von Treibhausgasen. Aber das tun sie nicht. ... „Rund um die Branche der Erneuerbaren ist in den vergangenen Jahren ein regelrechter politisch-industrieller Komplex herangewachsen. ... Alle Akteure in diesem Komplex verbindet ein Interesse: Probleme der Energiewende müssen lösbar erscheinen, damit die Wind- und die Sonnenbranche weiter subventioniert werden. Die Begeisterung für den grünen Umbau und die Begeisterung für das Geschäft mit dem grünen Umbau sind längst nicht mehr zu unterscheiden."*

Der ehemalige Bundesumweltminister Jürgen Trittin erklärt das Phänomen wie folgt in seinem Buch: „Stillstand – made in Germany" auf Seite 83:

> *„Klimaschutz ist das Wahre, Gute und Profitable zugleich."*

Strafrechtliche Relevanz der Klimaschutzpolitik?

Aus der Tatsache, dass die Bundesregierung wider besseres Wissen handelt, ergeben sich auch strafrechtliche Überlegungen, die sind zwar abstrakt, aber sie stehen im Raum.

Betrug

Es kann nachgewiesen werden, dass alle Entscheidungsträger, gleich ob Bundestagsabgeordnete, Minister und die ehemalige Bundeskanzlerin oder der Bundeskanzler positiv von der höchstwahrscheinlichen Haltlosigkeit der wissenschaftlichen Basis der Klimaschutzpolitik informiert sind.

Damit ist das Handeln der Bundesregierung nicht nur unter Grobfahrlässigkeit einzuordnen. Die Bundesregierung verfolgt demnach wissentlich und vorsätzlich eine Politik die nachweislich nicht nur unwirksam ist, sondern die

» Volksvermögen in großem Stil vernichtet und umverteilt
» Die Zukunft Deutschlands gefährdet
» Leben und Gesundheit der Bürger gefährdet

Damit sind strafrechtliche Aspekte berührt: Durch die immense Umverteilung im Wege von Zwangsumlagen (EEG; CO_2-Abgabe, Kosten der energetischen Sanierung) auf die Allgemeinheit bzw. Mieter zugunsten von Investoren, Anlegern, Teilen der Industrie, Wissenschaftler und einer nicht überschaubaren Anzahl von Profiteuren wird Vermögen widerrechtlich verschoben.

§ 263 des Strafgesetzbuches lautet:

1. *Wer in der Absicht, sich oder einem Dritten einen rechtswidrigen Vermögensvorteil zu verschaffen, das Vermögen eines anderen dadurch beschädigt, dass er durch Vorspiegelung falscher oder durch Entstellung oder Unterdrückung wahrer Tatsachen einen Irrtum erregt oder unterhält, wird mit Freiheitsstrafe bis zu fünf Jahren oder mit Geldstrafe bestraft.*

2. *In besonders schweren Fällen ist die Strafe Freiheitsstrafe von sechs Monaten bis zu zehn Jahren. Ein besonders schwerer Fall liegt in der Regel vor, wenn der Täter*

> » *einen Vermögensverlust großen Ausmaßes herbeiführt oder in der Absicht handelt, durch die fortgesetzte Begehung von Betrug eine große Zahl von Menschen in die Gefahr des Verlustes von Vermögenswerten zu bringen,*
> » *eine andere Person in wirtschaftliche Not bringt.*

Der Tatbestand ist eindeutig:

Es wird uns seit Jahren wider besseren Wissens fortgesetzt vorgespiegelt, mit dem Klimaschutz würden Maßnahmen durchgeführt, die letztlich zur Rettung der Welt notwendig seien.

Die wahre Tatsache, dass „Klimaschutz" nicht nur nicht notwendig ist sondern ein völliger Fehlschlag ist, wird unterdrückt. Es wird der Irrtum erregt, die Klimaschutzmaßnahmen seien erfolgreich.

Die Täuschungshandlungen sind zweifelsfrei!

Hunderttausende von „Dritten" erhalten einen rechtswidrigen Vermögensvorteil, hingegen wird das Vermögen der Allgemeinheit beschädigt. Die Vermögensverschiebung beläuft sich bis heute bereits auf über eine Billion € und wird mindestens 5 Billionen – nach heutiger Planung – erreichen. Es gibt Pläne, diese Verschiebung massiv auszuweiten

Viele Bürger kommen durch die hohen Strompreise in Not.

Fahrlässige Tötung

> *§ 222 des Strafgesetzbuches lautet: „Wer durch Fahrlässigkeit den Tod eines Menschen verursacht, wird mit Freiheitsstrafe bis zu fünf Jahren oder mit Geldstrafe bestraft."*

Es ist zweifelsfrei, dass die derzeitige Energiepolitik zu einem flächendeckenden Blackout von mehrtägiger Dauer führen kann. Bei derartigen Ereignissen muss damit gerechnet werden, dass Menschen ums Leben kommen.

Verletzung des Amtseides

Alle Bundeskanzler und die Minister haben einen Amtseid abgegeben:

„Ich schwöre, dass ich meine Kraft dem Wohle des deutschen Volkes widmen, seinen Nutzen mehren, Schaden von ihm wenden, ..."

Es ist bekannt, dass dieser Eid nicht strafbewehrt ist. Sicher aus gutem Grund. Geschichtlich gesehen sind aber immer wieder bestimmte Usancen dann geändert worden, wenn sich krasse Fälle ereignet haben. Im internationalen Strafrecht ist dies deutlich und hat zu internationalen Gerichtshöfen geführt.

Wir meinen, dass die oben zitierte Formel zur Floskel verkommen ist, weil sie nicht strafbewehrt ist. Wir müssen darüber nachdenken.

KAPITEL 4

Hintergründe

Die „Neue Weltordnung" – von allkompetenten Regierungen und wohlmeinenden Diktatoren

Der stärkste und nachhaltigste Impuls auf „Klimaschutz" dürfte wohl im Zusammenhang mit dem Thema „Neue Weltordnung" ausgeübt worden sein. Die Installation eines globalen Märchens ist nicht zum Nulltarif zu bekommen, es kostet Milliarden und die können nicht aus den identifizierten Klimaschutz- und Energiewende-Profitgruppen kommen. Für den internationalen Finanzadel sind diese Milliarden jedoch Peanuts.

Vorsorglich weist der Autor darauf hin, dass der Begriff „Neue Weltordnung" wenn immer möglich, mit dem Begriff „Verschwörungstheorie" in Verbindung gebracht wird. Damit soll gesagt werden, dass „NWO" ein Hirngespinst sei.

Bei Wikipedia lesen wir:

„Als Neue Weltordnung (englisch New World Order) wird in verschiedenen Verschwörungstheorien das angebliche Ziel von Eliten und Geheimgesellschaften bezeichnet, eine autoritäre, supranationale Weltregierung zu errichten."

Schon die wenigen Zitate in diesem Buch (deren Authentizität der Autor nach bestem Wissen geprüft hat) zeigen, dass es diesen Traum gibt. Was genau sich dahinter verbirgt, ist natürlich sehr schwer zu definieren. Sicher ist, dass NWO Pate steht, wenn es um die Verbreitung der Angst vor der Bevölkerungsexplosion, der Angst vor dem Ende der Ressourcen geht, um die Verbreitung der Angst vor einer Klimakatastrophe, um die Forderung nach einem genügsamen Leben (Suffizienz) oder um die unverhohlen geäußerte Forderung nach Abschaffung oder Einschränkung der Demokratie.

Wenn wir die Wurzeln verfolgen, stoßen wir immer auf die abstrakten Begriffe „Oligarchie" oder „Elite".

Übrigens ist der Begriff „Verschwörungstheorie" gar nicht so alt. Erfunden hat ihn die CIA. Die Hintergründe der Ermordung von John F. Kennedy sind bis heute nicht aufgedeckt. Die unendlich vielen offenen Fragen im Zusammenhang mit dem Mord haben ein Heer von Journalisten bewogen, „investigativ" zu arbeiten. Jeder dieser Journalisten wurde alsbald als paranoider Verschwörungstheoretiker beschimpft.

Die CIA hatte die Begriffe „Verschwörung" und „Verschwörungstheorie" gezielt aufgebaut, um Zweifel an der offiziellen Version der Ermordung John F. Kennedys möglichst im Keim zu ersticken.

„Die CIA-Kampagne, welche zum Ziel hatte, den Begriff ‚Verschwörungstheorie' populär zu machen und zugleich in Misskredit zu bringen, muss unglücklicherweise als eine der erfolgreichsten Propagandainitiativen der Geschichte bezeichnet werden."[207]

Die Geschichte ist voll von „Verschwörungen". Sie geben viel Stoff für aufregende Romane. Ob es um die Ermordung Cäsars ging, die Pazzi-Verschwörung gegen die Medici, die Loge P2, die Männer des 20. Juli ... Kennzeichen dieser Verschwörungen ist aber, dass es sich um eine geschlossene, kleine „verschworene" Gruppe handelt. Schon aus diesem Grund passt der Begriff Verschwörung überhaupt nicht auf die Bemühungen um eine „Neue Weltordnung".

Näher kommen wir der Sache, wenn wir von „Interessen einer Gruppe" sprechen.

Die Bemühungen, eine Neue Weltordnung zu etablieren

Die USA sind von der Konzeption her eine offene Gesellschaft. Das heißt: Jeder Tellerwäscher kann zum Millionär aufsteigen – und umgekehrt. Keine Reglementierung hindert ihn da-

---

207 Dr. Lance deHaven-Smith, Professor an der Florida State University, „Conspiracy Theory in America" Austin 2013 (https://www.amazon.com/Conspiracy-Theory-America-Discovering/dp/0292757697)

ran. Damit dieser Fall aber nicht eintritt, haben die Leute, die schon oben sind, allerlei trickreiche Vorrichtungen ersonnen, um unter sich zu bleiben und sich nicht von Emporkömmlingen an die Seite drücken zu lassen. Nach dem amerikanischen Bürgerkrieg Mitte des 19. Jahrhunderts hatte sich eine Elite durchgesetzt, die an der nördlichen Ostküste der USA mit Schwerpunkten in New York und Boston zuhause ist. Diese Elite ist weiß, protestantisch und sieht die Kultur Englands als ihre geistige Heimat an. Sie hat ihre eigenen Schulen und Universitäten gegründet, wo nur der eigene Nachwuchs gefördert wird. Exklusive studentische Verbindungen garantieren, dass die Absolventen der Eliteausbildung von ehemaligen Absolventen gleich in die richtigen Karrieregleise geschubst werden.[208]

Und damit es so bleibt, braucht man Strukturen, die die Politik entsprechend beeinflussen, mit anderen Worten, das derzeitige gesellschaftliche und wirtschaftliche System soll zementiert werden. Wer unten ist, bleibt unten, wer oben ist, bleibt oben. Sich ändernde Rahmenbedingungen müssen unter Kontrolle bleiben und wenn möglich sollte dieser Kontrollprozess global sein, er sollte im wahrsten Sinne „grenzenlos" sein.

Zu Ende gedacht heißt dieser Wunsch nach einer globalen Kontrolle das Streben nach einem wie auch immer gearteten globalen Feudalismus und es ist zu vermuten, dass dieser Wunsch mittlerweile nicht mehr allein auf den nordamerikanischen Finanzadel beschränkt ist, sondern dass auch der europäische Finanzadel, russische Oligarchen und chinesische Milliardäre mit derartigen Gedanken liebäugeln. Diese Wunschvorstellung wird mit dem Namen „Neue Weltordnung", „New World Order" oder NWO in Verbindung gebracht.

Die Dynamik einer funktionierenden Wettbewerbsgesellschaft steht der Stabilität – so wie sie sich der Finanzadel vorstellt – entgegen, deshalb kann man schon ein wenig über „Sozialismus" reden.

---

208 Entnommen aus: https://www.heise.de/tp/features/Der-Klub-der-Weisen-Maenner-3419681.html

Es war ein enger Berater des amerikanischen Präsidenten Woodrow Wilson, Edward House, der 1912 einen Roman mit dem Titel „Philip Dru"[209] geschrieben hatte, in dem in aller Breite sozialistische Gedanken ausgebreitet werden mit dem Ziel,

> *„den von Karl Marx erträumten Sozialismus zu verfolgen" und eine „allkompetente" Regierung einzusetzen, in der „das Eigentum und das Leben aller nun in der Obhut eines einzigen Mannes waren".[210]*

Dieser Herr House, der die Vorteile des Sozialismus anpries, hatte einen sehr elitären Freundeskreis: Paul Warburg, John D. Rockefeller, J. P. Morgan, John W. Davis und andere Mitglieder der Hochfinanz – mit Sicherheit keine Marxisten.

Hochwillkommen war House und seinen Freunden, dass nach den Schrecken des Ersten Weltkrieges die Idee eines „Völkerbundes" ernsthaft diskutiert wurde, sah man doch darin die mögliche Keimzelle einer „allkompetenten" globalen Regierung. Der Beitritt der USA zu dem neu gegründeten Völkerbund wurde daher von House dem damaligen US-Präsidenten Woodrow Wilson wärmstens empfohlen. Wilson wollte das auch, doch der Senat lehnte die Ratifizierung der Beitrittsurkunde 1920 ab – ein herber Schlag für Wilson, noch mehr aber für House und seine Freunde.

Netzwerke sollen die Macht sichern

Ideen, die der Etablierung einer „Weltregierung" dienen, waren es wert, verbreitet zu werden. Dazu gründete House 1921 das Institut für Internationale Angelegenheiten, das zwei Abteilungen hatte. In London wurde das „Royal Institute of International Affairs" (RIIA) gegründet, in New York das „Council on Foreign Relations" (CFR).

---

209 Edward Mandell House: Philip Dru – Administrator, New York 1912
210 https://www.iatp.org/sites/default/files/Global_Governance_Why_How_When.htm, Kapitel: The League of Nations (1900–1924)

Der Gründungspräsident des CFR war John W. Davis, persönlicher Anwalt von J. P. Morgan. Das Geld für die neuen Organisationen wurde von J. P. Morgan, Bernard Baruch, Otto Kahn, Jacob Schiff, Paul Warburg und John D. Rockefeller zur Verfügung gestellt.[211]

Der Zweck des CFR bestand darin, einen Strom politik-wissenschaftlicher Literatur zu schaffen, um eine bestimmte Politik populär zu machen und eine Mitgliedschaft reicher Intellektueller anzuziehen, die die Richtung der Außenpolitik in Amerika beeinflussen konnten.

Der CFR wurde das einflussreichste Netzwerk

Doch es blieb nicht allein beim CFR. Es wurde eine Vielzahl von sog. Thinktanks gegründet, darunter

» Trilaterale Kommission
» Tavistock-Institut
» Club of Rome
» Bilderberger Konferenz

Diesen auserlesenen Klubs gehören einige tausend Personen aus den obersten Etagen der Gesellschaft, sowie als korporative Mitglieder, die größten Konzerne und Finanzgruppen der Welt an. Die Klubs verfügen über einen außergewöhnlichen Einfluss auf die Politik der Vereinigten Staaten und auf fast alle Flecken dieser Erde. Seit 1929 stellt der CFR fast alle Außenminister der USA. Der Anteil von CFR-Mitgliedern im Führungspersonal des US-Außenministeriums betrug zu Spitzenzeiten über

---

211 Gary H. Kah, En Route to Global Occupation (Auf dem Weg zur globalen Besetzung). Huntington House Publishers, 1991, Lafayette, Louisiana, S. 36
Der Verlag sagt, dieses Buch „enthüllt die politischen Kräfte auf der ganzen Welt, die zusammenarbeiten, um die Menschen auf diesem Planeten unter einer neuen Weltordnung zu vereinen. Einige der bekanntesten Namen in Amerika stehen auf dieser Liste!"

60 %. Einige US-Präsidenten gehörten dem Council an. Unter ihnen finden wir Herbert Hoover, Dwight D. Eisenhower, Jimmy Carter, George W. Bush den Älteren und Bill Clinton. Council-Funktionär Allen W. Dulles gründete und prägte den berüchtigten Geheimdienst CIA. In den Direktorien der maßgebenden Medien wie New York Times, Washington Post oder The Nation sind regelmäßig CFR-Leute vertreten. Council-Mitglieder stehen den führenden Universitäten als Präsidenten vor.[212]

Mischung aus Geheimhaltung und Mitteilungsbedürfnis

Der Council on Foreign Relations und auch die anderen Klubs sind keine Geheimlogen. Durch seine Zeitschrift „Foreign Affairs" macht der CFR eine interessierte Öffentlichkeit mit seiner Weltsicht bekannt. Der Council unterhält eine Webseite. Dennoch wird auch von Mitgliedern dieses außenpolitischen Rates nicht abgestritten, dass in entscheidenden Phasen Beratungen des inneren Kreises geheim gehalten werden, nicht nur vor der großen Öffentlichkeit, sondern sogar vor dem Gros der eigenen Mitglieder.

Diese Mischung aus Geheimhaltung und Mitteilungsbedürfnis führte zu zahlreichen Spekulationen, Verdächtigungen und Verschwörungstheorien. „Der CFR sei ein Instrument, den Kommunismus zum Sieg zu führen". Oder, „um die jüdische Weltherrschaft durchzusetzen" oder „der CFR als Handlanger der Illuminaten und Freimaurer".

Neutrale Autoren sehen im CFR lediglich eine außeruniversitäre Forschungseinrichtung („think tank") im Bereich Außenpolitik. Jedoch geht der Einfluss des CFR weit über die Überzeugungsarbeit eines Studienseminars hinaus. Der Council ist Lobbyist und Ideengeber zugleich. Er ist ein „elitäres Gravitationszentrum". Auch wenn sich die Zeiten ändern, es darf

---

212 https://www.heise.de/tp/features/Der-Klub-der-Weisen-Maenner-3419681.html

nicht vergessen werden wie die US-Elite eingestellt war, als der Council ins Leben gerufen wurde.[213]

Ein Ableger des CFR ist die 1952 in Deutschland gegründete „Atlantik-Brücke". Ihr gehört alles an, was in Deutschland in Politik und Wirtschaft Rang und Namen hat.

Diese Seilschaften treffen für die Gesellschaft wichtige Entscheidungen. Was nun dieser informellen Seilschaftsdynamik ihre besondere Macht verleiht, ist der sog. „Drehtüreffekt". Das heißt: ein Elitemensch wechselt ohne größere Probleme aus einer Leitungsfunktion in der Industrie in eine solche beim Militär, der Politik, den Medien, dem Geheimdienst, der Wissenschaft, oder sogar der Kirche. Mithilfe dieser Rotation ist es möglich, mit extrem wenig Elite-Personal schnell und geräuschlos eine bestimmte Richtungsentscheidung für die gesamte Gesellschaft durchzusetzen.[214]

Die Gründung der Vereinten Nationen – eine neue Gelegenheit, sich mit NWO zu beschäftigen

Der Zweite Weltkrieg war ein Grund, sich erneut mit der Gründung einer globalen Institution zu beschäftigen nachdem der „Völkerbund" gescheitert war. Der US-Außenminister Cordell Hull gründete eine Planungskommission für die Vereinten Nationen.

Im Juni 1945 gründeten 50 Staaten die „Vereinten Nationen" in San Franzisco. John D. Rockefeller spendete ein passendes Grundstück in New York um sicherzustellen, dass die Behörde ihren Sitz in den Vereinigten Staaten haben werde.

Das Gewicht des Council on Foreign Relations (CFR) war in der Vorbereitungsphase bereits deutlich: Zehn der 14 Mitglieder des Ausschusses in dieser Phase waren Mitglieder des CFR. Von den 75 Mitgliedern der US-Delegation bei der Grün-

---

213 Entnommen aus: https://www.heise.de/tp/features/Der-Klub-der-Weisen-Maenner-3419681.html
214 ebenda

dungskonferenz gehörten 47 dem CFR an, darunter auch Nelson Rockefeller.

Die Vorgeschichte der UNO begann bereits vier Jahre vor der Gründungskonferenz. Sie war wie diese Konferenz ganz wesentlich von den Interessen und Vorstellungen der USA geprägt, die nach ihrem Eintritt in den Zweiten Weltkrieg im Dezember 1941 und mit dem Sieg über Nazideutschland und Japan im April und August 1945 zur unangefochten stärksten Weltmacht aufgestiegen war. Am 14. August 1941 einigten sich US-Präsident Franklin Roosevelt und der britische Premierminister Winston Churchill in ihrer „Atlantik Charta" auf gemeinsame „Prinzipien zur Erhaltung von Frieden und Sicherheit". Ebenfalls im Vorfeld wurde die Gründung mit der Sowjetunion und mit China abgestimmt.

Zur Gründungskonferenz in San Francisco reisten die 49 ausländischen Delegationen sämtliche mit dem Schiff über New York an und weiter mit der Eisenbahn an die Westküste. Sie wurden bereits in den Zügen sowie während der 25 Konferenztage in ihren Hotels rund um die Uhr vom US-Geheimdienst abgehört. So war die US-Delegation in San Francisco zu Beginn jedes Verhandlungstages immer bestens über die vorherigen internen Diskussionen und die sich daraus ergebenen Verhandlungspositionen der anderen 49 Delegationen informiert.[215]

Die Charta der Vereinten Nationen liest sich durchaus vernünftig und gibt kaum Grund zum Argwohn, doch es gibt Grund zu der Annahme, dass zumindest in Teilen der amerikanischen Delegation die Idee einer „Weltregierung" auf der Basis der Vereinten Nationen Pate stand.

In seinem 1962 erschienenen Buch „Why Not Victory" erinnert der ehemalige Senator Barry Goldwater daran, dass die UNO dem Senat zusicherten:

---

215 Quellen: https://www.infosperber.ch/Artikel/Politik/UNO-
Grundung-von-den-Interessen-der-USA-gepragt
https://taz.de/70-Jahrestag-der-UNO-Gruendung/!5206973/

„… sie (die UNO) in keiner Weise eine Form der Weltregierung darstellte und dass weder der Senat noch das amerikanische Volk besorgt sein müssen, dass die Vereinten Nationen oder eine ihrer Organisationen in die Souveränität der Vereinigten Staaten oder in die inneren Angelegenheiten des amerikanischen Volkes eingreifen würden.“[216]

Fünf Jahre später sagte das CFR-Mitglied Paul Warburg vor dem Senatsausschuss für auswärtige Beziehungen aus:

„Wir werden eine Weltregierung haben, ob es Ihnen gefällt oder nicht – durch Eroberung oder Zustimmung.“[217]

Zumindest aus Sicht einflussreicher amerikanischer Kreise war schon bei Gründung den Vereinten Nationen die Aufgabe zugeordnet, Keimzelle einer „Weltregierung" zu sein. Ob man einen konkreten Plan hatte, wie dies zu erreichen sei, ist eher zu bezweifeln. Die UN war zunächst eine wichtige Plattform.

Es scheint aber kein Zufall zu sein, dass die Vereinten Nationen später das Thema „Klimawandel" adoptiert haben.

David Rockefeller, der Plauderer aus dem Nähkästchen

Ganz sicher ist, dass der amerikanische Geldadel unter dem Begriff *„New World Order"* eine plutokratische bzw. feudalistische Ordnung in den USA und wenn möglich auch darüber hinaus, verfolgte. Dass darüber wenig in der Öffentlichkeit gesprochen wurde und noch weniger geschrieben, versteht sich. Wenn nicht David Rockefeller (1915–2017) ab und zu geplaudert hätte und uns in seinen Memoiren ein paar Sätze hinterlassen hätte, könnten wir die Gedankengänge zum NWO nur

---

216 Klippe Kincaid. Global Bondage: The U.N. Plan to Rule the World (Der UN-Plan zur Weltherrschaft) (Lafayette, Louisiana: Huntington House Publishers, 1995), S. 36.
217 Kah, a. a. O., S. 33

wenig rekonstruieren. Es wäre aber ein Fehler, NWO allein mit der Rockefeller Dynastie in Verbindung zu bringen. So ziemlich der gesamte amerikanische Geldadel mit den Dynastien Rothschild, Carnegie, Oppenheimer etc. ist damit verwoben. Zum Glück dürften die Interessen dieser Gruppe auch heterogene Elemente haben – sonst wäre NWO möglicherweise schon Realität.

Was man unter „New World Order" sich vorzustellen hat, wird natürlich nie genau gesagt, man schweigt lieber darüber. Einzig David Rockefeller (1915–2017) äußert sich.

„Einige glauben sogar, wir seien Teil einer Verschwörung, die gegen die Interessen der USA opponieren, (sie bezeichnen) mich und meine Familie als ,Internationalisten' und werfen uns vor, wir konspirierten mit anderen auf der ganzen Welt, um eine neue ganzheitliche globale politische und wirtschaftliche Struktur aufzubauen – eine neue Welt. Wenn Sie so wollen. Wenn das die Anklage ist, dann bin ich schuldig, und ich bin stolz darauf."[218]

Oder in einer Rede:

*„Wir sind der Washington Post, der New York Times, dem Time Magazine und anderen großen Medien dankbar, deren Direktoren unseren Treffen beiwohnten und sich an ihr Versprechen, Diskretion zu wahren, beinahe vierzig Jahre lang gehalten haben. Es wäre uns unmöglich gewesen, unseren Plan für die Welt zu entwickeln, hätten wir all diese Jahre im hellen Scheinwerferlicht der Öffentlichkeit gestanden. Aber die Welt ist jetzt entwickelter und vorbereitet, sich in Richtung auf eine Weltregierung zu bewegen, die niemals wieder Krieg kennen wird, sondern nichts als Frieden und Wohlstand für die ganze Menschheit. **Die supranationale Souveränität einer intellektuellen Eli-***

218 David Rockefeller „Erinnerungen eines Weltbankiers", München 2007, Seite 556

te und der Bankiers der Welt ist der in den vergangenen
Jahrhunderten praktizierten nationalen Selbstbestim-
mung sicherlich vorzuziehen."²¹⁹

Wer hat nicht alles schon von der Weltherrschaft geträumt.
Das Streben danach hat weder vor weltlichen noch geistlichen
Würdenträgern Halt gemacht. Es ist unvorstellbar, dass es diese Träume heute nicht mehr geben sollte. Nur – wenn jemand
davon träumen würde oder sogar danach streben würde, er
würde kaum davon reden.

Die Elite entdeckt die „Angst"

Wie bereits erwähnt, dürfen wir die Bemühungen um NWO
nicht auf den Namen Rockefeller verengen. Die Rockefellers
sind lediglich ein wichtiges Mitglied der Interessengemeinschaft NWO, möglicherweise mit mehr Engagement.

Der Publizist Edgar L. Gärtner erinnert, dass linke Kreise
schon früh den Argwohn geäußert haben, dass die Angstkam-
pagnen mit den Themen Bevölkerung, Ressourcen, Umwelt
etc. aus der Küche der amerikanischen Finanzelite kommen:

„Wer heute die Geschichte der Bevölkerungs-, Umwelt- und Kli-
mapolitik als Form der inzwischen für verbindlich erklärten Zi-
vilreligion Ökologismus aufarbeitet, stößt unweigerlich auf die
Familie Rockefeller. Linksorientierte Publizisten haben sich denn
auch die Gelegenheit nicht entgehen lassen, einflussreiche Stu-
dien wie Paul und Anne Ehrlichs Buch „Die Bevölkerungsbombe"
oder die Computersimulation ‚Die Grenzen des Wachstums' im
Auftrag des Club of Rome als Machwerke im Auftrag der Rocke-
feller-Dynastie und ihrer Verbündeten in der US-Finanzaristo-

---

219 David Rockefeller, Eröffnungsrede auf dem Treffen der Bilderberger
in Baden Baden 1991 https://www.parlament.ch/de/ratsbetrieb/
suche-curia-vista/geschaeft?AffairId=20115305
https://www.20min.ch/story/bilderberg-stuermer-droht-weitere-
abfuhr-799342895857

kratie zu denunzieren. Auch einem Teil der deutschen Linken war es anfangs durchaus bewusst, dass ‚grüne‘ Ideen nicht einer Graswurzelbewegung entstammten, sondern in den Denkfabriken der Superreichen ausgekocht wurden. So enthält die im Oktober 1973 erschienene Nr. 33 der von Hans Magnus Enzensberger herausgegebenen führenden linken Zeitschrift ‚Kursbuch‘ den informativen Aufsatz ‚Die Bevölkerungsbombe ist ein Rockefeller-Baby‘."[220]

In dem Kursbuch-Artikel wird berichtet, dass Ehrlich andeutet, man könne Trinkwasser und Nahrungsmittel mit sterilisierenden Präparaten versehen. Dass man Menschen in großer Zahl töten solle, hat Ehrlich zwar nicht ausdrücklich gesagt, (vgl. „Es gibt zu viel Menschen" – Die Menschheit muss dezimiert werden – Seite 376). Aber immerhin sollte die Gebärfreudigkeit der sozial Benachteiligten gedämpft werden.[221]

The unfinished Agenda

Der Rockefeller Brothers Fund[222] veröffentlichte 1977 das Buch „Die unvollendete Agenda – Der Leitfaden für Bürger in Umweltfragen – ein Taskforce-Bericht – es gibt keine deutsche Übersetzung.

Die Namen der Mitglieder der „task force" lassen aufhorchen: Allesamt sind es die Vorsitzenden oder führende Mitglieder von NGOs, die durch umweltradikale Forderungen auffallen, allen voran David R. Brower

Zentrales Anliegen ist die Familienplanung, Reduzierung der Bevölkerung, Umweltverschmutzung, Konsumverzicht – alle Themen, die uns aus der Klimadebatte vertraut sind.

---

220 Edgar L. Gärtner: Hintergründe und Perspektiven des Öko-Totalitarismus (Teil I). Der Kohlenstoffkrieg 2.7.2009
http://ef-magazin.de/2009/07/02/1323-hintergruende-und-perspektiven-des-oeko-totalitarismus-teil-i-der-kohlenstoff-krieg
221 H. M. Enzensberger (Hrsg): Kursbuch 33, Oktober 1973
222 The Unfinished Agenda, New York 1977

Abbildung 44: The unfinished Agenda
The citizen's policy guide to environmental issues.
A task force report sponsored by the Rockefeller
Brothers Fund von Gerald O. Barney (Editor)
ISBN-13- 978-0690014815

Die Gründung des Club of Rome

Die wichtigste Organisation für die Etablierung der Umwelt-, Ressourcen-, Bevölkerungs- und (später) Klimaangst ist der Club of Rome. Er wurde 1968 auf Initiative von David Rockefeller und Maurice Strong gegründet. Strong war Treuhänder eines Rockefeller Trusts. Die beiden Projekte „NWO" und das UNO-Projekt „Global Governance" hatten viele Überschneidungen.

Die Idee der Gründung kam von dem italienischen Industriellen Aurelio Peccei (Fiat, Olivetti) wobei Peccei ebenfalls

wie vielen weiteren Mitgliedern der Angstkultur eine mystische und esoterische Neigung zugeordnet wird.

Dank des enormen Kapitals, das hinter der Clubgründung
stand, konnten die zahlreichen „Berichte an den Club of Rome"
bestens vermarktet werden. Es waren alarmistische Bücher
ohne jede wissenschaftliche Basis, die zwar sehr populär wurden. Die Angstfelder Umwelt, Ressourcen, Bevölkerung wurden diskutiert, aber allmählich nutzte sich der Daueralarm ab,
zumal einige Prognosen nicht eintraten.

Der Club of Rome jubilierte daher, als er vom „Anthropogenen Klimawandel" erfuhr.

> *„Auf der Suche nach einem neuen Feind, der uns vereint,*
> *kamen wir auf die Idee, dass Umweltverschmutzung, die*
> *drohende Erderwärmung, Wasserknappheit, Hungers-*
> *not und ähnliches in Frage kämen ..."*[223]

Von nun an predigte der Club of Rome im Gleichklang mit den
Vereinten Nationen, den NGOs, dem WEF (World Economic
Forum) die kommende Klimaapokalypse.

Könnte die „Klimapolitik" am Ende das Vehikel sein, mit dem unsere demokratischen Freiheitsrechte zerstört werden?

Der amerikanische Journalist Edwin Black, dessen Eltern mit
knapper Not dem Tod im Konzentrationslager entgangen sind,
beschäftigte sich mit Menschenrechtsfragen, dem Genozid,
dem Zusammenspiel politischer und wirtschaftlicher Interessen sowie der fragwürdigen Kooperation von US-Unterneh-
men mit dem Deutschen Reich.

---

223 Alexander King und Bertrand Schneider: „Die erste globale Revolution",
     Frankfurt/M. 1992, Seite 103

Sein vielbeachtetes Buch „Krieg gegen die Schwachen" („War Against the Weak"[224]) ist eine verstörende Beschreibung von Zielen amerikanischer „Philanthropen" – Sie lesen richtig: „Menschenfreunde".

Der kanadische Wissenschaftler und Autor Andrew Gavin Marshall rezensierte das Buch des preisgekrönten Autors und Forschers wie folgt (Kurzfassung):[225]

„Die Geschichte der Menschheit ist ein Kampf zwischen den frei denkenden Menschen und den Strukturen der elitären Macht, die versucht, Land, Ressourcen und Menschen zu beherrschen. Die größte Bedrohung für die Elite zu jeder Zeit – historisch und gegenwärtig – ist eine erwachte, kritisch denkende und politisch stimulierte Bevölkerung ...

Die Instrumente und Systeme der sozialen Kontrolle sind gewaltig und ausreichend, sie dringen in die Psychologie und Biologie des Individuums hinein. Die Elite fühlt, dass es ihr obliege – wegen ihrer vermeintlichen „angeboren" überlegenen Intelligenz und Spezialisierung – die Gesellschaft zu führen und nach Gutdünken zu gestalten sowie die öffentliche Meinung und Ideen zu bilden.

Sie haben den Glauben, dass die Menschen im Wesentlichen irrationale, emotionale Wesen sind, und dass sie von einer Elite kontrolliert werden müssen, ansonsten würde die Welt ins Chaos geraten. Dies ist die Grundlage der Ideen von „Stabilität" und „Ordnung".[226]

Und er zitiert Aldous Huxley (1894–1963). 1932 schrieb Aldous Huxley seinen dystopischen Roman „Brave New World" (Schöne neue Welt), in dem er sich mit der Entstehung wissenschaft-

---

224 Edwin Black, War Against the Weak, Los Angeles 2003
225 https://www.globalresearch.ca/new-eugenics-and-the-rise-of-the-global-scientific-dictatorship/20028. (6. Absatz von unten)
226 Wir erinnern uns: D. Rockefeller drückt das so aus: „Die supranationale Souveränität einer intellektuellen Elite und der Bankiers der Welt ist der in den vergangenen Jahrhunderten praktizierten nationalen Selbstbestimmung sicherlich vorzuziehen."

licher Diktaturen in der Zukunft befasste. In seinem 1958 erschienenen Essay „Brave New World Revisited"[227] untersuchte
Huxley, wie weit sich die Welt in der kurzen Zeit seit der Veröffentlichung seines Buches entwickelt hatte und wohin sie sich
entwickelte. Huxley schrieb:

*„In der Politik ist das Äquivalent einer voll entwickelten wis-
senschaftlichen Theorie oder eines philosophischen Systems
eine totalitäre Diktatur. In der Wirtschaft ist das Äquivalent
eines schön komponierten Kunstwerks die reibungslos funktionierende Fabrik, in der die Arbeiter perfekt auf die Maschinen
abgestimmt sind. Der Wille zur Ordnung kann Tyrannen aus
denjenigen machen, die lediglich danach streben, ein Chaos auf-
zuräumen.* **Die Schönheit der Ordnung wird als Rechtfer-
tigung für Despotismus benutzt.**" *(Seite 12)*

Huxley erklärte, dass „die Untertanen des künftigen Diktators
von einem Korps hochqualifizierter Sozialingenieure schmerzlos reglementiert werden", und er zitiert einen „Verfechter dieser neuen Wissenschaft" mit den Worten:

*„Die Herausforderung der Sozialtechnik in unserer Zeit ist wie
die Herausforderung der technischen Technik vor fünfzig Jahren. Wenn die erste Hälfte des zwanzigsten Jahrhunderts die
Ära der technischen Ingenieure war, könnte die zweite Hälfte
die Ära der Sozialingenieure sein."* *(Seite 15)*

Und er fährt fort:

*„Das einundzwanzigste Jahrhundert wird, so vermute ich, die
Ära der Weltkontrolleure, des wissenschaftlichen Kastensys-
tems und der schönen neuen Welt sein."*

---

227 Brave New World Revisited, Epub, Random House. Kindle-Version

In einer Rede an der Universität Berkeley (1962)[228] sprach Huxley in erster Linie von der ‚Ultimativen Revolution‘, die auf „Verhaltens-Kontrollen" der Menschen zielt:

*„**Wenn man jede Bevölkerungsgruppe längere Zeit kontrollieren will, muss man ein Element des Konsenses der Menschen zu dem, was mit ihnen geschieht, besorgen.** Wir befinden uns im Prozess der Entwicklung einer ganzen Reihe von Techniken, die der kontrollierenden Oligarchie – die es schon immer gab und vermutlich immer geben wird – ermöglichen werden, die Menschen dazu zu bringen, ihre Knechtschaft zu lieben …*

__Ich glaube, es wird wissenschaftliche Diktaturen in vielen Teilen der Welt geben.__ Wenn man die Menschen dazu bringen kann, dem Zustand der Knechtschaft zuzustimmen – dann wird man wahrscheinlich eine sehr viel stabilere und länger anhaltende Gesellschaft haben; eine viel leichter kontrollierbare Gesellschaft, als man haben würde, wenn man sich ganz und gar auf die Knüppel, Erschießungskommandos und Konzentrationslager verlassen würde."

Statt Gestapo oder Stasi oder KGB oder McCarthy brauchen wir einen „Konsens".

Der Konsens, von dem Huxley sprach, existiert bereits, er lautet:

» Zu viele Menschen leben auf der Erde, sie haben einen zu großen ökologischen Fußabdruck. Sie verbrauchen zu viele Rohstoffe und produzieren zu viel Abfall. Sie überfordern die Erde.
» Die Erde rächt sich bereits: Der Meeresspiegel steigt, die Erde erhitzt sich, Naturkatastrophen häufen sich …

---

228 Aldous Huxley – The Ultimate Revolution part 1 – YouTube, https://www.youtube.com/watch?v=GNMffASHcrc

» Der Mensch muss sein Verhalten ändern, er muss „umkehren".
» Der Mensch muss seinen „Lebensstil" ändern.

Die Verhaltensänderung heißt in diesem Zusammenhang:

» Verzicht auf Fleisch, Konsum, Auto, Flugzeug, Einfamilienhäuser ...[229]
» Verzicht auf Kinder, Verzicht auf Wohlstand[230]
» Verzicht auf die Nutzung von Kohle, von Erdöl und Erdgas
» Der Mensch muss wieder genügsam leben.

Mit demokratischen Mitteln wird es nicht möglich sein, diese Verhaltensänderungen durchzusetzen. In Kapitel „Demokratiefeinde" werden wir feststellen, dass genau aus Kreisen des Club of Rome, aber nicht nur von dort, die Forderung nach Abschaffung der Demokratie gestellt wird.

Finanz-, Industrie- und Militärkomplexe gefährden die Demokratie

Von Eisenhower, Kennedy und einigen Kongressabgeordneten sind Zitate bekannt, in denen sie vor den „einflussreichen Komplexen" warnten. Da ist zwar nicht die Rede von der Klimakrise, sondern nur davon, dass die „Komplexe" ihr Geld und ihren Einfluss nutzen wollen, um „Freiheit und Demokratie" einzuschränken.

Der amerikanische Präsident Dwight D. Eisenhower warnte in seiner Abschiedsrede bei der Beendigung seiner Amtszeit im Januar 1961 eindringlich vor den Gefahren, die ein einflussreicher Komplex aus Industrie, Banken und Militär für die USA und die Welt in Zukunft mit sich bringen würde:

---

229 Diese Forderungen werden bereits vom Umweltbundesamt erhoben.
230 Um den Begriff „Armut für alle" zu vermeiden, hat man den Begriff „Suffizienzpolitik" eingeführt.

„Wir in den Institutionen der Regierung müssen uns vor unbefugtem Einfluss – beabsichtigt oder unbeabsichtigt – durch den militärisch-industriellen Komplex schützen. Das Potential für die katastrophale Zunahme fehlgeleiteter Kräfte ist vorhanden und wird weiterhin bestehen. Wir dürfen es nie zulassen, dass die Macht dieser Kombination unsere Freiheiten oder unsere demokratischen Prozesse gefährdet. Wir sollten nichts als gegeben hinnehmen. Nur wachsame und informierte Bürger können das angemessene Vernetzen der gigantischen industriellen und militärischen Verteidigungsmaschinerie mit unseren friedlichen Methoden und Zielen erzwingen, so dass Sicherheit und Freiheit zusammen wachsen und gedeihen können."[231]

Sein Nachfolger John F. Kennedy griff diesen Punkt wiederum in einer Rede am 27. April 1961 auf. Er sprach von einer Bedrohung, die eben nicht das damals in der Öffentlichkeit so aktuelle Thema der militärischen Bedrohung durch den „Warschauer Pakt" und die „Kuba-Krise" meinte, sondern ebenfalls auf eine macht- und gefahrvolle Verbindung in „Bank- und Wirtschaftskreisen" hinwies:

„Denn wir stehen rund um die Welt einer einheitlichen und ruchlosen Verschwörung gegenüber, die sich vor allem auf verdeckte Mittel stützt, um ihre Einflusssphäre auszudehnen – auf Infiltration anstatt Invasion; auf Unterwanderung anstatt Wahlen; auf Einschüchterung anstatt freier Wahl; auf nächtliche Guerillaangriffe anstatt auf Armeen bei Tag. Es ist ein System, das mit gewaltigen menschlichen und materiellen Ressourcen eine eng verbundene, komplexe und effiziente Maschinerie aufgebaut hat, die militärische, diplomatische, geheimdienstliche, wirtschaftliche, wissenschaftliche und politische Operationen kombiniert. Ihre Pläne werden nicht veröffentlicht, sondern verborgen, ihre

---

231 https://de.wikipedia.org/wiki/Milit%C3%A4risch-industrieller_
      Komplex
      Wikipedia verweist sogleich auf eine „Verschwörungstheorie".

Fehlschläge werden begraben, nicht publiziert, Andersdenken-
de werden nicht gelobt, sondern zum Schweigen gebracht, keine
Ausgabe wird in Frage gestellt, kein Gerücht wird gedruckt, kein
Geheimnis wird enthüllt. Sie dirigiert den ‚Kalten Krieg' mit ei-
ner, kurz gesagt, Kriegsdisziplin, die keine Demokratie jemals
aufzubringen erhoffen oder wünschen könnte."[232]

Gut ein Jahr später wurde er ermordet. Die Hintergründe wurden nie aufgeklärt.

Eliten – die Architekten und Finanziers von New World Order

In den letzten Jahrzehnten haben sich weltweit ungeheure Finanzmittel in den Händen von immer weniger Familien oder Clans
oder Investmentgesellschaften angehäuft, finanzielle Ressourcen können damit zunehmend anstatt nach Rendite-Gesichts-
punkten nach strategischen Gesichtspunkten eingesetzt werden.

Im Zuge der Globalisierung hat sich auch eine „globale Elite"
gebildet, die hinter den Kulissen, fast unbemerkt von der Öffentlichkeit, ohne Rücksicht auf Nationen, ihre eigenen – gemeinsamen – Interessen verfolgt.

Nur wenige Menschen kennen diese Gruppe von innen. Der
ehemalige Sekretär von Henry Kissinger, David Rothkopf, hat
diese Gruppe in einem Buch dargestellt[233]:

Sein Fazit in Kurzform:

Ihre Machtinstrumente sind: enge Vernetzung, grenzenlose
Finanzmittel, die strategisch eingesetzt werden können, persönliche bzw. wirtschaftliche Beziehungen und Verflechtun-

---

232 https://www.gleichsatz.de/b-u-t/begin/kenneddy.html,
   https://www.jfklibrary.org/archives/other-resources/john-f-kennedy-
   speeches/american-newspaper-publishers-association-19610427
233 David Rothkopf, Die Super-Klasse, München 2008

gen zu den politischen Entscheidungsträgern. Es ist eine kleine Gesellschaft, die ganz bewusst wenig Kontakt mit der „normalen Welt" hat, die sich in kleinen Zirkeln trifft, was dank einer hervorragenden Flotte von privaten Luxusjets jederzeit an jedem Ort der Welt möglich ist. Nur selten nimmt die Öffentlichkeit davon Notiz: Einmal im Jahr kann man in Davos beim sog. Weltwirtschaftsforum die „Generalversammlung" dieser Elite bestaunen, von den Treffen in den Nebenräumen sind wir aber schon ausgeschlossen, dort diskutieren die Reichen und Superreichen mit den Mächtigen – viele sprechen von einem „Machtkartell" – darüber, wie die Zukunft aussehen sollte.

Der 2008 verstorbene bekannte amerikanische Politikwissenschaftler Sam Huntington bestätigt dies und bezeichnete den typischen Teilnehmer am Weltwirtschaftsforum in Davos wie folgt:

> „Er hat wenig Bedarf an nationaler Loyalität, er sieht nationale Grenzen als Hindernisse, die dankenswerter Weise verschwinden, und nationale Regierungen als Überbleibsel der Vergangenheit, deren einzige sinnvolle Aufgabe es ist, die globalen Geschäfte der Elite zu ermöglichen."

Und weiter: Davos ist, wo

> „Millionäre den Milliardären erzählen, was die (hart arbeitende) Mittelschicht denkt[234]".

Diese Mächtigen und Superreichen sind ganz sicher nicht so dumm, dass sie an den „menschengemachten Klimawandel" glauben würden, dennoch steht auch hier dieses Thema ganz vorne:

> Von den Folgen aus Umweltzerstörung und Klimawandel geht die größte Gefahr für die Menschheit aus. Zu diesem Ergebnis kommt der Global Risks Report 2018, den das Weltwirtschafts-

---

234 Zitiert in Süddeutsche Zeitung, 27.1.2018, Seite 3

forum (WEF) eine Woche vor seinem jährlichen Treffen in Da-
vos vorgestellt hat. Bereits zum zweiten Mal in Folge bewerten
1.000 Risikoexperten extreme Wetterphänomene als gefähr-
licher als zum Beispiel Cyberangriffe oder zwischenstaatliche
Konflikte.[235]

Die dort versammelte Gesellschaft entwickelt sich mehr und
mehr zum Zentrum der internationalen „Finanzoligarchie",
deren Interesse darauf ausgerichtet ist, die internationalen Finanzströme zu organisieren und zu kontrollieren. Diese „Elite" verfolgt ihre eigenen Interessen und kümmert sich dabei
wenig um demokratische Spielregeln.

In diesen Kreisen finden wir die Architekten von „New World
Order", der unbestimmte Begriff unter dem der amerikanische
Geldadel die Errichtung einer Finanzaristokratie versteht –
auf globaler Ebene, die Nationalität spielt keine Rolle mehr.

„New World Order" ist nicht an die Machtgelüste von Nationen gebunden. Wir gehen in unseren Vorstellungen immer noch
davon aus, dass die weltpolitischen Entscheidungen in den Re-
gierungszentren der Nationen getroffen werden und dass dort
auch strategische Überlegungen angestellt werden. Wir ordnen
fälschlich die politischen Willensbildungen einem multipolaren
System zu, in dem einige wenige Nationen wie die USA, Russland, China und ein klein wenig auch die EU den Ton angeben
und in dem weitere Regionalmächte versuchen, mitzuspielen.

Diese globale Gruppe hat entdeckt, dass mit „Umwelt und
Klimaschutz", mit einer Umstellung des Wirtschafts- und Fi-
nanzsystems auf „grüne Technologien", mit dem „großen Reset" die Möglichkeit einer gigantischen globalen Umverteilung (oder Neuordnung) möglich sein wird. Der neue „Green
Deal" ist der Ersatz für den sich abgeschwächten militärisch-
industriellen Komplex und erlaubt die Umleitung von Billionen von Dollars. „Shifting the Trillions" lautet unverhohlen
die Devise. Die Umlenkung von ungeahnten Geldmengen, auf-

---

235 Die Zeit, 17.1.2018

gebracht von der Allgemeinheit in sinnlose „green Technologies" – so sinnlos wie ehedem die Umleitung in die Militärmaschinerie – garantiert Provisionen, Beteiligungsgewinne und ein Ausbluten der Massen. Im Interesse der Weltrettung bringen die Bürger freiwillig und gerne ihr Geld auf den Altar des Klimaschutzes. Sie verzichten auf Fleisch, auf Wohnfläche, auf Reisen und vieles mehr nachdem ihnen „Suffizienz" gepredigt wurde.

Nochmal David Rockefeller:

„Wir stehen am Rande einer globalen Transformation. Alles, was wir benötigen, ist die eine, richtig große Krise, und die Nationen werden die Neue Weltordnung akzeptieren."[236]

Rothkopf hat es leider versäumt, konkrete Namen zu nennen, wahrscheinlich in Sorge um sein Leben – verständlich. Er hat aber deutlich gemacht, dass die Mitglieder dieser „Elite" aus allen Teilen der Erde kommen.

Diese globale Elite ist einerseits ein Abstraktum, es ist schwer zu sagen, welche Personen konkret zu diesem kleinen Kreis gehören. Laut Rothkopf gehören hierzu nicht allein die Mitglieder des internationalen Geldadels, Medienmogule, auch Künstler, sogar Unterweltfürsten gehören dazu.

Im Fokus stehen nicht der Ausbau von Macht und Einfluss irgendeines Nationalstaates sondern die Sicherung von Macht und Einfluss dieser „Elite". Dass dies einfacher ist, wenn hohe Staatsämter von Mitgliedern der Elite besetzt sind, versteht sich von selbst. Wer im amerikanischen Senat bzw. Repräsentantenhaus die Zahl der dort zu findenden Millionäre (oder sogar Milliardäre) zählt, wird schnell feststellen, dass dies auf keinen Fall eine „Volksvertretung" sein kann.

---

236 David Rockefeller am 23.09.1994 vor dem U.S. Business Council

Steinbrück: Den Eliten kann man nicht mehr glauben

Der frühere Bundesfinanzminister und SPD-Kanzlerkandidat Peer Steinbrück hat Anfang November 2017 in einem Interview mit der ZEIT folgendermaßen formuliert:

„Schon heute glauben viele Bürger nicht mehr, dass unser Gesellschaftssystem alle gleichermaßen behandelt. Das ist der Hauptvorwurf, den ich den sogenannten Eliten mache: Diesen Leuten fehlt jegliches Verständnis dafür, was ihr Tun in der Gesellschaft auslöst. Die Ignoranz ist enorm."
...

„Ich will damit sagen: Diejenigen, die jetzt nichts mehr glauben und die den Eliten, den wirtschaftlichen, den politischen Eliten, den medialen Eliten nichts mehr glauben, die haben eine Lebenserfahrung. Und deren Lebenserfahrung ist, dass die Versprechungen, die ihnen diese Elite vor ein paar Jahren gemacht hat, auch alle falsch waren. Und deswegen glauben sie heute nichts mehr. Wir tun so, als ob der Trump der Erfinder der Fake News war. Da gibt es eine Vorerfahrung, die lautet: Die Globalisierung macht es für alle besser, die Bankenwelt müssen wir nur liberalisieren, dann werden alle wohlhabend, kauft euch alle Aktien, wir müssen den Saddam Hussein endlich fassen und im Irak einmarschieren, weil er Massenvernichtungswaffen hat – alles gelogen. Und jetzt sagen viele: ›Naja, wem sollen wir eigentlich noch glauben?‹ Und ich glaube, wir dürfen uns um diese Art der Fake News in den liberalen Eliten, zu denen wir ja alle gehören, nicht drum rumdrücken, weil sie die Ursache dafür sind, dass man uns heute nicht glaubt, sondern Trump einen solchen Erfolg hat. Und das sehen wir auch im eigenen Land. Da müssen wir nicht bis nach Amerika gehen."[237]

---

237 DIE ZEIT Jahrgang 2017 Ausgabe: 46, https://www.freitag.de/
produkt-der-woche/buch/die-abgehobenen/abgehobenen_leseprobe,
sowie Michael Hartmann: „Die Abgehobenen" – Wie die Eliten die
Demokratie gefährden.

Das alles hat mit Verschwörungstheorien nichts zu tun. Es ist real. Naiv, wer glaubt, diese Elite dürfen wir einer staatstreuen Bürgerschaft zuordnen, die Steuern zahlt und brav wie wir regelmäßig zur Wahl geht.

In allen Zirkeln der „Reichen und Mächtigen" wie z. B. den Bilderbergern, der „Trilateralen Kommission", oder der „Clinton Global Initiative" wird ausnahmslos vom „menschengemachten Klimawandel" gesprochen. Er gehört längst zum Instrumentarium der globalen Steuerung.

Um all diese mehr oder weniger losen Plattformen, seien es Organisationen oder Gesprächskreise, ranken sich verständlicherweise Gerüchte über Geheimabkommen und sonstige gruselige Dinge. Die Wahrheit dürfte wohl wie immer „in der Mitten" liegen. Vom einfachen Gedankenaustausch bis zum vertraulichen Gespräch in verschwiegener Runde ist da alles dabei, Verschwörungen findet man vergeblich.

Aber wie immer in derartigen Runden: es sind immer bestimmte Themen, die behandelt werden, die möglicherweise zuvor im „kleinen Kreis" vorbereitet wurden. Strippenzieher gibt es überall.

Ohne die folgende Meinung zu eigen zu machen, interessant ist die Feststellung des „Verschwörungstheoretikers" Andreas von Rétyi schon.

„Unsere Weltgeschichte ist nicht das Ergebnis von Zufällen, sondern vielmehr von präziser Planung. Vor mehr als einem halben Jahrhundert formierte sich im Geheimen eine machtvolle Gruppe, um die Geschicke dieses Planeten in die Hand zu nehmen und die Welt im Interesse der Superreichen zu lenken. Zahlreiche entscheidende Ereignisse in Politik und Wirtschaft gehen auf subtile Manipulation zurück. Ziel: Globale Kontrolle als totale Kontrolle."

1954 versammelten sich die ‚Hohepriester der Macht und Globalisierung' unter strengster Geheimhaltung erstmals im nieder-

ländischen Hotel de Bilderberg. Seitdem treffen sich die ‚Bilder-
berger' einmal im Jahr in den vornehmsten Hotels der Welt. Was
dort hinter verschlossenen Türen beraten wird, bleibt unter Ver-
schluss. Doch was die Bilderberger entscheiden, geht uns alle an –
denn sie legen unser aller Zukunft fest. Sie zählen zu den zent-
ralen Organen einer weltweit agierenden Schattenregierung." [238]

Philanthropische Stiftungen – die Kriegskassen der Oligarchen oder „Billionaires for Future"

Wenn vom Einfluss der Superreichen auf die Gesellschaft gesprochen wird, dann verweist man gerne auf die USA, wo die
Milliardäre dank ihrer steuerbefreiten Stiftungen in Charity-
Aktionen ihr wohltätiges Füllhorn gerne mit großem Spekta-
kel zeigen. Das bringt auf jeden Fall mehr Aufmerksamkeit als
eine normale gesetzlich verordnete Überweisung an das Fi-
nanzamt. In Deutschland hat man dieses Stiftungs-Unwesen
nun auch entdeckt. In einer Doku-Reihe berichtete der ndr[239]
über „Die Macht der Superreichen". Auch hierzulande werden
zunehmend Großprojekte mit Spenden der Superreichen finanziert nachdem man ihre Firmensitze in die Schweiz oder andere steuerlich günstige Länder verlegt hat. Da fällt auch der
Begriff „Feudalismus". Auch der Name der Familie Reemtsma
wird genannt. Da möchte man meinen, dass es wohl besser
wäre wenn der Nachwuchs dieser Familie[240] sich eher bei „tax-
menow"[241] engagieren würde als bei „Fridays for future". Ein

---

238 Aus: Andreas von Rétyi, Bilderberger – das geheime Zentrum der
    Macht, Bochum 2006. Zitiert in David Rothkopf, Die Super-Klasse,
    S. 435
239 Die Macht der Superreichen – wie Millionäre Einfluss nehmen. ndr
    24.10.2022, 22 Uhr.
    https://www.ardmediathek.de/video/45-min/die-macht-der-
    superreichen-wie-millionaere-einfluss-nehmen/ndr/Y3JpZDovL25
    kci5kZS83NDdlNmZhNS0yZjI4LTRlM2ItYjg5ZC00N2QyYWUz
    MDZiNjg
240 Carla Reemtsma und Louise Neubauer
241 https://www.taxmenow.eu/– eine Organisation, die sich um Steuerge-
    rechtigkeit bemüht.

Milliardär erklärt auch, warum man statt Steuern zu zahlen lieber in ein Fußballstadion oder ein Museum investiert: „Es ist ja bekannt, dass der Staat nicht richtig wirtschaften kann."

„Ich finde es kritisch, wenn wir uns in einer Demokratie davon abhängig machen, dass eine Einzelperson für eine gute Sache Geld gibt", so ein Kommentar. In Deutschland sind diese Usancen – begleitet von zunehmenden Abhängigkeiten – noch auf Kommunen beschränkt, in den USA ist man da weiter.

Der Kampf gegen die globale Erwärmung: Design to Win – ein Gewinnkonzept für Gutmenschen – weil sie ja die Welt retten

In Deutschland übernahmen der Regierungsberater Claus Leggewie und Bernhard Lorentz das Finanzierungskonzept aus USA. Die WELT berichtet:[242]

„Die großen operativen Stiftungen mit breiten Netzwerken und Kontakten zu den Entscheidungsträgern in Politik und Wirtschaft und den Multiplikatoren in der Gesellschaft können die erfolgreichsten Change Agents werden."[243]

„Change Agents", Betreiber eines Wandels also, käme „bei der Einführung neuer Technologien und Ideen eine zentrale Bedeutung zu", beschrieben die beiden Visionäre in einer Sonderausgabe des Branchenmagazins „Stiftung & Sponsoring" ihren Ansatz. Sie seien hilfreich bei der „Überwindung von Verlust und Risikoaversionen".

Leggewie und Lorentz übertrugen mit diesem Ansatz eine ursprünglich in den USA konzipierte Strategie auf Deutschland. Unter maßgeblicher Beteiligung des Gründers der US-Stiftung

---

242 DIE WELT „Goliaths für das Klima", 25.4.2021
243 Vgl.: Plant eine Professorenclique den Umsturz? – Seite 323

Climate-Works, Hal Harvey [244]*, hatten die beiden philanthropischen Stiftungen der US-Unternehmerfamilien Hewlett und
Packard schon früh eine Studie finanziert, wie Stiftungsgeld
weltweit am effizientesten zum Aufbau einer Klimaschutzpolitik eingesetzt werden könne. Das im August 2007 veröffentlichte Strategiepapier* **„Design To Win – Philanthropy's Role
in the Fight Against Global „Warming"** *war der erste Mas-
terplan für die Verankerung des Klimaschutzgedankens in Politik und Gesellschaft.*

*Für jede wichtige Region – USA, die EU, China und Indien – wur-
den für jeden einzelnen Politikbereich und Wirtschaftssektor
spezifische Strategien definiert. „Gründe neue, nationenspezi-
fische Organisationen mit der Expertise zur strategischen Be-
schaffung von Fördergeldern mit großer Hebelwirkung", hieß es
da etwa in Bezug auf die EU. Auf solche Art eingesetzt, so versprach die Studie den Geldgebern, würden Stiftungsmittel von
jährlich 600 Millionen Dollar genügen, um bis 2030 weltweit
elf Gigatonnen CO_2 einzusparen, und damit helfen, die Erderwärmung unter zwei Grad Celsius zu halten.*

Gelegentlich findet man bei Wikipedia interessante Hinweise.
Dort wird unter „Jeremy Robert Grantham" berichtet. Grantham ist ein „Philanthrop" und Investment-Manager der sich
berühmt, zahlreiche NGOs zu unterstützen. Grantham ist einer der aktivsten Förderer der Ökoideologie und der das auch
ganz offen sagt. Auch die deutsche „Denkfabrik" AGORA Energiewende wird von Grantham finanziert.

Einige Empfänger (aus 2011) werden in Wikipedia aufgelistet: [245]

---

244 Siehe auch: Die ZEIT vom 15.6.2022: „Hal Harvey verteilt hunderte
     von Millionen Euro an Organisationen, die Programme für Regierun-
     gen schreiben und in Deutschland Staatssekretäre stellen."
245 https://en.wikipedia.org/wiki/Jeremy_Grantham

1 Million USD für Sierra Club und Nature Conservancy,
2 Millionen USD für den Environmental Defense Fund sowie
weitere Empfänger wie Greenpeace, der WWF und Smithsoni-
an Institution.

Die Financial Times benennt als Spender der NGOs die steuer-
befreiten Stiftungen der IT-Unternehmer William Hewlett und
David Packard (HP) sowie Gordon Moore (Intel) und der Fami-
lien Heinz (H. J. Heinz) und Walton (Wal-Mart) sowie George
Soros, the Streisand Foundation, Stiftung Mercator, European
Climate Foundation, William and Flora Hewitt Foundation,
McCall/MacBain. Hauptgeldgeber ist die Climate Emergency
Fund, der von reichen US-Stiftungen getragen wird.

Jeff Bezos hat kürzlich 10 Mrd. USD gespendet[246]. Er be-
ruft sich dabei auf das neue Motto der Klimaalarmisten, den
„Great Reset" – den „Großen Neustart", den Klaus Schwab vom
WEF erfunden hat.

Bezos will mit seinem „Bezos Earth Fund" nun endgültig
die Welt retten und verlangt vehement die „Decarbonisierung"
der Wirtschaft. Wie er danach seine Megayacht mit Dieselmo-
toren von zusammen 12 000 PS antreiben will, hat er bisher
nicht verraten – möglicherweise hat er einmal etwas von Ga-
leeren-Sklaven gehört.

Wie viel Geld von den zumeist amerikanischen Stiftungen
in die deutschen und internationalen Klimaschutz-Organisatio-
nen gepumpt wird, ist unbekannt. Es ist unermesslich viel Geld.

Deutsche Umwelthilfe (DUH), Mercator-Stiftung, Stiftung
Wissenschaft und Politik und Agora Energiewende sind besondere Nutznießer dieser Finanzflüsse in der deutschen Klima-
schutz-Landschaft.

Sogar die taz beklagt sich, dass „Geld aus dunklen Quellen"
in die verschiedenen „Klima-Denkfabriken" fließt.[247]

---

246 https://www.achgut.com/artikel/der_gruene_milliardaer_und_sein_
diesel
247 https://taz.de/Stiftung-Mercator-und-Klimaschutz/!5773007/

Wir sind im Krieg

Es ist schon eine höchst bemerkenswerte Idee, den Klimaschutz als „Krieg" zu bezeichnen, aber das hat gute Gründe: Im Krieg gelten andere Gesetze, da ist keine Zeit für Diskussionen, da gilt der Ausnahmezustand, da muss gehandelt werden. Wir erinnern an Prof. C. C. von Weizsäcker in Kapitel „Politisches Handeln unter Unsicherheit" – Seite 242.

> *„Was der WBGU, begründet durch die Dringlichkeit einer Problemlösung, nun praktisch tut, ist, dass er einen Krieg verkündet: den Krieg gegen den Klimawandel.* **Die Große Transformation, die der WBGU als alternativlos darstellt, entspricht damit funktional einem Kriegszustand.**"[248]

„Wir sind im Krieg gegen den Klimawandel." So in etwa lesen wir es in praktisch allen Verlautbarungen von Klimaaktivisten. In einem Essay für das US-Magazin *New Republic* erklärt der Publizist und Klima-Campaigner Bill McKibben den Kampf gegen den Klimawandel zum Dritten Weltkrieg.[249]

Der Weltklimarat stellt immerhin fest, dass sich der Klimawandel erwiesenermaßen auf die menschliche Sicherheit auswirken wird, auch wenn dies nicht mit bewaffneten Konflikten einhergehen muss. Aber immerhin, der Klimawandel ist eine „Sicherheitsfrage" und damit bewegen wir uns zumindest sprachlich immer mehr in Richtung „Kriegszustand"[250].

---

248 Vgl. auch „Politisches Handeln unter Unsicherheit"– Seite 242
249 https://www.klimafakten.de/meldung/wir-sind-im-krieg-gegen-den-klimawandel
250 https://sicherheitspolitik.bpb.de/de/m8/articles/m8-05

Es gibt nachvollziehbare Gründe:

» Im Krieg werden demokratische Regeln außer Kraft gesetzt, es gilt Staatsnotstand oder Kriegsrecht.
» Bei den Maßnahmen in einem Krieg wird nicht nach den Kosten gefragt, da geht es um Leben oder Tod.

Eric T. Karlstrom, ein amerikanischer Professor für Physikalische Geographie machte sich Gedanken über den unerträglichen Siegeszug der Religion vom „anthropogenen Klimawandel" dem mit „allen" Mitteln zu begegnen ist.[251]

„Was mir zu dieser Zeit nicht bewusst war: Die junge Wissenschaft der Klimatologie war auf den Fluren der Macht in Washington, D.C. und andernorts bereits zu Zwecken der Ausbeutung und Kooption ins Visier genommen worden, weil sie nützliche Mittel zur Förderung politisch-ökonomischer Ziele lieferte. Denkfabriken wie „The Report from Iron Mountain" und der „Club of Rome", politische Entitäten wie die Vereinten Nationen, verschiedene Zweige des Militärs und der Geheimdienstgemeinde sowie Wall Street-Konzerne hatten damals entschieden, dass Klima-„Forschung" genutzt werden könne, um „globalistische" politisch-ökonomische Ziele voranzutreiben. Tatsächlich kam der „Report from Iron Mountain" zum Schluss, dass die „Wahrnehmung" einer drohenden Umweltkatastrophe als Ersatz für Krieg dienen könnte und in der Zukunft als organisierendes Prinzip für die Gesellschaft.

Ökonomische Surrogate für Krieg müssen zwei wesentliche Kriterien erfüllen. Sie müssen ‚verschwenderisch' sein im landläufigen Sinne des Wortes, und sie müssen außerhalb des normalen Systems von Angebot und Nachfrage operieren ..."[252]

---

251 https://axelkraus/dr-eric-karlstrom-emeritierter-professor-fuer-geographie-california-state-university-stanislaus/(Seite nicht mehr erreichbar)
252 https://naturalclimatechange.org/origin-of-agw-fraud/

Der Bericht aus „Iron Mountain"

Was steckt hinter „Iron Mountain"? Im August 1963 traf sich eine 5-köpfige Expertengruppe in der Abgeschlossenheit des Iron Mountain (Eisenberg) Komplexes in der Nähe von New York. Iron Mountain bezeichnet ein Netzwerk von atomsicheren unterirdischen Gewölben und Büros in der Nähe des Hudson River. [253]

Mit diesem ersten Treffen begann ein Prozess, der sich über insgesamt zwei Jahre hinzog.

> *„Die Aufgabe der Gruppe bestand darin, genau und realistisch die Natur der Probleme zu bestimmen, welchen sich die Vereinigten Staaten gegenüber stünden, wenn die Bedingungen für einen dauerhaften Frieden eintreten würden."*

Das Ergebnis der Diskussionen war geheim. Allerdings hat ein unbekanntes Mitglied der Gruppe Informationen an einen Schriftsteller weitergegeben.

Dieser Schriftsteller, Leonard C. Lewin (1916–1999) hat aus diesem Stoff einen Roman mit dem Titel *„Verdammter Friede – Report From Iron Mountain on the Possibility and Desirability of Peace"* geschrieben.[254]

Lewin fand offensichtlich die erhaltenen Informationen so abenteuerlich, dass er daraus eine Satire machte. Dies wurde natürlich als Beleg gewertet, dass es diesen Vorgang gar nicht gegeben hat. Nur: Es hat ihn gegeben. Die Schlussfolgerungen des Berichts sind ernüchternd:

> *… dass Friede nicht im Interesse einer stabilen Gesellschaft sei. Krieg sei für die Wirtschaft zu wichtig, als dass man ihn „abschaffen" dürfe. Mehr noch, auch Regierungen erhielten ihre*

---

253 Entnommen aus: https://studylibde.com/doc/6489490/wem-nutzt-der-anthropogene-treibhauseffekt
254 https://de.linkfang.org/wiki/Leonard_C._Lewin

Autorität aufgrund ihrer Fähigkeit, Krieg zu führen, und hätten daher ebenfalls kein Interesse, einen Zustand dauerhaften Friedens herbeizuführen.

Falls ein dauerhafter Friede jedoch unvermeidbar sei, solle die Regierung alternative Programme initiieren: Den Wohlfahrtsstaat, ein Raumfahrtprogramm oder ein gigantisches Rüstungskontrollprogramm.

*Daneben sei die Schaffung von „alternativen Feinden" eine mögliche Lösung; vorgeschlagen wurden Bedrohungen durch Außerirdische, Asteroiden oder **massive globale Umweltverschmutzung**. Aber auch Gladiatorenspiele oder öffentliche Prozesse wie in der spanischen Inquisition seien denkbar.*[255]

Das war 1965! Noch mitten im kalten bis eiskalten Krieg. Über 20 Jahre später – ab Mitte der 1980er Jahre begann unter Gorbatschow eine Aufweichung der verhärteten Ost-West Fronten und ein „dauerhafter Friede" zeichnete sich am Horizont ab. Genau zu dieser Zeit nahm der „Klimazug" Fahrt auf.

Hat am Ende diese kleine Gruppe von 5 Personen (wohl unfreiwillig) die Grundlage für den größten Betrug der Geschichte gelegt?

Auch der Club of Rome stellt die Frage

„Können wir ohne Feinde leben? Alle Staaten waren bisher daran gewöhnt, Ihre Nachbarn in Freund und Feind einzuteilen, dass durch das plötzliche Verschwinden alter Gegner ... ein unangenehmes Loch entsteht. Daher müssen neue Feinde gefunden ... werden.

Die neuen Feinde ... heißen Verschmutzung, Wasserknappheit, Hunger, Unterernährung, Analphabetismus, Arbeitslosigkeit ..."[256]

---

255 https://www.wikiwand.com/de/Leonard_C._Lewin/Leonard C. Lewin: Verdammter Friede, München 1968
256 Text aus „Die erste globale Revolution" (Bericht an den Club of Rome, Alexander King und Bertrand Schneider, Frankfurt/M. 1992, Seite 98

Die Hetzer sind wieder da –
unterstützt vom Staat

Unsere Gesellschaft ist „gleichgeschaltet"

Geschichte wiederholt sich nicht, aber die Muster sind ähnlich. Wenn wir den Begriff „Gleichschaltung" benutzen, dann bedeutet dies eine ungeheuerliche Assoziation. Nein – Gleichschaltung haben wir heute keine, heute haben wir nur einen „Konsens". Wir haben damit ein unbelastetes Wort.

Es gibt so gut wie keinen Politiker, der es wagt, den „anthropogenen Klimawandel" in Frage zu stellen. Die, die es gewagt haben, sind längst mundtot. Wie viele Politiker mit geballter Faust in der Tasche (aber mit geschlossenem Mund) es auf MdB- oder MdL-Ebene gibt, ist unbekannt, es sind nicht wenige – nur keiner wagt sich zu outen. Niemand möchte an den „Pranger" kommen und seine Karriere gefährden. (vgl. „Der neue Pranger"– Seite 304)

In Bund, Ländern und Gemeinden wird ausnahmslos „Klimaschutz" betrieben, da werden „klimaneutrale Städte" ausgerufen, „Klimanotstände" festgestellt und „Klimaaktionspläne" erarbeitet.

Auch das Bundesverfassungsgericht mahnt mehr „Klimaschutz" an. Damit sind Legislative, Exekutive und Judikative „gleichgeschaltet" bzw. im „Konsens". Selbst auf die „vierte Gewalt" – die Medien – ist kein Verlass mehr.

Die Vergiftung der öffentlichen Meinung

Ob Klimawandel, Flüchtlingskrise, Corona-Politik, Gendersprache: wer nur eine leicht vom Mainstream abweichende Meinung äußert, bekommt einen Stempel aufgedrückt. Der ist Leugner, Rassist, Querdenker, Verschwörungstheoretiker, homophob etc. Aus irgendeiner Ecke des Netzes zwitschert es plötzlich ganz schrill oder es erhebt sich ein Shitstorm. Die Presse nimmt das gerne auf und empört sich ebenfalls und wenn dann zu allem Überfluss Beifall von der falschen Seite kommt, dann überlegt sich jeder das nächste Mal, sich zu einem „sensiblen" Thema zu äußern.

Die Argumente spielen keine Rolle, sie werden nicht diskutiert. In einer Talkrunde fiel folgender Satz: „*Die Stigmatisierung der Kritik ist das Ende der Demokratie*"[257]. Ob wir schon am Ende der Demokratie angelangt sind, soweit möchte der Autor noch nicht gehen, aber wir sind auf jeden Fall auf dem Weg dahin.

Im Bereich „Klimaschutz" sind wir in diesem Sinne am Ende der Demokratie. Ein neuer Meinungsterror breitet sich aus. Wer die These vom „anthropogenen Klimawandel" hinterfragt oder in Zweifel zieht, ist mittlerweile in Deutschland ein Outlaw, einer der an Verschwörungstheorien glaubt oder ganz einfach, der glaubt, „*dass Bill Gates kleine Kinder isst*"[258], auf jeden Fall kann so ein Mensch nicht bei Trost sein.

Der Fernsehjournalist Georg Restle formulierte am 5.6.2020 in einem ARD-Kommentar folgenden Satz:

Aus Worten werden Parolen, aus Gedanken werden Ideologien, aus Vorurteilen wird Ausgrenzung, aus Ausgrenzung wird Gewalt.

In dem TV-Beitrag ging es um Rassismus. Nachfolgend beschäftigen wir uns mit geäußerten „Gedanken" im Umgang mit Menschen, die dem „anthropogenen Klimawandel" widersprechen.

Die Worte des Herrn Restle müssen wir auch auf den „Klimawandel" beziehen.

„Schlecht" sind diese Menschen, weil sie nicht anerkennen wollen, dass der Mensch das Klima zerstört. „Schlecht" sind sie, weil sie nicht anerkennen wollen, dass das CO_2 hierfür verantwortlich sein soll.

„Schlecht" sind diese Menschen auch, weil sie damit die vielen lukrativen Geschäfte mit dem „Klimaschutz", dem hoch-

---

257 Ulrike Guérot, Professorin für Europapolitik und Demokratieforschung, 25.9.2020 bei Markus Lanz
258 Video von „Rezo" vom 5.9.2021. https://youtu.be/Ljcz4tA101U

subventionierten Bau von unsinnigen Windkraftanlagen, Fotovoltaikanlagen oder Biogasanlagen bremsen, die Finanzströme stören und damit die „Weltrettung" hintertreiben.

Viele kleine „Klimaschützer" in den örtlichen Umweltschutzvereinen nehmen diese Hetze natürlich ernst und fühlen sich berufen, die notwendigen Maßnahmen selbst vollziehen zu müssen.

Der kleine **„anonyme Nick"** will besonders eifrig bei der Weltrettung dabei sein und teilt seinen Mitbewohnern in der Region mit, dass unter Ihnen ein Klimaleugner wohnt.

Er drückt dies so aus:

Beim heutigen Kenntnisstand gibt es exakt zwei Möglichkeiten, warum eine Person den menschengemachten Klimawandel leugnen kann:

a. *Eine Mischung aus extremer Unwissenheit und Dummheit. Das sind Leute, die sich zu diesem Thema gar nicht, bzw. ausschließlich aus dubiosen Quellen informiert haben und zu blöd sind, um zu erkennen, was für einen absurden Schwachsinn diese Quellen da verbreiten. Oder sie haben zwar die Fakten von den seriösen Quellen gehört oder gelesen, sind aber intellektuell nicht in der Lage, diese zu verarbeiten.*

b. *Noch viel schlimmer ist die andere Sorte der Leugner. Diese wissen ganz genau, dass es den menschengemachten Klimawandel gibt. Sie leugnen ihn trotzdem, weil dies besser zu ihren persönlichen Interessen passt, z. B. weil sie zur Kohle- oder Autolobby gehören. Mit anderen Worten:* **Dieser skrupellose Abschaum begeht zur eigenen Bereicherung Verbrechen an der ganzen Menschheit.**[259]

---

259 https://pod.geraspora.de/posts/5758293. Die Staatsanwaltschaft sieht darin aber keine Hetze (!)

Etwas deutlicher war da der Grazer Professor Parncutt

Ein Universitätsprofessor in Graz forderte auf der Homepage der Universität die Todesstrafe für Leugner des Klimawandels, hervorgerufen durch den Ausstoß von Treibhausgasen. Heute noch eine Einzelmeinung, aber wer weiß?

Der SPIEGEL berichtete: [260]

*„Massenmörder von der ‚gewöhnlichen Sorte', wie den Norweger Anders Breivik, der 77 Menschen tötete, solle man nicht hinrichten. Aber wer den Klimawandel abstreite, für den sei die Todesstrafe angemessen, argumentierte ein Professor, der an der Universität in Graz Musikwissenschaft unterrichtet. Schließlich seien mächtige **Gegner der Klimawandeltheorie mitverantwortlich für viele Millionen Tote. Denn wenn sie nicht wären, hätte die Politik schon viel mehr gegen die Erwärmung der Erde unternommen."***

… Leugner der globalen Erwärmung fallen in eine vollständig andere Kategorie als Behring Breivik. Sie verursachen schon jetzt den Tod von hunderten Millionen Menschen in der Zukunft. Wir können von Milliarden sprechen, aber ich mache eine vorsichtige Schätzung."

„Solar-Förderverein" (sfv)

Ein besonderes aggressives Beispiel ist der „sfv", der „Solar-Förderverein" mit Sitz in Aachen, finanziell bestens ausgestattet. Der Vorsitzende, Wolf von Fabeck verlangt:

„Jetzt ist die Rechtswissenschaft gefragt."[261]

---

260 Spiegel 4.1.2013
261 https://www.sfv.de/artikel/verharmlosung_des_klimawandels_-_ein_menschheitsverbrechen.htm

„Wer den Klimawandel verharmlost, stellt sich fortan selbst außerhalb der internationalen Wertegemeinschaft.

*Das Ziel der immer noch laufenden Verharmlosungs-Propaganda ist die Fortsetzung der fossilen Energiebereitstellung und sollte sie weiter Erfolg haben, wird sie **Milliarden von Toten und möglicherweise sogar das Ende der menschlichen Zivilisation** bedeuten. **Herbeiführen des Klimawandels ist somit eines der ungeheuerlichsten Verbrechen überhaupt** und es ist eine Überlebensfrage, ob es der Staatengemeinschaft gelingt, **bereits die Anstiftung und die Verharmlosung durch abschreckende Strafen zu ahnden.“***

Oder die Webseite der Lobby-Gruppe GWUP

„Durch völlig schräge Debatten werden Einwände aufgebläht und der Klimawandel kleingeredet. Etwa dann, wenn wir die Jobs einiger weniger Tausend Kohlearbeiter im Rheinland, die ohnehin aufs Rentenalter zusteuern, mit Millionen Tonnen CO_2 aufrechnen, die zu Tod, Hunger und Vertreibung führen. Wenn wir den Erhalt des Regenwaldes, eine der wichtigsten Säulen im komplexen Klimagebäude, gegen unsere Gelüste auf Currywurst und Mettbrötchen abwiegen.

Oder wenn wir uns aus Bequemlichkeit weigern, zwischendurch vom Auto aufs Rad umzusteigen, und damit Millionen Menschen Vertreibung und Gewalt aufzwingen. Um das zu ändern, könnte der öffentliche Rundfunk natürlich mehr Verantwortung für das Problem übernehmen und dem Thema mehr Raum geben. Schulen könnten den Klimawandel auf dem Lehrplan nach oben schieben und die Parteien könnten ihn zum ständig wiederkehrenden Gesprächspunkt machen.

Aber reicht das, um die Leugner zum Verstummen zu bringen und die Zweifel auszuräumen?“[262]

---

262 https://blog.gwup.net/2018/12/09/kohle-kohle-kohle-sollte-klimawandelleugnung-unter-strafe-gestellt-werden/

Wenn man die dazugehörige Graphik betrachtet, könnte man Schlimmstes befürchten.

Abbildung 45: Symbole der Drohung?
Quelle: https://blog.gwup.net/2018/12/09/kohle-kohle-kohle-sollte-klimawandelleugnung-unter-strafe-gestellt-werden/

Die Zahl einschlägiger Blogs im Internet ist unüberschaubar, alle sind professionell gestaltet, d. h. sie sind auch mit Geld ausgestattet. Die „Jugendlichen", die diese Webseiten betreiben, werden zweifelsfrei opulent „gesponsert".

Dieser starke Tobak wuchert und wächst im ganzen Land. Viele regionale „Umweltverbände" sind durchsetzt mit Radikalinskis, die am liebsten alle „Klimaleugner" totschlagen würden.

Ein bekannter Verein von Aktivisten ist auch „Ende Gelände", bekannt durch illegale Besetzungen von Braunkohlegruben, versuchten Zerstörungen von Kohlebaggern und Bau von „Baumhäusern" im Hambacher Forst, Schwarze Pumpe und anderswo – alle bestens bezahlt von der Energiewendelobby und politisch unterstützt von den „Grünen".

Doch es bleibt leider nicht bei Radikalinskis und Grünen, auch die sog. seriöse Presse, Politiker, Journalisten, TV-Moderatoren überbieten sich im „Leugner-Bashing".

Anders formuliert: Es war also wissenschaftlicher Konsens geworden, dass das Problem besteht und wir es als Gesellschaft ernst nehmen. Wollen wir beim Klimawandel den gleichen Schritt wagen – und anders als beim Holocaust *vor* der kompletten Katastrophe eingreifen? Vielleicht. Vielleicht könnte ein Verbot das Schlimmste noch verhindern, wenn wir jetzt schnell handeln.

Hier ist ein erster Entwurf:

> *Mit Freiheitsstrafe bis zu fünf Jahren oder mit Geldstrafe wird bestraft, wer den menschengemachten Klimawandel in einer Art, die geeignet ist, den öffentlichen Frieden zu stören, öffentlich oder in einer Versammlung leugnet oder verharmlost.*

Abbildung 46: Bestrafung von Klimaleugnern
Quelle: https://blog.gwup.net/2018/12/09/kohle-kohle-kohle-sollte-klimawandelleugnung-unter-strafe-gestellt-werden/

Ein Kommentar im SWR2 am 17.3.2015, 9.08 Uhr, Kommentator: Werner Eckert:

„Aber: es sind immer die gleichen, es sind minimal wenige und ihre Gründe sind selten integer. Die Debatte in den Medien und sozialen Netzwerken ist eine Scheindebatte und keineswegs ein Abbild der wissenschaftlichen Welt."

Frau May Britt Illner:
In ihrer Talk-Sendung am 2.5.2019 stellte Frau Illner die Frage, ob man mit der geplanten Klimasteuer „Klimaunterstützer belohnen" und **„Klimaschädlinge bestrafen"** will.

In Tichys Einblick wird darauf gefragt:

„Ist der ‚Volksschädling' des NS-Staats die Blaupause für den ‚Klimaschädling'? Frau Illner, falls es Ihnen nicht bewusst ist, Bürger, die anderer Meinung sind, als Ungeziefer zu benennen, ist die Sprache des Totalitarismus."[263]

Ob „Ende Gelände", „SfV" oder „Klimaretter" und die vielen kleinen „Nicks" – bei diesen Organisationen und kleinen Vollstrecker und Klimakrieger handelt es sich um die „bewaffneten Arme" der Energiewendelobby. Sie brauchen sich deshalb um ihre finanzielle Situation keine Sorgen machen. Sie sind die Guten und sagen wer die Bösen sind. Warten wir ab – wenn Sie es für notwendig erachten werden sie schon einmal eine Fensterscheibe einwerfen, vielleicht auch mehr.

Der Staat beteiligt sich an der Hetze
Ein Bürger, der es wagt, dem Konsens nicht zu folgen, der sich nicht gleichschalten lässt, der muss sich warm anziehen. Für den haben Politiker sehr freundliche Begriffe gefunden – eine Auswahl:

Klimaleugner, ein unmoralischer Mensch, Islamist, ein Unbelehrbarer, Abschaum, Verblendeter, Klimaschädling, Spinner, Ignorant, Extremist, Atomlobbyist, milliardenfacher Mörder

Diese Begriffe finden wir nicht etwa in den anonymen Foren des Internet. Die Begriffe kommen aus dem Mund von Politikern aller Ebenen bis hinauf zum Ministerpräsident und von TV-Journalisten (vgl. Kasten nächste Seite).

Der Begriff „skrupelloser Abschaum" (als Bezeichnung für einen „Klimaleugner") ist für die Staatsanwaltschaft keine Beleidigung (Schreiben liegt vor).

---

263 https://www.tichyseinblick.de/daili-es-sentials/frau-illner-spricht-von-klimaschaedling/

In einer Hochglanz-Broschüre[264] mit einem Umfang von 122 Seiten, herausgegeben vom Umweltbundesamt mit dem trotzigen Titel „und sie erwärmt sich doch" (in Anlehnung an Galileis' berühmten Satz „... und sie bewegt sich doch"), diskreditiert in der Manier einer Propagandahetzschrift (Vorschlag: „Klimastürmer") alle Personen, die sich öffentlich gegen die Alleinschuld-These des CO_2 wenden – und das von einem Bundesamt!

Da werden die beiden Autoren des Buches „Die kalte Sonne", Vahrenholt und Lüning namentlich genannt. Auf die Aussagen des Buches wird überhaupt nicht eingegangen, wohl aber wird dargelegt, dass die beiden studierte Chemiker bzw. Geologen sind, und somit in klimatologischen Fragen keine Ahnung haben können, und dass die beiden bei RWE angestellt waren. Klar: Jeder, der einmal die Pforten von RWE, EON, EnBW oder Vattenfall durchschritten hat, steht unter Generalverdacht. Nebenbei werden auch noch Biographien verfälscht, „damit sie besser in das Feindbild passen".

Dabei haben die beiden Autoren nichts anders unternommen, als darzulegen, welchen Einflüssen das Klima ausgesetzt ist: Der Sonne mit ihren sehr unterschiedlichen Aktivitäten, den elliptischen Bahnen der Gestirne, den kurz-, mittel- und langfristigen meteorologischen Oszillierungen auf der Erde und vielen weiteren Einflüssen.

Aber nicht nur diese beiden Autoren werden kritisiert und namentlich genannt: An den Pranger gestellt werden auch die renommierten Journalisten und Publizisten Dirk Maxeiner und Michael Miersch, aber auch der preisgekrönte Filmautor Günter Ederer.

Der Autor und Journalist Henryk M. Broder kommentiert diesen Vorgang wie folgt (Welt, 19.5.2013)[265]

---

264 Und sie erwärmt sich doch. Hrsg. BMU, 2013,
      https://www.umweltbundesamt.de/sites/default/files/medien/378/
      publikationen/und_sie_erwaermt_sich_doch_131201.pdf
265 https://www.welt.de/debatte/henryk-m-broder/article116332834/
      Eine-Behoerde-erklaert-die-Klimadebatte-fuer-beendet.html

„Sind wir auf dem Weg in eine zweite DDR, in der die Regierung auch für den Wetterbericht von heute und das Klima von übermorgen zuständig ist?"
Das Umweltbundesamt beansprucht die Deutungshoheit beim Klimawandel für sich und stellt Journalisten in der Debatte an den Pranger. Ein solches Vorgehen erinnert an Reichskulturkammer und DDR-Regime.

Margaret Beckett, die ehemalige Außenministerin unter Tony Blair, wird im „Telegraph" am 12. Nov. 2006 wie folgt zitiert:
„Am Donnerstag verglich Margaret Beckett, Außenministerin, Klimaskeptiker mit Anwälten des islamischen Terrors. Diese sollten auch keinen Zugang zu den Medien haben."[266]

Oder Gro Harlem Brundtland:
„Es ist unverantwortlich, rücksichtslos und zutiefst unmoralisch, die Schwere der realen Gefahr in Frage zu stellen."[267]

Die amerikanische Justizministerin Loretta Lynch wollte Anfang 2016 den FBI beauftragen, herauszufinden, ob Kriterien vorliegen, die es „uns" gestatten, Anklage gegen „Klimaleugner" zu erheben.[268]

Dr. Ott (Bündnis90/Die Grünen) fordert, dass klimakritische Äußerungen von nun an *„massiv bekämpft"* werden müssten.[269]

---

266 http://www.telegraph.co.uk/news/uknews/1533912/Wrong-problem-wrong-solution.html
267 2007 vor der UN-Generalversammlung
268 http://www.dailymail.co.uk/news/article-3485864/Attorney-General-Loretta-Lynch-considered-taking-legal-action-against-climate-change-deniers.html
269 http://www.klimaretter.info/meinungen/kolumnen/kolumne-dr-h-e-ott2/6852-klimawandelleugner-jetzt-auch-im-bundestag

Der Landtagspräsident von Rheinland-Pfalz, **Dr. Bernhard Braun**, Mitglied der Grünen und „Energieexperte", nennt Mitglieder von Bürgerinitiativen gegen den Ausbau der Windkraft „*Atomlobbyisten*" und „*Extremisten*".[270].

Oliver Kriescher, MdB (Bündnis90/Die Grünen) am 19.11.2019 im Bundestag:
„*Altmaier muss sich jetzt entscheiden, ob er Politik für die Anti-Windkraft-Taliban in seiner eigenen Partei macht oder ob er für die Arbeitsplätze in der Windbranche kämpft.*"

Markus Söder: (Klimaleugner sind) „*Ignoranten.*"[271]

Annalena Baerbock forderte im Mai 2019 auf einem Kongress des Verbandes der deutschen Zeitschriftenverleger in Berlin:
„*Wer wissenschaftliche Fakten leugne, solle in den Medien nicht mehr stattfinden dürfen.*"[272]

Robert Habeck überlegt sich, ob China nicht doch das effektivere Politikmodell ist.
„*Es läuft auf ,chinesische Verhältnisse hinaus, wo zentral bestimmt wird, wenn wir den Wandel nicht in den Griff bekämen.*"[273]

Frau Illner bezeichnet die Abweichler mit „*Klimaschädlinge*".[274]

In der **SZ** werden sie „*rechtsextrem*" genannt.[275]

---

270 Wiesbadener Kurier, 19.11.2015
271 https://www.welt.de/regionales/bayern/article200458502/Soeder-Weg-zwischen-Klima-Ignoranten-und-Klima-Panikern.html
272 https://wetzlar-kurier.de/1242-gruner-kampf-gegen-klimaskeptikeraus-den-medien-bannen/
273 ZDF-Interview mit R. D. Precht am 18.6.2019
274 Talkshow mit Maybrit Illner, 2.5.2019
275 Die Klimaleugner-Szene ist im Aufwind (sueddeutsche.de), 7.12.2019

Al Gore, der große Profiteur vergleicht den Kampf gegen die globale Erwärmung mit dem Kampf gegen die Nazis oder gegen den islamistischen Terror.

Rajenda Paucheri, (ehemaliger Vorsitzender des IPCC) vergleicht den dänischen Professor Björn Lomborg mit Adolf Hitler.

Radikale Umweltschützer fordern längst ein „Klima-Nürnberg":
Wenn wir endgültig Gewissheit über die globale Erwärmung haben, wenn uns die Bedrohungen wirklich wehtun und wenn wir in weltweiten Anstrengungen die Zerstörungen minimieren, sollten wir Gerichte haben für diese Bastards – eine Art von Klima-Nürnberg". („When we've finally gotten serious about global warming, when the impacts are really hitting us and we're in a full worldwide scramble to minimize the damage, we should have war crimes trials for these bastards – some sort of climate Nuremberg."[276])

Die milliardenschweren Investitionen in die „Klimapropaganda" haben Wirkung gezeigt. Ein großer Teil der Medien, inklusive der öffentlich-rechtlichen Medien transportieren ausschließlich die Auffassung vom „Anthropogenen Klimawandel". Die Medien werden zugeschüttet mit (kostenlosen) Berichten und Filmen und Filmchen von traurigen Eisbären und untergehenden Südseeinseln. Unangenehme Wetterereignisse, die seit Jahrhunderten bekannt sind, werden plötzlich dem Klimawandel zugerechnet. Aus welchen Filmstudios diese Filmchen kommen und wer sie bezahlt, fragt kein Mensch mehr.

---

276 George Monbiot, Korrespondent des London Guardian: „Heat: How to Stop the Planet from Burning", London 2007

Der neue Pranger

Wer dem Dogma nicht folgt, muss an den Pranger, das war schon im Mittelalter so. Der Pranger befindet sich heute nicht mehr auf dem Marktplatz – er findet sich im Internet und den sozialen Netzwerken. Bürger, die kritische Fragen zum Klimaschutz stellen, dürfen beliebig diskriminiert werden.

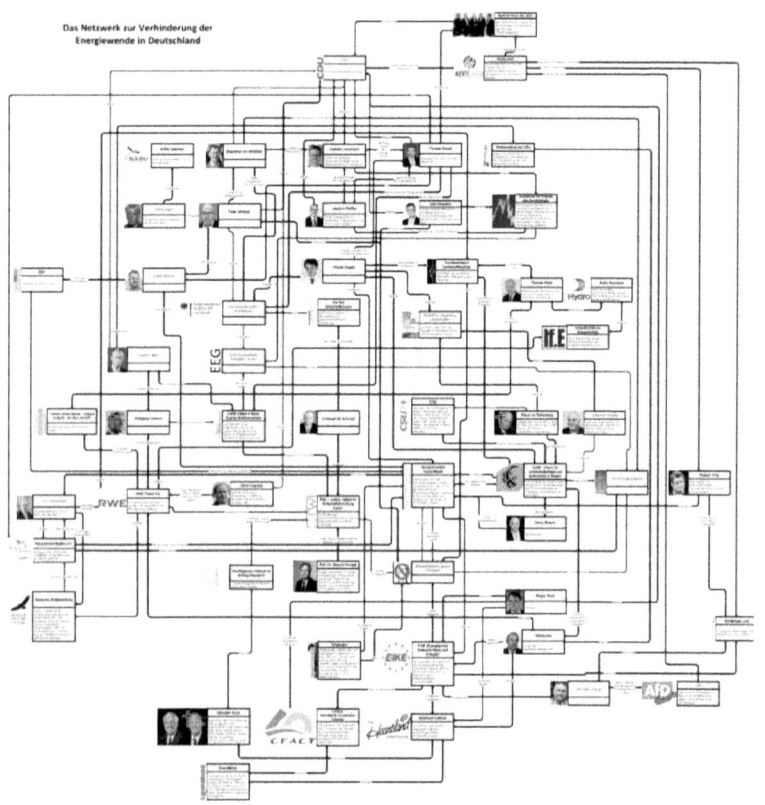

Abbildung 47: „Netzwerk zur Verhinderung der Energiewende"
Quelle: *https://energiewende.eu/netzwerk-gegen-die-energiewende/.*

Es ist vor allem der „Wissenschaftliche Beirat Globale Umweltveränderungen" (WBGU) der offen eine Anprangerung von Klimakritikern fordert, nämlich *„Eine gesellschaftliche Problematisierung".* Auf der vorhergehenden Seite finden Sie das „Netzwerk zur Verhinderung der Energiewende" mit bekannten Namen.

Die Liste stammt von der „Europäischen Energiewende Community", einer von hunderten finanziell bestens ausgestatteten Lobby-Organisationen.

Das „Netzwerk" identifiziert die Bremser genau:

Dass die Energiewende in Deutschland nur schleppend vorankommt hat Gründe, vor allem politische. Eine Menge Akteure arbeiten zusammen, um die erneuerbaren Energien zu diskreditieren, schlecht zu reden, den Klimawandel zu leugnen. Oft ausgestattet mit Geld der großen Verschmutzer finden sich angebliche Umweltschutzorganisationen wie

» VLAB (Verein für Landschaftspflege und Artenschutz in Bayern)
» Bundesinitiative Landschaftsschutz
» Naturschutzinitiative
» Deutsche Wildtierstiftung
» NABU Saarlouis-Dillingen

um Windkraftprojekte durch Klagen zu verhindern und Material für Bürgerinitiativen zu erstellen, damit diese gegen Windkraft und die Energiewende protestieren. Unterstützt werden sie von

» der industrienahen Lobby-Organisation INSM und
» dem RWE-nahen Forschungsinstitut RWI,
» den Klimawandelleugnern des Vereins EIKE, welcher wiederum mit

---

» dem amerikanischen Klimawandelleugner-Verein Heartland zusammenarbeitet, und
» Vernunftkraft, dem zentralen Dachverband der Energiewende-Gegner.

Deren Protagonisten haben beste Verbindungen in die deutsche Politik oder gehören ihr selbst an – meist Politiker der CDU/CSU, aber der Unterstützung von FDP und AfD können sie sich auch sicher sein. Mit Nicolai Ziegler rückt Vernunftkraft ganz nah an die Wirtschaftspolitiker der CDU heran, und diese nehmen die falschen Argumente gerne auf und treffen sich in diversen Gremien und Vereinen, wie

» dem Berliner Kreis der CDU
» der Werte-Union
» dem Wirtschaftsrat der CDU
» dem Innovationsforum Energiewende

um das EEG, so gut es geht, zu torpedieren und die alten fossilen Industrien zu schützen.
Wir haben in aufwendiger Recherche alle öffentlich bekannten Verbindungen in einer riesigen Grafik zusammengetragen. Das Bild unten ist mit einem Link hinterlegt, der die Grafik im Vollbild öffnet. In diesem Vollbild sind die einzelnen Knoten und Kanten des Netzwerks ihrerseits mit Links auf die jeweilige Quelle hinterlegt.[277]

Der SPIEGEL muss natürlich ebenfalls die „Verhinderer" publizieren und beruft sich auf das „Netzwerk"[278].

277 https://energiewende.eu/netzwerk-gegen-die-energiewende/
278 https://www.spiegel.de/wirtschaft/windenergie-so-verhindert-die-anti-windkraft-bewegung-neue-anlagen-a-46d88419-3b1d-427d-b6c0-cf696fec283c

Die „Pseudowissenschaft" übt Druck aus – fanatische Verfolgung Andersdenkender

Aufschlussreich ist eine Auseinandersetzung zwischen „Klimaskeptikern" und Prof. Rahmstorf in der „FAZ" im Jahre 2007. Damals haben sieben bekannte Wissenschaftler und Autoren (Christian Bartsch, Günter Ederer, Matthias Horx, Wolf Lotter, Dirk Maxeiner, Josef Reichholf und Wolfram Weimer) in der „FAZ" ausgepackt und die Methoden enthüllt, mit denen Professor Stefan Rahmstorf vom Potsdam-Institut für Klimafolgenforschung arbeitet.

*„Rahmstorf ist seit Jahren unter Journalisten dafür bekannt, dass er über Chefredaktionen oder Herausgeber versucht, Druck auszuüben und ihm nicht genehme Berichterstattung zu unterbinden. Er führt, das hat er in der Wochenzeitung ‚Die Zeit' stolz zu Protokoll gegeben, eine ‚schwarze Liste' von Journalisten, die sich nicht seiner Meinung unterordnen. **Wissenschaftler, die nicht seiner Meinung sind, müssen mit Angriffen auf ihre Person rechnen.**"*

Mit der fanatischen Verfolgung Andersdenkender tut Rahmstorf weder sich noch der Klimadebatte einen Gefallen. Vielmehr weisen Stil und Inhalt auf eine tiefe Unsicherheit und ein bizarres Geltungsbedürfnis hin. … Rahmstorfs Wissenschaft hat Modelle zu bieten, und sie muss ihre Unsicherheiten benennen, gerade wenn es sich um sehr komplexe Systeme wie das Klima handelt. Wenn Wissenschaftler ihre Annahmen zu Dogmen erklären, werden sie zu Glaubenskriegern. Dann ist es an der Zeit zu widersprechen. Deshalb nehmen wir uns das

Recht zu zweifeln. Unsere Position ist aussichtslos, nicht gerade
sexy und derzeit hoffnungslos in der Minderheit. Aber irgend-
jemand muss die Türen eines skeptischen Weltverständnisses
gegen die praktisch gleichgeschaltete öffentliche Meinung offen
halten, damit wir für die Zukunft lernen können."[279]

Der FAZ-Artikel sollte jeden aufrütteln, hier versucht sich ein
skrupelloser Ideologe in Wissenschaftsdiktatur. Der herablas-
sende Ton im Umgang mit renommierten Journalisten oder
Wissenschaftlern ist hoffentlich kein Vorgeschmack auf den
zukünftigen Umgang mit „Andersdenkenden".

Wie konnte es geschehen, dass dieser Glaube an den menschengemachten Klimawandel zur (Staats-)Religion geworden ist und weshalb Menschen, die nicht daran „glauben", wie
Ketzer behandelt werden – sie werden als „Klimaleugner" bezeichnet. „Leugnung" heißt so viel wie „Nicht-Eingestehung
der Wahrheit" oder „Nichtanerkennung von etwas Richtigem".

Der Vorwurf „Leugner" zu sein, ist also durchaus heftig, er
impliziert eine Art von „Verblendung", von „Uneinsichtigkeit"
oder „Verbohrtheit" und die begriffliche Nähe zu „Auschwitz-
Leugner" oder „Holocaust-Leugner" (oder „Gottesleugner", denn
wir haben es ja mit „Klimareligion" zu tun) macht den Vorwurf
besonders perfide. Klimaschutz ist ein moralisches Gebot, darauf hat man sich international geeinigt.

---

279 https://www.faz.net/aktuell/wissen/klima/die-klimaskeptiker-
antworten-wir-muessen-uraengste-relativieren-1462827.
html?printPagedArticle=true#pageIndex_2

Rahmstorf vergleicht Kritiker mit „Kreationisten"[280]

Beschämend sind Aussagen für die Wissenschaft wie die folgende:

„Die Medienaktivitäten solcher ‚Klimaskeptiker' begleiten mich, seit ich vor 20 Jahren von der relativistischen Physik in die Klimaforschung gewechselt bin. Dabei ist der gebräuchliche Begriff ‚Klimaskeptiker' eigentlich unzutreffend. Wer einmal versucht hat, sachlich mit ‚Klimaskeptikern' zu diskutieren, der weiß, dass sie keineswegs einen gesunden Skeptizismus pflegen, sich also (wie die meisten Wissenschaftler) nur durch gute Belege von etwas überzeugen lassen. Im Gegenteil: ähnlich wie Kreationisten haben sie eine festgefahrene Meinung zum Thema, die sich durch kein Sachargument erschüttern lässt. Sie klammern sich an jeden argumentativen Strohhalm, mit dem sich das Klimaproblem verleugnen und die Öffentlichkeit verwirren lässt."[281]

Das ist üble Nachrede. Wer eine kritische Haltung zu den Klimathesen des IPCC oder Potsdam-Instituts für Klimafolgenforschung einnimmt, *„hat von Wissenschaft keine Ahnung"*. Das ist beschämend.

---

280 Unter Kreationisten versteht man christliche Fundamentlisten, die die Evolution leugnen und stattdessen die biblische Schöpfungsgeschichte als real betrachten. Diese Gleichsetzung ist, gelinde gesagt, eine Unverschämtheit.
281 http://www.pik-potsdam.de/~stefan/klimahysterie.html

Einen kleinen Einblick in die „Wissenschaftsmethoden" findet man in einem Artikel der Potsdamer Neuesten Nachrichten (pnn) am 19.09.2007.[282]

Mehrere Journalisten hatten in der FAZ dem Potsdam Institut für Klimafolgeforschung (PIK) vorgeworfen, es würde Katastrophenmythen produzieren. Das sei „blanker Unsinn" meint das PIK. Das sei *„Teil des Rückzugsgefechts einer versprengten Minderheit von Pseudo-Experten"*, so Schellnhuber auf PNN-Anfrage. Die so benannten Journalisten hatten geschrieben:

> *„Nach Erkenntnissen von Klimaforschern könnte schon in diesem Jahrhundert ein wichtiger Teil der atlantischen Ozeanzirkulation abzubrechen beginnen. Grundlage war (…) eine Meinungsumfrage unter zwölf Kollegen."*

Diese Methode sei in der Wissenschaft üblich, kontert Schellnhuber: *„Bei sehr komplexen Sachverhalten, in denen man noch nicht in der Lage ist, mit exakten Computermodellierungen zu arbeiten"*, würden Experten befragt. Laut Rahmstorf habe die Fachwelt die besagte Studie sehr positiv aufgenommen.

Naturwissenschaft hat mit Meinungsumfragen nichts zu tun – das sollte bekannt sein.

---

282 https://www.pnn.de/wissenschaft/katastrophenmythen-und-druck-auf-journalisten/22038154.html

Schlägertrupps stehen
wieder bereit

Wer meint, nur „kleine Nicks", eifernde Professoren, gut genährte Lobbyisten und wichtigtuerische Journalisten oder Politiker hetzen mit Worten gegen die „Bösen", der irrt.

Der Begriff „Schlägertrupp" hat – vergleichbar mit „Gleichschaltung" kein gutes Image, deshalb wurde der völlig neue akademisch anmutende Begriff „Akteurskonstellation" geschaffen. Dies sind die Gruppen, die *„etablierte Blockadekräfte …* *überwinden"* sollen.

Diese Begrifflichkeiten verdanken wir dem ehrenwerten Potsdam Institut für Klimafolgenforschung (PIK).

„Identifizierbare Akteurskonstellationen treten als Treiber des *Wandels in Erscheinung, die über ausreichend Macht, Ressour-* *cen, Kreativität sowie Innovations- und Reformbereitschaft ver-* *fügen, um etablierte Blockadekräfte zu überwinden."*

Das ist die Beschreibung eines Umsturzes! – Der Kontext **lässt keinen Zweifel.**
Offensichtlich ist das kollektive Gedächtnis eines Volkes zu kurz: Es ist jetzt etwa 90 Jahre her, als braune Schlägertrupps („Akteurskonstellationen") Andersdenkende („Blockadekräfte" oder „Vetospieler") zusammengeschlagen haben.

Bei dem Projekt Klimaschutz ginge es, wie immer wieder zu hören ist, um die Rettung der Erde (wie weiland um die Rettung Deutschlands). Im Umkehrschluss heißt das, dass Menschen, die das Projekt kritisch sehen, die Rettung der Erde hintertreiben. Der Philosoph Peter Sloterdijk meint daher:

„… wer den menschengemachten Klimawandel in Frage stellt, findet kaum Fürsprecher. ‚Solche Menschen haben kein Verantwortungsgefühl für die Zukunft unserer Kinder', heißt das Totschlagargument.“[283]

Da bleibt nur zu hoffen, dass der Begriff „Totschlagargument" nicht wörtlich genommen wird.

Financial support for volunteers

XR provides financial support for volunteers in a number of ways.

Volunteers are encouraged to cover travel costs and other incidental expenses fully or in part where possible, but XR does cover these where needed.

There is also support for volunteers living expenses (referred to as VLE) if volunteers should experience difficulty in covering their basic needs. To qualify for this, the volunteer needs to have been actively helping for at least one month, and the support payments should have been agreed by the team they are working with. VLE for each volunteer is re-assessed regularly.

Financial support is limited to a maximum of £400 per week per person.

All volunteers who claim support with living expenses are required to complete a form giving details on their skills, involvement and reason for financial assistance. Volunteers who do not receive any payments are also able to complete this form to give an idea of the skills and resources we have available. These details can be viewed here. Volunteers also need to agree to abide by the principles and values of XR.

Volunteers claiming VLE may submit an invoice if they are self-employed. Otherwise, as from 1st December 2019, they will be paid via a payroll system that is currently being set up.

Abbildung 48: Werbeanzeige zur Rekrutierung von Demonstranten

*Quelle: https://translate.google.de/translate?hl=de&sl=en&u=https://
actionnetwork.org/forms/interest-in-financially-supported-full-time-
volunteering-for-the-october-rebellion&prev=search&pto=aue
Zwischenzeitlich wurde die Seite geändert*

---

283 Peter Sloterdijk: Focus Money, 30.1.2013

Jedenfalls haben sich bereits zahlreiche Schlägertrupps gebildet. Es sind nahezu paramilitärisch organisierte Gruppen, bestens finanziert und juristisch gut beraten, so dass sie wissen wo die strafrechtlichen Grenzen sind. Und wenn sie diese überschreiten, dann stehen Politiker der Grünen und Teile der Presse, ganz vorne die „taz", ihnen zur Seite.

Die international aufgestellte Gruppe „extinction rebellion" bietet „financial support" für Freiwillige – wie aus der Anzeige ersichtlich.

Organisierte Vortäuschung von Graswurzelbewegungen

„Der Schulstreik der schwedischen Schülerin Greta Thunberg, das massenhafte Schuleschwänzen mit den ‚Friday for Future'-(FfF)-Demonstrationen und die an Greenpeace orientierten Aktionen der militanten ‚Extinction-Rebellion'-(XR)-Bewegung gelten als Beispiele für Spontaneität und Authentizität, als basisdemokratische Aktionsformen einer Graswurzelbewegung. Da machen vor allem junge Menschen begeistert mit. Tatsächlich handelt es sich aber um voll durchgeplante Aktionen, hinter denen bestimmte Organisationen und Kapitalgeber stecken, die im Hintergrund bleiben, d. h. um sog. Astroturfing, also organisierte Vortäuschung einer Graswurzelbewegung. Auf Antrag werden XR-Teilnehmer sogar besser als Hartz-IV-Empfänger bezahlt."[284] (vgl. Abbildung 48)

Bei den Akteurskonstellationen handelt es sich um gut bezahlte Chaoten, die im Namen der Weltrettung Landfriedensbruch, Sachbeschädigungen und Nötigung begehen. Allein die Organisation „Extinction Rebellion" (XR), die weltweit zweifelhafte und strafbare Aktionen durchführt, soll über ein monatliches Budget von einigen 100.000 Pfund verfügen.

---

284 Ernst-Peter Ruewald. Das Klima-Paradigma (German Edition) (S. 53). tredition. Kindle-Version.

Fünf Beispiele von vielen zahlreichen bundesweit beachteten Aktionen:

1. Schwarze Pumpe

Im Mai 2016 drang eine Gruppe von etwa 300 Aktivisten auf das Gelände des Kraftwerks vor. Die Aktivisten traten Zäune ein, klettern darüber oder darunter hinweg. Wachschützer wollen sie nach eigenem Bekunden dabei nicht angegriffen haben. Die Polizei setzte ihrerseits Tränengas ein und nahm 120 Aktivisten vorläufig wegen schweren Landfriedensbruchs fest.

Dass das besetzte Kraftwerk „Schwarze Pumpe" ein größeres Gebiet versorgt, ist den Besetzern der Kohlegrube offensichtlich völlig egal auch wenn durch einen von ihnen bewirkten Blackout Menschen ums Leben kommen sollten.

Nur durch glückliche Umstände konnte damals ein Blackout verhindert werden.

2. Besetzung einer Autobahn

Im Rahmen der bundesweiten Aktion „Klimawende Jetzt" haben Aktivisten in Berlin Baustellen auf der Autobahn 100 besetzt. Die Polizei ging dazwischen.

Gegen 5 Uhr morgens drangen rund 80 Personen auf ein Baustellengelände nahe der Grenzallee ein, um den dortigen Baustellentunnel zu besetzen.

Zusammen mit Aktivisten der Organisationen „Ende Gelände", „Fridays for Future" und „Sand im Getriebe" demonstriere man gegen den geplanten Ausbau der Autobahn, so die Aktivisten.

3. Hambacher Forst

Hier ging es alles andere als zimperlich zu.

Eine Bürgerinitiative beschwert sich beim zuständigen Minister.

Nun braucht die Region Schutz vor als Aktivisten getarnten Rechtsbrechern. lm Vorfeld des Tagebaues Hambach, in dem rd. 1500 Menschen beschäftigt sind ... treibt seit über zwei Jahren eine etwa 30 Mann starke Gruppe ihr Unwesen. Die sogenannten „Aktivisten im Hambacher Forst" haben sich zum Ziel gesetzt den Betrieb des Tagebaus ... zu stoppen. Dabei ist ihnen jedes Mittel zur Durchsetzung ihrer Ziele recht. Mittlerweile sind Straftaten und Rechtsbrüche an der Tagesordnung. Im Kreis Düren wird ein erhebliches Polizeiaufgebot in Anbetracht dieser Situation vorgehalten. Die Eskalation ist so weit fortgeschritten, dass das Inbrandsetzen von Fahrzeugen, Hilfsgeräten, Brunneneinrichtungen ... keine Ausnahme mehr sind.

Die Mitarbeiter und Sicherheitskräfte werden von diesen Chaoten mit Steinen beworfen, mit Zwillen beschossen und es werden Fäkalienbomben eingesetzt.

Diese Chaoten schmieren sich mit ihren eigenen „Exkrementen" ein, um dadurch den Abtransport und die weitere Behandlung durch die im Einsatz befindliche Polizei ... unerträglich zu gestatten ...[285]

---

285 Schreiben einer Bürgerinitiative vom 8.3.2016 an den NRW-Justizminister Kutschaty

Der Betriebsrat von RWE Power wendet sich mit Datum 23.3.2016 an die Landtagsabgeordnete Gudrun Zentis von den Grünen:[286]

Sehr geehrte Frau Zentis,

mit großem Erstaunen haben wir Ihr Verhalten in den vergangenen Wochen registriert. Während für Ihren Besuch bei uns im Betriebsrat des Tagebaus Hambach bisher noch kein Termin gefunden werden konnte, konnten Sie am vergangenen Montag spontan und offenbar stundenlang Zeit im illegalen Wiesencamp verbringen.

Nicht etwa um Gewalttäter zu verurteilen, die unsere Kolleginnen und Kollegen, aber auch Polizeibeamte mit Zwillen und Molotowcocktails angegriffen haben.

Und auch nicht, um die Beamten zu unterstützen, die die von Ihrer Partei mitgetragene Landesregierung dorthin entsendet hat.

Vielmehr drücken Sie Ihr Entsetzen über diesen Einsatz aus und tragen erneut Forderungen vor, die sich mit denen der Aktivisten decken, die unsere Kollegen permanent bedrohen.

Wir arbeiten hier hart für die Energieversorgung unseres Landes. Wir haben weder Molotowcocktails geworfen noch Autos angesteckt. Sie aber stellen uns und vor allem die Polizei als die Schuldigen dar.

Sie, eine Abgeordnete unseres Landtags, machen sich die Diktion von Gewalttätern zu eigen. Das führt dazu, dass immer mehr Kolleginnen und Kollegen an so einer Art von Politik verzweifeln.

---

286 Schreiben des Betriebsrats von RWE Power an Frau Gudrun Zentis MdL vom 23.3.2016

4. Autobahnblockade in Berlin Februar 2022

Aktivisten der Gruppe „Letzte Generation" blockieren in Berlin und im Bundesgebiet laufend Autobahnen. Dabei werden auch Rettungsfahrten blockiert. Umweltministerin Steffi Lemke (Grüne) zeigt Verständnis für die Aktionen und vergleicht diese mit den Protesten von 1989 in der DDR. „Es ist absolut legitim, für seine Anliegen zu demonstrieren und dabei auch Formen des zivilen Ungehorsams zu nutzen."[287]

Kein Wunder, dass die gesetzesbrechenden Anarchisten und Chaoten sich sicher fühlen und immer frecher werden, weil sie sich von der Politik, insbesondere von grüner Seite unterstützt wissen.

5. Die „letzte Generation"

Besonders aggressiv geht die Organisation „Letzte Generation" vor und beruft sich bei ihren Autobahnblockaden auf den notwendigen zivilen Ungehorsam.

Aber man muss Verständnis haben für diese jungen Leute angesichts solcher Aussagen des Weltklimarats:

> *„Jegliche weitere Verzögerung gemeinschaftlichen globalen Handelns und wir verpassen das kleine, sich rasant schließende Zeitfenster, eine lebenswerte Zukunft zu sichern."[288]*

---

287 https://www.welt.de/politik/deutschland/article236795863/Letzte-Generation-Umweltministerin-zeigt-Verstaendnis-fuer-Proteste-FDP-widerspricht.html
288 Sechster Sachstandsbericht des IPCC, https://letztegeneration.de/

Beispiele für diese „Akteurskonstellationen sind: „Ende Gelände", „Extinction Rebellion", Aktivistengruppen im Hambacher Forst, im Dannenröder Forst und anderswo, auch Teile von „Fridays for Future" oder die großen NGOs wie Oxfam, Green Peace, Germanwatch, Friends of the Earth gehören dazu.

Wir wissen jedenfalls, dass all diese Gruppen sehr gut organisiert sind und auch mit finanziellen Mitteln ausgestattet sind. Jedenfalls passt die Beschreibung dieser Gruppen genau in den Kontext von „Welt im Wandel". Sie verfügen auch über „Macht" in Form von Beifall aus der Presse, von „Umwelt"-Organisationen, den Kirchen etc. Und sie verfügen über viel Geld.

Transparent sind die finanziellen Verflechtungen nicht. Bekannt ist, dass die Versicherung Munich Re, einer der größten Profiteure des Klimaschutzes, Germanwatch finanziell unterstützt.

Wie sie mit „Vetospielern" oder „Blockadekräften" umgehen, geht aus dem zitierten Schreiben des RWE-Betriebsrats hervor:

> *„Die Mitarbeiter und Sicherheitskräfte sowie die Polizei werden ... mit Steinen beworfen, mit Zwillen beschossen und es werden Fäkalienbomben eingesetzt."*[289]

Aber sie sind ja im Recht: Sie kämpfen für die „gute Sache" – für das Klima, gegen die Kohle, gegen das Auto, gegen ...

---

289 Aus einem Schreiben von RWE Power AG, Barbara Lacroix-Kratz, Betriebsrat Tgb., Hambach, an Frau Gudrun Zentis, MdL, 23. März 2016

Zunehmend häufen sich aber auch zahlreiche Einzelaktionen, die kaum in der Presse zu finden sind.

Klima-Aktivisten sorgen so regelmäßig in verschiedenen Städten für platte Reifen von SUVs. Da der „Staat sich weigert, unsere Lebensgrundlagen zu schützen, zwingt er uns dazu, zu anderen Mitteln zu greifen".[290]

Terror mit Ansage: Wer Klimaschutz verhindert, schafft die grüne RAF

Doch es scheint, die vorgenannten Aktionen waren nur ein harmloser Vorgeschmack.

Die neonazistische, rechte Hetze fand bereits ihren Niederschlag in schlimmen Gewalttaten. Es ist nur eine Frage der Zeit, bis auch die „Klimahetzer" zuschlagen werden. Doch in diesem Fall liegt die Verantwortung voll bei der Bundesregierung – sie gibt den „geistigen Brandstiftern" freie Bahn. Aber im Gegensatz zu den Neonazis sind die „Klimaaktivisten" so freundlich und kündigen den Terror an.

> *„Wenn es irgendwo brennt, seid bitte nicht überrascht":*
> *Aktivisten der Klima-Bewegung kündigen in Worten und Taten eine weitere Radikalisierung an. Manche von ihnen sprechen schon hoffnungsvoll von einer „grünen RAF".*

Politik und Öffentlichkeit sollten dies endlich ernst nehmen und die Aktionen von „Fridays for Future" & Co. nicht länger als jugendlichen Überschwang verharmlosen.[291]

---

290 https://www.t-online.de/region/dortmund/news/id_91905872/
klima-aktivisten-sabotieren-suvs-in-dortmund.html
291 Cicero, 22.2.2022

Der 45-jährige Klimaaktivist und Mitbegründer des Aktionsbündnisses „Ende Gelände" Tadzio Müller sucht seit geraumer Zeit schon nach Möglichkeiten, harte politische Angriffe … „von den gesellschaftlichen Rändern" her zu starten. Dies sagte Müller, der sich auch „Klimapartisan" nennt, in einem Interview mit der *taz*. Wir brauchen „Sabotage for Future".

… mehr Lifestyle-Kick für das gelangweilte Leben am Rande der deutschen Mittelschicht![292]

Getragen werden die angekündigten Anschläge („Protestaktionen") vom extrem linken Milieu. Das hat offensichtlich endlich einen idealen Ansatz gefunden, mit dem *„kaputt gemacht werden kann, was uns kaputt macht"[293]*.

Mit diesem Thema sind sie nun hoffähig geworden und wovon wir ausgehen können: sie werden auch ausreichend gesponsert.

Tadzio Müller ist das neue Gesicht dieser neuen „grünen RAF". In einem Spiegel-Interview vom 21.11.2021 sagt er unumwunden: „Wer Klimaschutz verhindert, schafft die „grüne RAF"[294], und die WELT titelt „Zerstörte Autos, Sabotage – das wird es nächsten Sommer auf jeden Fall geben".[295]

Wir dürfen gespannt sein, ob wir von diesem Revolutionär noch einiges hören. Immerhin widmet ihm Die ZEIT am 24. Februar 2022 eine ganze Seite. Da ist er erstaunlich zahm, er will nur *„Schrauben aus Kohlebaggern herausziehen"*. *„Menschen sollen aber nicht zu Schaden kommen."* Jürgen Trittin, der Interviewpartner war, zeigte sich sehr zufrieden.

---

292 https://www.cicero.de/comment/301418
293 Song von Rio Reiser
294 https://www.spiegel.de/politik/deutschland/radikale-
   klimaschuetzer-fridays-for-terror-kolumne-a-bddd5ac9-08a1-4a16-
   8f89-eb55a3c61624
295 https://www.welt.de/politik/deutschland/article235200788/
   Klimaaktivist-Tadzio-Mueller-

Egal welches Print-Medium ihm bereits die Ehre des Interviews[296] gegeben hat, da war er deutlicher. Das gab es in der Welt wohl noch nie: „Terror mit Ansage".

Er spricht von

> „Zerdepperte Autoshowrooms, zerstörte Autos, Sabotage in Gaskraftwerken oder an Pipelines. Das wird es nächsten Sommer auf jeden Fall geben. Ich höre das aus der Bewegung, sogar von eher moderaten Akteuren" oder: „Wer Klimaschutz verhindert, schafft die grüne RAF, oder Klimapartisanen, oder Sabotage for Future. Wie auch immer sie sich dann nennen".[297]

Aber er ist ja im Recht: Er beruft sich auf Artikel 20 des Grundgesetzes, auf §§ 32 und 34 des Strafgesetzbuches. Die Klimapolitik der Bundesregierung stellt einen Angriff auf das Eigentum, die Gesundheit und das Leben von Menschen dar. Daraus leitet er ein „Notstandsrecht für die Klimabewegung" ab.[298]

Laut WELT ist Tadzio Müller das, „was man gemeinläufig einen Berufsdemonstranten nennen könnte. Der 45-Jährige ist seit zwei Jahrzehnten in linken Protestkreisen aktiv, erst in der Anti-Globalisierungsbewegung, dann als Klimaaktivist".

In der taz vom 28.12.2020 erfahren wir etwas mehr von diesem Herrn Müller.

Da steht, dass er nach 9 Jahren **nicht mehr bezahlter Vollzeitaktivist** sein will, sondern Sexarbeiter werden will. Dennoch will er der Klimabewegung treu bleiben. „Wo ich mein Geld herkriege, ist dafür nicht relevant."

---

296 Taz, WELT, Spiegel, NZZ, woz, Stern und andere
297 https://www.welt.de/politik/deutschland/article235200788/
     Klimaaktivist-Tadzio-Mueller-Zerstoerte-Autos-Sabotage-das-wird-
     es-naechsten-Sommer-geben.html
298 Die ZEIT, 24.2.2022

Die Masken fallen

„IN DIE LUFT JAGEN“:

Am 15. Juni 2022 wird in mehreren Tageszeitungen berichtet, dass die Klima-Aktivistin Louisa Neubauer zur Gewalt gegen eine geplante Ölpipeline in Afrika aufruft.

„Die Klimaaktivistin Louisa Neubauer hat bei Instagram „Irritationen“ ausgelöst. In einem Video ist die 26-jährige Medienberichten zufolge zu sehen, wie sie auf Englisch von einer Konferenz im dänischen Kopenhagen erzählt. Dann spricht sie einen Satz, der aber nicht vollständig zu hören ist. Als Untertitel steht in dem Video auf Englisch: „Und natürlich denken wir darüber nach, wie man eine Pipeline in die Luft jagen kann.“[299]

Doch die Presse meint, das sei ja ganz harmlos: *„Aktivistinnen wie Luisa Neubauer haben schlicht das Prinzip der Aufmerksamkeitsökonomie verstanden.“*[300]

Es ist zwar unwahrscheinlich, dass Klimaradikale die Fähigkeiten haben, Pipelines wie Nordstream I und II – wie geschehen – zu zerstören. Aber dass derartige Aktionen notwendig sind, ist mittlerweile in Aktivistenkreisen schon lange kein Tabu mehr.

Andreas Malm, ein selbsternannter Befürworter der Zerstörung von „CO_2-emittierenden Anlagen“ und außerordentlicher Professor und Dozent am Fachbereich für Humangeographie an der schwedischen Universität Lund, ruft öffentlich zur Sprengung von Pipelines und zu anderen terroristischen Aktionen auf, um den Planeten und sein Klima zu retten, er spricht von

---

299 https://www.faz.net/aktuell/politik/inland/luisa-neubauer-irritiert-mit-gewalt-aussage-zu-oel-pipeline-18104416.html
https://www.nzz.ch/meinung/der-andere-blick/luisa-neubauer-hat-den-bogen-ueberspannt-ld.1688737
https://www.bild.de/politik/inland/politik-inland/luisa-neubauer-nach-klima-terror-witz-kommt-scharfe-kritik-aus-uganda-80410172.bild.html
300 Stuttgarter Zeitung, 14.6.2022

„intelligenter Sabotage". Sein großer Auftritt in den US-Medien kam am 24. September 2021 mit einem 38-minütigen Podcast-Interview mit dem Pulitzer-Preisträger David Remnick, Redakteur des Magazins The New Yorker, zum Thema „Sollte die Klimabewegung auf Sabotage setzen?"[301]

(Mehr Infos zur Lund-Universität: „Es gibt zu viel Menschen – Die Menschheit muss dezimiert werden")

Der Angriff auf unsere Freiheit

Plant eine Professorenclique den Umsturz?

Mit umfangreicher Berichterstattung in der Presse hat Prof. Schellnhuber 2011 ein „Hauptgutachten" des WBGU an die Bundesregierung übergeben. Das Buch nennt sich: „Welt im Wandel – Gesellschaftsvertrag für eine große Transformation".[302]

Das Autorenkollektiv ist jedenfalls hochkarätig:

» Prof. Dr. Hans Joachim Schellnhuber (Vorsitzender), Direktor des Potsdam-Institut für Klimafolgenforschung), External Professor am Santa Fe Institute und Vorsitzender im Governing Board des Climate-KIC des European Institute of Innovation and Technology
» Prof. Dr. Dirk Messner (stellv. Vorsitzender), Direktor des Deutschen Instituts für Entwicklungspolitik gGmbH, Bonn

---

301 Nach Stephanie Ezrol, https://larouchepub.com/other/2021/4844-is_flop26_triggering_an_escala.html
302 „Welt im Wandel – Gesellschaftsvertrag für eine große Transformation". Herausgeber: Wissenschaftlicher Beirat der Bundesregierung Globale Umweltveränderungen. (WBGU). Vorsitzender: Prof. H. J. Schellnhuber. Berlin 2011

Abbildung 49: Titel von „Welt im Wandel",
Hrsg. WBGU, Berlin 2011

» Prof. Dr. Claus Leggewie, Direktor des Kulturwissenschaft-
lichen Instituts Essen, Forschungskolleg der Universitäts-
allianz Metropole Ruhr
» Prof. Dr. Reinhold Leinfelder, Geologe und Paläontologe
mit dem Schwerpunkt Geobiologie, Integrative Biodiversi-
tätsforschung und Wissenskommunikation; Professor am
Institut für Biologie der Humboldt-Universität zu Berlin
» Prof. Dr. Nebojsa Nakicenovic, Systemanalytiker und Ener-
giewirtschaftler, Professor für Energiewirtschaft, Technische Universität Wien (TU Wien) und Deputy Director, International Institute for Applied Systems Analysis (IIASA),
Laxenburg, Österreich
» Prof. Dr. Stefan Rahmstorf, Professor für Physik der Ozeane, Universität Potsdam, und Leiter der Abteilung Klimasystem am Potsdam Institut für Klimafolgenforschung)

» Prof. Dr. Sabine Schlacke, Professorin für Öffentliches Recht mit dem Schwerpunkt deutsches, europäisches und internationales Umweltrecht, Verwaltungsrecht, Universität Bremen

» Prof. Dr. Jürgen Schmid, Leiter des Fraunhofer Instituts für Windenergie und Energiesystemtechnik, IWES

» Prof. Dr. Renate Schubert, Professorin für Nationalökonomie und Direktorin des Instituts für Umweltentscheidungen, Eidgenössische Technische Hochschule, Zürich

Das Buch beginnt mit folgender Feststellung:

Ein neuer Gesellschaftsvertrag

*„Die aktuellen Demokratiebewegungen in der arabischen Welt und der Fall der Berliner Mauer sind Belege aus der jüngeren Geschichte für die Kraft und Dynamik transformativer Prozesse. Für den Übergang zur Nachhaltigkeit lassen sich aus diesen Umbrüchen mehrere Lehren ziehen: Zunächst, unhaltbare Zustände können auf dramatische Weise kollabieren. Ferner sind die Kräfte der Transformation oft lange unter der Oberfläche verborgen. Dies zeigt sich heute nicht zuletzt beim messbaren globalen Wertewandel in Richtung Nachhaltigkeit. Schließlich enthüllt der Zusammenbruch von auf Extraktion von Öl und Gas gestützten Diktaturen (Sowjetunion, Libyen) zugleich die versteckten Kosten des „fossilen" industriellen Metabolismus. **Das kohlenstoffbasierte Weltwirtschaftsmodell ist auch ein normativ unhaltbarer Zustand, denn es gefährdet die Stabilität des Klimasystems und damit die Existenzgrundlagen künftiger Generationen. Die Transformation zur Klimaverträglichkeit ist daher moralisch ebenso geboten wie die Abschaffung der Sklaverei und die Ächtung der Kinderarbeit."***

(Hervorhebung vom Autor)

325

Zentrales Anliegen des Buches ist die Notwendigkeit

*„… einer „großen Transformation", bzw. **den nachhaltigen weltweiten Umbau von Wirtschaft und Gesellschaft**", es „müssen Produktion, Konsummuster und Lebensstile so verändert werden, dass die globalen Treibhausgasemissionen im Verlauf der kommenden Dekaden auf ein absolutes Minimum sinken und klimaverträgliche Gesellschaften entstehen können. Das Ausmaß des vor uns liegenden Übergangs ist kaum zu überschätzen. Er ist hinsichtlich der Eingriffstiefe vergleichbar mit den beiden fundamentalen Transformationen der Weltgeschichte: der Neolithischen Revolution, also der Erfindung und Verbreitung von Ackerbau und Viehzucht, sowie der Industriellen Revolution, die von Karl Polanyi (1944) als „Great Transformation" beschrieben wurde und den Übergang von der Agrar- zur Industriegesellschaft beschreibt." (Seite 6).*

Der Begriff „Transformation"

„Welt im Wandel" beruft sich bei dem Begriff „Transformation" dezidiert auf den ungarisch/amerikanischen Wirtschaftswissenschaftler Karl Polanyi (1886 bis 1964). Polanyi ist ausgewiesen ein Kritiker marktwirtschaftlicher Systeme gewesen.

„Kaum ein Denker hat sich so vehement wie Polanyi gegen die von Adam Smith (1723 bis 1790) vertretene Ansicht gestemmt, der Markt sei die dominante Institution moderner Gesellschaften. Für Polanyi sind Märkte stets eine Bedrohung für die Gesellschaft, woraus größte Gefahr erwächst, wenn man ihnen erlaubt, nach ihren eigenen Gesetzen unabhängig von staatlich regulierender Umhegung zu wirken. Diese „große Transformation", welche zu einer zerstörerischen Autonomisierung der Märkte führte, vollzog sich in England seit Beginn des 19. Jahrhunderts, später dann auch in Deutschland."[303]

---

303 FAZ 26.12.2014, Karl Polanyi: Der entfesselte Kapitalismus

Der Autor verweist im Zusammenhang mit dem Begriff „Transformation" auch auf das Buch von Peter Brückner und Johannes
Agnoli: „Die Transformation der Demokratie"[304]. Brückner war
einer der Wortführer der „68er". Er stand der RAF nahe und
war Mitverfasser des „Buback-Nachrufs". Jedenfalls kommt die
Sprache in „Welt im Wandel" der der „68er" näher als der Pola-
nyis. Auch die demokratiefeindlichen Vorstellungen kommen
Brückner wesentlich näher. Der Hinweis auf Polanyi scheint
eher ein Ablenkungsmanöver zu sein.

Was wollen diese Professoren?

Die Forderung der Professoren ist eindeutig: Es bleibt uns nichts
anderes übrig, als die gesamte Entwicklung der letzten 200 Jahre wieder „rückabzuwickeln". Die Erfindung der Dampfmaschine mit der daraufolgenden explosionsartigen Entwicklung in
Technik, Wissenschaft und Medizin war ein Sündenfall, denn
bezahlt wurde dieser Fortschritt mit der „unmoralischen"[305]
Nutzung fossiler Energieträger wie Kohle, Erdöl oder Erdgas.
Genau damit zerstören wir angeblich unsere Lebensgrundlagen.

Richtig ist, die Erfindung der Dampfmaschine wäre sinn-
los gewesen, wenn die Natur uns keine Kohle, kein Erdöl oder
auch kein Erdgas zur Verfügung gestellt hätte. Die riesigen
Energievorräte sind offensichtlich ein Danaer-Geschenk der
Natur – wer hätte gedacht dass die Natur so hinterfotzig ist.
Im Strafrecht würde man von Arglist sprechen.

Mit der Industrialisierung sind zweifelsfrei riesige Fortschritte gemacht worden, und Nebenwirkungen sind sicher
auch zu beklagen, wenn dem nicht so wäre, hätten wir ja pa-
radiesische Zustände erreicht.

---

304 Frankfurt/Main 1968, Europäische Verlagsanstalt
305 Kohlenutzung ist unmoralisch wie Sklaverei und Kinderarbeit, aus:
     Schellnhuber, Welt im Wandel, Berlin 2011, Seite 1

Moderne Jakobiner

In einem Aufsatz von Prof. Fritz Vahrenholt:[306] wird vor einem „antidemokratischen, jakobinischen Denken" gewarnt.

> *„... Der WBGU vergleicht die Dekarbonisierung der Weltwirtschaft mit der Neolithischen und der Industriellen Revolution. Er liegt nicht richtig mit der Aussage, eine bewusst geplante, radikale Umgestaltung ökonomischer und sozialer Großsysteme sei ohne geschichtliches Vorbild. Zumindest partielle Vorbilder hierfür sind die Industrialisierung der UdSSR in den 20erund 30er-Jahren oder der ‚Große Sprung nach vorne' sowie die ‚Kulturrevolution' im China Maos."*

Das Erlernen der Nutzung des Feuers war sicher eine der wesentlichen Ursache für eine historische „Transformation" in der Geschichte der Menschheit. Von Anfang an bis heute kommt das Feuer – wir sagen heute „Energie" – aus der Verbrennung von „Kohlenstoff" – gleich ob in Form von Holz, Kohle, Öl oder Gas. Alle anderen Energiequellen sind demgegenüber marginal. Wenn jetzt festgestellt wird, dass diese Nutzung der von der Natur bereitgestellten Energieträger unmoralisch sei, dann wird endlich verständlich, warum der Halbgott Prometheus, der den Göttern das Feuer vom Himmel entriss, so grausam bestraft wurde.

Wir glaubten bisher, das sei die Strafe dafür gewesen, dass er es den Menschen ermöglichte, den Göttern etwas näher zu kommen – was diese nicht gerne sahen. – Wir müssen also die Mythologie umschreiben.

Es ist nicht ausgeschlossen, dass in 200, 500 oder 1000 Jahren die fossilen Energieträger dem Ende zu gehen. Dies würde zu unvorstellbaren globalen Verteilungskämpfen führen. Dass „Erneuerbare Energiequellen" nicht den adäquaten Ersatz bie-

---

306 „Die Welt", 27.5.2011, https://www.welt.de/print/die_welt/debatte/article13397280/Oekodiktatur-pur.html

ten können, ist bekannt. Technik und Physik stehen dem entgegen. Aber: Dank der erworbenen Fähigkeiten im Zuge der Nutzung fossiler Energieträger hat sich der Mensch das Wissen erarbeitet, neue Energiequellen zu finden. (vgl. Kapitel 5 – Ergänzungen und Betrachtungen)

Die (langfristige) Existenzfrage der Menschheit ist daher nicht die „Transformation", sondern die Verfügbarkeit über ausreichende, für alle Menschen erschwingliche und sichere Energiequellen. Das heißt unmissverständlich: Wenn es der Menschheit nicht gelingen sollte, neue geeignete Energiequellen zu finden, dann könnte die Menschheit, so wie sie heute lebt, nicht weiter existieren – weder in dieser großen Zahl, geschweige denn auf unserem bzw. auf dem von den Entwicklungs- und Schwellenländern angestrebten Niveau. Dann müssten wir tatsächlich wieder in vorindustrielle Verhältnisse zurückkehren. Das ist ohne gegenseitige Zerfleischung der Menschheit nicht möglich. Aber es ist auch nicht notwendig. Wir werden ausreichend Energie haben – wenn wir Energieforschung betreiben.

Ein weiterer Kommentar zu „Welt im Wandel":

Auf direktem Weg in die Klimadiktatur? [307] – ein Focus-Interview mit dem Historiker Wolfgang Wippermann vom 6.6.2011:

> *„Die sprechen sogar von der „internationalen Allianz von Pionieren des Wandels". Und das erinnert mich an die faschistische oder kommunistische Internationale. Ob sie da hinwollen, weiß ich nicht. Aber die Sprache ist schon mal schrecklich und das macht mir Angst. Wer so spricht, der handelt auch. Das ist eine negative Utopie, eine Dystopie. Und wenn Utopisten am Werk sind, wird es immer gefährlich. ... Wir haben es mit wissenschaftlichen*

---

307 Das gesamte Interview finden Sie unter: http://www.focus.de/
    wissen/klima/klimaprognosen/tid-22565/klimawandel-auf-
    direktem-weg-in-die-klimadiktatur_aid_634490.html

Fanatikern zu tun, die ihre Vorstellungen durchsetzen wollen. Ich wundere, dass wir da zum ersten Mal drüber reden und wie wenig das in der Öffentlichkeit bisher beachtet wurde."

„Welt im Wandel" – ein Abgrund von Verfassungsfeindlichkeit?

Das Buch „Welt im Wandel" kann sich jedermann kostenlos als pdf-Datei aus dem Internet herunterladen oder als Print-Ausgabe kostenlos und portofrei beim Potsdam Institut für Klimafolgenforschung in beliebiger Anzahl zusenden lassen.

Wenn man sich die Mühe macht, das unlesbare, in einer unverständlichen verquasten pseudo-intellektuellen Sprache geschriebene Buch zu lesen, dann entpuppt es sich als eine wahre Fundgrube von Aussagen, die nicht dystopischer und demokratiefeindlicher sein können.

Fußnoten oder Quellenangaben findet man vergebens.

Auf den nachfolgenden Seiten finden Sie zahlreiche Texte, die auch als „Leseproben" dienen.

Das Buch hat 400 Seiten, viele Themen und Aussagen wiederholen sich, dies drückt sich auch in der „Wortstatistik" aus:

- » „Nachhaltig"   ca. 800 mal
- » „Akteur"   ca. 235 mal
- » „Gesellschaft"   ca. 1060 mal
- » „Transformation", „transformativ" etc.   ca. 1650 mal
- » „Global Governance" oder „Weltordnung".   ca. 66 mal

Auffällig ist der häufige Gebrauch des Begriffs *„Narrativ"* (19 mal), Für Narrativ findet man folgende Synonyme: Märchen, Erzählung, Mythos, „kommunikatives Muster", Weltbild, Propaganda, Parole.

Es verwundert schon sehr, dass dieser Begriff sich in den letzten Jahren fest in der Politik etabliert hat und fast inflationär gebraucht wird. Das ist symptomatisch. Soll eventuell damit der Begriff „fake" (oder Lüge) umschrieben werden?

Der Begriff „*nachhaltig*": Der Begriff ist ursprünglich in der Forstwirtschaft benutzt worden und ist zum allumfassenden, jeden Lebensbereich betreffenden absoluten Imperativ geworden. Wir benutzen diesen Begriff bisher allgemein in dem Sinne „ohne schädliche Nebenwirkung" oder „dauerhaft" oder „die Grundlagen nicht zerstörend".

Das hat sich geändert:

> *Das Wirtschaftsmodell der vergangenen 250 Jahre ... war nahezu alternativlos auf die Nutzung fossiler Energieträger zugeschnitten. Dieses komplexe System muss nun grundlegend umgebaut und auf die Dekarbonisierung der Energiesysteme sowie radikale Energieeffizienzsteigerungen ausgerichtet werden.*

> *„Der WBGU begreift den nachhaltigen weltweiten Umbau von Wirtschaft und Gesellschaft als „Große Transformation". Auf den genannten zentralen Transformationsfeldern müssen Produktion, Konsummuster und Lebensstile so verändert werden, dass die globalen Treibhausgasemissionen im Verlauf der kommenden Dekaden auf ein absolutes Minimum sinken und klimaverträgliche Gesellschaften entstehen können."[308]*

Mit anderen Worten: „Nachhaltig" ist allein die „Transformation zur Klimaverträglichkeit". Dem muss alles andere untergeordnet werden. Diese höchst gefährliche Fixierung auf „ein Ziel" wird uns noch beschäftigen.

---

308 Welt im Wandel, a.a.O., Seite 4/5/6

Das Paradies auf Erden ist möglich

„Nachhaltig" ist in der Gesamtschau von „Welt im Wandel",
aber auch die religiös überhöhte Umschreibung für „das Paradies". Wenn man den Vorstellungen des WBGU global konse-
quent folgen würde, und wenn man

> ... *die Berücksichtigung der planetarischen Leitplanken durch-*
> *gängig zu einem handlungsleitenden Motiv zu erheben, (wür-*
> *de) dessen universelle Verfolgung Umwelt- und Klimaschutz zur*
> ***Stabilisierung des Erdsystems*** *ebenso gewährt wie* ***Frie-***
> ***den, Sicherheit und Entwicklung.*** [309]

Der 1000-jährige Friede oder das Paradies auf Erden sind also
machbar.

Man findet auch zahlreiche Wortschöpfungen, die nicht in einem Wörterbuch zu finden sind:

» *Akteurskonstellation*: Aus dem Zusammenhang ergibt sich
dafür eine Umschreibung für möglicherweise unangenehme Begriffe wie „Revolutionäre" oder „Schlägerkolonnen".
Auch „Treiber des Wandels" oder „Pioniere des Wandels"
finden wir in ähnlichem Zusammenhang.
» „*Vetospieler*" ist im politischen Prozess z. B. das Bundesverfassungsgericht [310]. Es kann einen Prozess aufhalten (Veto).
Hier wird darunter eindeutig in der Kombination mit dem Begriff „Blockadekräfte" ein „Konterrevolutionär" verstanden.

---

309 Ebenda, Seite 335
310 https://www.bpb.de/nachschlagen/lexika/politiklexikon/296528/
vetospieler

» *„Change-Agent".* Das ist eine Art Promotor, der in einem Unternehmen mit psychologischen Mitteln „(Unternehmens-)Kultur-Änderungen" durchzusetzen versucht. Da nähern wir uns schon der „Umerziehung".
» *„Kulturelle Hegemonie",* damit ist wahrscheinlich so etwas wie Meinungsführerschaft gemeint.

Auch die ständige Nutzung des Begriffs „Transformation" ist letztlich eine Verschleierung für den tatsächlich gemeinten Begriff „Revolution" oder „Umsturz".

Textbeispiele:

Nachfolgend eine kleine Auswahl von Textbeispielen aus dem Buch, nur so kann man sich ein Bild machen. Wir stellen dem Verfassungsschutz anheim, die Aussagen und Formulierungen unter verfassungsrechtlichen Gesichtspunkten zu prüfen. Der Autor hat sich erlaubt eingerückt einige Texte zu übersetzen, wobei der Übersetzungsspielraum nicht groß ist.

Seite 3:

> *Die Energiewende ... kann jedoch nur dann gelingen ... wenn ... nicht nachhaltigen Lebensstile ... gesellschaftlich problematisiert werden.*

> Wer nicht „nachhaltig" lebt, kommt an den Pranger (wer fliegt, SUV fährt, Fleisch isst ...)

Oder in verschiedenen Formulierungen und Kombinationen:

„Blockadekräfte", „Interessengruppen" und „Vetospieler", die „den Übergang zur nachhaltigen Gesellschaft erschweren, müssen überwunden werden."

> Konterrevolutionäre müssen „überwunden" (ausgeschaltet???, liquidiert???) werden.

Oder Seite 90:

Wie groß ihre Gestaltungsspielräume sind, ergibt sich aus der Gesamtkonstellation, in der die Akteure handeln. Im Folgenden wird gezeigt, dass die Gestaltungschancen im derzeitigen Umbruch zu einer nachhaltigen Weltwirtschaft durchaus günstig ausfallen.

> Der Freiheitsgrad der Akteure ist von der politischen Situation abhängig. Im Folgenden wird gezeigt, dass derzeit die Situation günstig ist.

Um Erfolg zu haben, müssen „Pioniere des Wandels" in jedem Fall („jenseits" ihrer Macht und ihres Reformwillens) die Grenzen des etablierten Gesellschaftskonzeptes (in diesem Fall einer weitgehend auf der Nutzung fossiler Energieträger beruhende Wirtschaftsweise oder high carbon economy) plausibel aufzeigen können und über (attraktive) Leitbilder (Narrative) verfügen, an denen sich der gesellschaftliche Wandel ausrichten kann.

> Unterstützend müssen die Revolutionäre auf jeden Fall (außerhalb ihres Machtanspruchs), die Fehler der derzeitigen Lebensweise (in diesem Fall auf der Nutzung fossiler Energieträger beruhend) nachdrücklich erklären und über pfiffige Parolen verfügen, die die Revolution unterstützen.

Diese Studie will einen Beitrag zu einem solchen Narrativ der Großen Transformation zur Nachhaltigkeit leisten. Neuere Forschungsarbeiten der Verhaltensökonomie (Akerlof und Shiller, 2009), der evolutionären Anthropologie (Dunbar, 2010), der politischen Ökonomie (Ostrom und Walker, 2003) oder auch des „Akteursorientierten Institutionalismus" (Mayntz, 2002) verweisen übereinstimmend auf die herausragende Bedeutung von breit geteilten Narrativen für die Handlungsorientierung von Akteuren.

> Diese Studie will einen Beitrag zu einer Propagierung zu einer Revolution zu einem tausendjährigen (ewigen?) Frieden leisten. Neuere Forschungsarbeiten der Verhaltensökonomie … verweisen übereinstimmend auf die herausragende Bedeutung von breit geteilten Mythen und Geschichten für die Ziele der Aktivisten.

Oder Seite 91:

Narrative reduzieren Komplexität, schaffen Orientierung für aktuelle und zukunftsorientierte Handlungsstrategien, sind Grundlage der Kooperation zwischen Akteuren und fördern Erwartungssicherheit.

> Einfache Schlagworte vereinfachen die Sicht der Dinge und geben den Rahmen für das Verhalten vor, schaffen eine gemeinsame Basis und fördern den Erfolg der Revolution.

*Ohne veränderte Narrative, Leitbilder oder Metaerzählungen,
die die Zukunft von Wirtschaft und Gesellschaft neu beschrei-
ben, kann es keine gestaltete Große Transformation geben. Hiermit sind zwei wichtige Elemente der Gestaltung des Übergangs
zur nachhaltigen Weltwirtschaft genannt (Pioniere des Wandels
und Narrative), die später wieder aufgegriffen werden.*

Ohne veränderte ideologische Basis, Leitbilder oder Parolen, die
die Ziele von Wirtschaft und Gesellschaft neu definieren, kann
es keine Revolution geben. Dies sind wichtige Elemente für den
Übergang zu einer ewigen friedlichen Zeit.

*Das vorherrschende Narrativ der vergangenen zweihundert Jah-
re war über alle Wirtschaftssysteme hinweg ein Wohlstands-
modell, das auf der unbegrenzten Verfügbarkeit fossiler Energieträger und anderer Ressourcen basierte. Nun bedarf es einer
neuen Geschichte zur Weiterentwicklung der menschlichen Zivilisation sowie dessen, was unter „Modernisierung" und „Entwicklung" verstanden wird.*

Bisher war das Bestreben der Menschen, die materielle Basis zu
verbessern. Dazu brauchen die Menschen Energie und Rohstoffe. Das muss geändert werden. Die Begriffe „Modernisierung"
und „Entwicklung" müssen neu definiert werden.

Oder die Seiten 256/257:

*„Identifizierbare Akteurskonstellationen treten als Treiber des
Wandels in Erscheinung, die über ausreichend Macht, Ressourcen, Kreativität sowie Innovations- und Reformbereitschaft verfügen, um etablierte Blockadekräfte zu überwinden.*

*Die Geschwindigkeit einer Transformation … hängt wesentlich
davon ab, dass beteiligte Akteure existierende Gelegenheits-
strukturen zu nutzen wissen.*

*Die Untersuchung gegenwärtiger und historischer Transitions-
bzw. Transformationsprozesse macht aber auch deutlich, dass
Akteure nicht nur von sich öffnenden Gelegenheitsfenstern profitieren können, sondern sie häufig selbst auch aktiv daran beteiligt sind, diese aufzustoßen ... Strategische Gruppen und Allianzen fungieren dabei als Rollenmodelle und Trendsetter; so
verschaffen sie isolierten Innovationsimpulsen eine „kulturelle Hegemonie.“*

*Aus der Diffusions- und Transitionsforschung ist bekannt, dass
„Change Agents“ – so werden hier strategische Akteure definiert, die als (z. T. unerkannte) Pioniere beim sozialen Wandel
vorangehen und ein Bewusstsein seiner Chancen verbreiten –
bei der Einführung neuer Technologien und Ideen eine zentrale
Bedeutung zukommt ... Die Rolle von „Change Agents“ bei der
Initiierung und Gestaltung von Veränderungsprozessen ist in
verschiedenen Disziplinen der Diffusions- und Innovationsfor-
schung untersucht worden (darunter Betriebswirtschaftslehre,
Soziologie und Psychologie).“*

Namentlich bekannte Aktivisten (Schlägertrupps?) treten als
Beschleuniger der Revolution in Erscheinung. Sie verfügen über
Macht, Geld, Vielseitigkeit sowie Anpassungsfähigkeit um Kon-
terrevolutionäre zu überwinden.

Das Tempo der Revolution hängt wesentlich davon ab, dass die
Aktivisten jede Gelegenheit zu nutzen wissen.

Die Geschichte zeigt, dass revolutionäre Aktivisten nicht nur
Gelegenheiten nutzen, sondern dass sie selbst durch Provokati-
onen oder Aktionen günstige Situationen schaffen ... Zielorien-
tiert arbeitende vernetzte Gruppen fungieren als Vorbilder und
beeinflussen durch dauernde Wiederholung den „Mainstream“.

Aus der Geschichte ist bekannt, dass „Agents provocateurs“ oder
auch geheime „Meinungsführer“ ... zentrale Bedeutung zukommt.
Sie müssen die Vorteile (ggf. finanzielle Vorteile) aufzeigen.

Wissenschaft als neuer Klerus mit einem totalitären Anspruch

Eine Renaissance der „klerikalen" Bevormundung

Der Soziologe Helmut Schelsky (1912–1984) meinte, dass an die Stelle der ehemaligen klerikalen Bevormundung eine neue Bevormundung durch „moderne" „Sinn- und Heilsvermittler" unsere Freiheit bedroht. In seinem 1977 erschienenen Buch „Die Arbeit tun die anderen"[311], meint Schelsky, dass die alte europäische Konfrontation zwischen weltlicher und geistlicher Macht sich in einer neuen Konstellation nun zwischen den „Intellektuellen" auf der einen Seite und den in der praktischen Arbeit gebundenen Menschen wieder findet. Schelsky spricht in diesem Zusammenhang von der „Priesterherrschaft" der „Sinnproduzenten", die uns neue Heilsreligionen vermitteln wollen.

Ganz im Sinne der Vorhersagen von Schelsky diagnostiziert Thea Dorn in der ZEIT die nicht mehr vorhandene Trennung von Wissenschaft und Religion als „Technokratie eines Wissenschaftsklerus".

Dorn schreibt:[312]

„Nicht predigen sollt ihr, sondern forschen!

Eine der wertvollsten Errungenschaften säkularer Gesellschaften ist die Trennung von Kirche und Staat. Eine der verstörendsten Entwicklungen hochtechnologisierter Gesellschaften ist der Wunsch, Wissenschaft und Staat sollten möglichst eng zusammenrücken. (…)

‚Der Glaube an die Wissenschaft spielt die Rolle der herrschenden Religion unserer Zeit.' Dieser Satz stammt von keinem Ver-

---

311 Helmut Schelsky: Die Arbeit tun die anderen, München 1977
312 DIE ZEIT, 3. Juni 2020

schwörungsfanatiker, sondern von Carl Friedrich von Weizsäcker. Er findet sich zu Beginn einer Vorlesungsreihe, die der Physiker, Philosoph und Pazifist zwischen 1959 und 1961 über ‚Die Tragweite der Wissenschaft‘ hielt. Heute geht es – mehr noch als vor sechzig Jahren – darum, zu begreifen, in welchen Hinsichten die Wissenschaft die Religion erfolgreich beerbt hat und in welchen Hinsichten die Wissenschaft sich hüten sollte, das Erbe der Religion anzutreten.

(…)

*Diese stupende Leistungskraft der Wissenschaft darf allerdings nicht zu dem Irrglauben verführen, ihr komme deshalb auch gleich die Wundergabe der Zukunftsbeherrschung zu. Wer Wissenschaft als ein Instrument verkaufen will, mit dem der Mensch absolute Gewissheit und Kontrolle über sein Schicksal gewinnen könne, verlässt den Boden seriöser Wissenschaft und macht sich zum Prediger von Verdammnis und Heil. **In der Klimadebatte haben wir den Wandel von prominenten Wissenschaftlern zu Hohepriestern bereits erlebt**. Es wäre fatal, wenn sich unter dem Druck einer verängstigten Öffentlichkeit, einer ratlosen Politik und schlagzeilenverliebter Medien dieser Wandel nun auch auf dem Feld der Virologie und Epidemiologie vollziehen würde.“*

Der „Klimaforscher“, Stefan Rahmstorf fühlte sich angesprochen und wehrt sich mit dem Impetus des Unfehlbaren. Außer Plattitüden hat er nichts zu bieten:

Stellen Sie sich vor, Sie sitzen in einem Kajak und lehnen sich ein wenig zur Seite. Sie werden einen Widerstand spüren – ein Kajak ist so konstruiert, dass es eine Rückstellkraft gibt, die es wieder aufrichten will. Aber wehe, Sie neigen das Kajak zu weit: Ab einem kritischen Punkt wird das Boot von selbst weiterkippen[313] …

---

313 DIE ZEIT, 24. Juni 2020

Thea Dorn kritisiert auch, dass Klimaforscher nur mit Rechenmodellen arbeiten, deren Richtigkeit unklar ist. Darauf Rahmstorf:

„Thea Dorn meint, dass Modellszenarien unzuverlässig seien. Natürlich sind sie nicht perfekt. Klimaforscher sind sich der Möglichkeiten und Grenzen von Modellrechnungen sehr bewusst. Mein Kollege Hans Joachim Schellnhuber nennt sie selbstironisch den ‚Blick in die Glaskugel'.[314] Dennoch liefern diese Modelle sinnvolle Erkenntnisse – zum Beispiel, weil man damit durchspielen kann, wie beeinflussbare Parameter das Ergebnis verändern. Wie wird die Welt im Jahr 2100 bei hohen Emissionen aussehen und wie bei Einhaltung des Pariser Abkommens?"

Genauso wird eine Spielwiese beschrieben.

„Wissenschaftsaktivisten"

In einem Leitartikel der FAZ vom 12.12.2020 von Johannes Pennekamp lesen wir:

„Wir stehen vor einem besorgniserregenden Trend. Wissenschaftlerinnen und Wissenschaftler treten zunehmend als Aktivisten in Erscheinung."

„… hunderte Forscher … haben sich mit der Klimaaktivistin Greta Thunberg verbündet. Sie unterstützen den Klimastreik und stehen bei Kundgebungen auf der Bühne."

Pennekamp weist in dem Artikel darauf hin, dass es schon Max Weber ein Gräuel war, wenn Wissenschaftler zu Aktivisten wurden. Das Thema scheint nicht neu zu sein.

---

314 SZ, Nr. 275/29. November 2011

Mit Wissenschaft haben die in „Scientists for Future" (S4F) zu-sammengeschlossenen „Wissenschaftler" nichts zu tun. Nur Utopisten können solche Sätze formulieren:

> *„Nur wenn die Menschheit schnell und entschlossen handelt, können wir die globale Erwärmung begrenzen, das anhaltende Massensterben von Tier- und Pflanzenarten stoppen und die natürlichen Grundlagen für die Nahrungsversorgung und das Wohlergehen heutiger und zukünftiger Generationen erhalten."*

> *„Wir halten es für essentiell, eine Allianz zu bilden, die weit über die Spezialist*innen der Klima- und Biodiversitätsforschung, der Nachhaltigkeits-, Sozial- und Ingenieurwissenschaften hinaus-geht.* **Wir werden keine nachhaltige Zukunft erreichen, ohne dass wir beispielsweise Fragen politischer Parti-zipation, Bildung, Geschlechtergerechtigkeit und sozi-aler Gerechtigkeit (einschließlich Klimagerechtigkeit) einbeziehen. Um die geschichtlich beispiellosen Proble-me der Menschheit zu lösen, benötigen wir die Fähigkei-ten, Erfahrungen und Erkenntnisse aller Disziplinen."**[315]

Das ist ein totalitärer Anspruch, der nicht mehr zu top-pen ist!

Die Jakobiner hätten das nicht besser formulieren können. Ob unter der Herrschaft der neuen Wissenschaftsjakobiner eben-falls so viel Blut fließen wird? Hoffentlich nicht.

---

315 Gregor Hagedorn et al.: Science 364, Nr. 6436, 2019
       https://dewiki.de/Lexikon/Scientists_for_Future
       https://de.scientists4future.org/ueber-uns/charta/

Klimaschutz: eine neue Religion oder die Rückabwicklung der Aufklärung

Aus der Geschichte wissen wir, dass im Mittelalter obrigkeitliches Denken „Standard" war. Der Klerus und der Adel bestimmten das Denken und Handeln der Menschen.

Klerus und Adel bildeten viele Jahrhunderte eine wechselvolle Zweckgemeinschaft privilegierter Schichten im Verhältnis zur übrigen ländlichen und städtischen Bevölkerung. Der mittelalterliche Ständestaat war lange Prinzip der Gesellschaftsordnung.

Das änderte sich erst mit der Aufklärung. Immanuel Kant führte uns aus der „selbstverschuldeten Unmündigkeit" heraus indem er uns mahnte, den eigenen Verstand zu bemühen und nicht mehr unkritisch die von der Obrigkeit diktierten „Wahrheiten" zu übernehmen. Das hat auch gewirkt: Demokratisierung und Säkularisierung wären ohne die Aufklärung nicht möglich gewesen.

Es hat allen Anschein, dass das ehemalige Ständeprinzip aus der Schublade geholt werden soll, nur die Spieler haben sich geändert.

So wie weiland die christliche Religion sich dadurch durchgesetzt hat, indem sie heidnische Gebräuche oder heidnische Örtlichkeiten mit neuen Inhalten gefüllt hat, so überwölbt die „Klimareligion" heute die christliche Religion. Die neue Religion hat sogar einen Namen: Environtalismus.

Wir sind allzumal Sünder, das sagt uns die Bibel, deshalb müssen wir umkehren, ansonsten fallen wir der ewigen Verdammnis anheim. Übersetzt in „Klimabibel-Deutsch" heißt das: wir leben auf zu großem Fuß, wir sind gierig, wir verbrauchen zu viel und vor allem nutzen wir fossile Energieträger. Das ist unmoralisch. Das ist vergleichbar mit dem verbotenen Baum im Paradies, von dem darf nicht gegessen werden.

Unsere derzeitige Art zu leben führt ins Verderben. Deshalb müssen wir umkehren, d.h., wir brauchen eine „Transformation", einen neuen „Lebensstil", wir brauchen mehr „Suffizienz" – Genügsamkeit, nur dann wird die globale Welt „nachhaltig", nur dann können wir mit dem Paradies – diesmal schon auf Erden – rechnen.

Wir müssen nur einige Begriffe austauschen.

- » Statt Fegefeuer oder Strafen Gottes haben wir die drohende Klimakatastrophe.
- » Statt „gottgefälliges Leben" wird ein „nachhaltiger, klimaneutraler Lebensstil" gefordert.
- » Die verbotenen Früchte sind „fossile Energieträger".
- » Statt Ablass haben wir eine EEG-Umlage bzw. CO_2-Bepreisung.
- » Statt Spenden an die Kirche investieren wir in Klimaschutz.
- » Das Paradies ersetzen wir mit „Nachhaltiger Weltwirtschaft".
- » Den Klerus ersetzen wir mit Wissenschaft.
- » Den Adel ersetzen wir mit der Oligarchie.
- » Suffizienz ist das neue Armutsgebot.
- » Hexen ersetzen wir mit Klimaleugner.
- » Die Jungfrau Maria heißt Greta.

In der Neuen Zürcher Zeitung (NZZ) hat Josef Joffe in der Ausgabe vom 28.1.2022 gefragt, ob „Klimatismus eine neue Religion" sei.[316] Er identifiziert die neuen Propheten, die neuen Dogmatiker und die Mechanismen von Schuld, Strafe, Untergang und Hoffnung.

Oder der Medienwissenschaftler Prof. Bolz:

„Wenn also die traditionellen, sprich christlichen Religionen, die Menschen nicht mehr ansprechen, suchen sie nach Ersatzreligionen. Und die mächtigste der gegenwärtigen Ersatzreligion ist mit Sicherheit die grüne Bewegung, das Umweltbewusstsein, was sich heute konkretisiert in der Sorge um das Weltklima. Dass man da von einer Ersatzreligion reden kann, das begründe ich im Wesentlichen damit, dass man hier eine katastrophische Naherwartung hat und von einer Art inneren Umkehr der Weltbevölkerung sich die Rettung aus der nahen Katastrophe

---

316 https://www.nzz.ch/feuilleton/ist-der-klimatismus-eine-neue-religion-die-strukturellen-aehnlichkeiten-sind-verblueffend-trotzdem-ruf-nach-wissenschaftlichkeit-ld.1666779

erhofft, mit all den Konsequenzen für unsern Lebensstil und für unser Selbstverständnis. Also, man könnte sagen, seit die letzten sozialistischen Utopien verflogen sind, sind die Heilserwartungen jetzt eigentlich nur noch grün gefärbt." [317]

Und auch der namhafte Zukunftsforscher Matthias Horx sieht quasireligiöse Züge in der Klimadiskussion:

„Um zu erklären, warum Global Warming heute das Lieblingssujet der alarmistischen Sinnproduzenten darstellt, müssen wir in ihre archetypische Semantik der Erzählung eintauchen. Global Warming besagt, dass die menschliche Zivilisation durch den Ausstoß von Treibhausgasen die mittlere Temperatur der Erdatmosphäre erhöht. Und dass dadurch Katastrophen entstehen: Fluten, Stürme, unerklärliche Phänomene wie Hagel, abrupte Klimawechsel. Das Ganze gibt für menschliche Hirne einen überdeutlichen Sinn-Impuls, denn die menschliche Geschichte ist eine Geschichte der tödlichen Naturereignisse. Sintfluten gehörten immer zum Terrorrepertoire der Natur … Feuersbrünste, Trockenheiten, Eiszeiten bedrohen die Menschheit schon von Beginn an. [318]

Dass sowohl die katholische als auch die evangelische Kirche die Klimakatastrophe nachplappern, ist beklagenswert – auch sie huldigen den neuen Göttern. Während Papst Benedikt noch Distanz wahrte, gelang es, den derzeitigen Papst Franziskus voll mit einzubeziehen, wie an der Enzyklika „Laudatio Si" sichtbar ist. Auch die evangelische Kirche steht voll hinter der „Klimareligion", wer kann schon dagegen sein wenn es heißt: „Die Schöpfung bewahren". So bietet sie allen jenen einen besonderen Platz im Klimahimmel wenn sie z. B. „Klimafasten" [319] for-

317 http://alles-schallundrauch.blogspot.de/2010/02/interview-mit-professor-norbert-bolz.html
sowie ein ähnliches Interview in der NZZ vom 19.1.2015 https://www.nzz.ch/wissenschaft/bildung/nachhaltigkeit-ist-ein-positives-tabu-geworden-1.18463818.
318 Matthias Horx: Wie wir leben werden, München 2008, S. 264
319 www.Klimafasten.de

dert. Die Kirchen bemerken nicht, dass ihre ureigenen Inhalte von den neuen Religionsstiftern usurpiert werden.

Ein erschreckendes Beispiel, wie sich die evangelische Kirche zum Handlanger der (heidnischen) Klimareligion macht, ist ein Zitat von Margot Käßmann. Sie schreibt in ihrem Buch „Mehr als Ja und Amen":[320]

> *„Die Schöpfung ist gefährdet, weil Menschen verantwortungslos handeln."* ... denn: *„Die wissenschaftlich vorausgesagte Klimakatastrophe, die in den sich häufenden Überschwemmungen, Unwettern und Erdrutschen inzwischen überall auf der Welt deutlich erfahrbar ist, bringt Staaten, Unternehmen und Individuen offenbar nicht zum Umdenken. Hier ist kein Ausgleich der Interessen festzustellen, sondern die Ökonomie und Eigennutz haben Vorrang."*

„Energiewende", „Klimawandel", „ökologischer Fußabdruck" sind in wenigen Jahrzehnten zu den neuen Säulen der Dreifaltigkeit geworden und der Baum, dessen Früchte nicht genossen werden dürfen, heißt „fossile Energie" und das Paradies bekam ebenfalls einen neunen Namen: „Klimagerechte Gesellschaft", selbst die Erbsünde bekam einen neuen Inhalt: „Weil du existierst, verbrauchst die Ressourcen der Natur, die sind aber endlich und deshalb bist du mit schuld am Ende der Ressourcen". Nur der Klimagott ist anders, der verzeiht nicht, der ist kein gütiger Gott, für den ist der Mensch ein „Krebsübel" (vgl. Kapitel Der Mensch – „Krebsübel" oder „Geschöpf Gottes"– Seite 391). Der lässt nur mit sich handeln, wenn man ihm Kathedralen in Form von Windrädern baut.[321]

---

320 Margot Käßmann: „Mehr als Ja und Amen", doch wir können die Welt verbessern; adeo Verlag (2017), S. 165 ff.
321 Hans Werner Sinn: „Die Windmühlen in Norddeutschland sind Sakralbauten zur Befriedigung grüner Glaubensbekenntnisse, doch nicht das Ergebnis einer rationalen Energiepolitik für die Bevölkerung und die Wirtschaft. Die De-Industrialisierung, die wir gerade im Bereich der Energiewirtschaft betreiben, indem wir funktionierende Kraftwerke verschrotten, gehört zu den Sünden, die wir gegenüber unseren Nachkommen begehen." Die Welt, 6.5.2013

Die Demokratie ist ein Auslaufmodell – Wir brauchen mehr Öko-Autokratie!

Wie ein roter Faden läuft die Meinung durch die Klimadebatte, dass mit demokratischen Mitteln Klimaschutz nicht erreicht werden kann. Insbesondere die Hauptprotagonisten Schellnhuber und Schneidewind fallen auf, vor allem aber Vertreter des Club of Rome und der Vereinten Nationen. Hier Schneidewind:

„Und dennoch wird von einigen Umwelt- und Klimabewegten gelegentlich mit etwas Neid auf einzelne autokratische Systeme, in letzter Zeit häufig auf China … geblickt: Gelingt es dort vermeintlich nicht sehr viel schneller, den Umstieg auf eine regenerative Energieversorgung, eine klimafreundliche Mobilität oder nachhaltige Städte umzusetzen? Wäre etwas mehr Öko-Autokratie nicht hilfreich angesichts der nur noch geringen Zeit zur Abwendung des Klimawandels? Es kommt sogar die grundsätzliche Frage auf, ob Demokratien strukturell in der Lage sind, mit einer globalen Herausforderung wie dem Klimawandel angemessen umzugehen …[322]

Schneidewind muss man zugutehalten, dass er sich selbst an anderer Stelle in seinem Buch von dieser Art der Demokratiefeindlichkeit distanziert. Nur: er bestätigt verständnisvoll, dass bei den „Umwelt- und Klimabewegten" deutliche demokratiefeindliche Tendenzen sichtbar sind.

Auch in dem Buch „Welt im Wandel" finden wir folgende Aussage:

„Die Demokratie (hat) sich … als weltweites Ordnungsmodell etabliert und sie müsste ihre Leistungsfähigkeit im Blick auf die anstehende Große Transformation erweisen.

---

322 Uwe Schneidewind: Die Große Transformation Eine Einführung in die Kunst gesellschaftlichen Wandels. FISCHER E-Books. Kindle-Version, Seite 333

Derzeit hat die Demokratie diese Zukunftsfähigkeit noch kei-
neswegs unter Beweis gestellt ... Zeitdruck und Komplexität der
Transformation werfen deshalb die Frage nach der Funktions-
fähigkeit und Tauglichkeit demokratischer Systeme auf. ..." [323]

In „Welt im Wandel" wird die Forderung noch autoritären Verhältnissen noch ein kleinwenig verklausuliert. Anders ist das
in der einschlägigen „Klimaliteratur". Der Autor verweist nur
auf ein Beispiel von vielen, ein preisgekröntes Buch (!) [324]:

Tatsache ist, dass wir Menschen dabei sind, jegliches Leben auf
diesem Planeten auszulöschen – wissentlich. Das ist vorsätzliche
Tötung. Wir befinden uns inmitten einer hausgemachten öko-
logischen Explosion. Es bedarf wenig Phantasie, um sich vorzu-
stellen, dass wir es mit Verhältnissen zu tun bekommen, die man
getrost als diktatorisch bezeichnen darf. Auf der Strecke blieben
sämtliche demokratischen und humanistischen Prinzipien, de-
rer wir uns so selbstgefällig rühmen. Diesen Preis haben nicht
wir als die Schuldigen, sondern unsere Nachkommen zu bezah-
len. Eine Ökodiktatur, wie ich sie notgedrungen kommen sehe,
ist nicht mit herkömmlichen moralischen Maßstäben zu mes-
sen. Moral taugt nichts angesichts des kollektiven Untergangs.
An dieser Stelle wird Politik zum Notwehrreflex. Die freie Ge-
sellschaft hat demnächst ausgedient."

323 „Welt im Wandel – Gesellschaftsvertrag für eine große Transformation".
Herausgeber: Wissenschaftlicher Beirat der Bundesregierung Globale
Umweltveränderungen. (WBGU). Vorsitzender: Prof. H. J. Schellnhu-
ber. Berlin 2011. Seite 204/205
324 Fleck, Dirk C. GO! Die Ökodiktatur. Erst die Erde, dann der Mensch
(German Edition), Kindle-Version

Stiftung Wissenschaft und Politik, Berlin (swp) [325]: „Verlässliche Finanztransfers" oder „Wo ist der wohlmeinende Diktator?"

Einen sehr aufschlussreichen Artikel von Susanne Dröge aus dem Jahr 2016 findet man bei swp. Daraus kann geargwöhnt werden, dass global Governance wohl mehr als „Weltsteuerung" sein sollte. In dem Artikel ist von einem *(wohlmeinenden) Diktator* die Rede, von einer *„mit starken Sanktionsinstrumenten ausgestatteten Weltregierung"*, von *„dauerhaft verlässlichen Finanztransfers ..."*

Die swp ist nicht irgendein unbedeutendes Institut. Es gehört zu den einflussreichsten deutschen Forschungseinrichtungen für außen- und sicherheitspolitische Fragen und ist die größte Einrichtung seiner Art in Europa. Es wird gesteuert von der Bundesregierung, den Parteien und Vertretern der Wirtschaft.

Da muss man sich die Augen reiben. Wenn endlich unser (wohlmeinender) Diktator da ist, dann brauchen wir uns nicht zu beschweren: Es ist alles vorher angekündigt!

---

325 Aus der Homepage von swp: Die Stiftung Wissenschaft und Politik (SWP) ist eine unabhängige wissenschaftliche Einrichtung. Wir beraten auf der Grundlage eigener, praxisbezogener Forschung politische Entscheidungsträgerinnen und Entscheidungsträger in Fragen der Außen- und Sicherheitspolitik bzw. der internationalen und Europapolitik. In diesen Themenfeldern sind wir einer der größten Think-Tanks Europas. Aufgabe der SWP ist es, vor allem den Deutschen Bundestag und die Bundesregierung zu beraten, ferner richten wir unsere Angebote an politische Entscheidungsträgerinnen und Entscheidungsträger in für Deutschland wichtigen internationalen Organisationen wie EU, Nato und die Vereinten Nationen. Die swp wird weitgehend vom Bund finanziert, sie bekommt aber auch „Drittmittel" von Stiftungen.

„Global Governance in der Klimapolitik – Auferstanden aus Ruinen"[326]

Global Governance in der Klimapolitik – wenig effektiv? Die internationale Klimapolitik befasst sich mit der Verringerung der Treibhausgasemissionen und dem Umgang mit den Folgen des unvermeidlichen Klimawandels. Als konzeptionelle Basis für die Klimapolitik bietet sich der Ansatz der Global Governance an. Er definiert globales Regieren als kontinuierlichen Prozess des Interessenausgleichs, der kooperatives Handeln auf verschiedenen Akteursebenen ermöglichen soll. Der Institutionenbegriff der Global Governance ist weit gefasst und beinhaltet sowohl formale Institutionen als auch informelle Regelungen.

Gerade beim Klimaproblem ist verlässliche und langfristige Steuerung durch Institutionen außerordentlich wichtig, und zwar aus zwei Gründen. Erstens gibt es keine Triebfeder freiwilliger Kooperation, denn da Treibhausgase ihre Wirkung weltweit und erst im Laufe der Zeit entfalten, fallen die Kosten des Klimaschutzes weder räumlich noch zeitlich mit dem Nutzen daraus zusammen. Anreize, »freiwillig« Klimaschutz zu betreiben, müssen also durch Verhandlungen erst gesetzt werden. Zweitens ist ein langfristiges Lösungskonzept notwendig, zum Beispiel der sukzessive Ausstieg aus der Nutzung fossiler Energieträger (Dekarbonisierung) oder dauerhaft verlässliche Finanztransfers. In vielen Staaten aber scheint sich ein solches Konzept nicht mit kurzfristigen politischen Interessen zu vertragen.

---

326 https://www.swp-berlin.org/fileadmin/contents/products/sonstiges/
Ausblick2016.pdf#page=47
(Seite 45) Global Governance in der Klimapolitik – Auferstanden aus
Ruinen von Susanne Dröge

Schon früh wurde deshalb über die These debattiert, nur ein wohlmeinender Diktator (benevolent dictator) oder eine mit starken Sanktionsinstrumenten ausgestattete Weltregierung könne das Klimaproblem angehen. Ein anderer Vorschlag lautete, eine Weltumweltorganisation unter dem Dach der Vereinten Nationen zu gründen, zum Beispiel durch eine Aufwertung des UN-Umweltprogramms (UNEP).

Demokratiefeinde in internationalen Organisationen

„Klimaschutz" ist eine internationale Aktion und wird koordiniert von den Vereinten Nationen. Diese veranstalten jährliche „Klimakonferenzen" (COP) mit 20.000 Teilnehmern und mehr, überwiegend aus Kreisen internationaler Umweltorganisationen (NGOs) wie Greenpeace[327] etc. Diese große Kulisse verfehlt nicht seine Wirkung.

Eine Unterorganisation der Vereinten Nationen ist der Weltklimarat (IPCC). Er veröffentlicht regelmäßig sog. Assessment-Reports, die den Stand der gegenwärtigen Klimawissenschaft wiedergeben sollen. Doch der Weltklimarat ist eine politische Organisation die politische Ziele hat. Zu diesen Zielen gehört zweifelsfrei „global Governance" – unter diesem Codewort versuchen die UN mehr direkten Einfluss auf die Nationen zu bekommen und instrumentalisiert hierzu den „Klimaschutz".

Wir stellen nachfolgend einige Zitate von namhaften Vertretern der genannten Organisationen zusammen.

---

327 Sogenannte NGOs stellen den überwiegenden Teil der Konferenzteilnehmer. Deren Mitglieder repräsentieren die „Treiber" bzw. die „Akteurskonstellationen".

350

Dr. Robert Muller, UN Assistant Secretary General:[328]

„Meiner Ansicht nach, nach 50 Jahren Dienst im System der Vereinten Nationen, gibt es die dringende und absolute Notwendigkeit einer ordentlichen Weltregierung. Es gibt keinen Hauch eines Zweifels daran, dass das aktuelle politische und wirtschaftliche System nicht mehr angemessen ist und zum Ende der Evolution des Lebens auf diesem Planeten führen wird. Wir müssen daher unbedingt und umgehend nach neuen Wegen Ausschau halten."

Club of Rome

„Demokratie hat viele Vorteile und erbringt oft Lösungen, die nachhaltiger sind als Top-down-Entscheidungen. Aber durch hohe Geschwindigkeit zeichnen sich demokratische Entscheidungsprozesse nicht gerade aus. Meiner Ansicht nach wird es deshalb grundlegend darauf ankommen, ob man sich in der Demokratie auf einen stärkeren Staat einigen kann (und damit auf beschleunigte Entscheidungsprozesse), bevor es zu spät ist – bevor wir gegen die Mauer prallen und uns einen sich selbst verstärkenden Klimawandel, unwiederbringlichen Verlust an biologischer Vielfalt sowie einen Mangel an Investitionen in zukunftsgerichtete Forschung und Entwicklung einhandeln."[329]

„… Demokratie ist kein Allheilmittel. Sie ist nicht in der Lage alles zu organisieren und ist sich ihrer eigenen Grenzen nicht bewusst. Diesen Fakten müssen wir offen ins Auge schauen. So frevelhaft es sich auch anhören mag, Demokratie ist nicht länger für die vor uns liegenden Aufgaben geeignet. Die Komplexität und die technische Natur vieler unserer heutigen Probleme erlaubt es nicht immer, dass gewählte Vertreter zur rechten Zeit kompetente Entscheidungen treffen."[330]

---

328 Zitiert in: http://www.politonline.ch/?content=news&newsid=1386
329 Zitat aus: Jorgen Randers, Bericht an den Club of Rome: „2052", München 2012, Seite 53
330 Club of Rome, The First Global Revolution, Seite 71

Graeme Maxton, ehemaliger Generalsekretär des Club of Rome:

„Mir fällt es schwer zu sagen, dass die Demokratie an dieser Stelle versagt. Es ist aber ein Fakt, dass sie ein riesiges Hindernis ist, wenn man große Veränderungen in kurzer Zeit durchsetzen muss. Wir sollten darüber nachdenken, ob es nicht bessere Wege gibt, Gesellschaften zu regieren.

... Ich schlage selbstverständlich keine Diktatur irgendeiner Art vor. Ich schlage vor, dass wir – ähnlich wie in der frühen griechischen Demokratie – gut ausgebildete und informierte Menschen haben, einer Art technokratischer Führung, die schwierige Entscheidungen im Interesse aller trifft.“[331]

Im Magazin „Spiegel Wissenschaft" vom 29.12.2009 wird zitiert:[332]

„Wir benötigen eine autoritäre Regierungsform, um den Konsens der Wissenschaft zur Treibhausgasemissionen zu implementieren", argumentieren die Australier David Shearman and Joseph Wayne Smith in ihrem Buch „The Climate Change Challenge and the Failure of Democracy".

Und weiter:

Der bekannte Klimaforscher James Hansen fügt ebenso resigniert wie ungenau hinzu, dass im Fall der Klimaveränderung der demokratische Prozess nicht funktioniere. In „The Vanishing Face of Gaia" wiederum schreibt James Lovelock, dass wir die Demokratie aufgeben müssten, um den Herausforderungen der Klimaveränderungen gerecht zu werden. Wir befänden uns

---

331 Greenpeace-Magazin, 6.18 Nov.–Dez. 2018
332 https://www.spiegel.de/wissenschaft/mensch/klimapolitik-wenn-forschern-die-demokratie-laestig-wird-a-669398.html

in einer Art Kriegszustand. Um die Welt ihrer Lethargie zu ent-
reißen, sei eine auf die globale Erwärmung gemünzte „Nichts
als Blut, Mühsal, Tränen und Schweiß"-Rede dringend geboten.

Die „Sozialingenieure" erobern die Welt – wir brauchen einen Neuen Menschen

Aldous Huxley benutze den Begriff „Sozialingenieur". Er stellt diesen Begriff dem technischen Ingenieur entgegen, der mit natürlichen und technischen Materialien umgeht und damit neue Geräte entwickelte. Der Gegenstand des „Sozialingenieurs" ist hingegen keine Materie sondern Menschen. Diese Menschen können so bearbeitet werden, dass sie „schmerzlos reglementiert werden" können.

Ein ähnlicher Begriff lautet „angewandte Sozialwissenschaft" oder „soziale Ingenieurwissenschaft".

Derzeit sieht alles danach aus, dass fieberhaft darüber nachgedacht wird, wie wir (wiedermal) den „Neuen Menschen" erschaffen. Den „nachhaltigen, öko-sozialen und klimaneutralen Menschen". In allen Schriften der „Klimabewegten" wird ein neues Verhalten bzw. ein neuer Lebensstil der Menschen gefordert: „klimaneutral, nachhaltig, suffizient (genügsam).

Das bereits mehrmals erwähnte Buch „Welt im Wandel" – die Bibel der Klimaalarmisten ist eine Fundgrube für die Forderung nach dem „Neuen Menschen". In seiner Radikalität stehen die Autoren kaum hinter den aus der Historie bekannten Versuchen, die Verhaltensmuster von Menschen nach eigenem Gusto zu formen, so dass er in eine bestimmte Schablone passt. Ob Jakobiner, Nazis, Marxisten oder Kommunisten, ob Umerziehung in Lagern: Das Denken und Handeln der Menschen muss kontrollierbar sein.

Armut für alle, Wiedereinführung von Bezugskarten und ein staatliches Punktesystem für Wohlverhalten – Die Pläne liegen in der Schublade

„Der gegenwärtige Lebensstil und das Konsummuster der wohlhabenden Mittelklasse – mit dem dazugehörigen Fleischkonsum, der Nutzung von fossilen Brennstoffen, Gerätschaften, Klimaanlagen und Vorstadthäusern – sind nicht nachhaltig.“[333]

Maurice Strong, Rio Earth Summit

Der Autor ist sich nicht sicher, ob er alle „Eventualpläne" der Bundesregierung – soweit sie im Netz stehen, gefunden hat. Aber die, die gefunden wurden, sind erschreckend und man muss davon ausgehen, dass es Pläne gibt, die nicht ins Netz gestellt wurden. Wie ernst diese Pläne gemeint sind, wissen wir nicht – aber sie sind geschrieben, und wir können daraus sicher ableiten, dass unsere Ministerien bereits im großen Stil von Ideologen durchsetzt sind. Die Pläne seien dem Klimaschutz geschuldet – wird behauptet.

Die freiheitliche Gesellschaft wird hier beerdigt. Eigentlich kann man das, was da im Netz steht, nicht glauben, aber staunen Sie selbst:

---

333 (Engl. Originaltext) Current lifestyles and consumption patterns of the affluent middle class...involving high meat intake, consumption of large amounts of frozen and convenience foods, ownership of motor vehicles, golf courses, small electric appliances, home and work place air-conditioning, and suburban housing are not sustainable ...
https://www.tandfonline.com/doi/pdf/10.1080/00207233.2016.118
5332?needAccess=true

Suffizienzpolitik – Die Umschreibung für „Armut für alle"

Wiederholt wurde darauf hingewiesen, dass die Klimaideologen sehr erfindungsreich sind, wenn es um die Vermeidung unangenehmer Begriffe geht, wie z. B. Gleichschaltung, Schlägerkolonnen, Konterrevolutionäre etc. Begriffe wie Konsens oder Akteurskonstellationen oder Blockadekräfte sind unverfänglicher. Für die „neue Armut" hat man sich den Begriff „Suffizienzpolitik" ausgedacht.

Zunächst zu den ideologischen Wegbereitern der „Suffizienzpolitik":

Anleitungen, wie wir in Zukunft genügsam leben könnten, findet man ausführlich in zahlreichen Veröffentlichungen. Einer der Hauptvertreter dieser Verzichts- bzw. Armutsautoren ist der Wirtschaftswissenschaftler Nico Paech. Er wird nicht müde uns zu erzählen, dass wir mit unserem technischen Fortschritt auf dem Holzweg sind – und er wird gehört.

In einem Gastbeitrag in der ZEIT vom 3. Januar 2017[334] meint er, dass der „kapitalistische Lebensstil ein ökologisches Desaster" ist und dass die „Digitalisierung alles noch viel schlimmer macht" und dass wir doch in „Einfachheit und Würde" leben sollen. Unser Wirtschaftssystem führt derzeit nur deshalb nicht in die Massenarbeitslosigkeit weil immer mehr konsumiert wird. Nur das Wirtschaftswachstum hält das System am Leben.

Aber dieses Wachstum ist längst an seine ökologischen Grenzen gestoßen – so Paech.

Wichtig sei auch die Einebnung der Wohlstandsunterschiede zwischen den reichen Industrienationen und den Entwicklungsländern, insbesondere Afrika. Aber nicht indem man die industrielle und wirtschaftliche Entwicklung dieser Länder befördert, sondern indem man sich „selbst begrenzt", und wenn es gelingt, „das Leben nach und nach zu entglobalisieren und zu entindustrialisieren".

---

334 https://www.zeit.de/wirtschaft/2017-01/europa-fortschritt-wachstum-industrie-digitalisierung-oekologie-klimawandel/komplettansicht

Paech meint in dem Artikel auch:

„... Nicht der Süden wäre zu „entwickeln", sondern der Norden müsste materiell abgerüstet werden. Nur so kann er dem Süden ein Stück Würde zurückgeben, ohne unerfüllbare Träume zu wecken. Eine bloße Übertragung des European Way of Life – ganz gleich ob durch internationalen Handel, Entwicklungspolitik oder Einwanderung – kann nur im ökologischen Fiasko enden"

Paech spricht von einer „Postwachstumsökonomie" und stellt folgende Forderungen auf:[335]

- » 20-Stunden-Woche
- » mehr Zeit, um selbst Obst und Gemüse anzubauen, Kleider und Elektroschrott zu reparieren, Produkte mit anderen Menschen zu teilen
- » Rückbau von 50 Prozent aller Autobahnen und 75 Prozent aller Flughäfen
- » Statt Arbeitsteilung in Produzent und Konsument spricht Paech vom „Prosumer".
- » effiziente Technologien und Produkte, die umgewandelt und wiederverwertet werden können
- » das Ergebnis: geringere Abhängigkeit von globalen Wertschöpfungsketten; zufriedenere Menschen

In seinem Buch „Befreiung vom Überfluss"[336] kann nachgelesen werden, wie wir wieder ins Mittelalter zurückgeführt werden sollen. Paech ist nicht allein. Er spricht das aus, was andere mehr oder weniger freundlich verpackt auch sagen: weniger Fliegen, weniger Autofahren, kein Wirtschaftswachstum oder einfach und unverdächtig ausgedrückt: „suffizient leben".

---

335 17. Januar 2014, Süddeutsche Zeitung, „Grünes Wachstum" gibt es nicht
336 Nico Paech, Befreiung vom Überfluss, München 2011

Das Potsdam-Institut für Klimafolgenforschung (PIK) darf hier nicht fehlen. Der langjährige Direktor des Instituts, Prof. Hans Joachim (John) Schellnhuber, meint in einem Interview:

> *„... Bis 2040 werden wir wahrscheinlich Beton und Stahl für den Bau durch Holz, Ton und Stein ersetzen müssen."*[337]

Die ehemalige Mitarbeiterin des Instituts, Helga Weisz spricht ungeniert vom Zusammenbruch unserer Zivilisation, „es ist ja nicht das erste Mal, dass eine Zivilisation zusammenbricht". Schon der Sprache wegen lohnt es sich, die folgende Passage zu lesen.

> *„... wir (haben) ... schon vorher gewusst: dass sich ein System – wie immer wir es bestimmen wollen – in einer sich verändernden Umwelt selbst verändern muss, will es überleben ...*

> *Für die Industrieländer müsste eine solch dramatische Veränderung mit einer dramatischen Reduktion der metabolischen Durchsätze verbunden sein. ...*

> *Um das zu beurteilen, muss man sich erinnern, dass Industriegesellschaften ja gewissermaßen ein sozial-metabolischer Sonderfall sind. Sie zeichnen sich unter anderem dadurch aus, dass sie unvergleichlich größere physische Bestände als jede historische Gesellschaft aufbauen und reproduzieren.*

> *Für den gesamten industriellen Metabolismus kann man jedoch davon ausgehen, dass Effizienzsteigerungen allein nicht ausreichen, um die geforderte dramatische Reduktion des Ressourcendurchsatzes zu erreichen.*

---

[337] http://www.dw.com/en/schellnhuber-scientists-have-to-take-to-the-streets-to-counter-climate-denial/a-37947164

Eine dramatische Veränderung des industriellen Metabolismus mit dem Ziel, eine nachhaltige Lebensweise zu erreichen, wäre ein Präzedenzfall, bei dem es erstmals darum ginge, ein bestimmtes sozial-metabolisches Profil eben nicht aufrechtzuerhalten, und dies zudem, ohne im gesellschaftlichen Selbstverständnis als Ruin wahrgenommen zu werden."[338]

Schöne Grüße aus dem Elfenbeinturm! Irgendwie erinnert die Sprache an die verquasten Ergüsse der 68er.

Wir wollen den Versuch einer Übersetzung wagen:

... Gesellschaftssysteme müssen sich geänderten Bedingungen anpassen wenn sie überleben wollen. ... Für die Industrieländer müsste eine solche Anpassung mit einer deutlichen Verringerung der Güterproduktion verbunden sein. ... man muss sich erinnern, dass eine Industriegesellschaft ein Sonderfall ist. Sie zeichnet sich dadurch aus, dass sie unvergleichlich größere Mengen an Gütern herstellt und umsetzt als alle Gesellschaften bisher. ... Für die Industrieproduktion kann man sagen, dass bessere Rohstoffausnutzung nicht ausreichen wird, um die geforderte Verringerung des Rohstoffverbrauchs zu erreichen. ... Eine fundamentale Veränderung der Industrieproduktion mit dem Ziel, eine nachhaltige Lebensweise zu erreichen, wäre der erstmalige Versuch einer bewussten Selbstzerstörung unserer Gesellschaftsstruktur und dies als Gewinn wahrzunehmen.

Oder verkürzt: Die industrielle Entwicklung war ein Irrweg, den wir korrigieren müssen – und das wird uns erfreuen.

---

338 Helga Weisz, PIK, Wenn alles bleiben soll, wie es ist, muss sich alles ändern. GAIA 18/12 (2009). www.oekom.de/gaia
https://www.pik-potsdam.de/members/weisz/recent-publications-1/
GAIA_kollaps.pdf

Hier trifft man sich wieder mit dem „industriellen Kollaps"
oder mit der „Zerstörung der industriellen Kultur" – und wir
sollen es gar nicht merken. Bitte beachten: Dieses Institut, das
PIK, Leiter Prof. Schellnhuber, gehört zu den wichtigsten Be-
ratergremien der Bundesregierung!

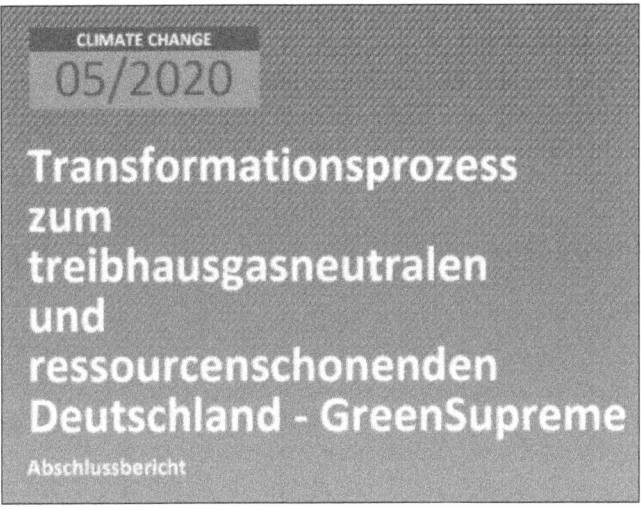

Abbildung 50: Titelblatt „GreenSupreme-Szenario"
Quelle: https://www.umweltbundesamt.de/sites/default/files/medien/5750/
publikationen/2020_12_28_cc_05-2020_endbericht_greensupreme.pdf

GreenSupreme-Szenario des Umweltbundesamtes

Die Rahmenbedingungen, wie sich das Umweltbundesamt den
„Transformationsprozess zum treibhausgasneutralen und ressourcenschonenden Deutschland" vorstellt, kann man in einer Broschüre nachlesen[339]. Das Szenario wird „GreenLife und
GreenSupreme-Szenario" genannt.

---

339 https://www.umweltbundesamt.de/sites/default/files/medien/5750/
publikationen/2020_12_28_cc_05-2020_endbericht_
greensupreme.pdf

Da werden jede Mengen Annahmen gemacht, ob die realistisch sind, weiß niemand. Einige wenige Kostproben:

» Der Fleischkonsum geht bis 2050 kontinuierlich zurück und orientiert sich ab 2050 an der Untergrenze der Empfehlungen der DGE (300 g/Woche) anstatt am durchschnittlichen Konsum (ca. 450 g/Woche in GreenEe1, GreenEe2 und GreenMe).[340]
» 15 % der Milchproduktion von heute wird durch in Deutschland produzierte Sojaprodukte ersetzt, was einen Rückgang der Milch- und Rindfleischproduktion zur Folge hat.

Es lohnt sich, das Papier zu lesen. Es ist ein Papier aus einer anderen Welt.

Allein der prognostizierte Rückgang des Energieeinsatzes ist eine Illusion. Es ist die „Transformation in das Mittelalter".

In zahlreichen Tabellen und Graphiken wird der „Rückgang der metabolischen Durchsätze" dargestellt.

Zum Beispiel Viehbestände:

Tierbestände (Mio.)	2010	2050	Veränderung (%)
Milchkühe	4,18	1,83	-56,22
Rinder	8,63	1,62	-81,23
Schweine	22,2	3,68	-83,42
Geflügel	129	61,5	-52,33

---

340 Heutiger Verbrauch ca. 1 kg/Woche

Oder Mobilität:

» Kein innerdeutscher Flugverkehr
» Im urbanen Verkehr: Einführung von Carsharing
» Anstieg des Rad- und Fußverkehrs um 77 %
» Verdoppelung des ÖPNV um 47 %
» Reduzierung des Individualverkehrs um 46 %
» „Im Jahr 2050 gibt es keinen signifikanten Besitz mehr von Privat-Pkw in Städten."
» Höhere Pkw-Auslastung: statt 1,3 Personen je Fahrt in Zukunft 2,4 Personen

Oder Energie:

» Drittelung des Energieverbrauchs in privaten Haushalten
» Halbierung in Gewerbe, Handel, Dienstleistung
» Reduzierung um ein Drittel in der Industrie
» Reduzierung auf nahezu ein Viertel im Bereich Verkehr

Es sind keine 30 Jahre mehr bis 2050. Die Zeiten werden sich ändern, aber wie, das kann niemand vorhersagen. Doch das, was das Umweltbundesamt vorschlägt, ist – wenn man es ernst nehmen sollte – Terror oder die Zerstörung unserer Gesellschaft, genau wie vom Potsdam-Institut für Klimafolgenforschung verlangt.

Wiedereinführung von „Lebensmittelbezugsmarken"

Dieses GreenSupreme-Szenario wird nun detailliert:

„Narrative einer erfolgreichen Transformation zu einem ressourcenschonenden und treibhausgasneutralen Deutschland"[341]

---

341 https://www.umweltbundesamt.de/sites/default/files/medien/5750/
publikationen/2021-02-19_texte_26-2021_narrative-rtd2050.pdf

Die neueste Botschaft vom Umweltbundesamt, eine fiktive Schrift des Umweltbundesamtes aus dem Jahr 2050 (geschrieben im Februar 2021).

Die älteren Bürger erinnern sich noch an „Lebensmittelbezugsmarken" in der Nachkriegszeit. Entsprechend soll ein Punktesystem eingeführt werden. Wer seine Punkte verbraucht hat, bekommt nichts mehr.

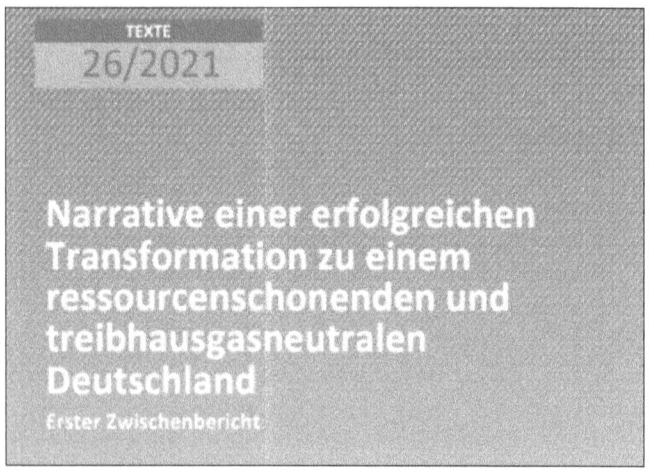

Abbildung 51: „Einführung eines Punktesystems"

Quelle: https://www.umweltbundesamt.de/sites/default/files/medien/5750/ publikationen/2021-02-19_texte_26-2021_narrative-rtd2050.pdf

„... Übergeordnetes Ziel des Projekts ist die Erarbeitung eines Zielbilds für das Jahr 2050, das durch eine Erzählung zeigt, wie Deutschland die Transformation zu einer ressourcenschonenden und treibhausgasneutralen Gesellschaft und Wirtschaft gelungen ist. ... Das Zielbild orientiert sich dabei maßgeblich an den Szenarien der RESCUE-Studie, und hier insbesondere am GreenSupreme-Szenario ...

Ressourcen-Budgetierung

Um effizient zu einer Einhaltung der natürlich gegebenen planetaren Belastungsgrenze zu kommen, wurde die Inanspruchnahme natürlicher Ressourcen für alle Bürger*innen reglementiert und anhand eines auf wissenschaftlichen Kriterien beruhendem Pro-Kopf-Verbrauchsbudget limitiert. Hierfür wurde ein Punktesystem eingeführt. Alle Produkte und Dienstleistungen werden mit Punkten danach bewertet, wie viele natürliche Ressourcen (Rohstoffe, Energie, auch Lagerflächen z. B. für Abfälle etc.) in der gesamten Wertschöpfungskette, d. h. bei der Herstellung, beim Gebrauch und bei der Entsorgung benötigt werden. **Den Bürger*innen wird pro Jahr eine feste Anzahl von Punkten zugeteilt, die sie für den Kauf und Gebrauch von Produkten und Dienstleistungen verwenden können.** Außer Geld sind also bei jeder Markttransaktion auch Punkte zu verwenden.

Der Widerstand in der Bevölkerung gegen die Einführung dieser Budgetierung war weitaus geringer, als zunächst befürchtet wurde. So wurde die damit gebotene Orientierungsfunktion von vielen als Entlastung im Bestreben, nachhaltig zu handeln, empfunden. Bald erkannten Verbrauchende und Unternehmen, dass das System seinen Zweck erfüllte. Inzwischen ist es für Unternehmen wie Verbrauchende ein gutes Gefühl, zu wissen, dass man ökologisch sinnvoll und nachhaltig handelt. Sie akzeptieren, dass es klare Vorgaben und Richtlinien für das Alltagsverhalten geben muss und sehen sich bei gewissen Einschränkungen und Zumutungen dadurch entschädigt, dass diese das Leben vereinfachen. Durch die budgetbedingte höhere Gleichheit aller Marktteilnehmenden verringert sich auch das Gefühl von Ungerechtigkeiten."

Ein Punktesystem für richtiges Verhalten – ausdrücklich nach chinesischem Vorbild.

Abbildung 52: Titelblatt für Einführung eines „Sozialkreditsystems"
Quelle: https://www.vorausschau.de/SharedDocs/Downloads/
vorausschau/de/BMBF_Foresight_Wertestudie_Langfassung.pdf?__
blob=publicationFile&v=1

Doch die Forderungen nach einem „ökologischen Lebensstil"
kommen auch aus anderen Ministerien.

**Aus dem Bundesministerium für Bildung und Forschung
kommt bereits die Forderung eines Punktesystems zur
„ökologischen Steuerung" – nach „wissenschaftlichen
Kriterien" und (explizit) nach dem Vorbild Chinas (angesichts einer erfolgreichen Nutzung des Sozialkreditsystems in China).**

In einer Studie mit dem Namen „Orientierung für die Welt von Morgen"[342] ist von einem Sozialpunktesystems nach chinesischem Vorbild die Rede. Jobs und Studienplätze hängen dann an sozialem Engagement und am ökologischen Verhalten.

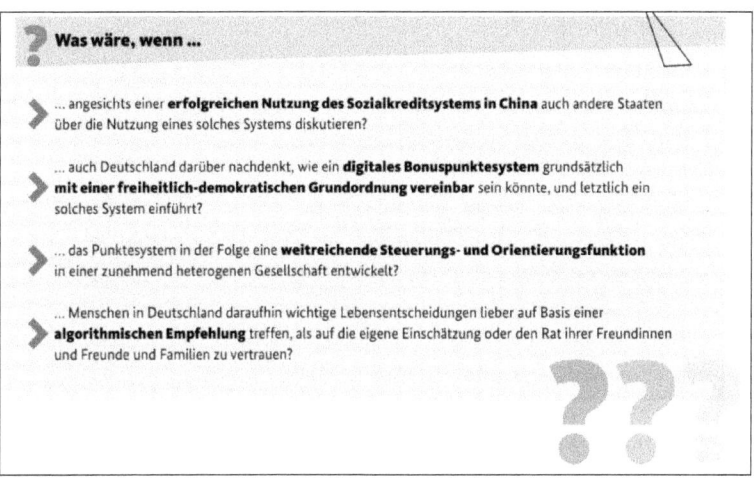

Abbildung 53: „Erfolgreiche Nutzung des Sozialkreditsystems in China"
Quelle: https://www.vorausschau.de/SharedDocs/Downloads/vorausschau/de/
BMBF_Foresight_Wertestudie_Langfassung.pdf?__blob=publicationFile&v=1

Lesen Sie:

Eine Gesellschaft, in der digitale Parameter die Rahmenbedingungen setzen, in der soziales Engagement über ein Punktesystem entsprechend erfasst und belohnt wird, die aber auch eine Tendenz der Desintegration und Spaltung enthält: das Bonus-System

---

342 https://www.vorausschau.de/SharedDocs/Downloads/vorausschau/
de/BMBF_Foresight_Wertestudie_Langfassung.pdf?__
blob=publicationFile&v=1

Für bestimmte Verhaltensweisen können im Punktesystem, das vom Staat betrieben wird, Punkte gesammelt werden (z. B. Ehrenamt, die Pflege Angehöriger, Organspenden, Altersvorsorge, Verkehrsverhalten, CO_2-Abdruck). Neben der sozialen Anerkennung ergeben sich durch das Punktesammeln auch Vorteile im Alltag (z. B. verkürzte Wartezeiten für bestimmte Studiengänge).

Was wäre, wenn angesichts einer erfolgreichen Nutzung des Sozialkreditsystems in China auch andere Staaten über die Nutzung eines solches Systems diskutieren?

Jede bzw. jeder sechste Deutsche spricht sich heute für ein Sozialkreditsystem wie in China aus, mit 25 % der Befragten befürworten nochmal mehr eine Belohnung für gutes Verhalten.

Die Zustimmung zu diesem Punktesystem stieg in Deutschland auch durch die Dynamik des Klimawandels. Dies erzeugte Handlungsdruck zum Gegensteuern, wobei sich ein Punktesystem als effizienter Steuerungsmechanismus zum Umgang mit den Folgen des Klimawandels entpuppte (z. B. durch Punktebewertung des ökologischen Fußabdrucks).

Eine Bereitschaft zur Änderung von Konsumgewohnheiten gibt es vor allem bei den sozial-ökologischen Jugendlichen und am ehesten im postmodernen Segment (expeditive und experimentalistische Hedonistinnen und Hedonisten).

Eigentlich sollte an dieser Stelle ein Aufruf eingefügt werden, „auf die Straße zu gehen".

Wohnfläche reduzieren

Abbildung 54: Titelblatt „Flächensparend Wohnen"
Quelle: https://www.umweltbundesamt.de/publikationen/
flaechensparend-wohnen

Weil die Pro-Kopf-Wohnfläche der Menschen und damit die Belastung für das Klima steigen, setzen die Bremer Grünen auf flächensparendes Wohnen statt auf „bauen, bauen, bauen".[343]

Der Vorschlag kommt auch von der Parteispitze. Das Umweltbundesamt nimmt den Vorschlag sofort auf.

Umweltbundesamt: Energieeinsparung durch Suffizienzpolitiken[344] im Handlungsfeld „Wohnfläche"

Eine Reduktion der Pro-Kopf-Wohnfläche kann helfen, Energie und damit auch Treibhausgase einzusparen. Der vorliegende Be-

---

343 Bremer Grüne wollen Umbau und Umzüge fördern (Weser-Kurier), Pascal Faltermann, 07.07.2020.
344 Der Bund Naturschutz definiert den Begriff: „Suffizienz" steht demgegenüber für Begrenzen und ein „Weniger". Es zielt im Bewusstsein der begrenzten natürlichen Ressourcen, des Klimawandels und drohenden Artenverlusts darauf, absolut Energie und Material zu sparen. Oft wird dabei jedoch an den Lebensstil jedes und jeder Einzelnen appelliert. Wir bekommen Energiespartipps und Hinweise, das persönliche Verhalten zu ändern, etwa die Waschmaschine voll zu beladen und nur bei 40 Grad zu waschen, die Raumtemperatur zu senken, einen Winterkühlschrank auf dem Fensterbrett einzurichten. Warum sagt man statt „Suffizienz" nicht gleich „Armut für alle"?

richt analysiert das Potenzial von unterschiedlichen gesellschaft-
lichen Gruppen. In einem ersten Schritt haben die Autorinnen
und Autoren der Studie Zielgruppen ausgewählt, die über eine
überdurchschnittliche Pro-Kopf-Wohnfläche verfügen und bei
denen tendenziell das Interesse besteht, die Wohnfläche zu re-
duzieren. Dazu zählen die Autorinnen und Autoren etwa Rent-
ner und Rentnerinnen sowie Haushalte, denen in Kürze mit dem
Eintritt in den Ruhestand oder dem Auszug der Kinder Umbrü-
che in der Lebensphase bevorstehen. Für diese Zielgruppen so-
wie weitere Akteure wurden spezifische Hindernisse und Motive
untersucht sowie Lösungsvorschläge erarbeitet. Es werden poli-
tische Instrumente und Maßnahmen beschrieben, um die Haus-
halte dieser Zielgruppen bei der Verringerung ihres Wohnraums
zu unterstützen. Die Auswirkungen auf den Energieverbrauch,
die Emissionen und die Kosten-Nutzen-Bilanz der Zielgruppen
wurden berechnet. Zudem werden wahrscheinliche Verteilungs-
effekte aufgezeigt. Aus Sicht des UBA sollten alle gesellschaftli-
chen Gruppen, die über große Wohnflächen verfügen, zu Einspa-
rungen motiviert werden. Daher wäre es wünschenswert, wenn
in einem zweiten Schritt, neben den hier dargestellten Bevölke-
rungsgruppen, weitere Zielgruppen und deren Möglichkeiten,
die Wohnfläche zu reduzieren, untersucht würden.[345]

Umverteilung von unten nach oben – Die Finanzwirtschaft feiert Orgien

In einem der vorhergehenden Kapitel wurde bereits erwähnt,
dass die „Stiftung Wissenschaft und Politik", Berlin (swp) „verlässliche Finanztransfers" verlangt.[346]

---

345 https://www.umweltbundesamt.de/publikationen/flaechensparend-
     wohnenhttps://www.faz.net/aktuell/wirtschaft/klima-energie-und-
     umwelt/fridays-for-future-fordern-kleinere-wohnungen-16999975.
     htm Quelle: https://sustainable-finance-beirat.de/wp-content/
     uploads/2021/02/210224_SFB_-Abschlussbericht-2021.pdf
346 https://www.swp-berlin.org/fileadmin/contents/products/sonstiges/
     Ausblick2016.pdf#page=47; (Seite 45) Global Governance in der
     Klimapolitik – Auferstanden aus Ruinen von Susanne Dröge

Die Bundesregierung plant den Umbau von „Technik, Ökonomie und Gesellschaft" – ohne diesem Vorhaben eine parlamentarische und öffentliche Diskussion vorzuschalten.

Eine Abteilung des Bundesfinanzministeriums mit der Bezeichnung „Sustainable-Finance-Beirat" hat (undatiert) Anfang 2021 eine Schrift veröffentlicht:

Shifting the Trillions – Ein nachhaltiges Finanzsystem für die „große Transformation"[347]

Abbildung 55: Titelblatt von „Shifting the Trillions"

Das offen genannte Ziel ist der „umfassende Umbau von Technik, Ökonomie und Gesellschaft".

Das mindeste, was mit dem Bericht verbunden ist, ist das Ende der „sozialverpflichteten Marktwirtschaft".

Die ersten Schritte zur Durchführung der „großen Transformation" werden in der Bundesregierung also bereits geplant. Das Finanzministerium bezieht sich ausdrücklich auf (Seite 9)

---

347 Deutsch: Umverteilung von Billionen – https://sustainable-finance-beirat.
de/wp-content/uploads/2021/02/210224_SFB_-Abschlussbericht-2021.pdf

» das Hauptgutachten des Wissenschaftlichen Beirats der Bundesregierung Globale Umweltveränderungen (WBGU) „Welt im Wandel – Gesellschaftsvertrag für eine große Transformation". Die „Transformation" bezeichnet einen „umfassenden Umbau von Technik, Ökonomie und Gesellschaft";
» das Wuppertal Institut für Klima, Umwelt, Energie,
» auf die ökonomischen, ökologischen und sozialen Erfordernisse der Transformation
» sowie auf die 17 Ziele für nachhaltige Entwicklung (engl. Sustainable Development Goals – SDGs) und die Leitprinzipien für Wirtschaft und Menschenrechte (engl. Guiding Principles on Business and Human Rights – UNGP) der Vereinten Nationen;
» die Leitplanken des Pariser Klimaabkommens.

Das sind also genau die Institutionen, die als verfassungsfeindlich eingeschätzt werden müssen.

Das Bundesfinanzministerium weiß ganz genau, dass die Umverteilung von Billionen von € unsere Wirtschaft, unsere Gesellschaft und unsere Freiheit zerstören wird. Deshalb wählt man den englisch-sprachigen Titel und meint, das würde dann keiner merken.

Die derzeitige Umverteilung durch EEG und CO_2-Bepreisung scheint ein Probelauf zu sein.

Jetzt soll es richtig losgehen: Derzeit sind es ja nur 150.000.000.000 €,[348] die jährlich in die Industrie, in Anlegermodelle, in die Taschen von Subventionsjägern gesteckt werden.

„Massive Investitionen sind nötig, eine deutlich zunehmende Kapitalmobilisierung … das ist notwendig ‚um Geschäftsmodelle' sowie „Anlage- und Finanzmarktprodukte für private und institutionelle Kunden … zukunftsfähig zu machen."

---

348 150 Milliarden €

Das könnte der Chef von Goldman-Sachs nicht besser formulieren – vielleicht hat er es sogar formuliert.

Genannt wird in dem Bericht die „Net Zero Asset Owner Alliance" eine Vereinigung von zwölf Pensionsfonds und Versicherern aus der ganzen Welt. Dazu gehört auch die Allianz-Versicherung, bekanntermaßen einer der größten Profiteure am Klimaschutz.

Die Net Zero Asset Owner Alliance wurde 2019 im Rahmen des UN-Klimagipfels gegründet. Die Initiative bringt zwölf Pensionsfonds und Versicherer zusammen, die gemeinsam ein Vermögen von rund 2,4 Billionen US-Dollar verwalten. Die Mitglieder dieser Gruppe verpflichten sich, die CO_2-Emissionen ihrer Anlageportfolios bis 2050 auf netto null zu reduzieren

Im Finanzsektor kommt bei der Beschleunigung des an wissenschaftlichen Erkenntnissen orientierten Übergangs hin zu klimaneutralen, ressourcenschonenden und sozial verantwortlichen Wirtschaftsformen eine Hebelwirkung zu. Um die Ziele des europäischen Green Deal zu finanzieren, müssen europaweit allein bis 2030 Investitionen in der Höhe von mindestens 1 Billion Euro mobilisiert werde.

Notwendig sind:

„Massive Investitionen ..., um Produktionsweisen und Geschäftsmodelle zukunftsfähig zu machen und von den Chancen nachhaltiger Entwicklung zu profitieren. ... Der Finanzwirtschaft kommt dabei eine Schlüsselrolle zu: Sie muss die nötigen Mittel für die Große Transformation mobilisieren."

Das geplante System läuft auf eine Vervielfachung der Investitionen in „Klimaschutzprojekte" oder „nachhaltige Projekte", gespeist aus einer massiven Ausweitung der Umverteilung (Shifting), [hinaus].

Die Transformation ist auf eine deutlich zunehmende Kapitalmobilisierung durch Anlage- und Finanzmarktprodukte für private und institutionelle Kunden angewiesen. Insbesondere Privatkundinnen und -kunden bergen ein großes Potenzial: Die Hälfte der privaten Anlegerinnen und Anleger in Deutschland bekundet Interessen Nachhaltigkeit in ihren Geldanlagen.

Dazu gehört auch eine Kontrolle des Kapitalverkehrs und der Unternehmensinvestitionen: eine integrierte und zukunftsgerichtete Unternehmensberichterstattung mit Transparenz und Vergleichbarkeit als Grundlagen für nachhaltige Investitionsentscheidungen und ein ganzheitliches Risikomanagement.

Die voraussichtlich verpflichtende Abfrage der Nachhaltigkeitspräferenz im Kundengespräch (MiFID II) wird das Interesse an nachhaltigen Anlageprodukten weiter steigern.

Mit dem im Rahmen des EU-Aktionsplans vorgesehenen EU-Ecolabel für Finanzmarktprodukte soll ein europaweit einheitlicher Standard vor allem in Bezug auf ökologische Nachhaltigkeitsanforderungen etabliert werden.

Die Empfehlungen dieser Gruppe laufen auf eine drastische Ausweitung der öffentlichen Emissionen und öffentlichen Kapitalanlagen hinaus, auf eine großzügige Ausweitung der Kreditgarantien des Bundes.

Die Autoren des Papiers: Ein Skandal

Im beratenden Beirat des Papiers finden wir folgende „Praktiker aus Finanz- und Realwirtschaft, Zivilgesellschaft und Wissenschaft". Tatsächlich handelt es sich um professionelle Investoren, Banken, Versicherungen und Solar- und Windkraftunternehmen. Die Profiteure schreiben sich die Gesetze jetzt selbst!

- » Deka Investment GmbH
- » Hannoversche Kassen
- » Bayerninvest Kapital-verwaltungsgesellschaft mbH
- » Lloyds Fonds AG
- » Union Investment Management Holding AG
- » DWS Group GmbH & Co. KGaA
- » KENFO Banken/Kreditinstitute
- » Bank für Kirche und Caritas eG
- » BNP Paribas
- » Deutsche Bank AG
- » DZ Bank AG
- » Kreissparkasse Köln
- » Triodos Bank N.V. Deutschland Börse
- » Deutsche Börse AG
- » Solactive AG
- » ISS-oekom
- » BMW Group
- » EnBW AG
- » Evonik Industries AG
- » Vonovia SE
- » Allianz SE
- » Münchener Rückversicherungs-Gesellschaft AG
- » Pensionskasse der Mitarbeiter der Hoechst Gruppe VVaG
- » Stuttgarter Lebensversicherung a.G.
- » VHV Allgemeine Versicherung AG Wissenschaft
- » Deutsches Institut für Wirtschaftsforschung e. V.
- » Frankfurt School of Finance & Management gGmbH
- » Universität Hamburg
- » Arbeitskreis Kirchlicher Investoren in der evangelischen Kirche in Deutschland
- » Bürgerbewegung Finanzwende e. V.
- » Deutscher Gewerkschaftsbund
- » Forum Nachhaltige Geldanlagen e. V
- » Germanwatch e. V
- » urgewald e. V.
- » WWF Deutschland
- » REWE Group
- » Goldbeck Solar GmbH

Eine beispiellose Kumpanei zwischen Klimawissenschaft und Finanzwirtschaft 93 Billionen US-Dollar – das ist mehr als die globale Wertschöpfung eines Jahres!!!

Wie wichtig der Finanzsektor für den Klimaschutz ist oder besser: der Klimaschutz für den Finanzsektor, das erklärt uns der „Klimawissenschaftler" Hans Joachim Schellnhuber gemeinsam mit den Finanzmanagern Christian und Axel Weber in einem Forum der Süddeutschen Zeitung am 17. Juli 2016.[349]

> *„Allianzen im Finanzsektor können einen entscheidenden Beitrag zur Stabilisierung unseres Klimas leisten, indem Investitionen hin zu grüner Innovation umgelenkt werden.*
>
> *... Rasches und entschlossenes Handeln ist gefragt, um die Weltwirtschaft auf den richtigen Kurs zu bringen. Über die nächsten 15 Jahre werden* **schätzungsweise 93 Billionen US-Dollar**[350] *für Investitionen in eine kohlenstoffarme Infrastruktur benötigt. Staatliche Mittel alleine können den Bedarf nicht decken.*

---

349 https://www.sueddeutsche.de/wirtschaft/forum-investieren-in-den-klimaschutz-1.3081952
350 Das wären 6,2 Billionen US$ pro Jahr! – das ist eine dreiste Finanzorgie – rund 7,5 % des globalen BIP – jedes Jahr! Umfangreiche Empfehlungen für eine „Finanzierung der globalen Energiewende" findet man auch im „Politikpapier" des WBGU vom 1.6.2012, Verfasser: Schellnhuber u. a.

> *Der Finanzsektor bemüht sich, diese Lücke zu schließen:*
> *Mit der Umlenkung von Kapital zu denjenigen Akteuren,*
> *die proaktiv in den Übergang zu einer kohlenstoffarmen*
> *Wirtschaft investieren, schützen Finanzinstitute Kunden-*
> *vermögen vor globalen Klima- und damit zusammenhän-*
> *genden Wirtschaftsrisiken. Sie nehmen gleichzeitig ihre*
> *gesellschaftliche Verantwortung für das Wohlergehen künf-*
> *tiger Generationen wahr ...*
>
> *Eine Reihe großer Finanzinstitute haben sich jüngst einer*
> *globalen Kampagne zur Devestition aus fossilen Brennstof-*
> *fen (Fossil Fuel Divestment) angeschlossen.*

War der Holocaust nur ein Testlauf?

Wir wissen: Der Holocaust war ein singuläres Ereignis in der Geschichte. Dass systematisch, sozusagen industriemäßig Menschen getötet wurden, war ein Novum in der Geschichte, und wir wollen hoffen, dass es bei diesem singulären Ereignis bleibt. Es verbietet sich daher, den Begriff „Holocaust" – in welcher Form auch immer – mit anderen Ereignissen in irgendeine Beziehung zu setzen. Es gibt nichts „Holocaust-Ähnliches". Dennoch finden wir in der alarmistischen Klimaliteratur immer wieder den Begriff „Holocaust", mal als „nuklearer Holocaust" (Prof. Heinloth) oder als „Erwärmungsholocaust" (Al Gore) oder „Klima-Holocaust" (Erzbischof von Canterbury)[351], oder „der Holocaust war ein ‚fast normales Ereignis' in der

---

351 https://www.spiegel.de/wissenschaft/mensch/klimakonferenz-
in-glasgow-cop26-chinas-praesident-xi-jinping-schwaenzt-
klimakonferenz-a-68bf3489-ad7b-49bc-b7bb-7eff17fe911c

Menschheitsgeschichte" (Extinction-Rebellion-Mitbegründer Roger Hallam).[352]

Wenn auch der Autor diesen Begriff nun verwendet, dann erfolgt dies im Zusammenhang mit Gedankenspielen oder Forderungen, die – würden sie in die Realität umgesetzt werden – den Holocaust tatsächlich zu einer Petitesse machten. Dann würde es nicht um Millionen Opfer gehen, es würde um Milliarden von vorsätzlich getöteten Menschen gehen.

Die geistigen Wegbereiter dieser ungeheuerlichen Gedanken leben unter uns!

Der Autor versucht in den folgenden Kapiteln, sich damit auseinanderzusetzen.

Es gibt zu viel Menschen – Die Menschheit muss dezimiert werden

„Ein Krebs ist eine unkontrollierte Vermehrung von Zellen, die Bevölkerungsexplosion ist eine unkontrollierte Vermehrung von Menschen. Wir müssen unsere Bemühungen von der Behandlung der Symptome hin zum Herausschneiden des Krebses verschieben. Die Operation wird viele offensichtlich brutale und herzlose Entscheidungen verlangen."[353]

Paul Ehrlich, Die Bevölkerungsbombe, Seite 152

---

352 https://www.focus.de/politik/ausland/mitgruender-roger-hallam-extinction-rebellion-gruender-empoert-mit-aussage-holocaust-fast-normales-ereignis_id_11372129.html

353 (Engl. Originaltext) A cancer is an uncontrolled multiplication of cells; the population explosion is an uncontrolled multiplication of people. Treating only the symptoms of cancer may make the victim more comfortable at first, but eventually he dies – often horribly. A similar fate awaits a world with a population explosion if only the symptoms are treated. We must shift our efforts from treatment of the symptoms to the cutting out of the cancer. The operation will demand many apparently brutal and heartless decisions. The pain may be intense. But the disease is so far advanced that only with radical surgery does the patient have a chance of survival. http://pinguet.free.fr/ehrlich68.pdf

Der gemeinsame Feind der Menschheit ist der Mensch

Bei der Frage nach einem neuen Feind, der uns vereinen könnte, haben wir den Gedanken geäußert, dass Umweltverschmutzung und die Bedrohung durch globale Erwärmung, Wasserknappheit ... diesen Platz ausfüllen könnte. ... Wenn wir sie jedoch als den großen Gegner sehen wollen, geraten wir genau in die Falle, vor der wir gewarnt haben: Wir verwechseln die Symptome mit den Ursachen. Alle die genannten Gefahren werden durch menschliche Eingriffe heraufbeschworen, und nur durch neue Verhaltensweisen und Einstellungen können sie überwunden werden.

Der wahre Feind der Menschheit ist also der Mensch selbst.[354]

Die Flut der alarmistischen Bücher von Paul Ehrlich über James Lovelock, die vielen „Berichte an den Club of Rome" und die unendlich vielen Weltrettungs- bzw. Weltuntergangsromane blieben nicht ohne Wirkung: Der Mensch zerstört durch seine bloße Existenz, durch seine Technik, seine Gier, seine unkontrollierte Vermehrung die Erde und damit seine eigenen Lebensgrundlagen.

Ein seltsamer Brei aus Zukunftsangst, Technikfeindlichkeit, romantisierender Naturanbetung, quasireligiösen Grundströmungen, eingebrannten Urängsten sowie Schuldgefühlen führte zu dem Argwohn, eigentlich ist der Mensch an allem schuld.[355].

Das Ergebnis ist konsequenterweise „Der Mensch ist das Krebsübel der Erde". Dies kann man in mehreren „Berichten an den Club of Rome" lesen, oder „Der Mensch ist des Menschen Feind". Diese Überzeugung findet man praktisch in der gesamten ökologischen Bewegung bzw. in der ökologischen Literatur.

---

354 „Die erste globale Revolution" (Bericht an den Club of Rome), Seite 99
355 Vgl. Norbert Bolz, Avantgarde der Angst, Berlin 2021

Der Biologe Edgar Ludwig Gärtner beschreibt das „grüne Weltbild" wie folgt:

> *Seinem Wesen nach besteht das grüne Weltbild in der Annah-
> me, die Erde sei ein geschlossenes Regelsystem in einem fragi-
> len Gleichgewicht. Die Menschen erscheinen darin von vornhe-
> rein als Störenfriede, wenn nicht als Schädlinge, weil sie streng
> begrenzte Rohstoff-Vorräte aufbrauchen, die Vielfalt der Orga-
> nismenarten verringern und Wasser, Luft und Boden mit ihren
> Ausscheidungen und Abfällen belasten.*[356]

Dieses Weltbild ist von allen Seiten betrachtet inhuman, un-
christlich oder nihilistisch – und falsch.

Für die grüne Welt ist eins klar. Klimawandel, Ressourcenverbrauch, Artensterben, Umweltverschmutzung haben nur
eine Ursache: Die Menschen sind schuld, denn es gibt zu viele
Menschen. Uneins ist man lediglich über die Frage, wie wenige (oder wie viele) wir am Ende sein dürfen. Großzügige meinen, wir könnten sogar 10 Milliarden sein, vorausgesetzt wir
begnügen uns mit dem derzeitigen Lebensstandard von Äthi-
opien oder Malawi. Wenn wir uns nicht damit begnügen wollen, dann werden Zahlen zwischen 500 Millionen und 2 Milliarden genannt.

Wie kommen wir dahin? Diese Frage wird (noch) umgan-
gen, indem man pausenlos wiederholt „Wir sind zu viel", „Wir
müssen weniger werden" etc.

Einige Kostproben

» „Eine Weltbevölkerung von 250–300 Millionen Menschen,
d. h., ein Rückgang von 95 % gegenüber dem heutigen Stand,
wäre ideal." (Ted Turner)

---

356 https://ef-magazin.de/2009/07/02/1323-hintergruende-und-
perspektiven-des-oeko-totalitarismus-teil-i-der-kohlenstoff-krieg

> » „Wir müssen klarer über Sexualität, Empfängnisverhütung, über Abtreibung sprechen, über Werte, die die Bevölkerung kontrollieren, denn die ökologische Krise, kurz gesagt, ist die Bevölkerungskrise. Wenn die Bevölkerung um 90 % sinkt, bleiben nicht mehr genug Menschen übrig, um großen ökologischen Schaden anzurichten." (Michail Gorbatschow) [357]
> » „Die Weltbevölkerung muss um 50 % verringert werden."(Henry Kissinger)
> » „Kinderkriegen sollte ein strafbares Verbrechen gegen die Gesellschaft sein, es sei denn, die Eltern verfügen über eine staatliche Lizenz." (David Brower, NGO Sierra Club)

Wie das funktionieren soll, wie wir von jetzt 8 Milliarden auf ein derartiges Niveau herunterkommen sollen, da schweigen sich die meisten Autoren lieber aus – noch!

Forderungen, die Menschheit zu dezimieren, gibt es in großer Zahl

Die Beratergruppe **„National Strategy for a Sustainable America"**, ein Expertengremium, das den US-Präsidenten Bill Clinton beriet, stellte sich eine maximale Erdbevölkerung von 500 Millionen Menschen vor, ohne allerdings zu sagen, wie dies erreicht werden kann. Dieser Rat wurde 1992 nach dem „Erdgipfel" in Rio de Janeiro, der ersten Klimakonferenz, gegründet.

Club of Rome: 80.000 $ Belohnung für kinderlose Frauen:

Die Studie, die der norwegische Zukunftsforscher Jørgen Randers und der britische Ökonom Graeme Maxton in Berlin vorstellten, trägt den Titel: „Ein Prozent ist genug. Mit wenig

---

357 https://www.facebook.com/PopulationMatters/photos/we-must-speak-more-clearly-about-sexuality-contraception-about-abortion-about-va/1292915024115720

Wachstum soziale Ungleichheit, Arbeitslosigkeit und Klimawandel bekämpfen". Zu den Vorschlägen gehören:

*Eine **Prämie für Kinderlose** und Familien mit nur einem Kind. Das Autorenduo erklärt, die Verdoppelung der Weltbevölkerung in den vergangenen 50 Jahren sei die Hauptursache für die fortschreitende Zerstörung unseres Planeten. Da es schwierig sei, den ökologischen Fußabdruck des Einzelnen zu verkleinern, wäre es „hilfreich, wenn die Gesellschaft die Wachstumsrate der Bevölkerung noch mehr drosseln, idealerweise sogar ins Negative kehren würde". Man sollte Frauen, die maximal ein Kind großgezogen haben, „zu ihrem 50. Geburtstag einen Bonus von 80 000 Dollar zahlen".[358]*

Ein Monument der Menschenverachtung – Die Georgia Guidestones

Die Georgia Guidestones[359], deutsch: etwa „Orientierungstafeln von Georgia", auch bekannt als *Steine von Georgia* bzw. *Marksteine von Georgia)* sind ein Monument aus Granit, welches sich in Elbert County im US-Bundesstaat Georgia befindet. Aufgrund seines Aussehens wird es manchmal als das „amerikanische Stonehenge" bezeichnet. Eine Inschrift mit zehn Richtlinien ist in die massiven Steinblöcke in acht modernen Sprachen eingeschlagen. Auf der Oberseite befinden sich die Richtlinien in gekürzter Form in vier altertümlichen Sprachen: Babylonisch, Altgriechisch, Sanskrit und in ägyptischen Hieroglyphen.

Im Juni 1978 wurde die Elberton Granite Finishing Company beauftragt, das millionenteure Monument zu bauen. Der Auftraggeber ist unbekannt.[360]

---

358 Jörgen Randers/Graeme Maxton, Ein Prozent ist genug, München 2016, Seite 224
359 https://de.wikipedia.org/wiki/Georgia_Guidestones
360 Das Monument wurde im Juni 2022 von Unbekannten gesprengt.

Abbildung 56: Georgia Guidestones
Bild: Judson McCranie
Quelle: https://commons.wikimedia.org/wiki/File:Georgia_
Guidestones,_Elbert_County,_GA,_US_(05).jpg#/media/
File:Georgia_Guidestones,_Elbert_County,_GA,_US_(05).jpg

Es wird vermutet, dass Ted Turner, ein US-amerikanischer Medienunternehmer, der vor allem im Fernsehbereich aktiv ist und den Nachrichtensender CNN gründete, hinter dem Bau stand. Turner vertritt die Meinung, die globale Erwärmung werde durch eine zu hohe Bevölkerungszahl verursacht. Er plädiert in diesem Zusammenhang dafür, die Weltbevölkerung durch eine Ein-Kind-Familien-Politik zu regulieren. Vorbild für ihn ist China.

Das Monument ist etwa sechs Meter hoch, besteht aus sechs Granitplatten und wiegt fast hundert Tonnen. Im Zentrum des Monuments befindet sich eine Platte, um die sich vier weitere Platten sternförmig gruppieren. Auf diesen Platten ruht ein Deckstein. Des Weiteren befindet sich eine Steinplatte in unmittelbarer Nähe, die im Boden eingelassen ist und einige Informationen über die Geschichte und den Zweck der Guidestones enthält. (Text aus Wikipedia)

Das erste Gebot der Georgia Guidestones (1980) lautet:

„Halte die Menschheit unter 500 Millionen in fortwährendem Gleichgewicht mit der Natur."

Lund-Universität, Schweden

Die Lund-Universität hat herausgefunden, dass wir unseren „Kohlenstoff-Fußabdruck" nur damit verkleinern können, indem wir die Autos abschaffen, nicht mehr fliegen, kein Fleisch mehr essen und bloß noch ein Kind pro Familie auf die Welt bringen.[361]

Diese Universität hat gemeinsam mit dem geographischen Institut der Universität von British Columbia, Canada folgenden Text veröffentlicht:

„Der gegenwärtige anthropogene Klimawandel ist das Ergebnis der Ansammlung von Treibhausgasen in der Atmosphäre, die die Aggregation von Milliarden von Einzelentscheidungen erfasst. Hier betrachten wir eine Reihe von individuellen Lebensstilen im Ausland und berechnen deren Potenzial zur Reduzierung der Treibhausgasemissionen in Industrieländern anhand von 148 Szenarien aus 39 Quellen. Wir empfehlen vier weitestgehend anwendbare Maßnahmen mit hoher Auswirkung (d. h. geringen Emissionen), die einen Beitrag zum systemischen Wandel leisten und die jährlichen persönlichen Emissionen erheblich verringern können:

> » *ein Kind weniger (ein Durchschnitt für Industrieländer von 58,6 Tonnen CO_2-Äquivalent [tCO_2e] Emissionsreduzierung pro Jahr);*

---

361 http://www.lunduniversity.lu.se/article/the-four-lifestyle-choices-that-most-reduce-your-carbon-footprint

» *Leben Sie autofrei (2,4 t CO_2e werden pro Jahr eingespart),*
» *vermeiden Sie Flugreisen (1,6 t CO_2 werden bei Transatlantikflügen eingespart), und*
» *ernähren Sie sich auf pflanzlicher Basis (0,8 t CO_2e werden pro Jahr eingespart).*

Diese Maßnahmen haben ein viel größeres Emissionsminderungspotential als allgemein geförderte Strategien wie umfassendes Recycling (viermal weniger effektiv als eine pflanzliche Ernährung) oder Glühbirnenwechsel (achtmal weniger). Obwohl Jugendliche, die lebenslange Muster entwickeln wollen, eine wichtige Zielgruppe für die Förderung wirkungsvoller Maßnahmen sind, werden diese Maßnahmen in zehn wissenschaftlichen Lehrbüchern aus Kanada kaum erwähnt (sie machen 4 % der von ihnen empfohlenen Maßnahmen aus), sondern konzentrieren sich auf inkrementelle Veränderungen kleinere mögliche Emissionsreduktionen. Regierungsressourcen zum Klimawandel aus der EU, den USA, Kanada und Australien konzentrieren sich auch auf Empfehlungen zu Maßnahmen mit geringeren Auswirkungen. Wir kommen zu dem Schluss, dass die bestehenden Bildungs- und Kommunikationsstrukturen verbessert werden können, um die wirksamsten Strategien zur Emissionsreduzierung zu fördern und diese Lücke zu schließen."

Kinderlos = klimafreundlich

Ein Baby „kostet" 58 Tonnen CO_2 im Jahr – so lautete das überraschende Ergebnis einer Studie der schwedischen Universität Lund aus dem Jahr 2017, was liegt also näher als die Forderung „keine Babys mehr"?[362]

---

362 https://iopscience.iop.org/article/10.1088/1748-9326/aa7541/pdf (Abstract)
Seth Wynes and Kimberly A. Nicholas,11 Lund University, Centre for Sustainability Studies, PO Box 170, Lund SE-221 00, Sweden; University of British Columbia, The Department of Geography, Vancouver Campus, 1984 West Mall, Vancouver, BC, V6T 1Z2, Canada, 12.7.2017

Wer nun meint, diese Forderung käme nur von einigen wenigen, völlig abgefahrenen Außenseitern, der irrt: Global haben wir es hier mit der sog. „antinatalistischen Bewegung" zu tun. In Europa hat sie ihren Hauptstützpunkt in der schwedischen Lund-Universität.

Es ließ sich auch nicht vermeiden, dass in Deutschland ein Buch erschien, das uns deutlich sagt: Eltern sind Egoisten, Kinderkriegen ist die größte Klimasünde. *„Nur wer keine Kinder hat, kann links, ökologisch und feministisch sein"*, so Verena Brunschweiger.[363]

Den Klappentext des Buches muss man lesen:

Kinderfrei leben heißt, gegen soziale Erwartungen zu rebellieren – und ist deshalb auch eine feministische Entscheidung. Frauen, die sich gegen Nachwuchs entscheiden, sind die mutigen Vorreiterinnen einer Bewegung, die an Zuspruch gewinnen muss, wenn unser vom westlichen Lebensstil maßlos ausgebeuteter Planet noch länger bewohnbar und lebenswert bleiben soll. Verena Brunschweiger begibt sich als Soziologin und Philosophin, aber vor allem als feministische und ökologische Aktivistin mitten hinein in die Tabuzone unseres gesellschaftlichen Konsenses, der sich ein Lebensglück ohne Kinder nur schwer vorstellen kann. Sie setzt sich kritisch mit dem pronatalistischen Dogma auseinander, das Politik, Kultur und Alltag durchdringt und sich in die Tiefenschichten unseres Denkens, Fühlens und Wünschens eingeschrieben hat. Sie zeigt, wer von diesem Konsens profitiert und dass er nicht für Geschlechtergerechtigkeit in unserer Gesellschaft sorgen wird.
Ihr Fazit: Deutschland braucht eine echte Frauenpolitik, keine unreflektierte pronatalistische Bevölkerungspolitik!

---

363 https://utopia.de/kinderfrei-umwelt-verena-brunschweiger-129503/

Das alles könnte man noch ertragen. Wenn aber große deutsche Tages- bzw. Wochenzeitungen diesem nicht mehr zu übertreffenden Mist anerkennend ganze Seiten widmen, dann scheinen doch einige Krankheitssymptome in unserer Gesellschaft (oder in den Medien?) deutlich zu werden.

„Wir müssen 350 000 Menschen pro Tag auslöschen"

„Die Welt hat Krebs, und der Krebs ist der Mensch." (A. Gregg)[364]

Wir dürfen diese menschenfeindlichen Gedanken nicht als unbeachtlich betrachten, sie sind beängstigend weit verbreitet und könnten, zu Ende gedacht, zu einem unvorstellbaren Homozid führen. Vielleicht hilft es, bei Hannah Arendt nachzulesen, die sich wie kaum sonst jemand mit gesellschaftlichen Verwerfungen beschäftigt hat. Sie zeigt, wohin es führen kann, wenn ein Ziel verabsolutiert wird:

„Die Verbrechen gegen die Menschenrechte, welche eine Spezialität totalitärer Regierungen geworden sind, können immer gerechtfertigt werden dadurch, dass man behauptet, Recht sei, was gut oder nützlich für das Ganze (im Unterschied zu seinen Teilen) sei.

Eine Rechtsauffassung, die das, was recht ist, mit dem identifiziert, was gut für … ist – den einzelnen oder die Familie oder das Volk oder die größte Zahl –, ist unausweichlich, wenn die absoluten und transzendenten Maßstäbe der Religion oder des Naturrechts ihre Autorität verloren haben. Und an dieser Schwierigkeit wird gar nichts geändert, wenn man die Gesamtheit, für die das Recht gut sein soll, so erweitert, dass das Gemeinwohl, nach dem sich alles richten soll, nun die gesamte Menschheit einschließt. Denn

---

364 „Menschheit am Wendepunkt" (2. Bericht an den Club of Rome), Seite 12

es ist durchaus denkbar und liegt sogar im Bereich praktisch politischer Möglichkeiten, dass eines Tages ein bis ins letzte durchorganisiertes, mechanisiertes Menschengeschlecht auf höchst demokratische Weise, nämlich durch Majoritätsbeschluss, entscheidet, dass es für die Menschheit im ganzen besser ist, gewisse Teile derselben zu liquidieren."[365]

In dem oben zitierten Satz müssen Sie nur die Auslassungspunkte, die Hannah Arendt gesetzt hat, mit „das Klima" ausfüllen:

„Eine Rechtsauffassung, die das, was recht ist, mit dem identifiziert, was gut für *das Klima* ist, ist unausweichlich … Denn es ist durchaus denkbar …, dass (man) eines Tages auf … demokratische Weise … entscheidet, dass es für die Menschheit im Ganzen besser ist, gewisse Teile derselben zu liquidieren."

Und wenn Hannah Arendt meint, dass *„die Maßstäbe der Religion oder des Naturrechts"* bremsende Wirkung haben könnten, so sollten wir uns gewahr sein, dass Traditionen und religiöse, kulturelle und familiäre Bindungen auf dem Rückzug sind. Die Vorstellung, dass eine Majorität demokratisch beschließt, dass Teile der Menschheit zu liquidieren sind, ist so ungeheuerlich, dass man sich wundern muss, dass Hannah Arendt so etwas zu denken, geschweige denn zu schreiben gewagt hat.

---

365 Hannah Arendt „Elemente und Ursprünge totaler Herrschaft – Antisemitismus, Imperialismus, totale Herrschaft", München 1986, Kapitel: Die Aporien der Menschenrechte, Seite 618

Aber:

Über die Liquidierung von Teilen der Menschheit wird tatsächlich schon nachgedacht – der Gedanke ist in der Welt!

Es gibt konkrete Forderungen und Vorschläge, das „Krebsübel" zu dezimieren:
Versprühung von Ebola-Viren

„Ein preisgekrönter Texas-Wissenschaftler erhielt stehende Ovationen, nachdem er die Ausrottung von 90 Prozent der Erdbevölkerung durch ein luftversprühtes Ebola-Virus angekündigt hatte. Der Evolutionsökologe der Universität von Texas, Dr. Eric R. Pianka, befasste sich mit dem 109. Treffen der Texas Academy of Science ... nachdem die Akademie ihn 2006 als „Distinguished Texas Scientist" benannt hatte ... Er warnte, dass die Erde nicht überleben würde, es sei denn, seine menschliche Bevölkerung wurde auf ein Zehntel ihrer heutigen Zahl reduziert ... Nachdem er seinen Vortrag beendet hatte, brach das Publikum in Applaus aus ... ein lauter, kräftiger und enthusiastischer Beifall."[366]
„An award-winning Texas scientist was given a standing ovation after he advocated the extermination of 90 percent of the Earth's population by an airborne Ebola virus. The University of Texas evolutionary ecologist, Dr Eric R. Pianka, was addressing the 109th meeting of the Texas Academy of Science ... after the academy had named him 2006 Distinguished Texas Scientist ... He warned that Earth would not survive unless its human population was reduced to a tenth of its present number ... After he finished his address, the audience burst into applause ... a loud, vigorous and enthusiastic applause."

---

366 „Scientist calls for death to humanity" at https://ncc.org.au/news-weekly/energy-science-enviro/2439-science-scientist-calls-for-death-to-humanity/.
„Meeting Doctor Doom", Forrest M. Mims III, The Citizen Scientist, March 31, 2006. See video: Population Control. An Interview with Professor Eric Pianka.

Abbildung 57: Titelblatt UNESCO Courier vom November 1991
Quelle: https://unesdoc.unesco.org/ark:/48223/pf0000090256

350 000 Menschen täglich

„Es ist schrecklich, das zu sagen, aber um die Weltbevölkerung zu
stabilisieren müssen wir 350 000 Menschen pro Tag auslöschen.
Es ist schrecklich, das zu sagen, aber es ist genauso schlimm, dies
nicht zu tun. Aber die generelle Situation, in die wir eingebun-
den sind, ist beklagenswert."
„It's terrible to have to say, this world population must be stabi-
lized and to do that we must eliminate 350,000 people per day.
This is so horrible to contemplate that we shouldn't even say it. But
the general situation in which we are involved is lamentable."[367]

Dieses Zitat stammt von dem Tiefseeforscher Jacques Cousteau. Es wurde abgedruckt in einem UNESCO Periodicum „The
UNESCO COURIER" und auf der Titelseite plakativ angekündigt.

---

367 Jacques Cousteau, UNESCO Courier, Nov. 1991 http://unesdoc.
unesco.org/images/0009/000902/090256eo.pdf,

Mehr jugendliche Amokläufer sind notwendig

2013 erschien ein Buch mit dem Titel „Zehn Milliarden" von Stephen Emmott, einem Forscher im Microsoft-Konzern. Das Buch stand lange Zeit auf der Bestsellerliste.

Sein Inhalt: Eine Weltbevölkerung von 10 Milliarden führt zwangsläufig zum Kollaps unserer Welt: Rohstoffmangel, Klimakrise … Es geht um den beispiellosen Notfall planetarischen Ausmaßes, den wir selbst geschaffen haben.

Beim Durchlesen des Buches sucht man vergebens nach Hinweisen, wie das Bevölkerungsproblem zu lösen ist. Er nennt u. a. Verhütungsprogramme, doch zweifelt selbst am Erfolg.

Auf der letzten Seite erfahren wir endlich sein Konzept: *„Ich würde meinem Sohn beibringen, wie man mit einem Gewehr umgeht."* Das war ein Bestseller!

Töten als patriotische Tat – alles ganz normal

Wenn man vor 100 Jahren jemand gefragt hätte, ob er sich vorstellen könnte, dass 6 Millionen Menschen industriemäßig getötet werden sollten, so hätte man wohl Kopfschütteln geerntet.

In einem T-Online-Interview vom September 2021 meinte der 101-jährige Chefankläger von Nürnberg:

„Die deutschen Massenmörder waren keine Monster. Verbrechen wie der Holocaust werden von ganz normalen Menschen begangen. Menschen, die glauben, dass sie mit dem Töten anderer eine patriotische Tat begehen würden. Menschen, denen von einem ‚Führer' erzählt wird, dass ihr Land bedroht wäre. Die Leiter der Einsatzgruppen glaubten das zu tun, was am besten für Deutschland wäre – selbst wenn es im Erschießen von wehrlosen Männern, Frauen und Kindern bestand."[368]

---

368 https://www.t-online.de/nachrichten/wissen/geschichte/
id_90829432/benjamin-ferencz-im-interview-geben-zu-viel-geld-
aus-um-andere-leute-zu-toeten-.html

Hoffentlich wird es nie heißen: **„Die Leiter der Einsatzgruppen glaubten das zu tun, was am besten für die Erde wäre."**

Zitate von David Brower (1912–2000), einflussreicher US-amerikanischer Umweltaktivist[369]

„Kinderkriegen sollte ein strafbares Verbrechen an der Gesellschaft sein, sofern die Eltern keine Genehmigung der Regierung haben. Alle potentiellen Eltern sollten verpflichtet werden, chemische Verhütungsmittel zu nehmen und die Regierung Gegenmittel an die Bürger geben, die für das Kinderkriegen ausgewählt wurden."

„Der Gesellschaft billige, reichliche Energie zu geben ist das Gleiche wie einem idiotischen Kind ein Maschinengewehr zu geben."

„Obwohl der Tod junger Männer im Krieg ein Unglück ist, ist es nicht schwerwiegender als das Betreten von Bergen oder Wildnissen durch die Menschheit."

„Menschen haben als Spezies nicht mehr wert als Nacktschnecken."

„Die (US-)Amerikaner sind der Krebs des Planeten."

„Als radikale Umweltschützer können wir AIDS nicht als Problem sehen sondern als notwendige Lösung."

„Ich vermute, dass die Ausrottung der Pocken falsch war. Sie spielten eine wichtige Rolle im Gleichgewicht des Öko-Systems."

---

369 Zitiertin:https://www.psiram.com/ge/index.php/%C3%96kologismus

Der Mensch – „Krebsübel" oder „Geschöpf Gottes"?

Wir wissen, dass der Mensch in der Lage ist, „Gutes" oder auch „Böses" zu tun, er ist auch in der Lage, die Erde zu zerstören – mit der gleichzeitigen Zündung von ein paar Atombomben geht das relativ einfach – und das ist gar nicht so ganz ausgeschlossen. Dass aber der Mensch allein durch seine Existenz die Erde zerstört, das ist menschenfeindlich gedacht.

Man muss wohl lange suchen, bis man Aussagen findet, die den Menschen als „Krebsübel der Erde" bezeichnet, als ein „Geschöpf, das besser nicht existieren" sollte. Das ist eine kranke Idee.

Wie kommen wir zur Vernunft? Gehen wir die Sache etwas locker an:

Böse Zungen sagen, Gott meinte nach 6 Tagen der anstrengenden Weltschöpfung, dass er nicht nur einen Tag der Ruhe einlegen sollte, sondern er dachte darüber nach, ob nicht andere die harte Arbeit der Schöpfung für ihn weiter betreiben sollten. So kam er auf die Idee, den tags zuvor erschaffenen Menschen damit zu betrauen.

Michelangelo hat diesen Geistesblitz Gottes eindrucksvoll dargestellt (vgl. Abbildung 58):

Er stattete den Menschen – hier in Gestalt des Adam – mit einem klitzekleinen Teil seines Geistes aus, was eben gerade so durch einen kleinen Finger geht.

Und er rief dem Adam noch irgendetwas nach, was der aber offensichtlich phonetisch oder intellektuell nicht richtig verstand:

„Seid fruchtbar und mehret euch und füllet die Erde und ma-
chet sie euch untertan und herrschet über die Fische im Meer
und über die Vögel unter dem Himmel und über das Vieh und
über alles Getier, das auf Erden kriecht.“[370]

Abbildung 58: Michelangelo – Die Erschaffung des Adam
© *Alamy Ltd.OY74944567*

Wir wollen hier ganz sicher kein theologisches Seminar eröff-
nen, aber die unchristlichen, dystopischen, nihilistischen und
menschenfeindlichen Exzesse der Weltretter bedürfen eines
Kommentars.

Adam, bzw. der Mensch, hat zwar die Fähigkeit bekom-
men „schöpferisch“ zu sein, d. h., dass er im Gegensatz zu den
Tieren Handlungsalternativen hat und damit in der Lage ist,
„Neues“ zu schaffen, aber eben auch „Gutes“ oder „Böses“. Gott

---

370 1. Mose 1, Vers 28. In der „Stuttgarter Jubiläumsbibel“ von 1912 finden wir zu diesem Text folgende Anmerkung: „Der Segen Gottes setzt
den Menschen zum Herrn über die Kreatur und zu Gottes Statthalter
auf Erden ein. Es ist ihm also eine doppelte Aufgabe gegeben: weil er
zum Bilde Gottes geschaffen ist, soll er Gott suchen und finden, weil
er zum Herrn der Kreatur eingesetzt ist, soll seine Herrschaft über sie
ausdehnen durch Arbeit in der Welt. Nur … dann … ist er glücklich.“

hat leider vergessen, den Schöpfungsplan[371] zu verraten, und so „irrt der Mensch eben, so lange er strebt" (um auch einmal Goethe zu Wort kommen zu lassen), und so ist er verdammt, nach dem Grundsatz „Versuch und Irrtum" in die Zukunft zu marschieren.

Es ist zweifelsfrei absurd, die „industrielle Revolution" oder – um im Jargon der „Klimawissenschaftler" zu bleiben – die „große Transformation" sozusagen als Sündenfall zu bezeichnen. Wenn dem so wäre, dann wären auch die Entdeckung der Nutzung des Feuers, die Sesshaftwerdung, die Domestizierung von Tieren, der Ackerbau, die Entwicklung der Medizin und alle kleinen und größeren Erfindungen und Entdeckungen genauso Werke des Teufels gewesen. Mit jeder Erfindung und Entdeckung hat sich der Mensch weiter entwickelt und auch von der Natur unabhängiger gemacht. Das alles gehörte und gehört immer noch zur „Menschwerdung". Dass der Mensch für alle Zeit „indigen" bleiben sollte, wie die Urväter unserer Klimareligion verlangten, war ganz sicher nicht Gegenstand des Schöpfungsplans.

Aber vielleicht gab es gar keinen weiteren Schöpfungsplan. Möglicherweise war es ein Experiment: „Mal sehen, was der Mensch, ausgestattet mit einer kleinen Portion vom ‚Geist Gottes', fertigbringt." Wobei der Mensch eingebunden ist in einen festen unentrinnbaren Gesetzesrahmen, nämlich die Naturgesetze, und ausgestattet mit einer Vielfalt von geeigneten materiellen Vorräten. Wer gegen Naturgesetze verstößt, wird sanktioniert.

Das hindert viele Menschen nicht zu meinen, einen Schöpfungsplan zu kennen. Wir nennen diese Leute „Ideologen".

---

371 Buckminster Fuller drückt dies etwas anders aus: „Den Passagieren des Raumschiffs Erde wurde keine Bedienungsanleitung mitgegeben." Aus: „Das Raumschiff Erde hat keinen Notausgang", Sloterdijk, u.a. Berlin 2011

Warum sollen wir den biblischen Aufruf, „fruchtbar zu sein", „die Erde zu füllen" und sie „untertan machen", nicht befolgen? So ein bisschen Schöpfungsplan verbirgt sich doch hinter diesen Worten.

Für Menschen früherer Jahrhunderte oder Jahrtausende beinhaltete dieser Satz wohl kaum Konfliktpotential. Er war schließlich froh, über die Runden zu kommen, die Natur war im Allgemeinen stärker als er. Die Natur war eher der bedrohliche Feind.

Heute ist das nur scheinbar anders: Nicht die Natur ist des Menschen Feind, sondern der Mensch bedroht die Natur. Richtig ist, dass das Arsenal des Menschen, sich gegen die Unbilden der Natur zu wehren, größer geworden ist, wer aber wen bedroht, ist nicht so ganz klar. Ein paar Atombomben, wie erwähnt, würden zwar möglicherweise fast alles Leben auf dem Planeten ausrotten, aber im Lauf von Jahrhunderten würde die Natur den Globus zurückholen – wahrscheinlich ohne Menschen. Wenn wir zynisch sein wollten, brauchen wir also wenig Rücksicht auf die Erde zu nehmen.

Nach wie vor bedroht die Natur den Menschen: Erdbeben, Vulkanausbrüche, Überschwemmungen, Fels- bzw. Bergabstürze, Waldbrände, Trockenperioden, Stürme, Hurrikane, Tsunamis, Einschläge von Meteoren ... das Gewaltarsenal der Natur ist nicht geringer geworden – die Natur braucht vor dem Menschen keine Angst haben.

Was wir nicht wissen, ist, ob wir den „göttlichen Auftrag" nicht bereits, vielleicht teilweise, erfüllt haben: Vielleicht ist der Auftrag, „die Erde zu füllen", erledigt. Wir wissen es aber nicht. Doch eins ist sicher: Der Mensch hat sich nicht selbst in diese Erde hineingeschmuggelt und braucht deshalb kein schlechtes Gewissen zu haben, weil er existiert, damit ist er kein „Krebsübel" sondern – Atheisten mögen verzeihen – ein „Geschöpf Gottes".

Dennoch, die Worte, die da überliefert sind, sind ernst. „Machet euch die Erde untertan" darf nicht missverstanden werden. In den Worten steht die Verantwortung des Menschen für sein Tun. – So weit das theologische Seminar.

KAPITEL 5

Ergänzungen und Betrachtungen

Energiequellen

Der globale Energieverbrauch setzt sich in etwa wie folgt zusammen:

- » Wasserkraft   7 %
- » Kernkraft   4 %
- » Erdöl   33 %
- » Erdgas   24 %
- » Kohle   30 %
- » Erneuerbare   2 %

Das heißt, fast 90 % der Energie werden weltweit aus fossilen Energieträgern gewonnen. Fossile Energieträger wie Kohle, Erdöl und Erdgas haben sich im Lauf von Jahrmillionen durch chemische Umwandlung organischer Stoffe unter Luftabschluss gebildet. Es sind riesige Mengen, die sich da gebildet haben, viele Lagerplätze kennen wir, viele werden neu entdeckt, viele werden immer unentdeckt bleiben.

Aber auch diese riesigen Mengen sind endlich, selbst wenn wir – im Verhältnis zu den Vorkommen – geringe Mengen ausgraben, so ist es nicht ausgeschlossen, dass die Vorräte irgendwann zu Ende gehen.

Wann das soweit sein wird, ist unbekannt. Je nach ideologischem Standpunkt reichen die Vorräte 50 Jahre bis 1000 Jahre und mehr – wir wissen es nicht, wir müssen spekulieren wobei wir annehmen können, dass wir realistisch durchaus noch mit 200–300 Jahren rechnen können, aber irgendwann ist es vorbei.

Sicher ist, die „Erneuerbaren" werden nicht die Lücke füllen. Selbst in 1000 oder 2000 Jahren werden sich die physikalischen Gesetze nicht geändert haben, auch da werden wie heute Wind und Sonne keine Option sein.

Eigentlich ist von der Natur alles recht gut vorgedacht: Zunächst lernte der Mensch mit dem Feuer umgehen. Das gab ihm einen entscheidenden Vorteil im täglichen Leben, er brauchte nicht mehr frieren und er konnte Materialien aus der Erde gewinnen aus denen er nützliche Werkzeuge herstellen konnte, er konnte sich besser ernähren …

Das dauerte einige Jahrtausende bis er – wie wir schon festgestellt haben – auf der Basis der erworbenen Fähigkeiten die Dampfmaschine erfand und damit ein völlig neues Zeitalter einläutete.

Das alles hätte so nicht funktioniert wenn die Naturgesetze nur ein klein wenig anders formuliert worden wären und wenn unter der Erde nicht (zufällig?) ausreichend Kohle, Erdöl oder Erdgas gebunkert worden wäre. Nur dadurch war der Mensch in der Lage, sich technische und wissenschaftliche Fähigkeiten anzueignen, die er einsetzen kann und muss, wenn er länger als die Zeit der Verfügbarkeit von „Fossilen" überleben will.

Mit diesen technischen Fähigkeiten lernte der Mensch auch die Kernkraft nutzen. Beim Zerfall oder bei der Verschmelzung von Atomkernen wird enorm viel Energie frei.

Zunächst baute man „Fissions-Reaktoren". Diese basieren auf dem Zerfall (Spaltung) von instabilen Atomkernen. Seit den 1960er Jahren wird diese Technik weltweit zur Energieerzeugung genutzt. Die Technologie barg Risiken. In den Havarien von Tschernobyl und Fukushima sind sie eingetreten. Viele hunderte Kernkraftanlagen laufen demgegenüber seit Jahrzehnten zuverlässig.

Abgesehen davon, dass die Havarien in Tschernobyl und in Fukushima besondere Hintergründe hatten, die nicht zu verallgemeinern sind, wird die Kernenergie weltweit fortentwickelt, die mit dieser Technik verbundenen Risiken bekommt man mehr und mehr in den Griff.

Diese Energietechnik ist geeignet, jenseits der fossilen Energieträger noch lange Zeit für ausreichend Energie zu sorgen. Doch in Deutschland will man davon nichts wissen.

Kernfusion

Auch jenseits dieser, auf der Kernspaltung basierenden Kraftwerke gibt es unendlich viel – diesmal wirklich unendlich viel – Energie. Zumindest reicht sie so lange, so lange die Erde existieren wird. Es ist die gleiche Energie, die die Sonne seit vielen Milliarden Jahren aussendet und noch mindesten weitere 5 Milliarden Jahre aussenden wird.

Auf der Sonne werden weder Kohle, noch Erdöl noch Erdgas verbrannt. Auf der Sonne findet ein Energieerzeugungsprozess statt, der dank der intellektuellen Fähigkeiten des Menschen auch hier auf Erden nutzbar sein könnte.

Allein, es wird dem Menschen nichts geschenkt, die Trauben hängen sehr hoch. Seit mehreren Jahrzehnten forscht ein Heer von Physikern und Ingenieuren weltweit an dieser Energiequelle. Für die Zeit von einigen Millisekunden ist sogar schon einmal auf diese Weise Energie erzeugt worden.[372]

Der nahezu ewige Energieerzeugungsprozess auf der Sonne beruht auf einem nuklearen Prozess – der sog. Kernfusion. Eine praktisch unendliche und saubere Energiequelle, ohne Rohstoffverbrauch, keine CO_2-Emission, kaum radioaktive Strahlung, und wenn, dann mit sehr kurzer Halbwertszeit – kurz: ein Prozess ohne Risiken und Nebenwirkungen.

Dieser physikalische Prozess weckt verständlicherweise die Begehrlichkeit des Menschen, es wird deshalb versucht, den Prozess nachzuahmen.

Ob es gelingen wird, den Fusionsprozess auf Erden nachzuahmen, ist heute noch nicht sicher, aber die Existenz des Menschen ist davon abhängig.

Eigentlich ist die Sache ganz einfach: Seit Einstein wissen wir, dass Masse in Energie umgewandelt werden kann und umgekehrt, und zwar nach der Formel Energie = Masse x Lichtgeschwindigkeit². Unter $E = mc^2$ ist die Formel sogar schon populär. Man sieht sofort, dass man nur wenig Masse braucht, um viel Energie herzustellen: Sechs Kilogramm Masse wären mehr als ausreichend, um den derzeitigen gesamten Jahresenergiebedarf der Weltbevölkerung abzudecken.

---

372 Projekt ITER, https://www.iter.org/

Die Energie entsteht also durch einen sog. Massendefekt. Dieser entsteht bei nuklearen Reaktionen, gleich ob Kernspaltung oder Kernfusion. Aber auch bei bekannten exothermen chemischen Reaktionen, wie Verbrennung von fossilen Stoffen, entspricht die Energieerzeugung einem – wenn auch minimalsten – Massendefekt[373].

Die Vorteile der Fusionsenergie:

» Der „Brennstoffvorrat" ist unbeschränkt und für alle Nationen verfügbar.
» Vorteile für die Umwelt: Fusionsenergie ist „Clean Energy", keinerlei Emissionen.
» Mittlere bis niedrige radioaktive Belastung, sehr kurze Halbwertszeit, kein Endlagerproblem.
» Keine Explosionsgefahr, keine Kernschmelze möglich, da sich Brennstoff für jeweils weniger als für 5 Minuten im Plasma befindet.
» Extrem hohe Energie-Dichte, d.h. minimale Landnutzung im Vergleich zu Solar-, Wind- und Wasserkraft oder Bio-Energie.
» Unabhängig von Tages-, Jahres- oder Regionalen Variationen, d.h. ideal für Ballungsräume und Grundlastversorgung.

Damit wäre dieses System den existierenden Kernkraftwerken weit überlegen.

Wegen des enorm langen und teuren und vor allem ergebnisoffenen Ausgangs dieses Forschungsabenteuers ist das Projekt natürlich umstritten. Für die „Grünen" ist das Teufelszeug. Nachfolgend eine Stellungnahme von Hans Josef Fell, ehemaliger energiepolitischer Sprecher Bündnis90/Die Grünen[374]:

---

373 Die Sonne verliert pro Sekunde ca. 4 Mio. Tonnen Material aufgrund dieses Massendefektes.
374 http://www.solarenergie.com/wwwboard/messages/363.html

„Die Kernfusion wird selbst nach Meinung der Fusionsforscher frühestens in 50 Jahren zur Verfügung stehen und kann im optimistischen Fall erst in der zweiten Hälfte des Jahrhunderts einen nennenswerten Beitrag zur Elektrizitätsversorgung liefern.

Damit käme sie für die Lösung der drängenden globalen Energieprobleme um Jahrzehnte zu spät. Da die Fusionsforscher bereits seit über 40 Jahren diesen Zeithorizont vor sich her tragen, lässt sich absehen, dass auch die derzeitigen Prognosen vor allem auf Wunschvorstellungen beruhen, denn die technischen, ökologischen und ökonomische Probleme dieser Technologie scheinen kaum lösbar zu sein. Hinzu kommt, dass die Kernfusion schlicht und einfach überflüssig sein wird, da in 50 Jahren die erneuerbaren Energien die Energieversorgung bereits sicherstellen können – und das zu geringeren Kosten. Bereits heute liegt die Windenergie da, wo die Kernfusion in 50 Jahren sein wird.

Bis 2050 müssten etwa 80 Mrd. €[375] in die Entwicklung der Fusionsforschung investiert werden, damit diese Technologie überhaupt eine Chance hat. Ob daraus überhaupt etwas wird, ist unklar. Grund hierfür sind weniger die Probleme der Plasmaphysik als die Materialprobleme der ersten Wand, da es kein Material gibt, das den extremen Bedingungen über einen akzeptablen Zeitraum standhält ...“

Ähnlich äußert sich die Lobbyorganisation Eurosolar zur möglichen Kernfusion[376]:

„Es besteht keinerlei Notwendigkeit, Energie aus derartigen Prozessen auf der Erde zu gewinnen, wenn mit der Sonne bereits eine solche Quelle zur Verfügung steht.“

---

375 In die „Erneuerbaren“ werden Billionen € gesteckt!
376 Aus dem Programm von EUROSOLAR: Solares Deutschland. Innovationsoffensive Erneuerbare Energien

Man kann sich trefflich streiten, ob es richtig ist, für die Fusionstechnologie so viele Milliarden € in die Hand zu nehmen – wir können auch bei der Fissionstechnologie bleiben. Auf der anderen Seite haben wir schon (allein in Deutschland) fast eine Billion € in für Fotovoltaik und Windenergie ausgegeben, ein Betrag, der energiepolitisch wohl abzuschreiben ist. Die demgegenüber bescheidenen Beträge für die Fusionstechnologie teilen sich immerhin die gesamte Weltgemeinschaft.

In 50 oder 100 Jahren sind wir schlauer.

Seit einigen Jahren wird sogar in Deutschland an dieser Energie gearbeitet

Die Süddeutsche Zeitung berichtete am 21.4.2021 von einem milliardenschweren Start-up-Unternehmen. Spezialisten der Stanford Universität, des Massachusetts Institute of Technologies (MIT) und der Universität München arbeiten an einem neuen Konzept der Fusionstechnologie.

Es ist nie zu früh, aber selten zu spät. Wir haben – auch bei steigendem Verbrauch – noch mindestens für mehrere Jahrhunderte ausreichend fossile Energieträger. Dank dieser Energieträger haben wir Wissenschaft und Technik soweit vorantreiben können, dass wir zukunftsfähige Energietechnologien entwickeln können.

Aber die Nutzung der fossilen Energieträger ist ja „unmoralisch" (Schellnhuber).

Tragfähigkeit der Erde[377]

Der Mensch überlastet die Erde auf vielfältige Weise, er habe einen viel zu großen „ökologischen Fußabdruck", wir steuern auf ein Ende der Ressourcen hin, auf eine Unbewohnbarkeit der Erde. Es heißt: „Wir leben so, als hätten wir mehrere Erden."

Über 7 Milliarden Menschen, bald werden es 10 Milliarden sein, brauchen zum Leben Wohnraum, brauchen Wasser, brauchen Nahrungsmittel, brauchen Mobilität, brauchen Luft, brauchen Energie. Die Menschen „verbrauchen" unterschiedlich: Menschen in den Industrienationen verbrauchen deutlich mehr materielle Güter, Wasser, Energie oder Lebensmittel als Menschen in Entwicklungs- und Schwellenländer.

Ist es da nicht verständlich, wenn viele Leute die Reduzierung unseres Verbrauchs verlangen, den Nachwuchs unterbinden wollen und – weil all dies freiwillig niemand macht – mit der Einschränkung der demokratischen Freiheitsrechte erzwingen wollen? Umgekehrt suchen die Bewohner der Nichtindustrieländer den Anschluss ihrer Lebensverhältnisse an die der Industrieländer.

Es scheint auf den ersten Blick nicht vorstellbar zu sein, dass alle 8 oder gar 10 Milliarden Menschen so viel verbrauchen wie die Bewohner der Industriestaaten. Wie viele Erden würden wir dann brauchen? Offensichtlich stecken wir tatsächlich in einem Dilemma, denn weder das eine – die Reduzierung des Lebensstandards in den Industrieländern – noch das andere – der Aufschluss der Bevölkerung in den Entwicklungs- und Schwellenländern – scheint durchführbar.

Anscheinend gibt es wirklich keine befriedigende Lösung. Wir können zwar durch optimale Verteilung und Sparsamkeit

---

377 Unter dem Titel „Haben wir wirklich nur eine Erde?" ist dieser Artikel in Tichys Einblick erschienen – hier leicht gekürzt.
https://www.tichyseinblick.de/gastbeitrag/haben-wir-wirklich-nur-eine-erde/

die Existenz des Menschen verlängern, aber eines Tages sind die Vorräte eben erschöpft, dann würden vielleicht noch ein paar Restmenschen auf niederem Niveau leben – am Lagerfeuer.

Unterschätzte Natur

Aber ist diese Vorstellung richtig? Wer sich mit der Natur beschäftigt, wird sehr bald feststellen, dass – bei allem scheinbaren Chaos – ein offenbar perfekter Plan herrscht. Auf die Naturgesetze können wir vertrauen, wir müssen sie nur kennen und beachten. Dazu hat die Natur den Menschen mit einem enorm leistungsfähigen Verstand ausgestattet, mit dem kann der Mensch zwar nicht hinter die Gesetze schauen, aber er kann die Gesetze verstehen und nutzen.

Ob der Mensch jemals im Paradies gelebt hat, ist zweifelhaft, aber wir wissen, dass er den Auftrag hat, sich die Erde untertan zu machen und dass er im Schweiße seines Angesichts das Brot essen soll. Aber wie viel Brote liefert denn die Erde?

Vielleicht mehr, als wir denken!

Wir kennen aus der Bibel die Geschichte von der wundersamen Brotvermehrung:[378] Das Volk befand sich an einem öden Orte, es waren nur noch fünf Brote und zwei Fische da. Aber dennoch konnten alle 5000 Männer sowie die Frauen und Kinder satt werden.

Da wir nicht an Wunder glauben, sehen wir diese Geschichte als Metapher: Wahrscheinlich haben sich seinerzeit die Leute verschätzt, entweder bei der Zahl der Brote und Fische oder bei der Größe der Brote und der Fische – oder bei beidem. Wir befinden uns möglicherweise in einer vergleichbaren Situation.

Manchmal wird es deutlich, dass Philosophen uns den Anstoß geben können, etwas weiter zu denken. Wer hat schon den Mut, die Frage zu stellen, ob wir die Tragfähigkeit unserer Erde „multiplizieren" können – damit wir am Ende auf noch größerem Fuß leben können?

---

378 Johannesevangelium, Kapitel 6, Verse 10–14

Heterotechnik und Homöotechnik

Der Philosoph Peter Sloterdijk mutmaßt in der intelligenten Verbindung von Natur und Wissen durchaus Möglichkeiten, das Potential unserer Erde nachhaltig zu vergrößern.

Er beschreibt die Situation zunächst wie folgt: [379]

„Hier kommt das Axiom ins Spiel, auf dem alle Grenzen-des-Wachstums-Argumente beruhen: Die Erde ist nur in einem einzigen Exemplar vorhanden – und doch leben die reichen Nationen heute bereits so, als ob sie anderthalb Erden ausbeuten dürften. Sollte ihr Lebensstil auf alle Mitbewohner des Planeten ausgeweitet werden, müssten der Menschheit nicht weniger als vier Erden zur Verfügung stehen ...

Fürs Erste erscheint dieses Argument unwiderlegbar. Solange man die Erde und ihre Biosphäre als eine unvermehrbare Singularität auffasst, muss das ausbeuterische Verhalten der modernen Ausdrucks- und Komfortzivilisation als eine unverzeihliche Irrationalität erscheinen. Der Umgang der Menschen mit ihrem Planeten gleicht dann einem Katastrophenfilm, in dem rivalisierende Mafiagruppen sich an Bord eines Flugzeugs in 12 000 Meter Höhe ein Feuergefecht mit großkalibrigen Waffen liefern."

Doch Sloterdijk hinterfragt diese Vorstellung:

„Die Technik hat ihr letztes Wort noch nicht gesprochen. ...

Wir wissen noch nicht, welche Entwicklungen möglich werden, wenn Geosphäre und Biosphäre durch eine in-

---

379 https://petersloterdijk.net/2015/04/wie-gross-ist-gross/bzw. Die WELT 17.12.2009 sowie in Crutzen Unter anderem: „Das Raumschiff Erde hat keinen Notausgang", Berlin 2011, Seite 107/108

telligente Technosphäre und Noosphäre[380] weiterentwickelt werden. Es ist nicht a priori ausgeschlossen, dass hierdurch Effekte auftreten, die einer Multiplikation der Erde gleichkommen."

Vielleicht helfen die letzten Sätze, unsere technikfeindliche und zukunftsängstliche Haltung zu überdenken. Vielleicht ist es doch möglich, nach einer Art „Hebelgesetze" die materiellen Potentiale der Erde zu vergrößern.

Vorbild Natur

Bei aufmerksamer Beobachtung der Natur können wir feststellen, dass die Natur seit Jahrmillionen permanent ungeheure Mengen von Material erzeugt, ohne die geringsten Mengen zu „verbrauchen". In einem ewigen Kreislauf wird uns ein ständiges Wachstum vorgeführt. Kein Material wird zugeführt, kein Material verschwindet. In einer ständigen Abfolge von Unordnung und Ordnung, von Vergehen und Entstehen, von Tod und Geburt, wird ausgedientes Material (Unordnung) zu neuen Produkten (Ordnung) aufgebaut. Der Physiker würde sagen: durch ständige Zu- und Abnahme der Entropie.

Gegenüber diesen riesigen Mengen verschwinden die anthropogenen Mengen zu einer Winzigkeit.

Projekt Sonnenfeuer

Der einzige „Stoff", der zur Aufrechterhaltung dieser gigantischen Prozesse ständig zugeführt werden muss, ist Energie. Energie in Form des Sonnenlichts. Wenn wir dieses Schema im Auge behalten, dann brauchen wir keine Zukunftsangst mehr haben, dann brauchen wir auch keine Weltretter und keine Untergangspropheten und vor allem keine Weltverbesserer. Wir brauchen nur mehr Energie – sehr viel mehr Energie. Mit we-

---

380 Geist- oder Verstandessphäre

niger Energie, wie uns von allen Seiten gepredigt wird, ginge die Menschheit unter.

Tatsächlich wäre die Situation schwierig, hätten wir nur die fossilen Energieträger zur Verfügung. Sie sind zwar reichlich vorhanden, doch sie sind sehr wahrscheinlich endlich und wir wissen nicht wie lange sie noch reichen.

Und die vielgepriesenen Erneuerbaren Energien? Gleich ob Wind-, Solar, Wellen-, Biomasseenergien – sie wären bei weitem nicht ausreichend. Allein die Sonnenenergie wäre (theoretisch) mengenmäßig ausreichend, aber die ungleiche Verteilung auf der Erde macht Probleme. So einfach nutzbar wie die Verbrennung von fossilen Energieträgern ist die Sonnenenergie nicht. Langfristig sind die Energieprobleme damit schwerlich zu lösen.

Vielleicht war das Zeitalter der Nutzung fossiler Energien durchaus im Sinne der Schöpfungsgeschichte, denn immerhin hat diese Energieform dem Menschen die Entwicklung ungeheurer technischer und wissenschaftlicher Fähigkeiten ermöglicht. Nun kommt es wohl darauf an, diese erworbenen technisch-physikalischen Möglichkeiten zu nutzen, um neue Energiequellen zu erkunden, zu erforschen und zu entwickeln. Energiequellen, die im Sinne der Schonung der Erde unverdächtig und die auch ausreichend sind.

So betrachtet bricht der Vorwurf zusammen, dass die Menschen in kurzer Zeit das aus der Erde rausgraben, was in Millionen von Jahren entstanden ist. Wenn es dem Menschen gelingen sollte, neue Energiequellen zu finden, dann war die (zeitlich beschränkte) Zurverfügungstellung fossiler Energiestoffe ein durchaus vernünftiger Schachzug der Natur.

Und diese Energie gibt es – sogar im Überfluss. Im vorangehenden Kapitel haben wir auf die Technologien hingewiesen.

Mehr Energie ist der Schlüssel

Die Geschichte des Menschen ist eine Geschichte der Energie. Erst als man Muskelkraft, Wind- und Wasserkraft durch die Dampfmaschine ersetzen konnte, konnte die Industrialisierung beginnen und dem Menschen zu einem beschwerdeärmeren Leben verhelfen. Diese Entwicklung zurückzudrehen – wie zahlreiche Weltretter (Sloterdijk hat in diesem Zusammenhang den Begriff der „Erlösereitelkeiten" geprägt) vorschlagen, ist weltfremd und menschenverachtend. Die Lösung der Energiefrage ist deshalb eine Existenzfrage der Menschheit.

Die zukünftigen Probleme der Menschheit zeichnen sich am Horizont ab: 80 Millionen Menschen sind bereits heute auf der Flucht, und es werden immer mehr, sie fliehen vor Krieg, Bürgerkrieg, Dürren, Armut und Hunger. Wenn die Weltbevölkerung um 2 bis 3 Milliarden Menschen, insbesondere in den Problemzonen Afrikas, zunehmen wird, dann werden diese 80 Millionen sich vervielfachen. Wie wir dann unsere Grenzen schützen wollen, dürfte wohl ein Geheimnis bleiben.

Nun wäre es sicher zu einfach zu sagen, der Wohlstand allein würde alle Probleme lösen. Streit, Korruption, Ausbeutung und ideologiegelenktes Denken gehören leider zum menschlichen Dasein, ebenso wie (zum Glück) Weitsicht, Vernunft und Kompromissfähigkeit. Aber wenn Hunger herrscht, dann nützen alle Appelle und guten Worte nichts.

Es gibt nur einen Ausweg: eine tendenzielle Angleichung der Lebensverhältnisse für alle Menschen. Es muss nicht überall das gleiche Niveau erreicht werden, aber das Wohlstandgefälle darf ein bestimmtes Maß nicht überschreiten. Heute ist der Wohlstand in den Industrieländern mehr als 250-mal so groß wie in den Entwicklungsländern. Das kann nicht gut gehen.

Der Schlüssel heißt Energie. Man kann es auch so ausdrücken: „Energie ist nicht alles, aber ohne Energie ist alles nichts." Mit Energie könnten wir sogar die Folgen einer Klimaänderung in den Griff bekommen. Es wäre jedenfalls besser, die Klima-Alarmisten würden ihre Phantasie für die Frage verwenden, wie man das Dasein der Menschen unter der Voraussetzung der (nahezu unbegrenzten) Verfügbarkeit über ausreichend Energie verbessern kann.

Zum Beispiel Wasser:

Trinkwasser ist auf der Erde sehr ungleich verteilt. Das ist nicht das Ergebnis finsterer Machenschaften böser Menschen, das ist das Ergebnis der Natur. Manche Länder haben mehr Wasser, als sie brauchen, in manchen Regionen ist das Wasser gerade noch ausreichend, in manchen Regionen aber herrscht absolute Wasserknappheit bis Trockenheit. Manchmal ist das Wasser auch nur deshalb knapp, weil wir es verschmutzen.

Unter Einbeziehung der Weltmeere hätten wir mehr Wasser, als wir brauchen, leider ungenießbar. Doch die Technik ist in der Lage, aus Meerwasser Trinkwasser herzustellen – allerdings nur mit viel Energie. Und dieses an den Küsten produzierte Wasser könnte man in großen Leitungen in trockene Gebiete führen. Erdöl oder Erdgas leiten wir auch tausende von Kilometern durch Pipelines.

Zum Beispiel Kühlung:

In vielen Regionen Afrikas, Asiens oder Südamerika könnte bereits heute die Landwirtschaft große Erträge bringen. Fehlende Kühlmöglichkeiten aber reduzieren die möglichen Mengen. Kühlhäuser sind möglich – allerdings nur mit viel Energie.

Analoges gilt für Wärme. Auch Wärmeerzeugung kostet Energie.

Und wie sieht es mit Rohstoffen aus?

Nahezu alle Materialien, die wir in irgendwelche Produkte verbauen, gehen nicht verloren. Heute werfen wir sie zum weit überwiegenden Teil auf Müllhalden. Wir lernen sehr langsam, diese Materialien in einem Art Kreislaufprozess wieder zu verwenden. Wenn wir genügend Energie zur Verfügung hätten, könnten wir im Zuge chemischer Reduktionsprozesse (die sehr energieintensiv sind) die meisten Materialien einer erneuten Nutzung zuführen – so wie es die Natur uns vormacht. Allein verbrannte fossile Energieträger lassen sich nicht recyceln!

Und Umweltschutz?

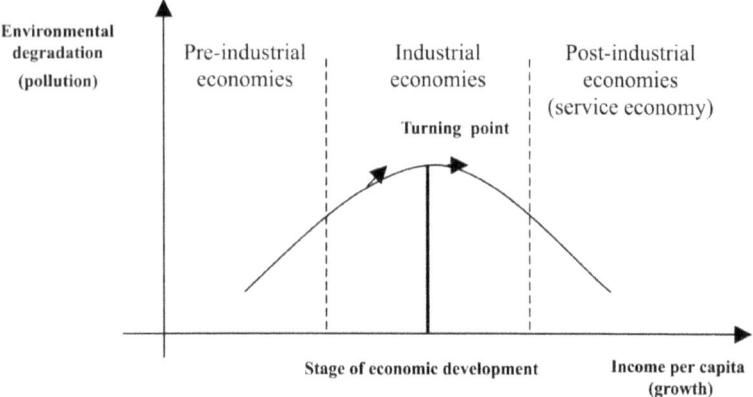

Abbildung 59: Kuznets Kurve
Quelle: https://verdinand633.wordpress.com/2015/12/10/
environmental-kuznet-curve/

Der Nobelpreisträger für Wirtschaftswissenschaften, Simon Kuznets, hat sich mit dem Zusammenhang zwischen dem ökonomischen Niveau einer Volkswirtschaft und dem Niveau der Umweltbelastung auseinandergesetzt. Sein Ergebnis ist eindeutig: Je fortgeschrittener die ökonomische Entwicklung einer Volkswirtschaft ist, desto geringer ist auch die Umweltverschmutzung.

Nur wohlhabende Gesellschaften können sich Umweltschutz leisten. Wir wissen noch aus den Jahren nach der Wende 1989, dass sich ein Staat wie die DDR keinen Umweltschutz leisten konnte.

Der angebliche Konsens
in der Klimawissenschaft[381]

Es wird behauptet, über die Theorie vom „menschengemachten Klimawandel" bestünde bei Wissenschaftlern „Konsens". 97 % aller Wissenschaftler würden dem zustimmen – das ist nicht nur falsch, das ist Unsinn.

Wissenschaft ist keine demokratische Veranstaltung, hier wird nicht nach Mehrheitsmeinung gefragt, sondern nach nachvollziehbaren theoretischen und reproduzierbaren experimentellen Beweisen.

Was die Behauptung anbelangt, dass 97 % der Wissenschaft die These vom „menschengemachten Klimawandel" unterstützt, so ist dies das Ergebnis einer manipulativen Auswertung von ca. 12 000 Publikationen, in denen das Stichwort „Klimawandel" vorkommt.

Tatsächlich gibt es von Seiten der Wissenschaft heftigen Widerspruch gegen die Behauptung, der Mensch würde durch die Emission von „Treibhausgasen" das „Klima" nachhaltig negativ beeinflussen. Aber diese Meinungen, die außerhalb des Mainstreams sind, werden nicht veröffentlicht, sie werden verschwiegen.

Weltweit gibt es ein Heer von Wissenschaftlern, darunter zahlreiche Nobelpreisträger, die den vom Weltklimarat (IPCC) propagierten Theorien in aller Deutlichkeit widersprechen.

In der Konsensgemeinde werden alle Einwände gegen die Theorien vom menschengemachten Klimawandel als „Lobbyismus" abgetan, und es wird so getan, als gäbe es nur wenige Kritiker dieser Theorie.

---

381 Vgl. Michelbach/Patzner, https://www.vernunftkraft-odenwald. de/wp-content/uploads/2019/10/Es-gibt-keinen-Konsens-Version-3-KLARSICHT-Information-f%C3%BCr-politische-Entscheidungstr%C3%A4ger-Nr.-1.pdf

Als Beispiel dient ein Kommentar im SWR2 am 17.3.2015, 9.08 Uhr, Kommentator: Werner Eckert:

> *„Aber: es sind immer die gleichen, es sind minimal wenige und ihre Gründe sind selten integer. Die Debatte in den Medien und sozialen Netzwerken ist eine Scheindebatte und keineswegs ein Abbild der wissenschaftlichen Welt.“*

Nein! Es sind sehr viele! Tatsächlich gibt es weltweit viele zehntausende – integre – Wissenschaftler, welche die Ursachen für Klimawandel auf der Erde erforschen und anderer Meinung sind. In englischsprachigen Veröffentlichungen überbieten sich US-amerikanische, russische und chinesische Wissenschaftler regelrecht mit neuen Erkenntnissen zu den Mechanismen des Klimawandels.

Im Kapitel „Anlagen“ sind einige Appelle wiedergegeben. Die Appelle wurden von rund 40 000 Wissenschaftlern unterschrieben.

EPILOG

Nur wenige Jahre nach Ende des nationalsozialistischen Infernos schrieb 1951 der damals hochgeachtete Journalist Felix Buttersack im Münchner Merkur[382] von einem fensterlosen Raum mit der „offenen Tür, die zu durchschreiten der Mensch sich nicht mehr getraute". Stattdessen unterlag er dem „höllischen Irrtum vom Glauben an Rettung".

Auch heute befinden wir uns wieder in einem fensterlosen Raum und nutzen nicht die Tür, die nach außen führt – „aus dem Meer des Irrtums".

Wie passend dazu ist die Aussage von 7 renommierten Publizisten, die im Text bereits zitiert wurde und die von zu öffnenden Türen sprechen:

> *„Wenn Wissenschaftler ihre Annahmen zu Dogmen erklären, werden sie zu Glaubenskriegern. Dann ist es an der Zeit zu widersprechen. Deshalb nehmen wir uns das Recht zu zweifeln. Unsere Position ist aussichtslos, ... Aber irgendjemand muss die Türen eines skeptischen Weltverständnisses ... offen halten, damit wir für die Zukunft lernen können."*[383]

Es ist keine hundert Jahre her, dass der Teufel im Namen von ideologischen Vorstellungen die Erde heimsuchte und reiche Ernte einfuhr. An Millionen von Toten, an unendlich viel Leid, fand er seine Befriedigung. Am Ende scheiterte er, sein Lügengebäude brach zusammen.

---

382 Münchner Merkur, 24.3.1951, Seite 1: Felix Buttersack: „O glücklich, wer noch hoffen kann aus diesem Meer des Irrtums aufzutauchen."
383 https://www.faz.net/aktuell/wissen/klima/die-klimaskeptiker-antworten-wir-muessen-uraengste-relativieren-1462827.html?printPagedArticle=true#pageIndex_2

Abbildung 60: George Grosz, „Die Stützen der Gesellschaft"
© Estate of Geoge Grosz, Princeton N.J./VG Bild-Kunst, Bonn 2017

Ein Sprichwort sagt:

„Der Teufel kommt immer in einem anderen Gewand."

1926 malte George Grosz das beklemmende Bild:

„Die Stützen der Gesellschaft"

Es zeigt hirnlose Vertreter der Gesellschaft: eine stramme Figur mit Führungsmacht, die die Richtung angibt, einen tumben feisten Mensch, offensichtlich ein Volksvertreter, mit Kot im Kopf, einen naiven Journalisten, heuchlerisch ausgestattet mit einem Palmwedel, einen klerikalen Eiferer, der die Feuersbrunst anbetet.

Im Hintergrund sehen wir Symbole der Gewalt. Grosz ahnte etwas.

Die Ideologie der Klimarettung bietet enorm viel Potential für eine erneute Herrschaft des Teufels. Diesmal geht es immerhin um die Rettung der Welt, wer da sich dagegenstellt, dem kann nicht mehr geholfen werden …

Auch diesmal wird das Lügengebäude zusammenbrechen. Fragt sich nur, wie viele Opfer es kosten wird.

Wir wollen nicht in Pessimismus verfallen. Es gibt Hoffnung:

Jahrzehnte des Friedens und des wirtschaftlichen Aufschwungs haben die Menschen Ersatzkriegsschauplätze erfinden lassen. Aber „Idiotien kann man sich nur so lange leisten, so lange man aus dem Vollen schöpft" – sagt sinngemäß ein Sprichwort.

Mit dem Ukraine-Krieg droht tatsächlich „das Schöpfen aus dem Vollen" zu Ende zu sein, eine neue Zeit kündigt sich möglicherweise an.

Erste Zeichen einer Rückkehr zur Vernunft sind am Horizont sichtbar, und sie kommen von Institutionen, die bisher an der „fossil-atomaren" Wirtschaft sehr gut verdienten und die zusätzlich beste Geschäfte mit dem grünen Aktivismus machten, indem sie zwar sinnlose, aber extrem lukrative Investitionen finanzierten und dafür mit Mitteln aus der Umverteilung überschüttet wurden.

Nun könnten diese grünen Finanzmittel eintrocknen, was offensichtlich große Investmentgesellschaften zur Neubesinnung führt. Sowohl Blackrock als auch die HSBC-Bank, beide gehören zu den größten Investmentgesellschaften der Welt. Von Ihnen hört man neue Töne:

Blackrock stellt fest, dass traditionelle Energieformen notwendig sind, um die Sicherheit zu fördern, und es würde in Zukunft bei allen Unternehmen, an denen es Anteile hält, gegen grünen Aktivismus stimmen.

Das Unternehmen gibt an, besorgt über Vorschläge zu sein, die die Finanzierung von Unternehmen, die mit fossilen Brennstoffen handeln, beenden wollen und die Unternehmen dazu zwingen sollen, Anlagen stillzulegen, um die eigenen Emissionen und die der Lieferketten zu reduzieren.

Und HSBC:

Man brauche sich keine Sorgen um den Klimawandel zu machen. Er sei nicht das finanzielle Risiko, über das man sich Sorgen machen müsse. „Es gibt immer irgendwelche Spinner, die einem vom Ende der Welt erzählen.“[384]

Wie die WELT am 25.5.2022 berichtete, wurde der Manager, der das sagte, kurz danach entlassen. Die Entlassung zeige, dass Personen, die „sich mit der Klimalobby anlegen ... berufliche Auswirkungen erleiden" – so schnell gibt der Teufel eben nicht auf.

---

384 https://de.finance.yahoo.com/nachrichten/hsbc-manager-kritik-klima-spinnern-040000584.html?guccounter=1&guce_referrer=aHR0cHM6Ly93d3cuZ29vZ2xlLmRlLw&guce_referrer_sig=AQAAAD13b_5DIkfrC31ACVtyl0azS8-PX4R3Fju0eKuHQ24jfTEKoKtTQly1JyTX7AEx7OZ5divDHfrGH3L6HrnCHEt6n8luCEpcxNpzy0ZtX2dOA3qOjjWxxu3XnC69jtCy1BP05ZQweqOZTnVh2mAF8oQaoO1DTiO-zWQxf9AcBSjV

ANLAGEN

Petitionen von Wissenschaftlern an die Politik

Vortrag von Prof. Nir Shaviv[385]

Im Rahmen einer Anhörung des Ausschusses für Umwelt, Naturschutz und nukleare Sicherheit im Deutschen Bundestag hielt Prof. Shaviv am 24. November 2018 den folgenden Vortrag.

Prof. Shaviv ist ein israelisch-amerikanischer Wissenschaftler. Er ist Chairman im Racah Institute of Physics, Edmond J. Safra Campus, Giv'at Ram Jerusalem 91904, Israel.

Zusammenfassung

1. Es gibt keine direkten Beweise dafür, dass große CO_2-Schwankungen zu großen Temperaturschwankungen führen. Es gibt Beweise für das Gegenteil.
2. Die beiden Argumente, die der IPCC verwendet, um das katastrophale Bild der menschengemachten globalen Erwärmung zu „beweisen", sind fehlerhaft: Die Erwärmung im Verlauf des 20. Jahrhunderts ist nicht singulär, und die Behauptung, nichts anderes könne die Erwärmung im 20. Jahrhundert erklären, ist schlicht falsch.
3. Viele andere Pseudoargumente sind einfach irrelevant. Dazu gehören der häufig gehörte Verweis auf Autoritäten (die „97 %"-Behauptung) sowie Argumente, die auf Beweisen für die Erwärmung beruhen, aber keine Erwärmung *durch den Menschen* belegen.

---

385 https://www.bundestag.de/resource/
blob/580504/2b96f368c0a785e5e4a09bb1d9797449/19-16-143_
Conversation_COP24_Prof_Nir_Shaviv-data.pdf

4. Die Sonne hat einen großen, aber vernachlässigten Einfluss auf das Klima. Wenn dieser Faktor einbezogen wird, erhält man ein konsistentes Bild des Klimawandels im 20. Jahrhundert. Damit ist die Erwärmung über mehr als die Hälfte des 20. Jahrhunderts auf zunehmende Sonnenaktivität zurückzuführen, und die Klimasensitivität ist gering (und stimmt mit empirischen Daten überein).
5. Die geringe Klimasensitivität bedeutet, dass die zukünftige Klimaerwärmung gutartig und innerhalb der Ziele der Gipfeltreffen von Kopenhagen und Paris sein wird, ohne dass besondere Maßnahmen ergriffen werden müssen. Es sollte überlegt werden, wie viele Mittel wir für ein Problem ausgeben wollen, das deutlich gutartiger ist als allgemein angenommen.

Was stimmt nicht mit der heutigen Sichtweise des Klimawandels?

Lassen Sie mich zunächst eine Frage stellen, die Sie entweder sich selbst oder den Experten an Ihrer Seite stellen sollten. Welche Beweise gibt es dafür, dass die anthropogene globale Erwärmung zu einem katastrophalen Klimawandel führen wird?

Wie ich weiter unten darstelle, ist diese Vorstellung in der Tat ein Missverständnis, und die so genannten Beweise, die wir ständig hören, basieren einfach auf verschiedenen falschen Argumenten.

Darüber hinaus werden kritische Belege, die das Gegenteil beweisen, vom IPCC und ähnlichen Organisationen vorsätzlich missachtet.

Das erste und wichtigste Argument, das einfach ignoriert werden sollte, ist der Verweis auf Autoritäten oder eine Mehrheitsmeinung. Wissenschaft ist keine Demokratie, und wenn viele Menschen eine Sache glauben, muss sie deswegen nicht richtig sein. Wenn Menschen überzeugende Argumente haben, müssen es wissenschaftliche Argumente sein und keine logischen Täuschungen.

Andere irrelevante Argumente mögen wissenschaftlich erscheinen, doch sind sie es nicht. Beweise für die Erwärmung belegen keine Erwärmung durch den Menschen. Einen bedauernswerten Eisbären auf einem Eisberg treiben zu sehen, bedeutet nicht, dass die Erwärmung durch den Menschen verursacht wurde. Das Gleiche gilt für abschmelzende Gletscher. Es gab natürlich eine Erwärmung, und die Gletscher ziehen sich zurück, aber der logische Fehler, dass diese Erwärmung auf den Menschen zurückzuführen sei, ist einfach eine unbegründete Behauptung; dies gilt umso mehr, wenn man berücksichtigt, dass man in den Alpen Überreste aus römischer Zeit unter geschmolzenen Gletschern oder Wikingergräber im aufgetauten Permafrost in Grönland finden kann.

Andere trügerische Argumente sind die Verwendung qualitativer Argumente und der Appell an Bauchgefühle. Die Tatsache, dass sich die Weltbevölkerung der Zahl von 10 Milliarden Menschen nähert, beweist nicht, dass wir einen Temperaturanstieg von 0,8 °C verursacht haben. Genauso gut hätte der verursachte Anstieg auch 8 °C oder 0,08 °C sein können. Die einfache Tatsache ist die, dass es keinen einzigen Beweis dafür gibt, dass ein bestimmter CO_2-Anstieg einen starken Temperaturanstieg verursachen sollte. Tatsächlich gibt es Beweise für das Gegenteil. So gab es beispielsweise über geologische Zeitskalen hinweg große Schwankungen der atmosphärischen CO_2-Werte (bis zu einem Faktor von 10), die keinerlei Korrelation mit der Temperatur zeigen[386]. Vor 450 Millionen Jahren gab es 10-mal so viel CO_2 in der Atmosphäre, aber ausgedehntere Vergletscherungen.

Wenn man all die trügerischen Argumente verwirft und versucht, der vom IPCC und ähnlichen Institutionen befürworteten Klimawissenschaft auf den Grund zu gehen, stellt man fest, dass es eigentlich nur zwei Argumente gibt, die als legitime wissenschaftliche Argumente erscheinen, aber nicht kor-

---

386 N. J. Shaviv, J. Veizer, „Celestial driver of Phanerozoic climate?", GSA Today, Juli 2003, S. 4.

rekt sind. Das erste Argument ist, dass eine Erwärmung wie im Laufe des 20. Jahrhunderts noch nie da gewesen ist, und daher müsse sie menschlichen Ursprungs sein. Das ist der Kern des „Hockeyschläger-Kurvenverlaufs", der im dritten Sachstandsbericht des IPCC im Jahr 2001 so stark herausgestellt wurde. Die „Climategate"-E-Mails zeigen, dass dies das Ergebnis einer fragwürdigen wissenschaftlichen Analyse ist – die Baumring-Daten, die zeigen, dass es im vergangenen Jahrtausend nur geringe Temperaturschwankungen gab, zeigten einen Rückgang nach 1960, und daher wurden die Daten abgeschnitten und Thermometerdaten angesetzt. Die einfache Wahrheit ist, dass es auf dem Höhepunkt der mittelalterlichen Erwärmungszeit genauso warm hätte sein können wie im 20. Jahrhundert, während die kleine Eiszeit zumindest um ein Grad kühler war. Dies lässt sich sogar direkt bei Temperaturmessungen in Bohrlöchern feststellen[387].

Das zweite Argument besteht darin, dass es keine andere Erklärung für die Erwärmung gibt, und daher müsse die Erklärung die einzige in Betracht kommende sein, nämlich der anthropogene Beitrag. Wie ich jedoch nachstehend darlegen werde, gibt es auch noch die Sonne.

Bevor ich erkläre, warum die Sonne unsere Sichtweise vollkommen ändert, sollten wir die globale Erwärmung und den Klimawandel im Allgemeinen betrachten. Ich möchte ein paar Worte über Klimasensitivität sagen und warum es unmöglich ist, von vornherein den anthropogenen Beitrag vorherzusagen.

Die wichtigste Frage in der Klimaforschung ist die nach der Klimasensitivität, also wie stark die durchschnittliche globale Temperatur ansteigt, wenn man zum Beispiel die CO_2-Menge verdoppelt.

Bemerkenswerterweise wurde der vom IPCC angegebene Bereich von 1,5 bis 4,5 °C pro CO_2-Verdopplung im Jahr 1979 im

---

387 Huang et al. „A late Quaternary climate reconstruction based on borehole heat flux data, borehole temperature data, and the instrumental record", Geophys. Res. Let. 35, L13703, 2008.

Charney-Kongressausschuss in den USA festgelegt. Alle wissenschaftlichen Berichte des IPCC von 1990 bis 2013 enthalten den gleichen Bereich. Die einzige Ausnahme ist der vorletzte Bericht, in dem von 2 bis 4,5 Grad die Rede ist. Der Grund, warum man zum Bereich von 1,5 bis 4,5 Grad zurückgekehrt ist, liegt darin, dass es seit 2000 praktisch keine globale Erwärmung mehr gab (die so genannte „Pause"), was sehr schlecht vereinbar mit einer hohen Klimasensitivität ist. Noch peinlicher ist, dass wir nach fast vier Jahrzehnten Forschung und Milliarden von Dollar (und Euro), die in die Klimaforschung investiert wurden, keine bessere Antwort auf die wichtigste Frage haben.

Die Beweislage zeigt jedoch deutlich, dass die Klimasensitivität eher niedrig ist, und zwar etwa 1 bis 1,5 Grad pro CO_2-Verdopplung. Die Beteiligten in der Klimaforschung können sich die sogenannte Pause in der Erderwärmung nicht erklären. Wo verbirgt sich diese Wärme? In Wirklichkeit weist dies einfach nur auf eine geringe Sensitivität hin. Die „fehlende" Wärme hat die Erde längst verlassen!

Betrachtet man die durchschnittliche globale Reaktion auf große Vulkanausbrüche, vom Krakatau bis Pinatubo, so sieht man, dass die globale Temperatur nur um etwa 0,1 °C gesunken ist, während hypersensible Klimamodelle 0,3 bis 0,5 °C ergeben, was mit der Realität nicht übereinstimmt[388]. Über geologische Zeitskalen hinweg ergibt sich durch die erwähnte fehlende Korrelation zwischen CO_2 und Temperatur eine klare Obergrenze der Empfindlichkeit von 1,5 °C pro CO_2-Verdoppelung. Schließlich ergibt sich unter Berücksichtigung des solaren Beitrags ein viel konsistenteres Bild für die Klimaänderungen des 20. Jahrhunderts, bei dem die Klimafaktoren (Mensch UND Sonne) deutlich größer und die Empfindlichkeit deutlich geringer sind, nämlich etwa 1 bis 1,5 °C pro CO_2-Verdopplung.

---

388 R. S. Lindzen, and C. Giannitsis, „On the climatic implications of volcanic cooling". J. Geophys. Res. 103, 5929, 1998.

Woher wissen wir also, dass die Sonne einen großen Einfluss auf das Klima hat? Die Abb. 1 unten enthält einen der wahrscheinlich wichtigsten Graphen für das Verständnis des Klimawandels[389], der aber von IPCC und Schwarzsehern einfach ignoriert wird. Wie man erkennt, besteht über mehr als 80 Jahre Gezeitenmessungen ein äußerst klarer Zusammenhang zwischen Sonnenaktivität und Meeresspiegelanstieg – bei aktiver Sonne steigen die Meeresspiegel an, bei inaktiver Sonne fallen die Meeresspiegel. Auf kurzen Zeitskalen gelangt in erster Linie Wärme in die Ozeane, und das Wasser dehnt sich aus. Damit lässt sich der Strahlungsantrieb der Sonne quantifizieren, und wie sich herausstellt, ist dieser etwa zehnmal größer ist als das, was der IPCC zugesteht. Der IPCC berücksichtigt nur Änderungen der Bestrahlungsstärke, während diese (und andere derartige Daten) eindeutig zeigen, dass es einen Verstärkungsmechanismus zwischen der Sonnenaktivität und dem Klima gibt.

Die äußerst interessanten Details des Mechanismus (eigentlich 3 separate mikrophysikalische Effekte) gehen über den Rahmen dieser Zusammenfassung hinaus. Sie beziehen sich auf das Ausmaß der atmosphärischen Ionisation, die durch die Sonnenaktivität bestimmt wird. Einfach ausgedrückt: Wenn die Sonne aktiver ist, haben wir weniger Wolken und damit eine allgemein geringere weiße Oberfläche.

Die wichtigste Schlussfolgerung ist daher, dass das Klima nicht empfindlich auf Veränderungen im Strahlungsantrieb reagiert. Es gibt in der Tat mehrere wichtige Punkte, die gern ignoriert werden. So ist beispielsweise die Temperatur nicht entsprechend den Vorhersagen früherer wissenschaftlicher Berichte des IPCC angestiegen.

In Paris und Kopenhagen wurde vereinbart sicherzustellen, dass die Erwärmung weniger als 2 °C betragen wird. Der Anstieg wird aber bereits dann weniger als 2 °C betragen, wenn nichts getan wird.

---

389 N. J. Shaviv, „Using the oceans as a calorimeter to quantify the solar radiative forcing", J. Geophys. Res., 113, A11101, 2008.

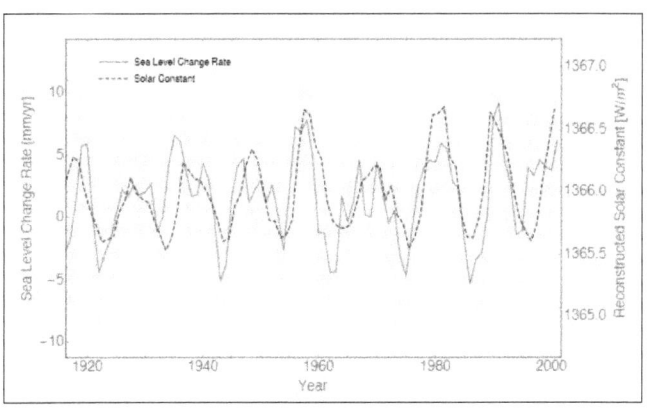

Abb. 1: Quantifizierung des solaren Beitrags zum Strahlungsantrieb: Aufgetragen sind die Änderungsrate des Meeresspiegels (blau, mit Fehler von 1σ) und die rekonstruierte Solarkonstante (rot, gestrichelt). Die klare Korrelation zeigt, dass die Änderungsrate des Meeresspiegels von der Sonnenaktivität beeinflusst wird. Aus den Werten ergibt sich, dass die Schwankung von Spitze zu Spitze im Sonnenzyklus beim Strahlungsfluss etwa 1 W/m² entspricht. Dies liegt fast eine Größenordnung über den Veränderungen der gesamten Sonneneinstrahlung.

Abb. 2: Veränderungen des Strahlungsantriebs seit Beginn der industriellen Revolution, entnommen aus dem AR5-Bericht des IPCC. Nach Angaben des IPCC entsprechen die Veränderungen der Sonneneinstrahlung 0,05 W/ m² (Unsicherheit 0 bis 0,10). Aus dem auf Gezeitenmessungen basierenden Strahlungsantrieb ergibt sich, dass der solare Beitrag viel größer ist, und zwar etwa 1,8 ± 0,5 W/m² vom Maunderminimum (Kleine Eiszeit).

Der Oregon-Appell[390]

Im Jahre 2008 legt das Oregon Institute of Science and Medicine (OISM) eine Petition vor. Sie enthält Namen von 31 487 qualifizierten Wissenschaftlern und spricht sich gegen die Hypothese der vom Menschen gemachten Klimaerwärmung aus.

Petition

We urge the United States government to reject the global warming agreement that was written in Kyoto, Japan in December, 1997, and any other similar proposals. The proposed limits on greenhouse gases would harm the environment, hinder the advance of science and technology, and damage the health and welfare of mankind.

There is no convincing scientific evidence that human release of carbon dioxide, methane, or other greenhouse gases is causing or will, in the foreseeable future, cause catastrophic heating of the Earth's atmosphere and disruption of the Earth's climate. Moreover, there is substantial scientific evidence that increases in atmospheric carbon dioxide produce many beneficial effects upon the natural plant and animal environments of the Earth.

Please sign here

☐ Please send more petition cards for me to distribute.

My academic degree is B.S. ☐ M.S. ☐ Ph.D. ☒ in the field of *PHYSICS*

„Wir richten die eindringliche Bitte an die Regierung der Vereinigten Staaten von Amerika, die Kyoto-Vereinbarung von 1997 und jedwede ähnliche Erklärung nicht zu unterzeichnen. Die vorgeschlagenen Begrenzungen von Treibhausgas-Emissionen würden der Umwelt schaden, den Fortschritt in Wissenschaft und Technologie hemmen und Gesundheit und Wohlergehen der Menschheit schädigen.

Es gibt keinen überzeugenden wissenschaftlichen Nachweis, dass menschengemachtes CO_2, Methan oder andere Treibhausgase heute oder in absehbarer Zukunft eine katastrophale Erwärmung der Erdatmosphäre und eine Umwälzung des Erdklimas

---

390 Petitionsprojekt zur globalen Erwärmung (petitionproject.org)
     Global Warming Petition Project, http://www.petitionproject.org/
     gw_article/GWReview_OISM600.pdf

bewirken. Darüber hinaus ist wissenschaftlich eindeutig belegt, dass eine CO_2-Zunahme in der Atmosphäre viele positive Auswirkungen auf die natürliche Pflanzen- und Tierwelt erbringt.

Damit will die OISM demonstrieren, dass die Behauptung, *„dies sei in der Wissenschaft eine anerkannte These"* und es gebe einen *„Konsensus"* unter den Wissenschaftlern über die vom Menschen gemachte Klimaerwärmung, völlig falsch ist.

Die Liste der Unterzeichner findet man im Internet unter:

http://www.petitionproject.org/signers_by_state_main.php

Petition an die EU-Administration (Sept. 2019)[391]

Petition von 500 Wissenschaftlern aus aller Welt an

» Charles Michel, President of the European Council
» Ursula von der Leyen, President of the European Commission
» 'To be appointed', Head of the European Parliament

There is no climate emergency

We, the undersigned 300 independent Climate Scientists and Professionals from 15 countries, wish to convey five urgent messages to you:

1. Climate change is a fact. The geological archive reveals that Earth's climate has cyclically varied as long as the planet has existed, with nature-driven cold and warm cycles.

---

391 https://www.heartland.org/_template-assets/documents/
publications/500%20scientists%20letter.pdf

2. After leaving the Little Ice Age (around 1850 AD), it is no surprise that we now are experiencing a warming-up period. This is in line with the cyclic behavior of the climate system. Unfortunately, climate models are upsetting society by predicting temperatures that are much higher than measurements do tell us.

3. There exists no proof that anthropogenic carbon dioxide (CO_2) emissions are the major cause of global warming. There is also no scientific evidence that anthropogenic CO_2 emissions have a detrimental effect on the quality of life. On the contrary, we do know that CO_2 is the basis of all life on Earth (photosynthesis) and more CO2 is beneficial for nature (greening the Earth) and agriculture (increasing crop yields).

4. There is also no scientific evidence that higher CO_2 levels have an enhancing effect on natural disasters like hurricanes, floods and droughts. On the other hand, there are many indications that most CO_2-mitigation measures have a devastating effect on wildlife (e.g. by wind turbines) and land use (e.g. forest clearance).

5. Energy policy must be based on scientific and economic realities. We argue strongly against a harmful and unrealistic „2050-carbon-neutral policy". There is no climate emergency and therefore no cause for panic and alarm. If superior approaches emerge, we will have ample time to reflect and adapt. Our aim should always be reliable and affordable energy at all times.

With respect to a well thought-out future, we advise European leaders that science should aim at a significantly better understanding of the climate system and that politics should focus on minimizing damage by giving priority to technology-rich adaptation strategies against extreme weather events.

We also recommend that European leaders make a clear difference in their policy between the Earth's environment and the Earth's climate. Taking good care of our environment is a matter of good stewardship. Climate change, however, is largely caused by a complex combination of natural phenomena we cannot control.

Übersetzung

Es gibt keinen Klimanotfall

Wir, die unterzeichnenden 300 unabhängigen Klimaforscher und Experten aus 15 Ländern, möchten Ihnen fünf dringende Botschaften übermitteln:

1. Der Klimawandel ist eine Tatsache. Das geologische Archiv zeigt, dass sich das Klima der Erde zyklisch verändert hat, solange der Planet existiert, mit naturbedingten kalten und warmen Zyklen.
2. Nach dem Verlassen der Kleinen Eiszeit (um 1850 n. Chr.) ist es keine Überraschung, dass wir jetzt eine Aufwärmphase erleben. Dies steht im Einklang mit dem zyklischen Verhalten des Klimasystems. Unglücklicherweise stören Klimamodelle die Gesellschaft, indem sie Temperaturen vorhersagen, die viel höher sind, als uns Messungen sagen.
3. Es gibt keinen Beweis dafür, dass der Ausstoß von anthropogenem Kohlendioxid (CO_2) die Hauptursache für die globale Erwärmung ist. Es gibt auch keine wissenschaftlichen Belege dafür, dass sich anthropogene CO_2-Emissionen nachteilig auf die Lebensqualität auswirken. Im Gegenteil, wir wissen, dass CO_2 die Grundlage allen Lebens auf der Erde ist (Fotosynthese) und mehr CO_2 der Natur (Ökologisierung der Erde) und der Landwirtschaft (Steigerung der Ernteerträge) zugutekommt
4. Es gibt auch keine wissenschaftlichen Beweise dafür, dass ein höherer CO_2-Gehalt Naturkatastrophen wie Wirbelstürme, Überschwemmungen und Dürren verstärkt. Andererseits gibt es viele Hinweise darauf, dass die meisten CO_2-Minderungsmaßnahmen verheerende Auswirkungen auf Wildtiere (z. B. durch Windkraftanlagen) und die Landnutzung (z. B. Waldrodung) haben.
5. Die Energiepolitik muss auf wissenschaftlichen und wirtschaftlichen Realitäten beruhen. Wir sprechen uns nachdrücklich gegen eine schädliche und unrealistische „klima-

neutrale Politik 2050" aus. Es gibt keinen Klimanotfall und daher keinen Grund für Panik und Alarm. Wenn überlegene Ansätze auftauchen, haben wir ausreichend Zeit, um zu reflektieren und uns anzupassen. Unser Ziel sollte immer zuverlässige und bezahlbare Energie sein.

In Bezug auf eine gut durchdachte Zukunft raten wir den führenden Politikern Europas, dass die Wissenschaft auf ein wesentlich besseres Verständnis des Klimasystems abzielen und dass sich die Politik darauf konzentrieren sollte, Schäden zu minimieren, indem sie technologiereichen Anpassungsstrategien gegen extreme Wetterereignisse Vorrang einräumt.

Wir empfehlen den europäischen Staats- und Regierungschefs außerdem, in ihrer Politik einen klaren Unterschied zwischen der Umwelt der Erde und dem Klima der Erde zu machen. Der Schutz unserer Umwelt ist eine Frage der Verantwortung. Der Klimawandel wird jedoch größtenteils durch eine komplexe Kombination von Naturphänomenen verursacht, die wir nicht kontrollieren können.

Ein Wissenschaftsteam schreibt an Ban-Ki Moon:[392]

Seine Exzellenz Ban-Ki Moon,
Generalsekretär, Vereinte Nationen,
New York, NY.
Vereinigte Staaten von Amerika
8. Dezember 2009

Sehr geehrter Generalsekretär,

die Klimawandel-Wissenschaft ist in einer Periode der „negativen Entdeckung" – je mehr wir über dieses außergewöhnlich komplexe und sich schnell entwickelnde Feld erfahren, desto mehr erkennen wir, wie wenig wir wissen. Wirklich, die Wissenschaft ist nicht geklärt.[393]

Daher gibt es keinen vernünftigen Grund, teure und restriktive Entscheidungen in der öffentlichen Ordnung den Völkern der Erde aufzubürden, ohne dafür überzeugende Beweise zu liefern, dass menschliche Tätigkeiten einen gefährlichen Klimawandel verursachen, der über die natürlichen Ursachen hinausgeht. Bevor irgendwelche überstürzte Maßnahmen ergriffen werden, müssen wir feste Beobachtungsdaten haben, die zeigen, dass sich die jüngsten Veränderungen im Klima wesentlich von den Veränderungen unterscheiden, die in der Vergangenheit beobachtet wurden, und übertreffen die normalen Schwankungen, die durch Sonnenzyklen, Ozeanströme, Veränderungen in den orbitalen Parametern der Erde verursacht wurden Andere natürliche Phänomene.

---

392 https://pcc15.org/
393 Anmerkung: Im engl. Original: „Science is not settled". Es wird darauf angespielt, dass die sog. Klimawissenschaftler behaupten, alle Fragen seien „geklärt", d. h., mit „Science is settled" wird jede Diskussion unterbunden.

Die Unterzeichner, die in klimabezogenen Wissenschaftsdiszi-
plinen qualifiziert sind, fordern die UNFCCC und die Unterstüt-
zer der Klimakonferenz der Vereinten Nationen auf, überzeugende nachvollziehbare Beweise für ihre Behauptungen einer
gefährlichen menschlich bedingten globalen Erwärmung und
andere Klimaveränderungen zu erbringen. Projektionen mögli-
cher Zukunftsszenarien aus unbewiesenen Computermodellen
des Klimas sind keine akzeptablen Substitute für reale Welt-
daten, die durch eine unvoreingenommene und strenge wissenschaftliche Untersuchung erzielt wurden.

Insbesondere fordern wir die Anhänger der Hypothese vom
gefährlichen menschenverursachten Klimawandel auf, zu zeigen, dass:

» Änderungen des globalen Klimas in den letzten hundert
  Jahren signifikant außerhalb des natürlichen Umfangs
  sind, der in früheren Jahrhunderten festgestellt wurde;
» die Emissionen von Kohlendioxid und anderen „Treibhausgasen" (GHG) der Menschheit eine gefährliche Auswirkung
  auf das globale Klima haben;
» Computer-basierte Modelle sinnvoll die Auswirkungen aller
  natürlichen Faktoren, die das Klima erheblich beeinflussen
  können, replizieren können,
» die Meeresspiegel gefährlich mit einer Rate ansteigen, die
  sich mit zunehmenden Treibhausgasemissionen beschleu-
  nigt hat und damit kleine Inseln und Küstengemeinschaf-
  ten bedroht;
» die Inzidenz von Malaria aufgrund der jüngsten Klimaveränderungen ansteigt,
» die menschliche Gesellschaft und natürliche Ökosysteme
  sich nicht an den vorhersehbaren Klimawandel anpassen
  können, wie sie es in der Vergangenheit getan haben;
» weltweiter Gletscherrückzug und Meereisschmelzen in
  den Polargebieten ungewöhnlich ist und im Zusammenhang mit der Zunahme der menschlichen Treibhausgasemissionen steht;

» Eisbären und andere arktische und antarktische Wildtiere nicht in der Lage sind, sich an die erwarteten lokalen Klimawandel-Effekte anzupassen, unabhängig von den Ursachen dieser Veränderungen;

» Hurrikane, andere tropische Wirbelstürme und damit verbundene extreme Wetterereignisse in Schwere und Häufigkeit ansteigen;

» Daten, die von bodengestützten Stationen erfasst werden, ein zuverlässiger Indikator für Oberflächentemperaturtrends sind.

Es liegt nicht in der Verantwortung von „Klima-Realisten", -Wissenschaftlern, zu beweisen, dass ein gefährlicher menschlicher Klimawandel nicht stattfindet. Vielmehr sind es diejenigen, die behaupten, dass es so ist und die Zuweisung von massiven Investitionen fordern, um das vermeintliche „Problem" zu lösen. Sie haben die Verpflichtung, überzeugend zu zeigen, dass der jüngste Klimawandel nicht vorwiegend natürlicher Herkunft ist und dass – wenn wir nichts tun – katastrophale Konsequenzen folgen würden. Bis heute haben sie das nicht geschafft.

Das Schreiben wurde von 200 Wissenschaftlern unterschrieben.

Der Heidelberger Appell[394]

4000 Wissenschaftler, darunter 72 Nobelpreisträger haben 1992 den sog. Heidelberger Apell unterschrieben.

Wir wollen unseren vollen Beitrag zur Erhaltung unseres gemeinsamen Erbes, der Erde, erbringen.

Wir sind jedoch besorgt, zu Beginn des einundzwanzigsten Jahrhunderts, über die Entstehung einer irrationalen Ideologie, die sich gegen den wissenschaftlichen und industriellen Fortschritt erhebt und die wirtschaftliche und soziale Entwicklung behindert.

Wir stehen voll hinter den Zielen einer wissenschaftlichen Ökologie für ein Universum, dessen Ressourcen zu erforschen, katalogisieren, überwachen und erhalten sind.

Aber wir fordern hiermit, dass diese Bestandsaufnahme, die Überwachung und Erhaltung auf wissenschaftlichen Kriterien beruhen muss und nicht auf irrationalen Vorurteilen und Denkweisen.

Wir möchten hiermit aber die Regierungen und Autoritäten, die mit der Lenkung des Schicksals unseres Planeten beauftragt sind, davor warnen, Entscheidungen zu treffen, die auf pseudowissenschaftlichen Argumenten oder falschen und unwesentlichen Daten beruhen.

---

394 Aus dem Netz entfernt

Das Klima-Manifest von Heiligenroth[395]

Das Klima ist durch von Menschen verursachte CO_2-Emissionen nicht nachweisbar zu beeinflussen.

Die aus Klimamodellen abgeleiteten Szenarien der zukünftigen Entwicklung des Klimas sind spekulativ und stehen im Widerspruch zur Klimageschichte.

In der Erdgeschichte gab es immer Klimawandel mit wechselnden Warm- und Kaltzeiten.

Das Spurengas CO_2 verschmutzt nicht die Atmosphäre. CO_2 ist unentbehrlich für das Pflanzenwachstum und somit Voraussetzung für das Leben auf dieser Erde.

Wir setzen uns für einen wirkungsvollen Schutz unserer Umwelt ein und befürworten Maßnahmen, die unnötige Belastungen der Ökosysteme verhindern.

Wir warnen davor, unter dem Deckmantel einer heraufbeschworenen „Klimakatastrophe" Maßnahmen zu ergreifen, die unserer Umwelt nicht nützen und volkswirtschaftlichen Schaden anrichten.

Heiligenroth, am 15.09.2007

Erläuterung

Szenarien über die zukünftige Klimaentwicklung werden heute vom UN-Weltklimarat (IPCC) erstellt. Die Regierungen der Welt haben sich seit Rio 1992 zum Handeln gegen den „menschengemachten Klimawandel" verpflichtet. Alle Maßnahmen beruhen auf der These, dass zusätzliches CO_2 in der Atmosphäre seit Beginn der industriellen Revolution ab dem 19. Jahrhundert zu einer Erwärmung im 20. Jahrhundert geführt hat. Grundlage sind unter anderem wenige gemessene Temperaturdaten seit dem Ende des 19. Jahrhun-

---

395 https://klimamanifest-von-heiligenroth.de/wp/erlauterung/

derts, CO_2-Daten ab Mitte des 20. Jahrhunderts und Aussagen aus Computermodellen.

Alle naturwissenschaftlichen Grundgesetze belegen jedoch den umgekehrten Zusammenhang, nämlich daß die Temperatur die Ursache für eine Freisetzung von CO_2 ist. Der Tagesgang des CO_2, die jahreszeitliche Schwankung und die nachgewiesene Zeitverzögerung der CO_2-Ausgasung zeigen den eindeutig von der Temperatur gesteuerten Vorgang.

Dementsprechend findet man auch in der 600 Millionen Jahre langen Klimageschichte keinen Hinweis auf eine ursächliche Erwärmung durch CO_2. Die mittlere CO_2-Konzentration der Luft beträgt zur Zeit 380 ppm (Teile pro Million) und ist derart gering, dass allein dies schon eine dominante Einflussnahme ausschließt. Der durch den Menschen produzierte Anteil beträgt heute ca. 3 % davon, so daß nur 11,4 ppm (also 0,00114 %) nach der Treibhausthese zur Erwärmung beitragen sollen. Dies ist physikalisch unmöglich.

Wettervorhersagen sind bis heute kaum mehr als drei Tage gültig und beruhen nicht auf der Berechnung von Strahlungsverhältnissen, sondern ausschließlich auf wetterbestimmenden Größen, wie Luftdruck, Lufttemperatur, Luftfeuchte, Windgeschwindigkeit und weiteren Parameter. 71 % der Erdoberfläche sind Ozeane, die den größten Wärme- und CO_2-Regulator darstellen. Dagegen sind die menschlichen Einflüsse auf Städte und Landnutzung vernachlässigbar. Da Klima vereinfacht Wetterstatistik ist und astrophysikalische Faktoren das Klima nachweislich wesentlich beeinflussen, hat der Mensch keinen Einfluss auf den Klimawandel.

Anerkannte Rekonstruktionen der Temperaturverläufe und des CO_2-Gehaltes der Atmosphäre zeigen einen völlig unabhängigen Verlauf beider Parameter. Die mittlere Temperatur der Erde betrug +22 °C, unterbrochen von 4 globalen Kaltzeiten im 150-Millionen-Jahre-Zyklus. Wir leben heute in einer solchen globalen Kaltzeit. Über einen Zeitraum von 600 Millionen Jahren fiel die CO_2-Konzentration von ca. 6000 ppm unregelmäßig auf die heutigen 380 ppm. Eine Korrelation zwischen CO_2-Anstieg und dadurch bedingter Temperaturerhöhung ist nicht zu erkennen. Umgekehrt jedoch nimmt bei einer Temperaturerhöhung die CO_2-Freisetzung zu.

Auch in den letzten 10 000 Jahren seit der Eiszeit sank die Temperatur um mehrere Grad Celsius und schwankte regelmäßig zwischen Warm- und Kaltzeiten bei einem von der IPCC unterstellten linearen CO_2-Konzentrationsverlauf, woraus zu schließen ist, dass sich die These eines Treibhauseffektes nicht begründen lässt.

Die letzte kleine Eiszeit ist genauso gut historisch dokumentiert, wie die mittelalterliche Warmzeit oder die römische Warmzeit. Kein Computermodell kann bis heute auf der Basis der Erwärmung durch CO_2 die Klimaschwankungen der letzten 1000, 10 000 oder 600 Millionen Jahre simulieren.

Hannibal konnte in der ausgehenden römischen Warmzeit mit Elefanten die Alpen überqueren und die Römer gruben in den Alpen in 2800 m Höhe nach Eisen und anderen Erzen. Eis begrub im Laufe der Geschichte die Stolleneingänge, erst im Mittelalter und in der modernen Warmzeit kamen sie wieder zum Vorschein. Bis heute wächst kein Weizen auf Grönland außerhalb Gewächshäusern wie es im Mittelalter zur Zeit der Besiedlung durch die Wikinger der Fall war. Auch die viel höheren Baumgrenzen in den Gebirgen Europas, Asiens und Nordamerikas sind ein Beispiel dafür. Nie mehr seit dem Ende der kleinen Eiszeit sind die Flüsse und Kanäle Hollands und Englands länger zugefroren und die Gletscher, die bis dahin gewachsen waren, zogen sich entsprechend dem Zyklus bis zum Ende des 20. Jahrhunderts wieder zurück. Seit einigen Jahren fällt die Temperatur wieder und die Gletscher der Südhalbkugel wachsen wieder.

Über die Fotosynthese ist CO_2 trotz des geringen Gehaltes in der Luft der wesentliche Baustoff organischer Materie auf der Erde. Deshalb ist CO_2 auch kein Schadstoff und verschmutzt nicht die Atmosphäre. Mehr CO_2 und höhere Temperaturen fördern das Pflanzenwachstum und sichern die Ernährung von Mensch und Tier. Warmzeiten sind ein Segen für ehemals mit Eis bedeckte Landflächen wie Grönland und haben schon immer in der Geschichte zu mehr Lebensqualität, technischer und kultureller Entwicklung geführt, wie z. B. in der Römerzeit und im Mittelalter. Kälte während der Völkerwanderungszeit oder kleinen Eiszeit führte zu Hunger und Tod.

Ideologisch vorgegebene Zielvorstellungen, dass das von Menschen gemachte CO_2 Verursacher einer Klimakatastrophe sei, basieren auf unzulänglichen Klimamodellen durch Weglassen wichtiger Parameter, einseitigen Interpretationen wissenschaftlicher Erkenntnisse und Ausgrenzen kritischer Wissenschaftler. Sie rechtfertigen nicht Aufwendungen von vielen Milliarden Euro, die der Volkswirtschaft schaden und der Umwelt nicht nützen.

Petition einer italienischen Gruppe von 90 Wissenschaftlern

An den Präsidenten der Republik
An den Präsidenten des Senats
An den Präsidenten der Abgeordnetenkammer
An den Präsidenten des Rats

19.6.2019

PETITION ZUR GLOBALEN ANTHROPOGENEN ERWÄRMUNG[396]

Die Unterzeichnenden, Bürger und Wissenschaftler, schicken eine warme Einladung an die politischen Führungskräfte, eine Umweltschutzpolitik einzuführen, welche im Einklang mit den wissenschaftlichen Erkenntnissen steht.

---

396 http://diekaltesonne.de/90-italienische-wissenschaftler-
unterzeichnen-petition-gegen-klimaalarm/

Insbesondere ist es dringend, die Verschmutzung dort zu bekämpfen, wo sie auftritt, gemäß den Befunden der modernsten Wissenschaft. Diesbezüglich ist die Verzögerung beklagenswert, mit welcher der Wissensreichtum, der von der Welt der Forschung zur Verfügung gestellt wird, benutzt wird, um die anthropogenen Schadstoffemissionen zu reduzieren, welche sowohl in den kontinentalen als auch Meeresumweltsystemen weit verbreitet vorhanden sind.

Aber uns muss bewusst sein, dass KOHLENDIOXID SELBST NICHT EIN SCHADSTOFF IST. Im Gegenteil. Es ist für das Leben auf unserem Planeten unentbehrlich.

In den letzten Jahrzehnten hat sich eine These verbreitet, dass die Erwärmung der Erdoberfläche um rund 0,9 °C, welche ab 1850 beobachtet worden ist, anomal wäre und ausschließlich von menschlichen Aktivitäten verursacht werden würde, insbesondere durch den Ausstoß von CO_2 in die Atmosphäre beim Gebrauch fossiler Brennstoffe.

Dies ist die These der anthropogenen globalen Erwärmung, welche von dem Weltklimarat (IPCC) der Vereinten Nationen gefördert wird, deren Konsequenzen Umweltveränderungen sein würden, die so ernst wären, dass man enormen Schaden in der unmittelbaren Zukunft fürchten muss, außer wenn drastische und kostenintensive Abschwächungsmaßnahmen unverzüglich ergriffen werden.

Diesbezüglich sind viele Nationen in der Welt Programmen beigetreten, um Kohlendioxidemissionen zu reduzieren, und werden unter Druck gesetzt, auch durch eine nicht nachlassende Propaganda, zunehmend fordernde Programme anzunehmen, deren Umsetzung, welche mit hohen Belastungen auf die Wirtschaften der einzelnen Mitgliedsstaaten verbunden ist, von Klimakontrolle abhängig wäre und daher die „Rettung" des Planeten.

Jedoch ist der anthropogene Ursprung der globalen Erwärmung EINE UNBEWIESENE HYPOTHESE, nur abgeleitet von einigen Klimamodellen, d. h. komplexen Computerprogrammen, genannt ‚General Circulation Models'.

Hingegen hat die wissenschaftliche Literatur zunehmend die Existenz einer natürlichen Klimaschwankung betont, welche die Modelle nicht reproduzieren können.

Diese natürliche Schwankung erklärt einen beachtlichen Teil der globalen Erwärmung, welche seit 1850 beobachtet worden ist. Die anthropogene Verantwortung für die Klimaveränderung, welche in dem letzten Jahrhundert beobachtet worden ist, wird daher UNGERECHTFERTIGT ÜBERTRIEBEN und Katastrophenvorhersagen SIND NICHT REALISTISCH.

Das Klima ist das komplexeste System auf unseren Planeten, daher muss man sich damit mit Methoden befassen, welche adäquat sind und mit seinem Niveau der Komplexität übereinstimmen.

Klimasimulationsmodelle reproduzieren nicht die beobachtete natürliche Schwankung des Klimas und rekonstruieren insbesondere nicht die warmen Perioden der letzten 10 000 Jahre. Diese haben sich ungefähr alle tausend Jahre wiederholt und schließen die gut bekannte mittelalterliche Warmzeit ein, die heiße römische Periode, und generell die Warmzeiten während des „Holozänen-Optimums".

Die PERIODEN DER VERGANGENHEIT SIND AUCH WÄRMER GEWESEN ALS DIE GEGENWÄRTIGE ZEIT, obwohl die CO_2-Konzentration niedriger war als die gegenwärtige, weil sie mit den tausendjährigen Zyklen der Sonnenaktivität verbunden sind. Die Auswirkungen werden von den Modellen nicht reproduziert.

Es sollte daran gedacht werden, dass die Erwärmung, welche seit 1900 beobachtet worden ist, tatsächlich in den 1700ern begann, d. h. am Tiefpunkt der Kleinen Eiszeit, der kältesten Periode der letzten 10 000 Jahre (übereinstimmend mit dem tausendjährigen Tiefpunkt der Sonnenaktivität, welche Astrophysiker Maunder Minimum nennen). Seitdem ist die Sonnenaktivität, ihrem tausendjährigen Zyklus folgend, angestiegen, wobei sie die Erdoberfläche erwärmt.

Des Weiteren versagen die Modelle dabei, die bekannten Klimaschwankungen von ungefähr 60 Jahren zu reproduzieren.

Diese waren zum Beispiel verantwortlich für eine Warmzeit (1850–1880), gefolgt von einer kühleren Periode (1880–1910), einer Erwärmung (1910–40), einer Abkühlung (1940–70) und einer neuen wärmeren Periode (1970–2000), ähnlich der, welche 60 Jahre früher beobachtet wurde.

Die folgenden Jahre (2000–2019) sahen einen Anstieg, der nicht von den Modellen vorhergesagt wurde, von ungefähr 0,2 °C pro Jahrzehnt, und eine beachtliche Klimastabilität, welche sporadisch von den schnellen natürlichen Schwankungen des äquatorialen Pazifischen Ozeans unterbrochen wurde, bekannt als die El Niño Southern Oscillations, wie diejenige, welche zu der temporären Erwärmung zwischen 2015 und 2016 führte.

Die Medien behaupten auch, dass extreme Ereignisse, wie z. B. Hurrikans und Zyklone, alarmierend angestiegen sind. Umgekehrt sind diese Ereignisse, wie viele Klimasysteme, seit dem zuvor erwähnten 60-Jahre-Zyklus moduliert worden.

Zum Beispiel, wenn wir die offiziellen Daten von 1880 über tropische Atlantikzyklone betrachten, welche Nordamerika getroffen haben, scheinen sie eine starke 60-Jahre-Schwankung zu haben, entsprechend der thermischen Schwankung des Atlantiks, genannt Atlantic Multidecadal Oscillation (= atlantische mehrdekadische Schwankung).

Die Spitzen, welche pro Jahrzehnt beobachtet wurden, sind in den Jahren 1880–90, 1940–50 und 1995–2005 miteinander kompatibel. Von 2005 bis 2015 nahm die Anzahl der Zyklone ab, wobei dies präzise dem zuvor erwähnten Zyklus folgte. Somit gibt es in der Zeitspanne von 1880–2015 zwischen der Anzahl der Zyklone (welche schwanken) und dem CO_2 (welches monoton ansteigt) keine Korrelation.

Das Klimasystem wird noch nicht ausreichend verstanden. Obwohl es wahr ist, dass CO_2 ein Treibhausgas ist, ist laut dem IPCC die Klimasensitivität auf dessen Anstieg in der Atmosphäre immer noch extrem unsicher.

Es wird geschätzt, dass eine Verdoppelung der Konzentration des atmosphärischen CO_2 von ungefähr 300 ppm vorindustriell auf 600 ppm die Durchschnittstemperatur des Planeten von einem Minimum von 1 °C bis zu einem Maximum von 5 °C erhöhen kann.

Diese Unsicherheit ist enorm.

Jedenfalls schätzen viele neue Studien, die auf experimentellen Daten basieren, dass die Klimasensitivität auf CO_2 BEDEUTEND NIEDRIGER ist als jene, die von den IPCC Modellen geschätzt wird.

Dann ist es wissenschaftlich unrealistisch, die Verantwortung für die Erwärmung, welche vom vergangenen Jahrhundert bis heute beobachtet wurde, den Menschen zuzuschreiben. Die voreilenden Vorhersagen der Panikmacher sind daher nicht glaubwürdig, da sie auf Modellen basieren, deren Ergebnisse den experimentellen Daten wiedersprechen.

Alle Beweise legen nahe, dass diese MODELLE den anthropogenen Beitrag ÜBERSCHÄTZEN und die natürliche Klimaschwankung unterschätzen, besonders jene, die von der Sonne, dem Mond und den Meeresschwankungen verursacht wird.

Schließlich veröffentlichen die Medien die Nachricht, laut dessen es in Bezug auf die menschliche Ursache der gegenwärtigen Klimaänderung einen fast einstimmigen Konsens unter den Wissenschaftlern gibt, dass die wissenschaftliche Debatte abgeschlossen werden würde.

Jedoch müssen wir uns zuerst einmal bewusst werden, dass die wissenschaftliche Methode bestimmt, dass die Fakten und nicht die Anzahl der Anhänger eine Mutmaßung zu einer gemeinsamen wissenschaftlichen Theorie machen.

Wie dem auch sei, der gleiche angebliche Konsens EXISTIERT NICHT. Es gibt tatsächlich eine bemerkenswerte Variabilität an Meinungen unter den Spezialisten – Klimatologen, Meteorologen, Geologen, Geophysiker, Astrophysiker –, von denen viele einen wichtigen natürlichen Beitrag zur globalen Erwärmung anerkennen, welche von der vorindustriellen Zeit und sogar von der Vorkriegszeit bis heute beobachtet worden ist.

Es hat auch Petitionen gegeben, welche von tausenden von Wissenschaftlern unterschrieben worden sind, die eine abweichende Meinung zur Mutmaßung der anthropogenen globalen Erwärmung ausgedrückt haben.

Diese umfassen diejenige, welche 2007 von dem Physiker F. Seitz gefördert wurde, ehemaliger Präsident der American National Academy of Science, und diejenige, welche von dem nichtstaatlichen Weltklimarat (NIPCC) gefördert wurde, deren Bericht von 2009 zu dem Schluss kommt, „die Natur, und nicht die Aktivität des Menschen, regiert das Klima".

Zum Schluss, angesichts der ENTSCHEIDENDEN WICHTIGKEIT, WELCHE FOSSILE TREIBSTOFFE für die Energieversorgung der Menschheit haben, schlagen wir vor, dass sie nicht der Politik von kritikloser Reduzierung der Emission von Kohlendioxid in die Atmosphäre unterworfen werden sollten mit DEM ILLUSORISCHEN ANSCHEIN DES BEHERRSCHENS DES KLIMAS.

Deutsche Übersetzung von **Doris Gosselin**

ABBILDUNGSVERZEICHNIS

TABELLENVERZEICHNIS

NAMENSVERZEICHNIS

LITERATURVERZEICHNIS

Literatur zum Thema „Klima"

Calder, Nigel (1977): Die Wettermaschine. Droht eine neue Eiszeit? Rowohlt Verlag.

Calder, Nigel (1997): Die launische Sonne widerlegt Klimatheorien. Dr. Böttiger Verlags-Gmbh.

Douglas, D. (2002): Climate sensitivity of the Earth to solar irradiance. Geophysical research Letters, Vol. 29, No. 16, 33-1–4.

Hann, Julius (1908): Handbuch der Klimatologie. Band I: Allgemeine Klimalehre. Verlag von Engelhorn, Stuttgart.

http://notrickszone.com/2015/07/27/german-climate-professors-confirm-co2-climate-sensitivity-projections-seriously-exaggerated/#sthash.3s4vfM4O.dpbs

Kenneth R. (2017): 30 neue (2017) wissenschaftliche Studien zerschlagen die Hockeyschläger-Graphik und Erwärmungs-Behauptungen im globalen Maßstab. Übersetzung Chris Frey. www.eike-klima-energie.eu. https://www.eike-klima-energie.eu/2017/03/14/30-neue-2017-wissenschaftliche-studien-zerschlagen-die-hockeyschlaeger-graphik-und-erwaermungs-behauptungen-im-globalen-massstab/

Landscheidt, Th.: Sonnenaktivität als dominanter Faktor der Klimadynamik. http://www.schulphysik.de/klima/landscheidt/sonne1.htm

Leistenschneider, R. (2011): Dynamisches Sonnensystem – Die tatsächlichen Hintergründe des Klimawandels. Teile 1 bis 8. http://www.eike-klima-energie.eu.

Leistenschneider, R.; Kowatsch, J.; Kämpfe, S. (2015): Sommer 2015 – Die Sonne ist an allem schuld! http://www.eike-klima-energie.eu.

Michelbach, S.; Patzner, N., Arbeitskreis Klarsicht-Klima
http://www.vernunftkraft-hessen.de/wordpress/2017/09/10/
zusammenstellung-der-klarsicht-ausgaben/
Pierrehumbert, R. T. (2011): Infrared radiation and
planetary temperature. Physics Today 64/1 p. 33.
Kommentierte Rohübersetzung von Ebel J. (2012):
Infrarot-Strahlung und planetarische Temperatur.
Roy, I. et al. (2016): Comparing the influence of sunspot
activity and geomagnetic activity on winter surface
climate. Journal of Atmospheric and Solar-Terrestrial
Physics. Elsevier.
Rudloff, Hans v. (1967): Die Schwankungen und
Pendelungen des Klimas in Europa seit dem Beginn der
regelmäßigen Instrumenten-Beobachtungen (1670).
Friedrich Vieweg und Sohn, Braunschweig.
Schönwiese, Christian Dietrich, Klimatologie, Stuttgart
1994
Vahrenholt, F, u. Lüning, S. (2012): Die kalte Sonne. Warum
die Klimakatastrophe nicht stattfindet. Verlag Hoffmann
und Campe.
Vahrenholt, F, u. Lüning, S. (2020): Unerwünschte
Wahrheiten. Langen Müller Verlag GmbH, München
Wagner, Artur (1940): Klimaänderungen und
Klimaschwankungen. Die Wissenschaft Band 92,
Friedrich Vieweg und Sohn, Braunschweig.

„Alarmistische" Veröffentlichungen

Bonner, Stefan/Weiss, Anne Generation Weltuntergang,
München 2019
Buckminster Fuller, Bedienungsanleitung für das
Raumschiff Erde Dresden 2010
Crutzen, Paul J. u. a. Das Raumschiff Erde hat keinen
Notausgang, Berlin 2011

Emmott, Stephen, 10 Milliarden. Berlin 2013

Fell, Hans Josef, Abkühlung ist möglich. Berlin 2013

Fleck, Dirk C., GO! Die Ökodiktatur. Erst die Erde, dann der Mensch (German Edition) Kindle-Version.

Gruhl, Herbert, Ein Planet wird geplündert, Frankfurt/Main 1975

Kemfert, Claudia, Kampf um Strom. Hamburg 2013

Lovelock, James, Gaias Rache Berlin, 2008

McKinsey & Company (Herausgeber) im Auftrag des BDI. Kosten und Potenziale der Vermeidung von Treibhausgasemissionen in Deutschland. http://www.bdi.eu/download_content/Publikation_ Kosten_und_Potenziale_der_Vermeidung_von_ Treibhausgasemissionen_in_Deutschland.pdf

Oreskes, Naomie/Erik M. Conway, Merchants of Doubt, New York 2011

Popp, Matthias, Speicherbedarf bei einer Stromversorgung mit erneuerbaren Energien. Heidelberg 2010

Rahmstorf, Stefan und Hans Joachim Schellnhuber Der Klimawandel. München 2006:

Schätzing, Frank, Was, wenn wir einfach die Welt retten? Köln 2021

Scheer, Hermann, Der energethische Imperativ, München 2010,

Schneider, Stephen, Klima in Gefahr, Frankfurt/M 1978

Schneidewind, Uwe: Die Große Transformation. Eine Einführung in die Kunst gesellschaftlichen Wandels. FISCHER E-Books. Kindle-Version.

Welt im Wandel – Wissenschaftlicher Beirat der Bundesregierung: Globale Umweltveränderungen Energiewende zur Nachhaltigkeit. (Hrsg.) Berlin Heidelberg New York

Willenbacher Matthias, Mein unmoralisches Angebot an die Kanzlerin, Freiburg Breisgau 2013

„Berichte an den Club of Rome"

Bardi, Ugo, 2014: „Der geplünderte Planet – Die Zukunft des
   Menschen im Zeitalter schwindender Ressourcen"
King, Alexander und Bertrand Schneider, 1991: „Die erste
   globale Revolution"
Meadows, Dennis L. et al., 1972: „Die Grenzen des
   Wachstums",
Mesarovic, Mihajlo und Eduard Pestel, 1974: „Menschheit
   am Wendepunkt"
Randers, Jørgen und Graeme Maxton: „Ein Prozent ist
   genug" (2016)
Randers, Jørgen, 2012: „2052. Der neue Bericht an den Club
   of Rome"
von Weizsäcker, Ernst Ulrich, Anders Wijkman et al.: 2018:
   „Wir sind dran – Der große Bericht: Was wir ändern
   müssen, wenn wir bleiben wollen"

Deutschsprachige Klimawebseiten

http://www.kaltesonne.de/solares-paradoxon-deutschlands-
teil-i-solare-zyklen-in-der-deutschen-und-der-globalen-
temperaturmessreihe/

http://www.kaltesonne.de/solares-paradoxon-deutschlands-
teil-ii-das-klimapendel-schlagt-zuruck/

https://www.eike-klima-energie.eu/wp-content/
uploads/2016/11/Solares_Paradoxon_Deutschlands_Teil_
III_Eike_Schlussversion_Eike_02Nov2016.pdf

http://www.kaltesonne.de/
http://www.klimaargumente.de/

https://www.eike-klima-energie.eu/
http://vademecum.brandenberger.eu/

Internationale Klimawebseiten:
http://www.climate4you.com/
https://wattsupwiththat.com/reference-pages/

Veröffentlichungen von staatlichen Stellen und Organisationen

BGR – Bundesanstalt für Geowissenschaften und Rohstoffe (2000): Geht die Kohlenwasserstoff–Ära zu Ende?
Internet: http://www.bgr.de/b123/kw_aera/kw_aera.htm. Hannover.

BGR – Bundesanstalt für Geowissenschaften und Rohstoffe (Hrsg.) (1998): Reserven, Ressourcen und Verfügbarkeit von Energierohstoffen. Hannover.

BMWI (Hrsg) Institut für Energetik und Umwelt Endbericht „Auswirkungen der Änderungen des Erneuerbare–Energien–Gesetzes hinsichtlich des Gesamtvolumens der Förderung, der Belastung der Stromverbraucher sowie der Lenkungswirkung der Fördersätze für die einzelnen Energiearten. Leipzig 2006

Bundesministerium für Wirtschaft und Technologie (Hrsg) Energieszenarien für ein Energiekonzept der Bundesregierung 2010 (EWI/GWS/Prognos)

Bundesministerium für Wirtschaft und Technologie und Bundesministerium für Umwelt, Naturschutz und Reaktorsicherheit: Energiekonzept für eine umweltschonende, zuverlässige und bezahlbare Energieversorgung. Drucksache 17/3049 vom 28.9.2010

Desertec foundation (Hrsg.): Clean Power from Deserts – The desertec concept for energy, water and climate security Bonn, 2009

Erfahrungsbericht 2007 zum Erneuerbare–Energien–Gesetz
(EEG–Erfahrungsbericht) gemäß § 20 EEG vorzulegen
dem Deutschen Bundestag durch Bundesministerium
für Umwelt, Naturschutz und Reaktorsicherheit
im Einvernehmen mit Bundesministerium für
Ernährung, Landwirtschaft und Verbraucherschutz und
Bundesministerium für Wirtschaft und Technologie.
Beschlossen vom Bundeskabinett am 7. November 2007.

IEA (Hrsg.) Weltenergiebericht 2012. Paris

Richtlinie 2009/28/EG des europäischen Parlaments und des
Rates vom 23. April 2009 zur Förderung der Nutzung von
Energie aus erneuerbaren Quellen und zur Änderung und
anschließenden Aufhebung der Richtlinien. 2001/77/EG
und 2003/30/EG

Stellungnahme des Sachverständigenrats für Umweltfragen:
„100 % erneuerbare Stromversorgung bis 2050:
klimaverträglich, sicher, bezahlbar" Berlin 2010 ISSN
1612 2968

Umweltbundesamt. https://www.umweltbundesamt.de/
sites/default/files/medien/378/publikationen/und_sie_
erwaermt_sich_doch_131201.pdf

Wirtschaftsministerium Baden–Württemberg,
Wirtschaftsförderung Region Stuttgart GmbH (WRS),
Fraunhofer–Institut für Arbeitswirtschaft und
Organisation (IAO)

Kritische Bücher und Aufsätze
zu den Themen Klima und Energie

Allehoff/Haug/Patzner: Positionspapier Energiewende,
http://liberale–senioren–bw.de/files/2011/12/V5–AKE–
LSI–Positionspapier–2013.pdf

Beppler Erhard, Energiewende. München 2013

Buer, Friedrich, Windräder töten Vögel und Fledermäuse
und warum die Naturschutzverbände dazu schweigen.
http://www.kein–windrad–im–wald.de/uploads/media/
Windraeder_toeten_10.10.11_zip.pdf

Feld, Lars P. u. a. Neustart in der Energiewende jetzt.
Veröffentlichung des Kronberger Kreises, Stiftung
Marktwirtschaft (Hrsg) Berlin 2014

Gärtner, Edgar L., Öko-Nihilismus 2012: Selbstmord in
Grün, Jena 2012

Hahn, Otto, Fakten, nichts als Fakten!,
Wittgenstein Verlag 2014

Helmes, Peter, Jürgen Trittin – Die grüne Gefahr,
Sonderausgabe des DEUTSCHLAND–Magazin, Juni 2013
http://deutschelobby.files.wordpress.com/2013/07/
jc3bcrgen–trittin–e28093–die–grc3bcne–gefahr.pdf

Horx, Matthias, Wie wir leben werden, München 2008

Klaus, Vaclav, Blauer Planet in grünen Fesseln. Wien 2007

Laframboise, Donna, Von einem Jugendstraftäter, der mit
dem besten Klimaexperten der Welt verwechselt wurde.
Jena 2012

Lomborg, Björn, Klimapanik, München 2022

Patzner, Norbert, Mehr Energie wagen.
Wittgenstein Verlag 2014

Patzner, Norbert, Haben wir wirklich nur eine Erde?
https://www.tichyseinblick.de/gastbeitrag/haben-wir-
wirklich-nur-eine-erde/

Svensmark/Calder, The Chilling Stars, Cambridge 2007

Thüne, Wolfgang, Propheten im Kampf um den Klimathron,
Oppenheim 2011

Wendt, Alexander, Der grüne Blackout, München 2014

Zillmer, Hans–Joachim, Der Energieirrtum, München 2009

Allgemeine Literatur

Agnoli, Johannes/Brückner, Peter, Die Transformation der Demokratie, Frankfurt/Main 1968

Birg, Herwig, Die Weltbevölkerung München 2004

Bolz, Norbert, Die Avantgarde der Angst, Berlin 2021

Bolz, Norbert, Keine Macht der Moral!: Politik jenseits von Gut und Böse, Berlin 2021.

Brunschweiger, Vera Kinderfrei statt kinderlos: Ein Manifest,

Capra, Frithjof, Wendezeit, Bern-München-Wien 1985, Titel der amerikanischen Originalausgabe: „The turning Point"

Crichton, Michael Welt in Angst, München 2005

Driessen, Paul K., Öko-Imperialismus, Jena 2006

Edwin Black, War against the Weak, Los Angeles 2003

Ehrlich, Paul und Anne: The population bomb" New York 1968

Glaser, Rüdiger (2008): Klimageschichte Mitteleuropas. 1200 Jahre Wetter, Klima, Katastrophen. Primus Verlag GmbH.

Global 2000 – Der Bericht an den Präsidenten, Frankfurt/Main 1980

Hagedorn, H., Rehfuess, K.-E., Röck, H. (2005): Klimawandel im 20. Und 21. Jahrhundert: Welche Rolle spielen Kohlendioxid, Wasser und Treibhausgase wirklich? Bayerische Akademie der Wissenschaften. Rundgespräche der Kommission für Ökologie Band 28

Huxley, Aldous, Schöne neue Welt, Frankfurt/Main 1988

Kleber, Klaus/Pascal, Cleo, Spielball Erde, München 2014

Mandell House, Edward: Philip Dru – Administrator, New York 1912

Miegel, Meinhard, Exit, Berlin 2011

Miegel, Meinhard, Hybris, Berlin 2014

Ploppa, Hermann, Die Macher hinter den Kulissen, Frankfurt 2014,

Ruewald, Ernst-Peter. Das Klima-Paradigma (German Edition) (S.53). tradition. Kindle-Version.

Schelsky, Helmut, Die Arbeit tun die anderen. München 1975

Weingart, Engels, Pansegau: Von der Hypothese zur Katastrophe. Opladen 2008

Weissmann, Steve, Die Bevölkerungsbombe ist ein Rockefeller Baby in Kursbuch Nr. 33, Oktober 1973

Veröffentlichung zum Thema „Elite und Neo-Feudalismus"

Hartmann, Michael, Die Abgehobenen: Wie die Eliten die Demokratie gefährden (German Edition). Campus Verlag. Kindle-Version.

Rothkopf, David, Die Super-Klasse, München 2008

Voss, Arnold, Demokratischer Feudalismus: Wie die Welt von heute funktioniert. https://www.ruhrbarone.de/demokratischer-feudalismus-wie-die-welt-von-heute-funktioniert/160022/

INHALTSVERZEICHNIS

Der Autor

 Norbert Patzner, Jahrgang 1941, verfügt über gleich zwei Qualifikationen: Er ist Diplom-Ingenieur und Diplom-Wirtschaftsingenieur in einem. Von Berufs wegen beschäftigte er sich u. a. mit „solarer Kälteerzeugung" und speziellen Umwelttechniken; noch heute ist er auf diesen Gebieten beratend aktiv.

2015 erschien Patzners Buch „Mehr Energie wagen". Bereits hier hat er auf die Problematik der „Energiewende" hingewiesen. Gemeinsam mit dem Meteorologen Steven Michelbach verfasste Patzner in der Internet-Reihe „Klarsicht-Klima" verschiedene Abhandlungen zu den Themen „Klimawandel", „Energie" und „Umwelt".

Der Verlag

*Wer aufhört
besser zu werden,
hat aufgehört
gut zu sein!*

Basierend auf diesem Motto ist es dem novum Verlag
ein Anliegen, neue Manuskripte aufzuspüren, zu veröffentlichen und deren Autoren langfristig zu fördern.
Mittlerweile gilt der 1997 gegründete und mehrfach
prämierte Verlag als Spezialist für Neuautoren in
Deutschland, Österreich und der Schweiz.

**Für jedes neue Manuskript wird innerhalb we-
niger Wochen eine kostenfreie, unverbindliche
Lektorats-Prüfung erstellt.**

Weitere Informationen zum Verlag und
seinen Büchern finden Sie im Internet unter:

www.novumverlag.com

Milton Keynes UK
Ingram Content Group UK Ltd.
UKHW022359221123
433098UK00005B/67